武汉大学规划教材建设项目资助出版

# 市政学

东晓　编著

WUHAN UNIVERSITY PRESS
武汉大学出版社

**图书在版编目(CIP)数据**

市政学 / 东晓编著. -- 武汉 : 武汉大学出版社, 2025.7. -- ISBN 978-7-307-24625-6

Ⅰ. D035.5

中国国家版本馆 CIP 数据核字第 2024714M3Z 号

责任编辑:黄金涛　　责任校对:汪欣怡　　装帧设计:马　佳

出版发行:**武汉大学出版社**　(430072　武昌　珞珈山)

(电子邮箱:cbs22@ whu.edu.cn 网址:www.wdp.com.cn)

印刷:湖北恒泰印务有限公司

开本:787×1092　1/16　印张:28　字数:559 千字　插页:1

版次:2025 年 7 月第 1 版　2025 年 7 月第 1 次印刷

ISBN 978-7-307-24625-6　定价:69.00 元

# 前　言

本书以习近平新时代中国特色社会主义思想为指导，全面深入地分析了城市及城市化概述、市政理论和实践以及市政事务管理的各个方面。全书分为三篇，每篇针对不同的主题和内容进行详细阐述，提供相关理论指导和实践案例，是一部探讨现代城乡发展、市政理论和市政事务管理的专业书籍。

第一篇“城市概述篇”从城市与城市化的基本概念出发，分析城市的产生、发展以及城市化的不同形态，介绍城市的功能、结构、性质、规模和类型，以及城市体系和城市区域的构成，阐述城市化进程中的关键因素，并揭示城乡一体化及城乡融合发展的趋势。第二篇“市政概述篇”深入讨论市政的基本概念、特征和现代发展，介绍市政学的相关理论，包括新公共管理理论、治理理论、共同体理论等，并详细分析市政体系与市政体制，市政职能、过程与绩效，市政法治与市民参与，以及中国市政管理的理论及实践探索的新发展，如基层治理建设、城市新区发展和城乡一体化。第三篇“市政事务篇”具体介绍了城市规划管理、城市土地与住宅管理、城市基础设施管理、城市人口管理和城市安全管理等方面的内容。涵盖了这些领域的基本理论和实践，提供了中国新型城镇化及城乡融合发展的具体情况及分析，并通过国内外案例展示了市政事务管理的多样性和复杂性，如介绍了新加坡的城市规划管理和日本的公共基础设施管理，中国城市更新管理，流动人口管理及智慧城乡建设的成功案例。

总体而言，本书是一部系统性、理论性和实践性相结合的教材，它从城乡融合发展视角探讨城市及城市化相关理论的新途径，从人类命运共同体的国际视角思考中外市政比较以及世界城市群的发展，从全过程人民民主视角提出解决市政中的基层治理的问题及难点的方法，从智慧城乡管理视角开拓新型城镇化中城市更新及乡村振兴战略模式。通过对相关理论与实践的阐述，对现代市政管理提供了较为深刻的洞见。本书适合公共管理、地方公共事务管理等领域的学者、学生以及相关领域的从业者阅读。旨在通过理论与实践的结合和创新，帮助读者更好地理解市政管理的起源、现状及未来城乡融合发展。

C O N T E N T S 目录

## 第一篇 城市概述篇

第一章 城市与城市化 /003
第一节 城市的产生与发展 /003
一、城市的内涵 /003
二、城市的产生 /005
三、城市的演变与发展 /006
第二节 城市化的概念与发展 /011
一、城市化的基本概述 /011
二、城市化形态的演变 /021
三、中国的城镇化 /025
案例 古今西安的城市发展 /033

第二章 城市的功能与结构 /038
第一节 城市的功能 /038
一、城市功能的分类 /038
二、城市功能的变迁 /040
三、城市功能的影响因素 /042
四、城市功能的发展规律 /044
五、城市功能优化 /048
第二节 城市的结构 /049

一、城市的经济结构 /049
二、城市的社会结构 /054
三、城市的空间结构 /057
四、城市总体结构的优化 /060
案例　产业结构优化与城市经济功能提升——以柳州市为例 /062

**第三章　城市的性质与规模** /067
第一节　城市的性质 /067
一、城市性质的含义 /067
二、城市性质与城市功能的区别与联系 /067
三、城市性质的确定原则 /068
四、城市性质的确定依据和方法 /069
第二节　城市规模 /070
一、城市规模的概念 /070
二、城市规模的影响因素 /071
三、城市规模效益与成本 /073
四、适度城市规模 /076
案例　特大、超大城市到底多大最合理 /077

**第四章　城市的类型与体系** /081
第一节　城市的类型 /081
一、城市分类的意义和原则 /081
二、城市分类的方法 /083
三、中国城市的主要类型 /085
第二节　城市体系 /089
一、城市体系概述 /089
二、中心城市 /090
三、经济区 /092
四、城市体系优化 /093
第三节　城市区域与城市群 /095
一、城市区域 /095
二、城市群 /101

案例　推动长江中游城市群协同发展　更好支撑全国高质量发展 /110

# 第二篇　市政概述篇

**第五章　市政与市政理论** /117
第一节　市政概念 /117
一、市政的含义 /117
二、市政的特征 /119
三、现代市政的发展 /121
第二节　市政学相关理论概述 /123
一、新公共管理理论 /123
二、治理理论 /124
三、共同体理论 /125
四、精英理论 /127
五、城市竞争力理论 /127
六、经营城市理论 /129
七、营销城市理论 /131
八、生态城市管理理论 /133
九、场景理论 /134
十、空间生产理论 /136
十一、新城市主义管理理论 /137
十二、数字城市理论 /139
十三、城市更新理论 /142
十四、区域均衡发展理论 /145
第三节　中国市政管理的理论探索 /147
一、近代：市政理论的引进与探索 /147
二、计划经济时期：政府主导下的市政理论的变动及调整 /148
三、改革开放后：市政理论的丰富 /148
四、发展新时期：精准治理与市政理论的继续发展更新 /149
案例　城市精细化治理：理论与实践 /149

第六章　市政体系与市政体制 /152
第一节　市政体系 /152
一、市政体系概述 /152
二、中国市政体系的构成 /155
三、推动市政体系现代化发展 /166
第二节　市政体制 /170
一、市政体制概述 /170
二、市政体制与其他概念的关系 /170
三、西方国家的市政体制 /171
四、中国的市政体制 /181
五、中国市政体制的转型 /183
案例　H省民政部门拒绝执行该省强制婚检的条例 /185

第七章　市政职能、过程与绩效 /187
第一节　市政职能 /187
一、市政职能概述 /187
二、西方国家的市政职能的范围及实现方式 /197
三、我国市政职能的变迁与发展 /199
四、我国市政职能的行使：政府职能转变 /200
第二节　市政过程 /202
一、市政过程概述 /202
二、市政运行过程 /204
第三节　市政绩效管理 /206
一、市政绩效的内涵及特点 /206
二、市政绩效管理的原则、特征和基本程序 /208
案例　杭州市创新政府绩效管理 /213

第八章　市政法治与市民参与 /217
第一节　市政法治 /217
一、市政法治概述 /217
二、市政法治的要求 /218
三、市政法治的基本内容 /222

四、市政法治的重要意义 /223
第二节　市民参与 /224
一、市民的概念与构成 /224
二、市民素质 /226
三、市民的权利与义务 /228
四、市民参政 /235
案例　青岛“全民城管”：由政府“单向管理”转向市民“共同参与” /240

**第九章　中国市政的新趋势** /244
第一节　微观——基层治理建设强化 /244
一、社区建设及其完善 /244
二、网格化管理 /249
三、基层党建引领 /251
第二节　中观——城市新区出现与建设 /255
一、城市新区的含义与组成 /255
二、新区发展现状 /260
三、新区发展新模式 /262
第三节　宏观——城乡一体化与乡村振兴 /265
一、城乡一体化发展 /265
二、乡村振兴 /271
案例　湖北党员干部下沉社区——做实常态化　实现长效化 /276

## 第三篇　市政事务篇

**第十章　城市规划管理** /283
第一节　城市规划管理的基本内容 /283
一、城市规划管理的内涵、性质、特征、作用 /283
二、城市规划管理的理念、原则、目标 /287
三、城市规划的职能、基本内容和步骤 /290
第二节　城市规划理论的发展 /292
一、西方城市规划理论的发展 /292
二、中国城市规划理论 /295

第三节　中国城市规划管理 /298
一、中国城市规划管理的基本架构 /298
二、中国城市规划管理的体制与机制 /299
案例　新加坡城市规划管理 /303

**第十一章　城市土地与住宅管理** /307
第一节　城市土地管理 /307
一、城市土地管理概念 /307
二、城市土地管理体制变迁 /308
第二节　城市住宅管理 /309
一、城市住宅管理的概念 /309
二、西方国家住房保障制度 /310
三、中国改革开放前住房保障制度 /312
四、中国改革开放后住房保障制度 /312
五、中国住房制度的改革 /315
第三节　城市旧城改造 /317
一、旧城改造的概念 /317
二、旧城改造的策略方案 /318
案例　推进城市更新行动——打开城市高质量发展新空间 /320

**第十二章　城市基础设施管理** /324
第一节　城市基础设施概述 /324
一、城市基础设施的定义、分类与特征 /324
二、城市基础设施的作用与影响因素 /328
三、城市基础设施的供给与运营 /329
第二节　城市基础设施管理的内容 /333
一、城市给排水设施管理 /333
二、城市能源系统的管理 /336
三、城市交通运输管理 /340
四、城市通信管理 /346
第三节　城市基础设施建设 /348
一、中国城市基础设施建设的现状 /348

二、国外城市基础设施的建设发展　/350
案例　日本公共基础设施管理　/352

**第十三章　城市人口管理　/355**
第一节　城市人口管理概述　/355
一、基本概念　/355
二、人口管理的特征　/357
三、人口管理的意义　/358
四、现代人口管理　/359
第二节　国外城市人口管理　/361
一、国外生命登记制度　/361
二、国外城市人口控制方法　/363
三、国外城市人口管理特点　/365
第三节　中国城市人口管理　/368
一、中国城市人口管理内容　/368
二、中国城市流动人口的管理　/370
案例　从"流动人口"到"新市民"：南京提升流动人口服务的立法实践　/374

**第十四章　城市安全管理　/378**
第一节　城市灾害管理　/378
一、城市灾害及其种类　/378
二、城市灾害的致灾因素　/379
三、中国城市的防灾减灾管理　/380
第二节　城市公共安全管理　/384
一、城市公共安全管理的概念及原则　/384
二、城市公共安全管理的内容　/386
第三节　城市应急管理　/387
一、城市应急管理的兴起　/387
二、中国的城市应急管理　/387
三、国外的城市应急管理　/389

四、加强城市应急管理能力 /392
案例 “电梯吃人”拷问城市公共安全 /394

**第十五章 智慧城市建设：现代城乡融合发展之道 /397**
第一节 智慧城市概述 /397
一、智慧城市的概念 /398
二、智慧城市的特征与构成 /400
第二节 智慧城市的技术基础——城市大数据 /401
一、城市大数据概述 /401
二、城市大数据的服务与治理 /404
三、城市大数据的发展 /411
第三节 智慧城市建设的内容 /412
一、智慧政务 /412
二、智慧交通管理 /417
三、智慧医疗管理 /418
四、智慧环保管理 /423
第四节 中国智慧城市的建设与智慧城乡融合发展 /427
一、中国智慧城市建设成果及任务 /428
二、中国智慧城市建设中的具体问题 /429
三、中国特色的智慧城乡建设规划 /430
案例 北京市平谷区大兴庄镇西柏店村的“美丽智慧乡村”集成创新 /433

# 第一篇　城市概述篇

# 第一章　城市与城市化

城市是人类文明与进步的象征之一，与人类祖先从燧木取火到四大发明一样，现代意义上的城市也经历了由聚落到国际大都会的蜕变。21世纪是世界城市快速发展的世纪，是城市化进程迅速推进的世纪。城市化作为当今世界重要的社会经济现象，数十年来一直是学术界关注的焦点之一。这一时间我国城市化进程不断加快，尤其在党的十八大之后我国在新发展理念的指导下着力推进城市高质量发展，城市化率大幅提升，因此，研究城市的起源和发展，摸清城市运行发展的客观规律，解决城市化进程中的种种矛盾和障碍，探索中国城市化未来发展的路径选择，是现代市政管理的题中之意。

## 第一节　城市的产生与发展

### 一、城市的内涵

城市由大量的自然要素和人文要素综合而成，它是多学科的共同研究对象。不同的学科基于其研究目的的不同，在相应的历史发展时期都对城市作出了阐释。

在社会学中，城市作为一个特定的社区，是指由大多数从事工商业或其他非农产业的一定规模的人口组成的生活共同体，凸显了城市的社会分化和人口的异质性特征。社会学关注城市社会阶层、民族、种族的多样性，不同的社群不仅通常生活在城市的不同角落，而且通常也在不同的地方从事不同的工作。在经济学中，城市是非农产业和非农业人口的集聚地，是工商业比较发达的地区，是某一区域或国家的经济中心，它凸显了城市的经济要素集聚特征。城市在有限的区域内，集中了大量企业、家庭和居民，是商业、工业、金融、房地产、信息等非农产业的

札记

集聚地。城市经济具有随着规模增长而报酬递增的效应，当经济规模扩大时，产出增长大于支出增长。随着分工不断细化和专业化，城市会形成多元化的产业结构，使城市比农村更有活力，产业更为齐全。在城市地理学中，城市是相对于乡村而言的一种相对永久性的大型聚落，是包括自然环境而又以人造物和人文景观为主的一种地理环境。在城市经济学中，城市是各种经济活动因素在地理上大规模集中的结果，是一个坐落在有限空间地区内的各种市场要素——住房、劳动力、土地、运输等——相互交织在一起并与域外相互联系的网状系统；在城市政治学中，城市不仅是市场中心的所在地和有关法律规范的地域，还是不同团体确定政治关系的制度化共同体。这些表述虽不尽相同，但都从城市研究的某些侧面或领域，对城市的内在性质和固有属性进行了合理的揭示。

对城市的理解可以区分为广义和狭义两个层面。从广义的层次来说，城市可以理解为乡村以外的一切大型聚落，是指那些人口稠密集中，工商业发达，居民以非农业人口为主，在政治、经济、文化等方面处于某一层级的中心地位的地理区域。从市政学的角度看，只有那些经国家批准设有市建制的城市区域才能称为城市。在此，“市”与国家的行政建制紧密联系在一起，这时的城市作狭义理解。所以，首先城市是与乡村相区别的一种客观的形态。在产业构成上，城市人口主要从事非农产业活动；在人口规模上，城市一般聚居有较多的人口；在地理景观上，城市有比乡村更大的人口密度和建筑密度；在物质构成上，城市具有较为完善的基础设施和文化设施；在职能上，城市一般是工业、商业、交通、文教的集中地，是一定地域的政治、经济、文化的中心。其次城市又是政府行政建制的一种组织形式。从政府行政管理的角度来看，城市地位要由政府根据有关标准进行认定，城市往往是国家行政管理网络的联结点和中心。

与乡村相比，城市具有以下特征：第一，聚集性。城市是在有限地域内大量的人口、资源、设施、文化和社会经济活动的高度聚集地，作为人流、物流、信息流高聚集地的这种特性，有时也被称为空间聚集性。第二，非农业性。作为一个经济实体，城市是非农业人口与非农业生产活动的聚集地，在空间上又表现为非农业的土地利用，城市代表了先进的生产技术和生产方式，城市经济与农村经济在专业和地域上有非常明显的分工，这是城市的经济特性，也是城市先进性的体现。第三，开放性。城市的活力来自于开放。城市的开放性是双向的过程，它既包括城市向外界的功能辐射，也包括城市对外界的功能吸引，城市的发展需要从外界输入物质、能量、资金、技术和劳动力，也向外界进行各种产品、知识、物质的输出。随着经济全球化发展，城市的开放性对于确保城市竞争力和持续发展都有重要意义。总之，城市是一种极其复杂的社会历史现象和社会存在，城市文明是人类进步的象征。随着人类进入21世纪，城市即为世界关注和焦点。一方面，城市是创造人类公共财富和文明的最大基地；另一方面，城市又是公共管理问题的聚焦点，是人类社会全面发展的关键，随着全球经济全球化的发展和世界城市体系的调整，城市也逐渐成为国际经济的管理中心。

## 二、城市的产生

城市是社会经济发展到一定阶段的产物，标志着社会的进步和人类文明的提升。城市自与乡村分离成为相对独立的政治、经济、文化实体，已有几千年的历史。人类告别游猎采集，开始定居后，出于防御的需要，在聚落四周建起障碍性建筑物，这是最初的城，防御是城的基本职能。随着生产力的发展，社会出现了剩余物品，就有了交换行为。交易的扩展又要求设立相对固定的贸易市场，于是“城”和“市”逐渐融为一体，演变为城市。历史上最初形成的城市距今约五六千年，主要分布在一些地理位置优越的水域附近，包括古埃及的尼罗河流域、西亚的两河流域、南亚的印度河流域和中国的黄河流域等地。

城市的出现是人类文明史上的一次革命。城市的形成与发展来源于原始社会后期的三次社会大分工的推动。原始社会后期，以畜牧业和农业的分离为标志的第一次社会大分工为城市的出现提供了契机。为适应新的生活方式和生产方式，人类逐步形成了原始的群居点，即聚落。此后，随着社会生产的进一步发展，剩余产品出现，使得商品生产和商品交换成为可能。在原始社会的瓦解时期，第二次社会大分工出现，即手工业与农业分离。这次社会大分工促进了劳动工具制造行业的发展，进一步解放了社会生产力，导致了商品生产的产生和私有财产的形成。因此，出现了以商业、手工业为主的农村小镇。原始社会末期到奴隶社会初期，伴随商品生产的发展和商品交换的扩大，第三次社会大分工出现，商业从农业和手工业中分离。这次社会大分工在相当的程度上促进

札记

了城市的产生：一方面，促使了商人阶层的出现，强化了商业活动；另一方面，产生了以商品加工和交易为生存方式的居民点，推动了居住聚落性质的分化。同时，由于阶级的出现和各个部落之间的战争，部落联盟的首领为了保护自己，在原始的居住地修建城池与防御工事，形成了最早的城市。在社会生产力发展的历史变迁中，第一次大分工将农业从以天然采集为主的生产方式中独立出来，人类进入了农耕社会；第二次大分工把手工业从农业中分离出来，出现了农业和非农业的分化；第三次大分工出现了商业和服务阶层，社会更加多元化，最初意义上的城与市分别诞生。不同地方的社会实践有所区别，不同地方城市起源的主要因素亦有所不同。

## 三、城市的演变与发展

### (一)城市演变历程

1. 城与市由分离到统一的转变

最初城与市是两种不同的事物。城是政治军事中心，是周围筑起来用以保障居民安全的军事构筑物。中国传说中的夏代就有“筑城以卫君”之说。按照中国古制，城有两重，“内之为城，城外为之郭”。奴隶制时代，奴隶主住在城里，奴隶们住在城外，城就是保护奴隶主利益的军事设施。城的出现是阶级矛盾激化的产物，其本义具有政治性的特点。

市的出现晚于城，是商品交换的场所。《易・系辞》中提到：“日中为市，致天下之民，聚天下之货，交易而退，各得其所。”市是商品经济发展的产物，作为政治、军事统治中心的城和交易买卖场所的市，最初各自独立发展。不过，与乡村地区相比，二者也有共同之处，即都是非农业生产活动聚居的场所，是非农业人口的聚居区。随着交易规模的扩大，维持市的运行需要一定的军事防卫，同时，住在城里的上层人物也需要商品和便捷的服务，于是城和市相互需求，逐渐由分离走向整合，出现了城中有市的局面，而原先的城也逐渐褪去了笨重的城堡，走向开放。古代的城市主要是为了保护私产、维持统治、开展交换、满足消费，它集中体现了政治、交易和消费的职能，缺少生产的职能。

札记

2. 近代工业发展对城市的影响

人类社会进入近代工业革命阶段，近代的大工业多集中在城市，城市成为工业和相关服务业的经济承载体，工业化塑造了城市的新面貌，城市具有了生产的功能，城市的职能出现了质变，脱颖而出成为政治、经济和文化中心。近代工业化进程对城市发展的影响表现在以下三个方面。

(1)消费型城市向生产型城市的转变。

在近代工业革命之前，城市主要是消费性地区，乡村是生产性地区，城市的发展依赖并建立在乡村生产的基础之上。近代工业改造了城市的性质，使城市具有了生产功能，城市在整个社会中的地位和影响发生了变化，成为最有创新能力的增长中心。

(2)城市规模的扩张阶段。

随着城市功能日渐多样化，大量的劳动者和消费者云集于此，带动各种生产要素在城市中集中，在城市中开设工厂变得有利可图，工业的发展推动了城市的发展，扩大了城市的规模。从无到有、从小到大，城市扩张成为一种现代社会发展的主要趋势。

(3)城市问题的产生。

城市是经济活动的集中地，各种要素的密集也容易引起混乱，产生其他问题。工业革命推动下的城市发展到一定时期，就出现了新的问题，如最初发展的盲目性、随意性和自发性，缺少现代意义上的城市规划和管理，导致城市布局紊乱环境污染、交通堵塞，使发展中的城市远离了自然，失去了自然界生态平衡自我调节的功能，使其陷入了混乱。工业城市产生的这些问题被称为“城市病”。在相当时期内，“城市病”伴随城市发展历程，成为城市发展的特征之一。

### (二)城市发展的五阶段

城市自出现之后，随着人类社会的发展而不断发展，而推动城市发展的因素也包括政治、经济、科学技术和文化等多个方面。从历史上看，城市的发展大体经历了原始城市阶段、封建城市阶段、近代城市阶段和现代城市阶段四个时期，本书对未来城市的特征也作了推测，历史阶段城市发展的主要特征见表 1-1。

札记

表 1-1 各历史阶段城市发展的主要特征

| 城市发展阶段 | 发展状况 | 城市建设 | 经济功能 | 城乡关系 |
| --- | --- | --- | --- | --- |
| 古代城市 | 城市规模很小，数量很少 | 市政设施简陋，生活条件落后 | 手工业集中地、农产品集散地 | 城市相对封闭、城乡分离 |
| 近代城市 | 城市规模扩张，数量猛增 | 市政施设完备，生活条件改善 | 机器大工业、商贸中心 | 城乡对立、差距拉大 |
| 现代城市 | 城市规模相对稳定数量持续增加 | 市政设施优越，生活条件完善 | 第三产业中心、城市功能多元化 | 城乡差距缩小、逐渐一体化 |
| 未来城市 | 大都市和新兴小城市连绵区 | 城市信息化、园林化、生态化 | 信息流通、管理和服务中心 | 城乡融合 |

1. 早期城市阶段

这主要是指城市在奴隶社会的发展阶段，这个时期的城市规模较小、数量较少，城市居民的活动分散，许多居民还从事一定的农业生产活动。城市的政治统治功能突出，而作为经济中心的功能则相对弱化，城市往往是某一国或某一地区的行政、军事和宗教中心，表现出的是强烈的军事目的，即“城”的形象。因此，为城市居民生产和生活提供共同条件的市政功能还未形成。原始城市的这些特点与奴隶社会生产力水平低下、科学技术不发达有关。在西方，这一时期兴起了古希腊罗马时代的雅典、罗马等城市。在中国，原始聚落的居民点形成了以农业为主的乡村和以手工业、商业为主的城市，殷周时代出现了商城(郑州)、周代出现了周王城，春秋时期的城市齐临淄，长 5 公里，宽 4 公里，人口规模一度达到 7 万人，定陶、中山、雍、宛等也都是当时著名的商业都会。

2. 古代城市阶段

自公元 476 年西罗马帝国灭亡到 1640 年英国资产阶级革命的爆发，欧洲经历了封建社会，并经历了宗教神学占统治地位的漫长的中世纪。在这一时期，由于社会生产力的进一步发展和社会分工的日益深化，商品生产和商品交换愈加频繁，交通运输更加发达，城市的发展出现了一些新的特征，主要表现在：城市的功能趋向多元化，城市不仅作为商品市场和贸易中心而存在，而且日益发展成为政治、经济和文化传播的中心；城市分布的范围更加广泛，不再仅仅局限于地理位置优越的狭小地

札记

区；一些城市基于自身管理的需要，制定了一些相应的法律条文。

在中国，到战国时期，中国历史上真正意义上的城市便已形成。自郡县制推行以来，建立了以县城、府郡、首都等三级行政中心城市为主体的城市体系，在汉朝，随着丝绸之路的开启，城市数量大范围增加，全国共有城市1587座之多。自隋朝大运河的开通，南北方经济沟通加强，并且出现了城市群，据统计，隋朝时期全国共有15个10万人级的大城市。两宋时期经济发展促进了城镇规模和数量的快速增长，开封最多时人口将近100万，也带动了市镇的出现和发展。元朝、明朝、清朝，国家统一，经济和城市范围取得更大进展，受到少数民族政权的影响，这一时期的城市经济活动逐步向东北、西北、西南边陲地区扩展。

总的来说，封建社会的城市，规模仍然较小，生产技术比较落后，生产仍以手工业为主，城市发展缓慢，但是“市”的作用明显加强，承担着重要的商品流通职能。

3. 近代城市阶段

18世纪下半叶，欧洲工业革命的发生使资本主义生产关系得以确立，带来了城市的迅速发展膨胀，形成了近代意义上的城市，这是城市发展史上一个承前启后的决定性阶段。工业革命的发展改变了城市的性质，因此这一阶段城市的主要特点是以工业化带动城市化。首先，由工业革命创造的崭新生产力方式，可以在较小的土地面积和空间上进行高效率的生产活动，从而把古代和中世纪的军事性、宗教性、政治性、消费性的城市，变成了工业性、商业性、生产性和居住型的城市。马克思提出“城市的发展要以商业为条件，这是不言而喻的”。近代商业的兴盛，不断推动新的商业区在城市中的出现，使城市经济的中心功能作用迅速上升。其次，工业化造成了城市人口集中，由于工业的机器生产线需要大量产业工人，它以远远高于农业的生产率水平吸引农民的进入，把传统社会的农民变为雇佣工人，形成了城市人口的集中。再次，工业化不仅创造了新兴的工业形式，而且带来了工业在地域上的相对集中趋势，以满足企业资本寻求协作利益和竞争优势的需要。于是，成片的工业区出现并与城市居民区和商业区区分开来，直接影响着现代城市内部产业的扩展模式和分布格局；而工业区之间的联系打破了过去城市的封闭意识和城市间的割据状态，代之以开放的市场体系，使城市按照经济合理的市场原则和广泛的区域性道路发展。最后，工业化产生了一系列

札记

关联效应，工业产品价值的实现要求有比较发达的商业、交通运输业、通讯信息业、金融业以及其他各种服务业，从而使城市经济职能进一步复杂化。总的来看，工业化带来了城市的发展与变化，主要表现为：城市数量迅速扩张，规模急剧膨胀，城市功能多样化，城市布局结构出现巨变，渐趋合理，出现了工业区、商业区和居住区等的划分；城市中社会意识形态以及各类文化日益冲突，社会结构开始发生变化，社会观念和社会心理也在同步发生变化，并由此逐渐形成繁华的近代都市；同时，城市中社会问题与环境问题逐渐突出。

4. 现代城市阶段

人类社会进入 20 世纪，尤其是第二次世界大战之后，城市发展出现了一个空前的高峰期。现代城市阶段就是指后工业化时代的城市。这一时期，城市人口迅猛增长，经济实力大大增强，以服务业为主导，出现了一些特大城市和大都市。该时期城市发展的特点主要是：

第一，城市日益成为人类居住活动的中心和经济发展的中心。人类社会经济的发展和城市日渐增长的经济产业优势带来了人口城市化的发展，在发达国家，目前城市人口占总人口的比例甚至高达 70%～90%。由于城市拥有广阔的商品市场和雄厚的科技力量以及现代化的工业、交通运输业和服务业，城市作为经济发展的中心地位更加凸显。

第二，城市空间布局结构发生了巨大变化，城市内部出现了区域分工。在较大的城市内部，工业区、商业区、居住区和文化区的分化十分明显，促使整个城市结构合理化。与此同时，城市群落、城市带、城市圈等城市群体布局出现，城市彼此之间的界限模糊而渐次延绵。

第三，城市问题更加突出，生态环境保护和可持续发展成为世界所有城市面临的共同问题。城市作为自然资源的主要消费者，每天产生大量的污染废弃物，城市生态环境问题已成为城市发展中一个极其重要的课题。目前，世界上几乎所有国家的城市，都将环境保护和可持续发展作为其战略构成的主要组成部分。

5. 未来城市

到目前为止，在技术不断创新和进步的影响下，人类社会一共经历了三个阶段：农业社会、工业社会、信息社会。虽然城市在技术创新引导下得到了快速发展，但是这三个阶段的城市研究都是从城市整体出发，更关注物质空间组织需求和政府管理能力的提升。而随着智慧社会

札记

的即将到来、全球发展战略的转型，人本化的未来城市发展方向基本清晰，那么未来的城市如何实现人本化呢？

首先，未来城市应该是人类宜居的家园。未来的城市应该是技术理性回归人本需求的城市，城市的发展一切以人本需求为导向，积极开发和深入应用技术工具，实现城市发展效率与公平的并重，实现城乡一体化的空间资源配置，并致力于城市社会文化空间的重构，为城市居民营造适应其全生命周期的生活环境，从而实现城市宜居与可持续发展的目标。

其次，未来城市是智慧的城市。随着大数据、云计算及人工智能技术的不断发展和深入应用，未来的企业战略布局和城市产业转型升级必定是建立在诸如大数据挖掘、模拟仿真、智能预测、人机交互、无人驾驶、智能识别等关键技术突破的基础上，并利用这些新技术不断积累和对外输出企业的产业服务能力，进而以智慧化支撑未来制造业、农业、旅游业、交通产业、健康产业、电商产业等全行业的高端发展，即通过技术创新和服务来组织未来城市产业生态链，最终通过多行业的智慧化融合发展，构建智慧城市。

最后，未来城市将实行高效的社会治理。其一，未来城市具备完整的信息基础设施体系与不同数据源的有效融合标准；其二，未来城市拥有健全的数据共享和开放软环境；其三，未来城市拥有集成、高效的公共服务平台，为居民提供全方位的服务，并注重公众参与方式和渠道的创新。

## 第二节 城市化的概念与发展

### 一、城市化的基本概述

#### (一)城市化的概念与衡量指标

1. 城市化的概念

(1)城市化的内涵。1867 年西班牙工程师塞德(A · Serda)在《城市化基本理论》一书中，首先使用了 urbanization 一词。至 20 世纪，这一名词已风行世界。20 世纪 70 年代此词被译成中文时，曾被译为“城镇化”、“城市化”和“都市化”，这三个译名的内涵并无区别，本书采用

札记

"城市化"。

从城市化的字面意义看，城市化是乡村区域转变成城镇的过程。但对这一过程的理解存在一些差异，如在城市化发生时间的认定上，有人把城市化过程追溯到几千年前城市出现的年代，将城市化的历史等同于城市形成与发展的历史。也有人认为城市化是工业革命以来开始的过程，是城市发展到近代时期，由于工业化基础的形成方出现的历史现象。

目前，学术界对城市化概念的内涵，存在着两种解释，一种是狭义的，即城市化是在整个国家或地区的人口总数中，居住于城市区的居民数之比重的增加过程。另一种是广义的，认为城市化是一种社会经济变化的过程，既有人口和非农业活动向城市的转型、集中以及城市景观的地域推进，又包括城市的经济、社会、技术变革进入乡村，以及城市文化、生活方式、价值观念向乡村地域的扩散过程。总之，城市化是人类不可逆转过程和趋势，未来世界是一个城市化的世界，农村因素向城市聚集，城市因素向农村扩散的多层面的双向的综合转化过程，标志着人类生产和生活在环境、内容和形式方面发生的根本性变化。

(2)城市化的特点。18 世纪中叶开始的工业革命，不仅使手工业实现了向机器生产的飞跃，而且改造了各部门经济的活动和生产方式，以及改变了产业结构的传统模式。世界由此以农业社会进入工业社会从乡村时代开始进入城市化时代，从世界城市化进程看，其主要特点有以下几点：

①城市人口增长迅速而持续。从城市形成到城市化开启的数千年里，世界的城市人口和城市人口比重呈很低水平上的缓慢增长。1800 年世界总人口为 9.78 亿，大约 5.1%的人口居住在城市。在 19 世纪的百年间，世界人口增加了 70%，城市人口增加了 340%，1900 年城市人口比重从 5.1%提高到 13.3%。20 世纪前 50 年世界人口增加了 52%，城市人口增加了 230%，1950 年城市人口比重提高到 29%。1950—1980 年，世界人口增加了 75%，城市人口增加了 150%，1980 年城市人口比重为 39.6%。上述这 180 年里，世界人口增加了 3.5 倍，而城市人口却增加了 35 倍有余。而在 2005 年之后，城市人口比重首次接近并最终超过 50%，世界城市化发展进入新的阶段。具体数据见表 1-2。

札记

表 1-2　　世界人口、城市人口和城市人口比重变化表
(1800—2019 年)

| 年份 | 总人口<br>(100 万人) | 城市人口<br>(100 万人) | 城市人口比重<br>(%) |
|---|---|---|---|
| 1800 | 978 | 50 | 5.1 |
| 1825 | 1100 | 60 | 5.5 |
| 1850 | 1262 | 80 | 6.3 |
| 1875 | 1420 | 125 | 8.8 |
| 1900 | 1650 | 220 | 13.3 |
| 1925 | 1950 | 400 | 20.5 |
| 1950 | 2501 | 724 | 29.0 |
| 1970 | 3693 | 1371 | 37.1 |
| 1975 | 4076 | 1564 | 38.4 |
| 1980 | 4450 | 1764 | 39.6 |
| 1985 | 4837 | 1983 | 41.0 |
| 1990 | 5246 | 2234 | 42.6 |
| 1995 | 5744 | 2576 | 44.8 |
| 2000 | 6143 | 2868 | 46.7 |
| 2005 | 6542 | 3216 | 49.2 |
| 2010 | 6957 | 3595 | 51.7 |
| 2015 | 7380 | 3981 | 53.9 |
| 2019 | 7713 | 4299 | 55.7 |

如果把表 1-2 中的数据加以换算，则可以看出 1800 年以来的城市化是一个不断加速的过程。

②人口向大城市迅速集中。这一特点有三方面的标志：其一是 10 万人以上城市的人口占世界城镇人口比重不断提高。1950 年为 56.34%，1960 年为 59.01%，1970 年为 61.51%。其二是城市规模级越高，人口发展速度越快。如在 1950—1975 年，400 万人以上城市的人口增长指数为 340，200 万～400 万人口的城市相应为 264，50 万～200 万人口的城市为 233.5，25 万～50 万人口城市为 230.1，10 万～25 万城市

札记

为 151.5。其三是出现许多一个或数个城市为中心的巨大城市聚集体，即大都市区。现今世界百万人口的城市聚集体比比皆是，千万人口以上的城市聚集体(大都市区)已有 12 个。一些城市聚集体首尾相连，形成若干个几千万人口的大都市带。

③城市化发展主流已从发达国家转移到发展中国家。19 世纪欧洲是世界城市化进程最快的地区，1800 年世界有 65 个 10 万人口以上的城市，只有 21 个在欧洲，到 1900 年世界 10 万人口以上城市增加到 301 个，欧洲却占了 148 个。英国在 1850 年成为第一个有一半以上人口居住在城镇的国家。世界发达地区的城市化在 1925 年前后达到高潮，以后城市化主流逐渐转移到发展中国家，尤其是 20 世纪中叶以来，民族独立解放运动的普遍胜利，这一趋势更明显。1950 年以后，发展中国家城市人口增长速度不仅超过同时期的发达国家，而且比发达国家以往的最高速度还要快，1975 年，发展中国家城市人口数开始超过发达国家，目前约集中了世界城市人口的 60%。但由于发展中国家乡村人口基数大且增长速度也很快，城市化水平仍落后于发达国家。1980 年，发达国家城市化平均水平超过 70%，发展中国家则约为 30%。进入 20 世纪 80 年代，发达国家城市化水平趋于平稳，城市增长人口开始下降，但是以中国为代表的新兴发展中国家通过经济高速的发展实现城市化率和城市人口的快速增加，世界城市化率整体呈上升趋势。

④目前，由于中国等新兴经济体的城市化率逐渐超过 50%，世界进入城市化的稳步发展阶段，世界城市人口增长开始趋于下降。这个下降趋势同时也与世界总人口增长率、世界乡村人口增长速度的下降直接相关，也与社会经济结构变化的阶段性和人口转换的阶段性密切相关。因此，城市化过程可分为三个阶段：城市化水平较低、发展速度较慢的初期阶段；人口向城市迅速集聚的中期阶段，高度城市化后城市人口比重的增长又趋缓慢其至停滞的后期阶段。

2. 城市化的衡量指标

城市化的衡量指标是反映一个国家或地区城市化进程的量化测度。由于城市化过程所包含的内容具有多样性，而且城市化的有些内容如意识、生活方式等，很难直接进行定量分析，因此目前还没有一套可行的、能全面测度一个国家或地区城市化水平的指标。

目前，测度城市化水平的方法及其指标主要有：

(1)单一指标。

单一指标法是通过某一最具有本质意义的且便于统计分析的指标来测度某一国家或地区的城市化水平，目前主要有以下三种具体指标：

①人口指标。具体包括城市人口占总人口的比重、大城市人口占城市总人口的比重、每一城镇人口平均数和平均增长率、人口密度和城镇密度、人口的通勤率、人口的就业结构。其中，城市人口占总人口的比重是测度城市化水平的最主要的指标，已在世界范围内广泛使用。但城市人口占总人口的比重，不能反映城市的经济发展水平和城市的现代化水平。

②土地指标。从土地利用角度看，城市化过程是城市用地不断扩张的过程，因此，在土地利用方面测度城市化水平的指标主要有：城市用地占可用地的比重、农业用地转化为城市用地的速度。但是，城市用地指标受一个国家或地区土地资源的影响很大，不同国家或地区、不同规模和不同生活水平的城市，人均用地标准是不相同的。因此城市土地利用指标很难计算和统计，不便使用。

③产业结构指标。如前所述，城市化是产业结构优化升级的过程，因此测度城市化水平的产业结构方面的指标有：第二、三产业的产值在国民生产总值中的比重、第三产业的内部结构。

(2)综合指标。

针对单一指标难以全面衡量城市化水平的缺陷，不少学者提出了以多项指标来综合测度一个国家或地区的城市化水平。

日本的“东洋经济新报社”在《地城经济总览》中，提出了一个“城市成长力系数”的综合指标。该综合指标包含以下 10 项具体指标：总人口、地方财政年度支出额、制造业从业人数、商业从业人数、工业生产总值、批发业销售额、零售业销售额、住宅建筑总面积、储蓄额、电话普及率。但是该指标一般是针对某一国家或地区的具体情况设计的，通用性差，不便于各国或各地区城市化水平的比较分析。另外，为了比较分析各国各地区的城市化进程，还可以采用以下两个辅助指标：一是农村中非农人口的比重。就发达国家来说，农村中非农人口的比重高，说明有大量往返于城乡之间的钟摆式流动人口的存在，这是交通发达、便捷的表现；二是城市现代化水平。另外，随着环境问题逐渐被重视，对城市环境的评价也逐渐成为城市化评估综合指标的重要部分，将城市化

札记

同生态化结合起来，走环境友好的城市化道路，加大污染治理力度，推动城市与自然、人与环境和谐相处，建设生态城市。

（二）城市化的动力

城市化是多种动力共同作用的结果，可从多种角度对城市化动力作出分析和解释，如经济的、社会的、文化的甚至是政治的。虽然存在着多种动力以及由此而产生的诸多类型的解释，但从多种动力的构成关系看，最重要的是经济发展所产生的动力。经济发展不仅是城市化进程的第一动力源，而且是其他动力的发生基础和实现前提。从城市化的共性看，经济发展所产生的动力主要在于三个方面：

1. 农业发展是城市化的初始动力

此处所讲的农业取广义的概念，即包括种植业、饲养业、林业和渔业，与第一产业为同义语。农业是经济增长的基础，也是工业发展的基础，将农业发展作为城市化初始动力，首先就是从其基础性而言的。其次，农业对城市化所产生的推动作用，又是农业发展到一定阶段的结果，这个阶段就是工业革命。工业革命后，农业才真正成为城市化的现实动力。农业发展对城市化的推动，主要表现在五个方面：

（1）农业发展为城市经济提供资金积累。城市是以大规模的机器工业生产为标志的，机器大工业的形成，从最早进入工业化进程的国家看，都有农业所创造的财富向城市聚集的前期准备，从而构成城市经济从手工业向机器工业飞跃的原始积累。在实现这一飞跃的过程中，又都经历了城市工业经济掠夺农业资本的积累过程。再从后续进入工业化进程的发展中国家的城市化情形看，这些国家的城市经济仍然要以农业发展作为工业资金的基本来源。

（2）农业发展为人口向城市的聚集提供基本的物资生活条件。人口大规模地向城市聚集，必须以基本的物资为基础，如粮食、蔬菜和其他副食品。没有农业的供给能力，大规模的人口城市化是不可能的，可以说，农业的供给能力之强弱，在极大程度上决定着城市化速度之快慢。当然，也有个别国家或地区在自身不具备相应的农业基础的条件下，同样实现了城市化，但必须看到，这些国家或地区是以其他国家或地区的农业发展为基础的，仍然得到了农业发展对其城市化的推动力。

（3）农业发展为城市发展提供劳动力。城市化过程中，城市对乡村

札记

人口所产生的吸纳力，首先就是对农业劳动人口的吸纳。从世界范围看，农业向城市提供劳动力曾有过两种形式，即农村经济的破产与农业劳动生产率的提高。这两种形式都会产生“剩余劳动力”，为城市各经济部门提供大量的劳动人口。农业发展为城市发展提供劳动力，不仅表现在早期城市化，即密集型制造业对农村劳动力的吸纳，而且表现在中期城市化，即第三产业迅速发展对农村劳动力的吸纳。

(4)农业发展为城市轻工业生产提供原料，如棉、麻、羊毛、牛皮、烟草、林木等，是由农业提供的。没有稳定的原料基础，城市工业不能获得必要的投入，也不可能有产出，因此会严重制约整个城市工业的发展，会极大地滞缓城市化进程。发展以农业为原料基地的轻工业，往往是后发展国家在国际市场获取外汇或换取重工业产品的重要手段，农业是否有稳定的发展，对于这些国家的城市化更是具有重要意义。

(5)农业发展为城市工业提供市场，农业是城市工业的大市场，一方面广大的农业生产者是城市工业生产的基本消费者，另一方面，更重要的是农业是城市工业生产的各种生产手段、生产设备和产品的使用者，如各类运输工具、机器、化肥、农药、建筑材料等。常言所说在农业可以看到城市各工业部门的影子，就是对农业这个大市场的生动比喻。乡村地域之所以成为城市发展的腹地，同样也因为有农业这个大市场的存在。

2. 工业化是城市化的根本动力

18 世纪 60 年代的产业革命，启动了工业化的历史进程，机器大工业迅速发展并在国民经济体系中占主导地位。工业化的根本性作用在于工业为所有经济部门或行业提供生产手段和设备，使社会生产力得到根本改造。从而构成城市化的本质力量，工业化作为城市化的根本动力，主要表现在以下三个方面：

(1)工业化使城市成为区域经济的中心。机器大工业生产体系在城市形成，以及因机器化大工业生产要求而出现的新型工业城市，提高了城市发展的经济实力，扩大了城市区域的经济容量，增强了城市向周边乡村区域的辐射力和带动作用，从而形成了完全不同于并优于乡村地区的城市经济，即以第二产业和第三产业为基本构成的主导型经济。

(2)工业化冲破农村自然经济的桎梏。工业化所提供的农业化生产的机械化手段，改造了农业的耕种技术、灌溉手段、运输能力和其他管

札记

理、经营的技术，使农业生产有了根本性变革；导致了农村自给自足分散封闭的自然经济向市场化、规模化的现代经济的转变。这一转变解放了农村的劳动生产力，提高了农村经济发展水平，强化了农村市场与城市市场的联系，其结果不仅形成了农村劳动人口脱离农村的根本性能力而且形成农村地域向城市地域转变的根本性动力。

(3)工业化带动交通地理的大变化，工业革命之前，城市的分布和发展主要受自然地理的影响，这是城市发展长时期处于缓慢状态的一个主要因素。工业化极大地改造了交通运输业，尤其是远距离的交通运输、交通运输业的改造，形成了交通地理的新面貌，减弱了自然地理条件对人类社会活动和经济活动的影响与束缚，改变了经济地之间、消费地之间、生产地与消费地之间的时空联系，改变了各类、各地市场间的关系，加速了社会生产和再生产的运动过程，这些变化都极有力地促进着新兴城市的不断涌现，以及原有城市性质、功能、规模的合理变化。其中最重要的是，在主要交通线路上的大城市群、大城市带的形成与发展，构成城市布局和城市区位的新体系，使城市化与工业化的正相关性更为明显。

(4)工业化促进城市第三产业的大发展。城市第三产业的蓬勃发展，拉动经济需求和社会需求，带动城市就业机会与人口的增加。1960—1980年，发达国家在制造业就业的人数比重一直徘徊在38%左右，制造业产值比重则从40%降至37%；但同期城市化水平不仅没有降低，反而从68%升至78%；其中最主要的升力就来自第三产业的发展，第三产业的发展带来了“两个增加”，一是生产配套服务的增加，二是生活消费性服务的增加。这两个“增加”实质上是工业化所造成的经济与社会需求在第三产业领域的反映，而第三产业对两个“增加”的满足，则更是离不开工业化在技术、手段和设备上对第三产业的促进。

3. 市场化是城市化的直接动力

农业对城市化的初始动力作用，通过市场化进程的出现而得以真正实现，这是理解为什么农业的“推力”在18世纪中叶以前并没在城市发展上有强烈体现的基本原因。如果没有农业的市场化，城市化对农业的“借力”是难以实现的。工业化对城市的根本推动作用，亦是通过市场化进程的深入与扩大而得以实现的，市场化是工业化的必然之果，市场化又是城市化的直接导因。就市场化的直接作用看，主要有三个方面：

札记

(1)劳动力市场化使劳动人口向城市的迁移得以实现。城市化中劳动人口向城市流动，并非农业奴隶向工业奴隶的转变，而是获得自主出售其自身劳动力的劳动者，向劳动力买卖市场的转移。劳动力市场化为劳动人口在空间迁移的同时又实现社会职业的转变，提供了现实的社会条件。这与历史上大种植园主野蛮买奴贩奴现象，是有本质区别的。同时，劳动力市场化往往又与封建专制条件下的农奴制度是相反的。

(2)土地资源市场化使城市空间规模的扩大和新城镇的建设得以实现。土地是城市化的直接物质载体，土地资源市场化使土地的配置、开发和利用，出现向城市发展倾斜的趋势。土地资源被城市大量占有，使城市发展获得必要和充分的空间，使依附于城市经济的生产活动有了劳动地盘，也使集聚于城市的人口有了栖身之地，更使城市之间以及城乡之间的交通用地的需求得以解决。

(3)产品市场化使城市化在更广阔地域的展开得以实现。市场化造成地域性、全国性甚至国际性贸易，在贸易圈内或商贸线路上，商业性城市的大量出现是20世纪城市化的主要构成。

### (三)城市化的分类

城市化现在已成为多学科的综合研究课题，每个学科都根据自身的特点，从各个不同领域、不同角度、不同标准，对城市化现象进行分析，并划分出各种不同的类别。城市化的类别大体有这样几种划分。

1. 以城市的产生和特点为划分标准

第一种为农基型城市化。城市的产生是以农业发展为基础，以工业发展为动力。在城市化过程中，工业高度发达，并以雄厚的物质力量与先进的科学技术来加固农业这个基础，使农业实现现代化，从而腾出大批劳动力来发展城市中的制造业(工业)和各种服务行业，使工农业均实现了现代化。此种类型的城市化国家，都是人均耕地多，又有先进的农业科学技术，并且经历了工业化和人口城市化过程。

第二种为工外型城市化。在城市化过程中，工业高度发达，但为了发展工业而不惜牺牲农业，在大办工业的同时其他相关行业和城市公共服务发展。实现城市化，工农业虽然也实现了现代化，但粮食问题却未获得解决，大部分农产品依赖外贸进口。故称之为工外型城市化。这种城市化类型的国家，儿乎都具有国土面积狭小，耕地不足，工业高度发

札记

达，外贸便利的特点。

第三种为超载型城市化。在城市化过程中，农业工业都相当落后，只有某种资源性工业（如石油工业）发达，使人口城市化程度与发达国家不相上下，粮食年年依靠进口，人口城市化程度超过了工农业生产的承受能力。或者说，城市化超越了国力，属于超载型城市化。

2. 以城市中心的空间关系为划分标准

一种为向心型城市化，即不断向城市中心集聚的城市发展过程。各种商业服务设施、政府行政机构、各种企事业单位的总部、金融银行机构以及新闻媒介机构等普遍有向心集聚的要求进而密集于城市中心。向心型发展会使城市中心部分向立体化、高密度方向发展。

另一种为离心型城市化，即是城市从内向外离心扩散的发展过程。例如：一些占地规模较大的企业；有严重污染的企业；需要安静环境的特种医院；执行特殊任务的机构等随着城市的发展需要避开城市中心向城市外围移动扩散。城市的离心和向心发展过程，不是绝然分开的，有时是同时存在。但在城市化的初期阶段以向心型发展为主，在城市化的后期阶段则以离心型发展为主。

3. 以城市建成区范围扩展方式为划分标准

一种为外延型城市化。城市向外扩展时，空间上一直保持与建成区连接，逐渐蚕食周围郊区，变农地为城市用地，使城市建成区连续渐次地向外推进。一般小城市变为中等城市，中等城市变为大城市，几乎都是沿着这种方式形成的。

另一种为飞地型城市化。城市向外推进时，出现了空间上与建成区断开，职能上却与原有市区保持密切联系的新的城市用地。这种空间上与原建成区分隔的城市扩展方式被称为飞地型。造成飞地型的原因很多，主要是受市区边缘地形、水体限制以及行政区划等因素的影响，在条件适宜的地方形成新的功能区或新的点状城镇，用以分散城市中心的压力。

4. 以城市化进程的结果为划分标准

一种为积极型城市化。一个国家或地区的城市化进程与该国或该地区的经济发展水平同步、协调。这种类型城市化的关键在于城市化的速度与质量协调同步，同时能有力地推动国民经济的进一步发展。

另一种为消极型城市化。往往是在区域经济基础相当薄弱，加上政策失误或其他因素，城市化发展出现失控状态，导致城市化进程与地区工业、第三产业及科技文化的现代化过程相脱节，使得城市人口增加与就业机会之间，农村人口减少与农业生产集约化水平之间不相协调，从而延缓、阻碍地区经济的发展，各种城市病也随之产生。

分清城市化的类型，对于制定城市化发展战略，选择城市化道路有着极为重要的意义。但是这种分类是动态的，不是一成不变的。

### （四）城市化与城镇化

城市化和城镇化没有本质上的不同。西方国家因工业化而兴起，城市化与工业化相伴而行，强调工业的发展对城市形成的带动作用。中国的城镇化是非农化的过程，其最重要的特征是伴随农村人口不断转移，农业种植的职业身份不断向非农业产业身份转变，相伴而生的是大、中、小城市不断扩张的演进过程，可以说是走了一条先农村改革、后城市发展的渐进式发展道路。从这个意义上讲，中国称“城镇化”而不称“城市化”，是基于特殊发展阶段的基本国情，不同的动力机制与发展背景等因素，并带有鲜明的城乡关系色彩。

城市一般指经过上级政府批准设立的“市”，而城镇则是泛指乡镇地区，“城市化”和“城镇化”的对比关键在于对乡镇地区的纳入。乡镇一般是常住人口在20万人以内的镇、集镇或者乡，它们一般兼具工业、商业职能，但是范围较小，仅能满足当地居民的基本需求。乡镇地区作为区域经济发展的中心，发挥了推动区域资源、商品整合的特点；作为平台可以凝聚和辐射农村产品，达到资源最佳配置；促进与农村地区劳动力的双向流动，乡镇介于城市与农村之间，在连结城乡，在劳动力、资源、商品的对接上有着重要的桥梁和纽带作用，同时中国需要保证国家粮食安全、推进农业现代化，还需要有“镇”作为依托，发挥连接作用，决不能忽视小城镇的特殊作用。因此，从某种程度上讲“城镇化”更加适合中国的实际，更加具有中国特色。

## 二、城市化形态的演变

在城市化充分发展之后，一个城市的城市化形态会随着城市经济的发展、城市环境变化、市民生活的观念进一步发生变化。本书在此按照城市人口和主要设施的转移方向进行分类。

札记

### (一)人口和设施的外迁：逆城市化

“逆城市化”(counter-urbanization)现象涉及城市周边的农村，是城市化发展到高潮后的产物，20世纪后期首先出现在欧美发达国家。“逆城市化”就是乡村地区人口的复兴和增长，而且这种“乡村复兴”的原因是城市人口向乡村地区的迁移。当然这些乡村地区大多是城郊(suburb)。

“逆城市化”与“卫星城”建设不同。卫星城建设是指在大城市周边建设若干城镇，这些城镇一般都具有独立的工商产业，居民的日常工作和生活都在该城镇内或附近，同时也经常去中心大城市进行消费活动。而“逆城市化”现象则主要指城市人员工作时在城市、生活则在周边新兴小城镇或生活条件具有城市化的村庄。有的是白天在城市工作，晚上回到附近的乡村居住和生活；有的是每周在城内临时租住，周末回到附近的乡村住房生活休息；有的是工作退休后搬到自己心仪的农村居住生活。

“逆城市化”的根源在于城市发展到一定阶段后“城市病”便日趋严重。人口流动存在趋利性和盲目性，将导致人口过度向大城市集中，这种“过度”表现在，城市规划和建设的滞后和无序，不能解决新增人口的居住、出行等问题；城市经济总量的增长不能完全满足新涌入的人口就业，形成劳动力过剩，由此产生一系列问题：环境污染、住房拥挤、就业不足、治安事件频发等典型的“城市病”。城市生活逐渐使人疲惫不堪。逃离城市，到郊区或中小城镇去居住、生活，成为人们向往的目标。科学技术在传播、通信、交通领域的迅猛发展，使人与人之间的距离相对缩短，使这样的“聚集”可以跨区域，特定工作移动办公成为现实，以往对办公地点的场所性要求逐渐降低甚至不复存在，远离城市中心同样能够开展工作，并且不会增加工作成本或者增加的工作成本将在可接受的范围之内；部分城市人口对生活舒适程度的关注逐渐超越了对生活成本的关注，即认为生活舒适程度带来的正面收益大于生活成本增加的负效益，同时，生产力的发达、畅通的信息交换、便利的交通也可以将生活成本的增加限制在一定的范围。由此，工作和生活双重意义上的“逆城市化”必要条件都已经具备，“逆城市化”必然产生。显然的是，必要条件产生的社会基础存在特定性，这也就能充分解释“逆城市化”产生于后工业化时代，而不是存在于工业社会；其发端主体是城市富裕阶层，而不是普通的城市市民。

“逆城市化”的前提是乡村必须具备与城市几乎一样的生活条件，那么工业化后期的农村城镇化过程就是为以往是乡村的地方创造这样的条件(生活方式和水平城市化)，从而吸引越来越多的城市人到乡村生活居住。“逆城市化”是一种居住模式的变化，在这种模式下，住在乡村的人口可能还会超过城市，“逆城市化”有可能代替城市化而成为居住模式的主导力量。在某种意义上，“逆城市化”也是一种借助城市资源促使农村城镇化的形式。

“逆城市化”现象的原动力在于户籍制度中农业户口黏附的价值，消融“非转农”的关键在于剥离户籍制度中的经济价值，如果不能剥离户籍制度中的户籍价值，也只能形成形式化的居住证制度。

需要注意的是，逆城市化不是城市化的反向过程，不代表城市走向衰退，更不代表城市人口重新成为乡村人口的过程，而是代表了城市居民的生活水平提高、生活水平改善以及乡村地区基础设施、生活环境的极大改善，代表了城市化发展的更高阶段，这种城市人口向郊区扩散的过程并没有改变城市生活的方式，而是把城市生活方式扩散到更加广阔的地理空间。

### (二)就地城镇化

从一般意义上理解，所谓就地城镇化(local urbanization)，就是让农民在本地从事非农行业；乡村改造为城镇，具备城市一样的居住和生活条件；原有农民就地转变成市民，而不是大量涌入异地城市。英国是世界最早实现城镇化的国家。1851 年，其人口城镇化率达到 50%(达到这一比例比中国早 160 年)；1891 年，超过 72%，农村基本实现城镇化；2001 年，英伦三岛(英格兰、威尔士、苏格兰)城市化率为 92.9%。就地城镇化是英国城镇化的主要途径之一，具有明显的三阶段特征，为中国农村城镇化的阶段式推进和多样化模式提供了借鉴作用。

1.“原工业化”时期：部分农民离土不离乡，就地非农化

在中国的明清时代，江南五府(苏松杭嘉湖)以市场为导向的乡村纺织业(棉纺业、丝织业)发达，颇似西欧的“原工业化”。无论是以纺织为副业的农民，还是以手工业为主、以农业为副业的小农，抑或完全脱离农业、从事乡村纺织业的人员，以及手工工场、乡村手工业城镇，

札记

都出现过。但由于没有在生产技术手段上出现突破，特别是受封建统治者重农抑商政策的严重制约，江南乡村纺织业和工商业新市镇没能推动城市化进程，其自身没有成长为工商业城市，也没有带动周边农村走上城镇化道路。

2. 工业化启动期：工业村镇就地成长为工商业城市

在中国，1980 年代社队企业改称乡镇企业。农村小型工商业的发展激活了农村地区的人力、资源等因素，同时又吸纳了较多的农业剩余劳动力，不少农民转向非农化，促进了农村城镇化进程。乡镇企业填补了工业化早期中国城市工业的发展缝隙，具有自己的生长点和生命力，因此在一段时期里势头颇旺。1983 年，费孝通先生发表《小城镇大问题》一文，全国对发展小城镇开始高度关注，农民“离土不离乡”、就地城镇化似乎成了一大趋势。

3. 工业化高潮期：就地改造乡村，生活方式城市化

当前中国已进入工业化高潮期，大中城市具有越来越多的资源优势、经济优势和发展机会，但大城市不应为消除“城市病”而反对人口流入。“人往高处走”是积极向上的能动性体现，政府应予鼓励。要特别防止以“就地城镇化”为标签而硬性将农民固着在本地，改变只让农民在本地非农化的做法，转变让农民“离土不离乡”的观念。农民为了实现个人愿景，既可留在本地，也可就近进入周围城镇，更可迁徙至远方城市。如果农村的生活条件、就业和创业机会与城市一样，农村居民的就业和创业能力与市民相近，他们自然会“就地”发展。乡村条件改善了，还会吸引城市人口下乡居住、生活，所以，必须结合本地农村的不同情况，对自身的实际发展水平和资源条件予以准确评估，探索符合本地实际情况和发展阶段的城镇化道路。

（三）半城镇化

半城镇化是一种农村人口向城镇人口转换过程中的不完全的城镇化状态，表现形式为半城镇化区域和人口半城镇化。从概念来看，半城镇化主要包括地理学和人口学概念。半城镇化的地理学概念最初来源于法国古典地理学词汇（périurbanisation），用以描述城镇周边的任何地区。1936 年路易斯（Louis）发现早期分布在柏林城镇的边界地带，以独特的景观成为城市新旧区的分界。大都市带理论则指出，半城镇地区并非传

札记

统意义上以农业经济活动为主的乡村地区，其景观和产品与中心城市不同，并接受中心城市各种服务的辐射，为城市人口提供游憩场所。加拿大地理学家 Mc Gee(1991) 提出了一类分布在大城市之间的交通走廊地带，与城市相互作用强烈、劳动密集型的工业、服务业和其他非农产业增长迅速的"半城市地区"。半城市化的特点为，制造业占 GDP 比重超过 40%，且不断增加，农业比重高于 10%，但逐渐减少，在地理景观上，农业用地与工厂、工人住宅、新开发区等城市、工业用地"犬牙交错"。

国外研究认为人口学概念的半城市化地区主要是中等阶层家庭从城市迁入半城市化地区，新增人群进入本地社区，并带来了新的价值观和意识形态。中国首次提出的人口半城市化是城镇化过程中的一种不整合状态，其主要特征是，在系统层面，半城镇人口市场系统与社会、体制和文化之间不整合；在社会层面，与城镇居民的生活、行动等相互不融洽、隔绝；在心理层面，有遭受排斥、歧视的可能。

中国的半城市化发展必须立足于中国国情。中国传统的半城市化形成于非农业设施的迁入和途径。一方面，工厂、非农企业的迁入，带来大量非农业人口的长期工作，进而形成与此相配套的基础设施，形成半城市化；另一方面，高铁站、机场、高速公路出入口等重点交通设施等设置也会促使工商业的发展和集聚，带来大量非农业人口进入。随着经济和交通设施的发展，人口的跨区迁移更频繁。在传统的半城市化之外，部分城市人口因气候或自然环境的吸引长期或季节性的迁居至乡村区域，形成了当前中国新的半城市化形态。例如，目前北方地区民众集中在海南等南部温暖地区购房过冬、内陆地区民众在海边购房，这些人追求更安静的度假，一般都会迁入基础设施良好且景色优美的农村地区，使这些地方开始了半城市化进程，这种半城市化形成较传统模式更为零散、非农业居民来源更为复杂，在文化、观念的融合上冲突隐患更大。

## 三、中国的城镇化

### (一) 中国城镇化的发展现状

改革开放以来，伴随工业化进程加速，中国城镇化经历了一个起点低、速度快的发展过程。1978—2020 年，我国城镇常住人口从 1.7 亿人

札记

增加到9.02亿人，城镇化率从17.9%提升到63.89%，年均提高1.1个百分点；城市数量从193个增加到687个，建制镇数量从2173个增加到21157个。京津冀、长江三角洲、珠江三角洲三大城市群，以2.8%的国土面积集聚了18%的人口，创造了36%的国内生产总值，成为带动中国经济快速增长和参与国际经济合作与竞争的主要平台。城市水、电、路、气、信息网络等基础设施显著改善，教育、医疗、文化体育、社会保障等公共服务水平明显提高，人均住宅、公园绿地面积大幅增加。城镇化的快速推进，吸纳了大量农村劳动力转移就业，提高了城乡生产要素配置效率，推动了国民经济持续快速发展，带来了社会结构深刻变革，促进了城乡居民生活水平全面提升，取得了举世瞩目的成就。

### (二)中国特色新型城镇化的内涵与特点

#### 1. 中国新型城镇化的本质内涵

简单地说，城镇化就是乡村转变为城镇的发展过程，过程之中却囊括了较为丰富的内涵。综合来看，城镇化可以定义为农村人口和要素资源不断向城镇集聚所带来的产业结构不断优化升级、生产方式、生活方式及社会观念由农式向城式转变的历史过程，而各学科对城镇化内涵的理解并不相同，具体见表1-3。

表1-3 **各学科对城镇化内涵的理解**

| 学科 | 特征 | 动力 | 后果 |
|---|---|---|---|
| 经济学 | 城镇经济快速发展，非农产值增加，自然经济变社会化大生产 | 二、三产业向城镇集中并升级 | 要素集聚 |
| 社会学 | 农式生活方式变城式生活方式 | 社会结构表变化 | 形成市民社会 |
| 人口学 | 农村人口向城镇的空间转移 | 人口大规模迁移 | 城市规模扩大人口数量递增 |
| 地理学 | 农村变城镇 | 生产力空间布局转换 | 消除城乡二元结构 |

札记

总结国内外城镇化的经验，结合国内专家学者的论述，本书在这里将新型城镇化的科学内涵界定为：新型城镇化是以人为本，不断提高城乡居民生活质量的城镇化；是城乡统筹、城乡一体、产城互动的城镇化；是节约集约、生态宜居、和谐发展的城镇化；是大中小城市、小城镇、新型农村社区协调发展、同促共进的城镇化。

中国的新型城镇化是实现从速度型向“又好又快”的质量型转变，走集约型城镇化道路。一是以“统筹城乡综合配套改革”为基本的制度建设方向；二是以区域协调带动城乡协调，建立和完善城市群规划体系；三是制定适合主体功能区发展的城市发展政策；四是转变“移民就业”的大规模人口流动模式。同时，新型城镇化以工业化和信息化为主要动力更加注重城乡一体化、均等化，更加注重集约发展、和谐发展、提升农民和新增城镇居民的生存条件和生活质量，转变经济发展方式，实现资源节约、环境友好、大中小城镇协调发展。

和传统城镇化相比，新型城镇化从城市优先发展的城镇化转向城乡互补协调发展的城镇化；从高能耗的城镇化转向低能耗的城镇化；从数量增长型的城镇化转向质量提高型的城镇化；从高环境冲击型的城镇化转型为低环境冲击型的城镇化；从放任式机动化的城镇化转向集约式机动化的城镇化。新型城镇化的“新”，是指观念更新、体制革新、技术创新和文化复新，是新型工业化、区域城镇化、社会信息化和农业现代化的生态发育过程。“型”指转型，包括产业经济、城市交通、建设用地等方面的转型，环境保护也要从末端治理向“污染防治—清洁生产—生态产业—生态基础设施—生态政区”五同步的生态文明建设转型。在新型城镇化过程中，采用集约、智能、绿色、低碳的发展方式，高度关注农民市民化，着力解决城乡和城市内部“双二元结构”。因此，新型城镇化是人本城镇化、市场城镇化、文明城镇化、特色城镇化、绿色城镇化、城乡统筹城镇化、集群城镇化和智慧城镇化等的统一。从城乡关系的角度解释新型城镇化的特点，是实现城镇化从数量型增长到质量型提升的转变，也就是说要解决农民工进城后公共服务均等化和定居落户的融入当地社会等问题。

党的二十大报告指出，到 2035 年，我国要建成现代化经济体系，形成新发展格局，基本实现新型工业化、信息化、城镇化与农业现代

札记

化。在全面建设社会主义现代化国家开局起步的关键时期，我国要深入实施新型城镇化战略，推进以人为核心的新型城镇化，加快农业转移人口市民化。以城市群、都市圈为依托构建大中小城市协调发展格局，推进以县城为重要载体的城镇化建设。坚持人民城市人民建、人民城市为人民，提高城市规划、建设、治理水平，加快转变超大特大城市发展方式，实施城市更新行动，加强城市基础设施建设，打造宜居、韧性、智慧城市。

2. 中国新型城镇化的特点

作为具有中国特色的城市化发展的阶段性策略，城市化发展的初级阶段，在强调小城市及城镇作为城市发展载体的重要性的同时，也更注重外延型小城镇的数量的增长；当城市化发展到中高级阶段时，更强调了大中城市或城市化群发展的必要性，不仅追求量的增长，也更加关注城镇的深度化发展，具体表现为经济城镇化、人口城镇化、空间城镇化和生活方式的城镇化。

要认识新型城镇化的特点，就要与传统城镇化相比较，这种比较可以从以下几个方面展开：（如表 1-4）

表 1-4 新旧城镇化模式对比

| 项目 | 旧城镇化 | 新型城镇化 |
| --- | --- | --- |
| 城镇化的目的 | 以城为本，产业非农化，土地非农化，高楼大厦 | 以人为本，提高城镇居民的生活质量，让农村转移人口获得同样的幸福感受 |
| 质与量的关系 | 重数量、重规模、重速度 | 重质量、重结构、重效益 |
| 资源利用 | 粗放、土地城镇化远远快于人口城镇化 | 循环利用、精明增长、土地城镇化与人口城镇化速度比小于 2∶1 |
| 城乡关系 | 城乡分离、重城轻乡、优先发展城镇 | 统筹城乡协调发展、城乡一体化、城乡差距缩小、基本公共服务均等化 |

札记

续表

| 项目 | 旧城镇化 | 新型城镇化 |
| --- | --- | --- |
| 城镇体系建设 | 或强调中小城市、小城镇优先发展，或强调优先发展大城市 | 大中小城市和小城镇统筹协调发展、特色发展、充分发挥城市群的作用，重点推进城市群建设 |
| 持续性 | 不协调、不可持续 | 协调、可持续 |

(三)中国新型城镇化发展路径

1. 提高城市可持续发展能力

加快转变城市发展方式，优化城市空间结构，增强城市经济、基础设施、公共服务和资源环境对人口的承载能力，有效预防和治理“城市病”，建设和谐宜居、富有特色、充满活力的现代城市。

(1)强化城市产业就业支撑。

优化城市产业结构，根据城市资源环境承载能力、要素禀赋和比较优势，培育发展各具特色的城市产业体系。增强城市创新能力。顺应科技进步和产业变革新趋势，发挥城市创新载体作用，推动城市走创新驱动发展道路。营造良好就业创业环境，发挥城市创业平台作用，放宽政府管制，降低交易成本，激发创业活力。

(2)优化城市空间结构和管理格局。

按照统一规划、协调推进、集约紧凑、疏密有致、环境优先的原则，统筹中心城区改造和新城新区建设，提高城市空间利用效率，改善城市人居环境。改造提升中心城区功能，完善中心城区功能组合，严格规范新城新区建设。改善城乡接合部环境。提升城乡接合部规划建设和管理服务水平，保护生态用地和农用地。

(3)提升城市基本公共服务水平。

加强市政公用设施和公共服务设施建设，增加基本公共服务供给，增强对人口集聚和服务的支撑能力。优先发展城市公共交通。加强市政公用设施建设，优化社区生活设施布局，完善基本公共服务体系。

札记

(4)提高城市规划建设水平。

适应新型城镇化发展要求，提高城市规划科学性，加强空间开发管制，健全规划管理体制机制，严格建筑规范和质量管理，强化实施监督，提高城市规划管理水平和建筑质量。创新规划理念；完善规划程序；强化规划管控，保持城市规划权威性、严肃性和连续性；加强规划实施全过程监管，确保依规划进行开发建设。

(5)推动新型城市建设。

顺应现代城市发展新理念新趋势，推动城市绿色发展，提高智能化水平，增强历史文化魅力，全面提升城市内在品质。加快绿色城市建设，推进智慧城市建设，注重人文城市建设。

(6)加强和创新城市社会治理。

树立以人为本、服务为先理念，完善城市治理结构，创新城市治理方式，提升城市社会治理水平。完善城市治理结构。顺应城市社会结构变化新趋势，创新社会治理体制，加强党委领导，发挥政府主导作用，鼓励和支持社会各方面参与，实现政府治理和社会自我调节、居民自治良性互动。强化社区自治和服务功能，创新社会治安综合治理，完善城市防灾减灾机制和应急机制。

2. 改革完善城镇化发展体制机制

加强制度顶层设计，尊重市场规律，统筹推进人口管理、土地管理、财税金融、城镇住房、行政管理、生态环境等重点领域和关键环节体制机制改革，形成有利于城镇化健康发展的制度环境。

(1)推进人口管理制度改革。

在加快改革户籍制度的同时，逐步消除城乡区域间户籍壁垒，还原户籍的人口登记管理功能，促进人口有序流动、合理分布和社会融合。

(2)深化土地管理制度改革。

建立城镇用地规模结构调控机制。严格控制新增城镇建设用地规模，严格执行城市用地分类与规划建设用地标准，实行增量供给与存量挖潜相结合的供地、用地政策，提高城镇建设使用存量用地比例。完善各类建设用地标准体系，严格执行土地使用标准。深化国有建设用地有偿使用制度改革。扩大国有土地有偿使用范围，逐步对经营性基础设施和社会事业用地实行有偿使用。推进农村土地管理制度改革。深化征地制度改革。缩小征地范围，规范征地程序，完善对被征地农民合理、规范、多元保障机制。健全争议协调裁决制度。强化耕地保护制度，严格土地用途管制。

(3)创新城镇化资金保障机制。

加快财税体制和投融资机制改革，创新金融服务，放开市场准入，逐步建立多元化、可持续的城镇化资金保障机制。完善财政转移支付制度。按照事权与支出责任相适应的原则，合理确定各级政府在公共服务方面的事权，建立健全城镇基本公共服务支出分担机制。培育地方主体税种，加快资源税改革，推动环境保护费改税。建立规范透明的城市建设投融资机制。在完善法律法规和健全地方政府债务管理制度基础上，建立健全地方债券发行管理制度和评级制度，允许地方政府发行市政债券，拓宽城市建设融资渠道。

(4)健全城镇住房制度。

建立市场配置和政府保障相结合的住房制度，推动形成总量基本平衡、结构基本合理、房价与消费能力基本适应的住房供需格局，有效保障城镇常住人口的合理住房需求。健全住房供应体系，健全保障性住房制度，健全房地产市场调控长效机制。

(5)强化生态环境保护制度。

完善推动城镇化绿色循环低碳发展的体制机制，实行最严格的生态环境保护制度，形成节约资源和保护环境的空间格局、产业结构、生产方式和生活方式。建立生态文明考核评价机制；建立国土空间开发保护制度；实行资源有偿使用制度和生态补偿制度；建立资源环境产权交易机制；实行最严格的环境监管制度。

3. 推动城乡发展一体化

城乡一体化是中国现代化和城市化发展的一个新阶段，城乡一体化就是要把工业与农业、城市与乡村、城镇居民与农村村民作为一个整体，统筹谋划、综合研究，通过体制改革和政策调整，促进城乡在规划建设、产业发展、市场信息、政策措施、生态环境保护、社会事业发展的一体化，改变长期形成的城乡二元经济结构，实现城乡在政策上的平等、产业发展上的互补、国民待遇上的一致，让农民享受到与城镇居民同样的文明和实惠，使整个城乡经济社会全面、协调、可持续发展。

城乡一体化是随着生产力的发展而促进城乡居民生产方式、生活方式和居住方式变化的过程，使城乡人口、技术、资本、资源等要素相互

札记

融合，互为资源，互为市场，互相服务，逐步达到城乡之间在经济、社会、文化、生态、空间、政策(制度)上协调发展的过程。

当前，随着我国全面建成小康社会，我国已经进入全面推进城乡一体化的新阶段，经过近年来的经验积累我们已经具备了全面破解城乡二元结构的条件。当前环境下，全面推进城乡一体化需要采取系统集成的方案，必须全面深化城乡综合配套改革，促进城乡要素自由流动、平等交换和公共资源的均衡配置，使城乡居民享受到等值的生活品质，具体而言，推动城乡发展一体化，需要进行如下方面的改变。

(1)推动城乡空间一体化。

城乡空间是推动城乡一体化的载体。城乡空间一体化不是把城市和乡村两种地域形态的特色消灭，而是做好农田保护、生态涵养、城镇建设等工作，构建产田相融、城田相融、城乡一体的新型形态。以主体功能区建设为抓手优化生产、生活、生态空间，打破行政区划界限，探索以主体功能区规划为纲领，把城市总体规划、土地利用规划、国民经济和社会发展规划统筹的“多规合一”改革。通过构建社区平台等畅通民众参与规划的机制和渠道使群众拥有规划设计和实施的知情权、否决权、建议权和收益分享权。

(2)推动新型城镇化与乡村振兴双轮驱动。

新型城镇化和乡村振兴是相互联系、不可分割的命运共同体。目前我国仍处于城镇化建设过程，在速度减缓的同时质量有所提高，之后推进新型城镇化需要把握以下三点：一是不可以追求城镇化的速度，把推进城镇化的高质量放在首位；二是坚持人口城镇化与土地城镇化的协调，更加注重土地的集约节约利用，注重农业转移人口市民化；三是构建大中小城镇协调、层次清晰、功能明确、分工合理的城镇化体系。

(3)推进城乡产业融合发展。

加强城乡产业融合发展，是带动城乡要素流动、实现城乡融合发展的关键。要优化城乡产业空间布局，城市以现代服务业、先进制造业为主要载体，农村以现代农业、都市农业、观光农业、乡村旅游业为主攻方向，建设各具特色的产业功能区，积极打造城乡产业分工明确、产业链联系紧密、一二三产业互动的现代产业体系。充分发掘农业的多功能和乡村的多种价值，大力实施“农业+”产业融合发展工程，促进乡村旅

札记

游、健康养老等新业态快速成长。

(4)构建城乡要素双向自由流动机制。

要改变农村要素向城市单向流动的格局，破除妨碍城乡要素自由流动和平等交换的体制机制壁垒，引导土地、劳动力、资金、技术等生产要素在城乡之间自由双向有序流动，实现生产要素在城乡之间的合理配置和优化组合。在推进乡村振兴的背景下，更加突出激励各类要素更多向乡村流动，建立人才和外出农民工返乡激励机制、工商资本下乡促进机制、金融入乡服务机制、科技成果入乡传话机制，促进人才、资金、科技、信息的良性循环，为乡村振兴注入新动能。

(5)促进城乡公共资源均衡配置。

推进城乡公共资源均衡配置，重点应健全统一的社会保险制度和社会救助体系、强化城乡教育资源均衡配置、加强乡村医疗卫生和公共文化服务体系建设，推动城市医疗、教育、卫生、文化等公共服务向农村延伸、社会事业向农村覆盖，构建城乡一体的基本公共服务体系。调整公共资源的分布，增强公共服务的瞄准性和精准性，在提高基本公共服务供给效率的同时最大限度满足人口对公共服务的需要。

(6)城乡基础设施一体化。

推进城乡基础设施一体化，必须不断加大农村基础设施投入，把推动农村基础设施提档升级作为主要方向，合理利用划定空间范围，以市县域为整体，推动市政公用设施向城市郊区、中心镇和乡村延伸，加快实现县乡村道路互联互通，构建乡村基础设施分级分类投入保障机制，完善乡村基础设施权责分明的建设机制。

## 案例

### 古今西安的城市发展

西安是中国十三朝古都，是中国古代城市的典范，在中华人民共和国成立之后，西安作为西北地区最大的城市，也随着国家的发展逐步发展和升级。西安市的城市化进程贯穿古今，在不同时代展现着不同的社会特点和时代特点。

**古代西安城市发展**

西安历史悠久，有 7000 多年的文明史，3100 多年的建城史，

札记

1100多年的建都史。6000年前，现西安东郊便有原始的母系氏族聚落。商周之际，周文王将都城从周原迁至西安西郊的沣河西岸，是为“丰京”，周武王于沣河东岸建“镐京”，二者并称为“丰镐”，丰镐是世界上最早的双子城。战国初期，秦献公由雍城(今宝鸡凤翔)迁都栎阳(今西安市东北)，秦孝公时又在商鞅的建议下迁都咸阳。经过秦末农民战争和楚汉之争，汉高祖刘邦最终也选择了这里，以当地“长安乡”而将新都命名为长安，汉武帝又在长安设“京兆尹”作为最高地方长官。东汉实行长安和洛阳东西二京制度，经历了汉末李傕、郭汜之乱和十六国北朝的战争，城市规模已经远不如前。直到新一代大一统帝王隋文帝杨坚营建大兴城，西安终于迎来了自己最辉煌的时代。

唐高祖李渊建国后，重新划分大兴县和长安县，并改大兴县为万年县，取“万年长安”之意。新的长安城占地84平方公里，鼎盛时期的人口高达100万，有300多个国家的使者、商人和留学生汇聚于此，是当时世界上规模最大的城市。唐长安实行严格的中轴对称和坊市制度。皇城以城市中轴线为基准，体现皇权至上的的独立性。外城地区各设有东西向14街与南北向11街，把外郭城划分为108个坊。完全封闭性的坊墙将城市内部的居民住宅区与经济商业区隔离，并形成了网状格局的坊市区域。这一举措，极大适应了中央对地方的监督，管控以及其他功能。据《唐令拾遗》记载，唐朝中央政府为扩大统治基础，加强地方管理设施的便捷性，遂实行里—乡—领—保的户民管理方式，并以城郭内即坊，城郊外为村，从律令上确立了城市，乡村分类管理的形式。不过，唐朝后期，城市经济蓬勃发展，造成地区发展不平衡，从而使大量农村人口渴望涌入城市。而传统的服务设施受“坊市制”节制，难以做到周全的民众服务产业链，无法形成新锐生产力，在社会经济的发展下限制了城市经济的进一步发展，这种矛盾在开元盛世时期更为明显。

安史之乱后，长安城的地位急剧下降，公元904年，军阀朱温挟唐昭宗迁都洛阳，将长安所有房屋尽数拆毁，将砖木材料沿河运往洛阳。佑国军节度使韩建对长安城进行了改建，名为“新城”，但新城面积仅5.2平方公里，是原长安城面积的十六分之一。宋金

札记

时期为陕西路京兆府，元代为川陕行省奉元路。

明初，朱元璋次子镇守西安，在唐皇城的基础上向北、向东外拓1/3，修建了明西安城，并在城市中央修建了钟、鼓楼，开辟了城墙四门，形成了今天西安城的基础。

1645年，清军攻下西安后，改明秦王府为八旗教场，在钟楼向北至安远门、向东至长乐门加筑城墙，将西安城内东北角划为满城，东南加设南城，其余部分为汉城。

**中华人民共和国成立后的西安城市发展**

中华人民共和国成立之后，西安被委以重任，放在祖国发展西部的关键位置上，一大批军工、科教、轻纺等产业扎根西安，点燃了这座古都复兴的火种，此时西安也着手了第一次城市总体规划，确定城市性质为“以轻型精密机械制造和纺织为主的工业城市”，规划以“功能分区、工业主导、五大区域、协调发展、雏形初显”为布局特色，初步确定了中心为商贸居住区，南郊为文教区，北郊为大遗址保护区、仓储区，东部为纺织城，西郊为电工城。本次总体规划为新中国成立初期的城市建设提供了规划依据，它的实施形成了西安现代化城市的雏形，为以后西安的健康有序地发展奠定了良好基础。这一期间，西安市中心市区面积131平方公里，至1972年城市人口达120万人。

进入改革开放时期，一个又一个城市做着大胆而不断自我突破的发展实验，在这样的背景下，20世纪80年代，西安编制了第二轮城市总体规划(1980—2000年)。西安的城市性质被重新定义：“西安将建设成为一座保持古城风貌，以轻纺、机械工业为主，科学、文教、旅游事业发达的社会主义现代化城市。”规划以“骨架扩张、拓展新区、保护遗址、完善设施”为布局特色，突出了西安历史文化名城地位，以显示唐城的宏大规模，保持明城的严谨格局，保护周、秦、汉、唐等大遗址为特点，城市主要向东南、西南两个方向发展，开辟新的功能区，完善城市基础设施，改善城市环境。

规划的实施，在一定程度上缓解了西安的城市用地矛盾，促进了城市各项设施的建设与发展，巩固了西安世界著名古都的地位，同时逐步构筑起以西安作为西部特大城市的构架。与此同时，城市规模和人口在此时也快速增长，中心市区面积将达162平方公里，

札记

人口增至180万。

1992年，国务院批准西安为内陆开放城市，从此，西安在走向“国际化”的道路上迈出第一步。此时，西安再一次更新了城市性质，即“西安是世界闻名的历史名城，我国重要的科研、高等教育及高新技术产业基地，北方中西部地区和陇海兰新地带规模最大的中心城市，陕西省省会。”同时，这一轮规划在对古城保护更新的认识的基础上，确定了其布局形态为：中心集团，外围组团，轴向布点，带状发展，形成中心城市、卫星城、星罗棋布的建制镇三级城镇体系；组团之间以城市快速路相连接，各具特色，独立发展；中间地带为生态区，使西安的城市环境得到进一步优化，把西安建设成外向型城市奠定了良好的基础。

新世纪的到来，西部大开发战略决策的实施，区域经济的快速发展，国家对城市规划工作提出了更高、更新的要求。在这种背景下，西安编制完成了《西安城市总体规划(2008—2020年)》。本次规划重点优化主城区布局，凸显“九宫格局，棋盘路网，轴线突出，一城多心”的布局特色，划分了商贸旅游服务区、工业区、生态旅游度假区、文教科研区、高新技术产业区、装备制造业区等功能分区。

**新时代下西安的新发展机遇**

进入新时代，为实现国家“一带一路”倡议，打造“一带一路”重要节点城市，建设内陆开放开发高地，全面提升对外开放水平，加快经济社会全面、协调、可持续发展，发挥西安在丝绸之路经济带的引领带动作用，2016年西安对《西安城市总体规划(2008—2020年)》进行了修改。为继续拉开城市骨架，西安城市的规划跳出了“城墙思维”，首次实现了“大西安都市圈”的格局。同时为了防止城市“摊大饼”发展，此次规划到2020年全市城镇建设用地规模控制在960平方公里以内(含西咸新区85.1平方公里)，人均城镇建设用地控制在112.85平方米以内；中心城区的城市建设用地总规模控制在490平方公里以内。

本地规划的范围为：以绕城高速为基本轮廓，东至灞河，西到绕城高速路，南至长安(潏河)，北到渭河。历史文化核心区为城市三环以内区域。规划采取“多轴线、多中心、多组团”的空间发展模式，形成“三轴三带多中心”的大西安空间结构。实现从“单轴线、单中心”向“多轴线、多中心”的转变，从“城墙时代”迈向“八水时代”。

根据规划，西安的城市功能也不断丰富：国际旅游城市；新欧亚大陆桥中国段中心城市之一；国家重要的航空航天、科研教育、现代制造、高新技术等产业基地；区域枢纽城市；中国西部经济中心；陕西省政治经济文化中心，“一线两带”的核心城市。最终形成突出古代文明与现代文明交相辉映，老城区与新城区各展风采，人文资源与生态资源相互依托的城市特色，丝绸之路经济带重要节点，具有历史文化特色的国际化大都市。

城市的本质是关于人，人们如何更好地安居乐业，是城市发展的核心。大西安发展规划是城市发展战略规划承接的一个重要载体，它的最初设想和最终落脚点都是为了西安人更好的发展。大西安规划延续历史沿革、符合山水格局、汇聚现代功能，融合历史、文化、景观、经济等多种因素，将继承发扬历史长安的城市空间肌理，再现长安辉煌。

到2035年，西安作为西部经济中心、丝路科创中心、对外交往中心、丝路文化高地、内陆开放高地、国家综合交通枢纽“三中心二高地一枢纽”的六维支撑体系将更加稳固。西安将全面建成国家中心城市和具有历史文化特色的国际化大都市。

# 第二章　城市的功能与结构

城市拥有建筑物密度大、高层建筑物多的景观特色，同时又能够为人类生活发挥必要的功能。城市里的商业、工业、交通、行政、医疗和文化等功能，不仅对城市居民，而且对居住在城市附近的人们也能施加影响，还能为居住在较远的甚至国外的人们提供服务。城市是第二产业及第三产业，而且也可能是更多新兴产业的最佳区位，因而城市是具有多种功能的场所，也具有不同的结构。本章主要介绍了城市功能的分类、变迁、影响因素和优化，以及城市经济结构、社会结构、空间结构和整体结构的优化。

## 第一节　城市的功能

依据系统论的观点，功能是指某一事物在一定条件下具有的能力和所起的作用。城市功能，也称为城市职能，是由城市的各种结构性因素决定的城市的机能或能力，是城市在一定区域范围内的政治、经济、文化、社会活动中，对内对外所具有的能力和所起的作用。它既包括城市对其自身发展所具有的推动力，也包括城市对其区域外地区所产生的辐射影响力。城市功能能级反映了城市在一定区域内的政治、经济、文化、社会活动中，对内对外所具有的能力和所起的作用的性质、规模的大小、程度的强弱等级别分类。

### 一、城市功能的分类

1933 年 8 月国际现代建筑协会第四次会议通过的《雅典宪章》是有关城市规划思想、理论、观点和方法的重要文献。《雅典宪章》从建筑和规划的角度，将城市功能分为了居住功能、工作功能、游憩功能和交通功能这“四大功能”，强调“四大功能”应该保持平衡、协调发展。西方对于城市功能的分类研究，多将其分为城市的外部功能和内部功能，而其中经济功能是其他一切功能的前提和基础。在中国，城市功能多被分为主要功能和基本功能，或称为一般功能与特殊功能，此外，还有对内功能和对外功能。

### （一）主要功能和基本功能

城市的主要功能并不是每个城市都具有的功能，是指由于政治、经济、文化以及自然、地理等方面的历史和现实因素所决定的一个城市在国家建设和社会经济发展中所占的地位和应发挥的作用。我们一般把它称为城市的性质，或城市的特殊功能。比如北京是中国的政治中心和文化中心；又如中国某些沿海旅游城市的形成都与其独特的自然条件有关。

城市基本功能反映了城市的共性，是所有城市都必须具有的那部分功能，也是区分城市与乡村的依据。从一般意义上讲，城市既是人口集中地，又是生产、交换、分配、消费等集中地。因此，城市为生产、生活和提高人的素质提供服务，这就是城市的共同功能。其主要包括三方面：为城市生产和生活提供一般条件的功能、为城市居民提供生活服务的功能、为提高城市居民素质提供服务的功能。

### （二）对内功能和对外功能

一个城市，最初是一个人口积聚的场所，它首先应该满足城市居民的各种活动需求，为他们提供服务，然后才是对外作用。因此，城市功能应该包括对内功能和对外功能两个部分。城市对内功能可以包括两个大的方面：一是合乎自然环境承受能力的，即生态功能；二是合乎社会需要的，既社会功能，它包含安全、文化、教育、政治等方面的功能。城市对外功能主要是因为经济发展所带来的集聚和扩散效应产生的，即经济功能。对内功能和对外功能的区分不是绝对的，它们是一个统一的整体，相辅相成，共同构成城市的功能体系。

具体而言，生态功能指城市在一个国家或地区所承担的满足人类（包括当代和后代）自身生存和发展需要而在资源利用、环境保护等方面所承担的任务和所起的作用，以及由于这种作用的发挥而产生的效能。城市社会功能，是指一个城市在一个国家或地区中所承担的满足人

札记

类(包括当代和后代)自身生存和发展需要而在社会关系和社会进步等方面所承担的任务和所起的作用，以及由这种作用发挥而产生的效能。

城市经济功能，是指一个城市在一个国家或地区中所承担的满足人类(包括当代和后代)自身生存和发展需要而在经济发展等方面所承担的任务和所起的作用，以及由于这种作用的发挥而产生的效能。经济功能是城市功能的重要组成部分，是城市其他一切功能的前提和基础。城市经济功能的大小和主导性优势，不仅反映一个城市在一定区域范围内的地位和作用，还反映出该城市的经济性质。社会经济是在不断变化发展的，城市功能也在不断变化发展，主导城市经济功能的因素也在不断地变化发展。

## 二、城市功能的变迁

关于城市功能，最初是从城市规划的角度提出的。在 20 世纪 30 年代的经济危机之后，有关城市功能的讨论被提上日程，从此备受人们的关注。城市的本质是人类为了满足自身生存和发展需要而创造的人工环境。但如何满足，采取什么样的方式来满足人的需要是问题的关键所在。城市本质的体现需要载体，并通过载体来体现自身的本质，这个载体就是城市功能。

城市功能是城市经济结构和社会结构所产生的整体效能，是城市在城乡关系中的地位和作用的反映。纵观城市发展的历史，我们不难看出，城市的功能经历了从单一到多样、从简单到复杂的发展过程，呈现出一种叠加性现象。

在远古时期，随着社会生产力的发展，以手工业和农业的分离为标志的第二次社会大分工，出现了商品生产和剩余产品交换的比较固定的场所，即早期的“市”，剩余产品的出现使社会分化为统治阶级和被统治阶级。统治阶级为了维护自己的利益，筑墙挖沟、设关造“城”。“城”和“市”的复合便产生了早期的城市。正如马克思所指出的，“某一民族内部的分工，首先引起工商业劳动和农业劳动的分离，从而也引起城乡的分离和城乡利益的对立”。但由于当时社会生产力水平低下，农业在经济中居主导地位，城市虽然在政治上领导农村，但在经济上对农村的依赖性很强。因此，早期城市的功能较简单，主要表现为政治中心，虽然也有一些商业功能，但商业功能是依附于政治功能的。

到了封建社会，随着社会生产力的进一步发展，城市数量不断增加，规模不断扩大，城市功能也出现了新变化。第一，政治中心的功能进一步加强，城市不仅是各级统治者的驻地，甚至成了统治者的象征。第二，城市工厂的发展和商业活动范围的扩大，使城市的经济功能得以增强。第三，文化、教育、艺术、宗教等活动主要集中在城市，使得城市的文化功能突出。需要注意的是由于中国和西方发展模式的不同，这一时期中西方对于城市的经济功能是有差别的。西方城市尤其是欧洲城市由于其地理环境、经济发展对商业更需要，因此商业在城市当中，有些甚至是城市发展的重要组成。而中国长期以来受到农耕经济自给自足的影响，城市更多地被视为封建统治者维护统治的工具，“重农抑商”在城市中也有所体现，城市的政治功能和宗教功能更为强化，这些城市往往有强调皇宫、宗教场所的地点，城市内部有着非常严格的条块分割和对应的功能划分，“市”往往在城市区域之外，为城市服务，城市内的商业活动也会受到统治者的严格限制，例如唐代推行的“坊市制”。

18 世纪中叶，工业革命的发展推动了生产力的进步。机器大工业的生产体系和组织形式的出现，引起人口和资本迅速集中于城市，大大加速了城市的发展，使城市的功能发生了质的变化。城市除了保持政治中心的地位外，真正成了国家或地区的经济中心，国民经济的重心由农村转向城市，城市首次在国家经济中占绝对优势。从此，城市不仅在政治上领导农村，也在经济上取得了对农村的支配地位。正如列宁所指出的：“城市是经济、政治和人民的精神生活的中心，是前进的主要动力。”一般说来，近代城市的核心功能是起经济中心的作用，但具体地说，这种经济中心主要表现为工业生产中心。因为当时占主导地位的产业是第二产业，即工业，而第三产业则居次要位置。然而，出于为工业生产服务的需要，城市也开始在商业贸易中心、金融中心、交通运输中心、消费中心方面起作用。此外，城市的文化中心、教育中心、科技中心、信息中心的作用也逐步明显起来，城市功能开始向多元化方向发展。同期的中国，在鸦片战争之后中国进入半殖民地半封建社会，列强的侵入也改变了传统的城市功能，城市功能等近代化随之展开。随着机器制造业的出现诞生了城市的工业功能，同时城市的商业功能也开始出现，在这期间形成了多个工商业发达的近代化城市，例如上海、青岛等。

札记

第二次世界大战以后，以电子信息、生物技术和新材料为主要内容的科学技术革命，大大提高了社会生产力发展的水平，使得城市化的水平大为提高，一批以中心城市为依托的城市群或城市带相继出现，呈现出城市现代化和乡村城市化的局面。城市的产业结构也发生了巨大变化，第三产业所占的比重超过了第二产业，并且大量工厂迁往郊区，留下来的工厂也逐渐被改造为高新技术产业，腾出的空间被第三产业的行业占据。三大产业结构的变化不仅直接决定着城市空间的结构和布局，也影响和推动了城市功能的变化。在现代城市中，城市经济中心的功能已转变为以第三产业发展为基础、以市场中心为标志的经济中心。城市成为科技中心，进一步推动了市场经济的发展。现代科技和市场经济的发展，使城市信息中心的作用也逐渐凸显起来。

从城市功能的变迁可以看出，城市功能发展的根本力量是社会生产力的发展，而城市功能的完善又反过来极大地促进社会生产力的进一步发展。城市功能的发展经历了一个从单一功能到多元功能、从简单功能到复杂功能、从低级功能到高级功能的发展过程，呈现出叠加性发展的趋势。原来没有的功能产生并发展起来，原来已有的功能保留下来并进一步完善，使得现代城市成为多元功能的集合体，如政治中心、工业中心、交通中心、市场中心、金融中心、服务中心、信息中心、科技中心、教育中心、文化中心、生活中心等。这些功能的有机结合，使得现代城市功能成为一个完整的功能体系，几乎囊括了社会生活的各个方面。多种功能在同一个空间中交织在一起，相互作用，发生着各种各样的变化，呈现出极大的复杂性。

## 三、城市功能的影响因素

### (一)城市的总体经济实力

经济基础既是城市功能发挥作用的结果，也影响到城市功能的提升。城市功能受制于城市总体经济发展实力，总体经济实力也影响到城市功能发展情况。城市功能与城市经济实力相互促进互为因果，形成城市功能与经济实力相互促进的良性循环，对发挥城市功能作用促进城市经济发展不可或缺。

札记

### (二)产业结构状况

产业结构状况在一定程度上决定城市功能，发挥城市功能由相应的产业作为依托，产业结构能级以及产业结构升级情况影响到城市功能的发挥程度。在不同经济发展阶段不同的产业结构与不同的产业能级相对应着不同城市功能的能级，随着产业结构的变迁城市功能能级也将发生相应转变，一般随着城市的发展，第一产业(农业)比重逐渐下降，第二产业(工业)比重先升后降，第三产业(商业)的比重持续上升，整体从第一产业为主导变为第三产业为主导但一些城市由于一些特殊原因(例如资源依赖型城市)，其第二产业比重也会长期超过第三产业。以北京市为例，改革开放之前，北京市三大产业的比例从建国初期的23：37：40变成了5.1：71：23.9，为北京市经济发展打下坚实基础。进入改革开放，北京市开始将发展商业、服务业作为产业转型的方向，开展“进三退二”工程，至2020年，北京市三大产业的比例为0.4：15.8：83.8，成为全国服务业占比最高的城市。

### (三)经济体制状况

城市所在的经济体制状况影响到城市功能发挥程度，是以市场配置资源为主还是以政府配置资源为主，以及市场与政府配置资源的范围与作用影响到城市的各种功能。充分发挥市场配置资源的基础性作用，是有效提升城市功能的必然前提。

### (四)城市空间结构

城市空间结构是否合理影响到城市功能的发挥，城市功能的发挥总是伴随城市空间结构的调整与完善。当城市空间结构符合城市功能提升的要求时，将有效推进城市功能。而当城市空间结构不利于发挥城市功能作用时，将影响到城市功能的发挥。

### (五)人力资本状况

人力资本是推进城市功能提升与城市发展的关键因素，人力资本本身作为重要的生产要素，其总量、结构、年龄、教育水平等因素影响到城市各种要素集聚的效率，同时也决定科技创新以及其他相关情况，是

札记

提升经济社会发展的重要因素。

### (六)城市基础设施

城市的基础设施影响到城市功能，一个城市的基础设施越完善越能有效的发挥集聚等功能，也更能促进城市总体功能的提升。尤其是城市基础设施以及相应的社会保障水平与教育等状况，对能否吸纳资源与人才发挥着积极作用，进而影响到城市功能的发挥与完善。

### (七)城市综合环境

城市的综合环境是否有利于推进创新，是否有利于推进制度创新、科技创新与管理创新，决定城市的功能与能级变动情况。政府管理体制能否有效适应城市功能的转型与提升，也将决定城市功能变动与发展。

城市功能是以上各种要素共同作用的结果，以上各种要素作为一个整体相互作用相互促进，对推进提升城市功能发挥着重要作用。

## 四、城市功能的发展规律

### (一)城市功能发展的一般规律

城市功能发展的一般规律即城市功能叠加性发展规律。所谓城市功能叠加性发展规律，是指城市功能不是一成不变的，而是一个从简单到复杂，从低级到高级，不断发展变化，不断累积，叠加和优化的过程，这一规律贯穿城市功能的历史演进过程。总的来看，在前工业社会时期，地理位置和自然条件对城市功能的形成和发展起着极其重要的作用，政治中心功能是城市的主要功能。在工业社会时期，资源和工业生产中心对城市功能的形成和发展起决定性作用，经济功能成为城市的主要功能。在后工业社会时期：第三产业成为城市主导产业，城市功能的作用形式是渗透和辐射，决定城市功能的主要因素是科学技术。可以说，叠加性发展规律是城市功能发展的一般规律，这可以从城市功能的历史演进过程得到证明。

在前工业社会时期，城市功能已经出现了叠加性发展的趋势。地理位置和自然条件对城市功能的形成和发展起着极其重要的作用，这一时期，政治中心功能是城市的主要功能。城市的产生过程首先是城市的政治功能和贸易功能叠加发展的过程，后来城市手工业功能和文化功能的叠加促进了城市的进一步发展。但是，这一时期城市功能的叠加是一种低水平的叠加，城市的贸易功能和手工业功能虽然有了明显的发展，但其能量十分有限，因此工商业根本不可能成为城市的主导功能。相比而言，借助于军事手段行使的城市政治功能的能量非常强大。因为在前工业社会时期，城市的设置往往出于政治控制的目的，是为了用强制手段在政治上统领和支配农村或其周围地区，从而使政治中心功能成为城市的主要功能。出于便于统领和行政管理的需要，这时期的主要城市都设置在交通要道，处在辖区的中心地带。显而易见，在前工业社会时期，地理位置和自然条件对城市功能的形成和发挥起着极其重要的作用。

在工业社会时期，机器大工业替代了工场手工业，各种生产要素和大量的社会财富高度集中于城市，使城市功能发生了质的变化。资源和工业生产中心对城市功能的形成和发展起决定性作用。城市除了继续保持原有的政治功能外，经济功能开始成为城市的主要功能，城市成为一个国家或地区的经济中心，国民经济的重心从农村转移到了城市。这样，城市不仅在政治上统领和支配农村，而且从经济上取得了对农村的领导地位。需要指出的是，这一时期城市的经济中心功能主要表现为工业生产中心功能，因为此时占主导地位的产业是工业即第二产业，第三产业居于次要位置。但是，在工业生产的带动下，城市的商贸中心、交通中心、金融中心、教育中心、科技中心、文化中心、信息中心、消费中心等功能逐渐增强，城市功能开始向多元化方向发展。由于工业社会时期城市的主要功能是从事工业生产，所以相对于周边地区而言，城市功能的作用形式是聚集和扩散，一方面城市把大量的人力资源和物质资源聚集到城市空间，形成规模经济和规模效益；另一方面，城市源源不断地把工业品销售到城市以外的广大地区。这样，决定城市功能形成和发展的主要因素是资源。正是资源对城市功能的决定性作用，使得工业社会时期城市的主导产业是自然资源密集型产业和劳动力密集型产业。

在后工业社会时期，城市的产业结构发生了巨大的变化，第三产业成为城市的主导产业。城市功能的作用形式是渗透和辐射，决定城市功能的主要因素是科学技术。产业结构的这种变化，推动了城市功能的变化。在城市的经济中心功能中，原来占主体地位的工业生产中心功能降到了次要的地位，而以第三产业发展为基础的市场中心、信息中心、科

札记

技中心功能开始占据主导地位。因此，城市功能的作用形式是渗透和辐射。渗透和辐射与聚集和扩散相比，最主要的区别在于：前者是一种无形的作用，后者是一种有形的作用；前者是以信息传输的手段输出高科技商品，后者是以实物转运手段输出物质商品。这样，在后工业社会时期，决定城市功能的主要因素是科学技术。

综上所述，城市功能的发展经历了一个从单一功能到多元功能的过程，原来没有的功能产生并发展起来，已有的功能在被继承的同时得到进一步的完善，使得现代城市成为多元功能的集合体。这就是城市功能叠加性发展规律。需要指出的是，城市功能叠加发展的过程不是一个城市功能更替的过程，而是一个逐渐增多的累积复合的过程，已有城市功能的地位虽然已经改变，但总会以某种形式留存下来。

### (二)城市功能的具体发展规律

#### 1. 城市功能叠加倍增效应规律

城市功能的多元化，似乎是一个功能由少到多的量变问题。实际上，城市功能的多元化，会使城市诸功能构成一个有机统一的整体，以整体的非加和性的特点极大地增强城市功能的能量，产生出倍增效应。具体地说，假如在原有城市功能 A 叠加上新城市功能 B 的情况下，城市功能 A 和城市功能 B 的能量都会得到成倍释放或急剧扩大，城市从而会取得巨大的社会经济效益。这是因为城市功能叠加会使城市诸功能优势互补。例如，如果一个城市只是工业生产中心而不是商业中心，这个城市作为工业生产中心的能量就会十分有限。如果这个城市叠加上商业中心的功能，就会如虎添翼，不仅能增强其工业中心功能的能量，而且在工业中心功能支撑下，其商业中心功能的能量会迅速放大，城市就会充满活力。城市功能叠加带来的巨大社会经济效益，构成了城市发展的动力源，这一点是功能相对单一的城市所不可及的。从中国的实际情况看，功能单一的城市社会经济发展水平就相对较低，功能多元化的城市则相反。

#### 2. 主导功能变异进化规律

城市功能的多元化并不意味着城市所有功能的地位都是等量齐观、没有主次之分。一般来说，在一个城市存在多种功能的况下，必然会有一种功能是城市的主导功能，它决定着城市的质和发展方向。城市的主导功能不是一成不变的，而会不断发生变异。具体地说，新的主导功能会替代城市已有的主导功能，而使整个城市的功能结构发生质的变化，城市性质也随之发生显著变化。正是在城市功能的变异过程中，城市功能得到了进化并充满了生机和活力。由于城市主导功能主要是由城市的主导产业决定的，所以，城市主导功能的变异具体表现为城市主导产业变异。导致主导产业变异的原因一般有三个，即自然资源优势的变化、地理区位优势的变化和产业结构的变化。城市主导功能异化导致愈来愈强的城市专业化趋势，使一个城市具有其他城市不可替代的优势和作用。当今社会，新科学技术革命使得结构的调整更频繁，城市主导功能的变异也随之比以往更为频繁。如果一个城市固守传统的主导产业，不因势利导地顺应科学技术发展的趋势，及时调整产业结构，培育新的主导产业，城市发展的后劲就会不足。

3. 功能升级增量规律

城市功能的叠加不仅是量的叠加，而且是质的叠加。城市功能质的叠加过程是一个无止境的上升过程，在这个过程中城市功能得到优化，城市功能的能量迅速增强。这种情况即为功能升级增量规律。城市功能升级增量，首先，表现为城市功能由简单变为复杂。有些城市功能自古就有，且一直延续至今，但这些城市功能在当今的复杂程度是远非过去所能比的。比如，城市的政治中心功能在原始城市中是极其简单的，无非是镇压奴隶的反抗、抵御外族的入侵、征收租税等。而到了近现代社会，城市的政治中心功能复杂化，城市通过立法、司法、行政、舆论、宗教信仰、道德规范等多种形式来影响社会经济生活的方方面面，使城市成为一个名副其实的政治中心。其次，从城市功能的能量而言，城市功能升级增量表现为城市功能由低级变为高级。例如，在奴隶社会和封建社会，自然经济占主体地位，城市的贸易功能的能量十分有限，交换形式单一，交换的品种和数量很少。到了现代社会，市场经济的发展使得城市贸易功能的能量大得惊人，交换形式多样化，交换品种繁多，交换规模巨大。因此，现代城市的贸易功能显然要高级得多。城市功能的升级增量主要通过城市功能的不断专业化或细化来实现。当原有一种城市功能进一步专业化或细化为若干更为具体的城市功能时，这种城市功能就更加复杂和更加高级了，城市功能的能量进一步得到了扩大，城市功能的作用形式也随之表现为渗透和辐射。

札记

## 五、城市功能优化

### (一)功能优化标准

城市功能优化是指在一定区域范围内，在现有的社会经济技术和资源条件下，依据社会经济发展的客观需要，根据城市功能的发展规律，对城市原有功能结构和运行方式进行合理调整的过程。对于城市功能的优化，需要满足以下四大标准：第一，有利于充分利用城市现有资源，发挥城市综合效益——主要是城市的经济效益、社会效益和生态效益，而非片面强调 GDP。第二，有利于构建城市可持续发展的物质和文化基础。第三，有利于实现以人为本的城市人性化发展目标。第四，有利于城市主导功能能级升级，扩大城市辐射范围和能力，拓展城市发展空间。

### (二)城市功能优化的实现途径

1. 因势利导，确定和发展城市主导功能

城市的主导功能是一个城市的优势所在，是决定城市总体功能性质的主导因素，最能体现城市功能和特色。城市主导功能的突出往往与城市功能专业化程度联系在一起，城市政府应该把培育和优化城市的主导功能作为市政管理的重要内容，以明确城市的个性和发展方向。

城市的主导功能不是一成不变的，因此作为城市发展方向的决策者，应在全力发挥城市现有主导功能优势的基础上，积极寻找和发展具有广阔前景的新产业，培植新的经济增长点，从而为城市主导功能的转换做好准备，避免因城市原有主导功能的衰退造成城市的经济危机。

城市主导功能的优化主要体现在城市主导产业的优化上，因此，突出和发展城市主导功能的基础是确定和发展城市的支柱产业。在市场经济条件下，大中城市的支柱产业一般是由多个产业组成的产业群体。城市必须从自己所在区域的各种条件出发，确定城市的产业类型及构成方式，并加快促成其发育和成熟，为突出和发展城市主导功能奠定坚实的基础。

2. 实现以市场中心功能为主的城市功能多元化发展

为适应中国目前经济发展的需要，城市功能结构优化的重点必须放

札记

在重建城市的市场中心功能上，确立市场中心功能在城市诸多功能中的核心地位。为此，城市政府必须强化城市产业结构的调整力度，实现城市产业结构的优化。城市产业结构是城市功能的物质载体，城市产业结构的优化是城市功能优化的动力和源泉。

城市必须坚持走功能多元化的道路以保持其前进的活力，如果一个经济中心城市忽视城市功能的多元化发展，城市功能单一，或者城市各功能之间相互脱节，就会严重影响城市经济中心作用的发挥。要实现城市功能的多元化发展，首先要深入分析现有城市功能的具体情况，在此基础上，实现城市功能的专业化发展，形成新的主导产业。其次要把握城市功能作用形式发展的基本趋势，在充分发挥城市现有资源和产业优势的基础上，大力发展高新技术产业，并以此为契机，带动整个产业结构的优化和高级化。最后要实现城市多种功能的有机结合，使城市的多种功能组成一个相互配合、相互促进、相互补充、协调发展的整体，从而取得最优的综合效益。

## 第二节 城市的结构

城市结构是指城市内部的各个要素之间相互关联、相互作用、相互制约的形式和方式，以及由此形成的不同要素之间的存在态势。城市结构的组成既包括物质形态要素，例如人口、财产、物质、土地、水利、道路等；也包括非物质形态要素，例如法律与政治制度、阶级、所有制、语言、民族习惯、文化等。

### 一、城市的经济结构

城市的经济结构是城市经济的组成要素相互联系、相互作用的内在形式和方式。由于人类的一切经济活动体现为生产力和生产关系两个方面，所以，城市经济结构是城市生产力结构和城市生产关系结构的统一体，城市生产力结构和城市生产关系结构下面又分别包含着低一级系统的结构。其中，城市生产力结构可分为产业结构、产品结构、技术结构、投资结构、就业结构、经济组织结构等；城市生产关系结构可分为所有制结构、分配结构、消费结构等。城市的经济结构主要包括以下几方面的内容。

札记

(一)城市的产业结构

城市产业结构是城市社会再生产过程中形成的各产业之间及其内部各行业之间的比例关系和结合状况。由于可以从不同的角度对城市产业进行分类，城市产业结构也就具有多重内涵。按照社会产品的最终用途，可把城市产业分为生产资料的第一部类和生产消费资料的第二部类，因此城市产业结构是指两大部类之间的比例关系和结合状况。在实际经济生活中，两大部类划分法被具体划分法为农、轻、重三个部分，根据不同的城市产业部门对某种生产要素的依赖程度，可把城市产业划分为劳动密集型产业、资本密集型产业和技术密集型产业，这样，城市产业结构指的是劳动密集型产业、资本密集型产业和技术密集型产业之间的比例关系和结合状况。目前，国际上普遍按照劳动对象的加工顺序，把社会生产划分为三类：第一产业，它是直接作用于自然界存在的物质、生产初级产品的产业，包括农业、畜牧业、林业等；第二产业，它是对初级产品进行加工的产业，包括采掘业、制造业、建筑业等；第三产业，它是为生产和生活服务的、为传递产品而提供劳务的产业，包括交通运输业、商业、金融保险业、服务业以及科学、教育、文化、卫生事业等。这样，城市产业结构指的是三类产业之间的比例关系和结合状况。综上所述，城市产业结构是一个多分支、多层次、多方面的复杂体系和集合。

随着社会经济的发展，城市产业结构有一个不断变动和演进的过程。从世界各国的经济发展情况来看，城市产业结构的演进呈现出以下规律性：第一，在国民生产总值和社会总就业人数中，第一产业所占份额呈不断下降的趋势，第二产业所占份额呈先增后减的趋势，第三产业所占份额呈不断增加的趋势。第二，在整个工业内部，重工业(包括生产资料和耐用消费品的工业)所占比重不断提高，轻工业所占比重不断下降；加工工业所占比重日趋增大，基础工业(包括采掘工业和原材料工业)日趋下降。前一趋势反映了以轻工业为中心的工业化过程逐步转向以重工业为中心的工业化过程；后一趋势反映了工业呈高加工度发展的趋势。第三，城市主导产业逐步由劳动密集型产业向资本密集型产业、技术密集型产业演进，由传统产业向新兴产业演进，高技术产业和新兴产业逐渐成为支柱产业。

札记

### (二)城市的所有制结构

城市所有制结构是指城市所有经济体的不同所有制形式在一定社会形态中的地位、作用和相互关系。在以大生产为主要特征的近代工业革命时期，以土地机器和工业原料为代表的生产资料，在生产和分配中起到决定性的作用，也自然产生了生产资料所有制理论，而近代工业发展主要聚集在城市，因而一个城市各个企业的生产资料所有制性质形成了整个城市的所有制结构，随着市场经济的发展和信息时代的到来，市场经济支配资源的作用日益发挥，资源所有制与财产所有制和生产资料所有制一样，进入了主流所有制的行列。西方国家以资本主义为主，由于国家机器的作用使得资源国有的程度有所提高，但资本主义社会的城市所有制结构仍然以私有制为主，国家拥有的资源相对较小，对大量私有资源难以发挥主导作用，同时摆脱不了被少数人所用的局限。

中国的社会主义性质和多层次的生产力结构，要求城市建立以公有制为主体的多层次的所有制结构，即坚持以公有制经济为主体，个体经济、私营经济、外资经济为补充，多种所有制经济长期共同发展。在社会主义市场经济中，公有制经济不仅包括国有经济和集体经济，还包括混合所有制经济中的国有成分和集体成分。公有制的实现形式也多样化，一切反映社会化生产规律的经营方式和组织形式都能利用。公有制的主体地位主要体现在：公有资产在社会总资产中占优势；国有经济控制国民经济命脉，对经济发展起主导作用。这是就全国而言的，不同的地区、不同的产业可以有所差别，公有资产占优势，要有量的优势，更要注重质的提高。

在社会主义市场经济条件下，国有经济在国民经济中的主导作用主要体现在控制力上。首先，国有经济的作用既要通过国有独资企业来实现，更要大力发展股份制，通过国有控股和参股企业来实现。其次，国有经济在关系国民经济命脉的重要行业和关键领域占支配地位，支撑、引导和带动整个社会经济的发展，在实现国家宏观调控目标中发挥重要作用。国有经济需要控制的行业和领域主要包括：涉及国家安全的行业，自然垄断的行业，提供重要公共产品和服务的行业，以及支柱产业和高新技术产业中的重要骨干企业。最后，国有经济应保持必要的数量，更要有分布的优化和质量的提高；在经济发展的不同阶段，国有经

札记

济在不同产业和地区的比重可以有所差别，其布局要相应调整。

非公有制经济是中国城市经济的重要组成部分，主要包括个体经济、私营经济、外资经济。在公有制为主体的条件下发展非公有制经济，是由多层次的生产力结构决定的，符合生产力发展的要求，有利于充分利用社会资源，促进城市经济的发展，增强综合国力；有利于活跃市场，扩大竞争，促进社会主义市场经济的发展；有利于更好地满足人民的物质文化生活需要，提高人民的生活水准。

### (三)城市的流通结构、分配结构和消费结构

城市流通是交换的总体，是联接城市生产、分配、消费三个环节的纽带。城市流通结构主要包括以下主要内容：城市流通与城市生产、城市消费之间的比例关系和相互衔接关系；国有商业、集体商业、个体商业、私营商业、外资商业的比重和相互关系；商品市场和生产要素市场的组成及相互关系；市场的竞争程度、垄断程度和政府管制的程度；城市商业网点的布局。

城市分配结构主要包括积累和消费的比例关系、积累基金的分配结构和消费基金的分配结构，以及国家、集体和个人之间、中央和地方之间的分配关系。积累和消费的比例关系，核心是要确定一个合理的积累率，既能保证扩大再生产的顺利进行，又能改善人民的生活。积累基金的分配结构是指扩大再生产基金、非生产性基本建设基金和社会后备基金之间的比例关系；消费基金的分配结构指的是国家管理基金、文教卫生基金、社会保障基金和劳动者报酬基金之间的比例关系。

城市消费结构是城市居民消费的各类消费资料(包括劳务)的组成和相互关系。从满足需要的次序看，城市消费结构是指生存资料、享受资料和发展资料之间的比例关系；从满足需要的不同效能看，城市消费结构是指吃、穿、住、用、行等在消费总支出中占的比例及其相互关系；从满足需要的方式看，城市消费结构是指个人消费和社会公共消费之间比例关系；从满足需要的行为看，城市消费结构指的是物质消费、精神消费、劳务消费之间的比例关系；从满足需要的消费品的价值看，城市消费结构是指低档消费资料、中档消费资料、高档消费资料之间的比例关系。

札记

(四)城市的企业结构

企业是城市经济有机体的细胞，是城市生产力发展和经济技术进步的基础。城市的企业结构主要包括：

1. 企业的技术结构

企业的技术结构是指生产过程中各种技术要素和技术手段之间的相互关系及组合方式。从技术手段角度看，技术可以分为初级技术、中间技术、先进技术、尖端技术等；从技术装备角度看，技术可以分为人力手工、半机械化、机械化、半自动化、全自动化等。城市企业的技术结构状况如何，可以根据以下四个指标进行分析：技术进步对经济增长的贡献率；在不同层级的技术上所消耗的资源量占总资源消耗量的比例；在不同层级的技术上所生产出的产品价值占产品总价值的比重；在不同层级的技术上所使用的劳动力数量占劳动力总数的比例；一个城市选择和确定企业的技术结构，必须从市情、市力出发，兼顾城市生产力发展的现实需要和长远需要，综合考虑技术上的无进性、生产上的可行性和经济上的合理性，以取得最佳的经济效益，城市政府要大力实施科教兴市战略，鼓励、支持和引导各类企业采用先进适用技术，加快技术改造。条件比较好的大中城市在一些生产领域要直接采用当代世界最新技术成果，积极发展高新技术产业。

2. 企业的规模结构

企业的规模结构是指大中小企业的构成及其相互关系。企业规模的划分，一般是从各个行业的具体特点出发，根据职工人数、固定资产原值、生产能力、销售额、利润等来进行的，并且根据经济发展不断进行调整。一个城市内总是大、中、小企业并存，它们各具优势，也各有劣势，要按照不同行业生产发展的实际需要，解决好大、中、小型企业的合理配置和相互衔接。当前，城市特别是大中城市要遵循经济规律，以企业为主体，以资本为纽带，通过市场着力培育实力雄厚、竞争力强的大型企业和企业集团，有的可以成为跨地区、跨行业、跨所有制和跨国经营的大企业集团，发挥这些企业在资本营运、技术创新、市场开拓等方面的优势，使之成为城市经济的支柱和参与国际竞争的主要力量；同时，城市要积极扶持中小企业特别是科技型企业，同大企业建立密切的协作关系，提高生产的专业化、社会化水平。

札记

总之，城市企业结构演进应遵循以下三项基本原则：第一，企业技术进步既要有利于扩大对经济增长的贡献率，也要与所消耗的资源的供给水平相适应。第二，企业技术进步的方向和步伐既要有利于提升城市企业的总体技术水平，也要与城市所在的一定城市体系整体技术水平相适应，有利于城市辐射作用的发挥。第三，企业规模结构的构建应以拥有核心技术的大型企业为中心，采取多种方式，协调发展中小企业，防止中小企业低水平重复建设。

## 二、城市的社会结构

城市作为一个巨大的综合体，不仅有完整的经济体系，而且有系统的社会结构。从广义上说，城市的社会结构包括两方面的基本内容：一是人们在社会生产过程中形成的与一定的生产力发展水平相适应的生产关系的总和，它构成了社会存在和发展的经济基础；二是由经济基础产生并与经济基础相适应的政治法律关系和哲学、艺术、道德、宗教等观念，以及与上述关系和观念相联系的政治、法律、制度的物质设施，它构成了社会存在和发展的上层建筑。从狭义上看，城市的社会结构是指城市上层建筑的构成及其相互关系，主要包括以下内容。

### (一)城市的文化结构

城市文化是一个内涵深奥、外延宽广的概念。从广义上说，城市文化包括人类的全部物质文化和精神文化；从狭义上看，城市文化专指观念形态、知识形态的文化，即精神文化：狭义的城市文化活动，包括一切精神产品的生产、传播、储存、利用等活动，如科研、教育、文化、卫生、体育、文学艺术、广播电视、新闻出版、图书馆、博物馆、娱乐、咨询等。

狭义的城市文化结构的内容主要包括：(1)城市中生产、传播、储存、利用各类精神产品的行业的构成、发展规模，以及它们之间的比例关系和相互衔接关系。(2)城市中各种文化事业的规模、质量、发展速度与社会需求之间的关系。(3)城市各类文化设施的规模、配置和布局。(4)城市文化管理机构的设置及其与各个文化事业单位之间的关系。

城市文化事业发展的规模、速度和质量，必须与城市社会经济发展

札记

的客观需求相适应，实现城市物质生产和精神生产的协调发展。而且，城市的文化建设必须与城市的性质、规模和类型相适应，不同类型的城市要注重发挥自己的文化资源优势，要善于利用自己的优秀文化传统，发展具有独特风格的地方文化和民族文化，建立丰富多彩的文化结构。此外，城市要积极发展对外文化交流，在开放中促进城市文化的发展，在更广阔的范围内构建城市文化建设的网络。

(二)城市的人口结构

1. 城市人口的自然结构

城市人口的自然结构是城市人口结构的主要内容之一，主要包括：

(1)城市人口的性别构成。城市人口的性别构成即为城市人口中的男女比例，这种比例尤其是特定年龄段的性别构成，直接影响到人们组织家庭、生育子女等社会生活。一般来说，城市人口的性别构成与全国、全社会的性别构成大体相当，即男女人数基本持平。但在特殊情况下，如战争结束后，会出现女多男少的现象；新建城市由于建设者和企业职工中男性居多，往往男多女少。在正常情况下，城市人口性别构成的发展规律是：城市出生的男婴和女婴基本平衡；男劳动力数高于女劳动力数；到老龄阶段，女性人数要多于男性人数。

(2)城市人口的年龄构成。一般可以把城市人口分为儿童少年组(0~14岁)、劳动力组(15~59岁或64岁)、老年组(60岁或65岁以上)。依据每个组的人口占总人口的比例，可以把城市人口划分为年轻型、成年型和老年型三种类型。根据联合国的规定，65岁以上的老人占总人口的比例在4%以下的为年轻型城市人口；比例为4%~7%的为成年型城市人口；比例在7%以上的为老年型城市人口。城市人口的类型决定着城市人口出生的强度。年轻型城市人口表明未来城市人口的增长压力很大，以数量扩张形式发展；成年型城市人口则因各年龄组人口分布均匀，人口呈稳定状态；老年型城市人口预示人口增长后继乏力，以数量收缩形式变化。随着社会经济发展水平的提高，城市人口会逐渐从年轻型—成年型—老年型演进。合理的城市人口的年龄构成，呈现上小下大、逐渐平缓过渡、无明显凸凹的金字塔型，它能够给城市社会经济发展提供一个稳定、持续增长的基础。相反，城市人口跳跃式发展所形成的不合理年龄结构，会对城市社会经济形成周期性震荡和冲击，而

札记

且在相当长时期内很难调整过来。

2. 城市人口的社会结构

城市人口的社会结构是由经济水平、经济制度、文化传统、风俗习惯、宗教信仰、道德观念等社会因素决定的城市人口构成，具体包括以下主要内容：

(1)城市人口的户籍结构：从是否具有城市户籍看，城市人口可以划分为常住人口和流动人口两类。城市人口的户籍结构是指城市常住人口与流动人口的比例及各自内部的具体构成。城市常住人口的增长有自然增长和机械增长两种方式，城市常住人口的自然增长是指城市常住人口的再生产，城市常住人口的机械增长是指人口在空间上的移动。城市流动人口从居留时间的长短，可以分为：常住流动人口，即居留时间在3个月以上的外来人口，他们期望得到所在城市的接纳或认同，如打工人口、投亲靠友者、派出常驻机构工作人员；暂住人口，即居留时间在3个月以内、3天以上的外来人员，如公务出差人员、短期打工者、求医治病者、探亲会友者；过往人口，即居留时间在3天以内的外来人口，如观光旅游者、购物者等。

(2)城市人口的就业结构。城市人口的就业结构是指城市劳动力就业的形式、渠道组成和城市劳动力在各部门、各行业的就业比例。城市劳动力就业是为了以不同形式参与国民收入的分配和再分配，取得一定的经济收入，从这方面看城市就业结构是一个经济问题。但是，城市劳动力不仅在经济部门就业，而且在政治、文化及其他社会行业就业，因此城市就业结构又是一个比经济问题更为广泛的社会问题。一般来说，从就业的产业部门看，随着社会经济的发展，第一产业和第二产业的就业人数比重会不断下降，而第三产业的就业人数比重会不断提高。但是，不同类型城市的就业结构是不同的，城市的就业结构必须符合城市的性质和发展方向。

城市人口的社会结构还包括城市人口的文化素质结构、家庭结构、宗教结构、民族结构等内容。其中城市人口的文化素质结构是指不同文化层次、技术水平和专业结构的人口在城市总人口的比重。城市人口的家庭结构，从狭义上看，是指城市中由一夫一妻组成的个体家庭结构；从广义来看，它指由婚姻关系，血缘关系或收养关系而发生的亲属之间的社会组织结构。

札记

## 三、城市的空间结构

### (一)城市空间结构的表现形式

城市空间结构是城市要素在空间范围内的分布和联结状态，是城市经济结构、社会结构的空间投影，是城市社会经济存在和发展的空间形式。城市空间结构一般表现为城市密度、城市布局和城市形态三种形式。

1. 城市密度

城市是由分属于经济、社会、生态等系统的诸要素构成的社会经济综合体，城市各类要素在城市空间范围内表现为一定数量，形成各自的密度。城市密度是城市各构成要素密度的一种综合。城市的发展客观上需要一个与其发展相适应的合理密度。合理的城市密度，有利于发展生产的专业化和社会化，提高社会劳动生产率；有利于基础设施和公共服务设施的建设，节约使用土地和资源，降低生产成本；有利于信息的传递和交流，刺激竞争，培养和提高劳动者的文化和技能；有利于缩短流通时间，降低流通费用，加速资本周转；有利于城市政府进行管理，降低管理成本，提高管理效能。

2. 城市布局

城市各类要素总是按一定形式、一定方向具体地分布于城市空间的某一位置上，或地面、或地下、或空中，纵横交叉，呈多方位、多层次的立体形态。合理的城市布局，能缩短人流、物流、信息流、资金流的流动空间和时间，方便它们的流动，提高城市效益；能合理地利用城市的土地和自然条件，建立合理、便捷的交通联系；能避免城市各物质实体或要素相互干扰，创造一个“美学上令人愉快，生理上有益于健康，经济文化上有利于发展”的城市生产、生活环境。

3. 城市形态

城市形态是城市空间结构的整体形式，是城市内部密度和空间布局的综合反映，是城市三维形状和外瞻的表现。城市形态一般分为城市内部形态和城市总体形态两部分。城市内部形态指市区空间范围内各类设施和建筑物等的布局，可从城市内部的功能分区中显示出来。城市总体形态是指中心城市与相邻城镇的布局，可以从其中心城市与相邻城镇之间所表现的外瞻形态显示出来，一般可归结为集中与组合两种形态。前

札记

者指周围没有其他城镇的单城；后者有两个或两个以上城镇以一定间隔位于邻近地方，彼此有各种形式的联系，具体有并联城、二联城、带状联城、鼎足状联城、城镇群等形态。不论是单城还是组合城市，其个体又有集中型、分散型、棋盘状、放射状、哑铃状、鼎足状、组团状、带状等类型。城市形态具体由道路网、街区、节点、城市用地、城市发展轴等要素组成。

城市密度、城市布局、城市形态三者相辅相成，缺一不可，共同构成了城市的空间结构。城市空间结构受自然地理条件、生产力和生产关系的制约，具有一定的客观性。但是，城市空间结构不是静止不变的，它会随着生产力和生产关系的发展而变化。

寻求一种城市各要素组合协调、城市经济社会健康发展的空间结构，具有十分重要的意义。首先，有利于提高城市的经济效益、社会效益和环境效益。博弈之道，在于布阵，城市建设和管理之功，在于城市空间结构的合理化。合理的城市空间结构，能产生聚集效应、组合效应、连锁效应、相邻效应、形态效应等，并综合表现为持久的城市效益。相反，城市空间结构不合理，就不可能产生上述各种效应，其结果是出现持久的城市负效益，城市就要通过付出巨大的经济、政治、社会代价来调整或改变这种状况；其次，有利于提高城市建设的质量。随着社会经济的迅速发展，中国的城市化进程越来越快，这就必然涉及如何改造现有城市和建设新城市的问题。而旧城的改造和新城的建设都涉及城市空间结构问题。只有深入探索、研究和遵循城市空间结构的发展规律，才能把旧城改造和新城建设纳入城市社会经济长期稳定发展的轨道，纳入经济、社会、环境均衡发展的轨道。最后，有利于提高市政管理水平。为城市生产和生活提供一个良好的环境是市政管理的基本任务之一，而合理的城市空间结构是城市生产和生活不可缺少的物质条件。只有了解和研究现有城市空间结构存在的问题，才能有针对性地综合运用各种城市管理手段，调整和组织好城市空间结构。

### （二）城市空间结构的影响因素

#### 1. 经济发展

从城市发展的历史看，经济发展促进了城市由封闭走向开放，扩大了城市与外界的交往；促进了城市由单一的商品集散地变为生产和交换

札记

中心。与此同时，城市空间结构也发生了巨大变化，如一些城市由集中形态向扩散形态发展，一些城市的空间范围扩大了，一些城市患上了“臃肿病”，等等。因此，经济发展是城市空间结构的决定性因素。此外，一个城市主导产业的选择及其发展变化，也会左右城市空间结构的变动趋势。

2. 企业行为

在城市经济结构既定的情况下，企业行为对城市空间结构有很大的影响。这里的企业行为包括企业选址行为和企业经营行为。企业选址行为是企业对用地方位、范围的决策和实施，它会长期影响城市的生产力格局。如果企业从城市全局利益和长远发展需要出发合理选址，能增添城市美色，使周围地区的单位和个人受益匪浅。企业经营行为是由企业选址行为派生出来的，那些不应该进入市区的企业的经营行为会严重破坏城市空间结构，造成市区交通拥挤、环境污染。因此，城市政府要引导和约束企业的选址行为和经营行为。

3. 居民行为

首先，城市居民的生育率高一般会导致城市人口密度高，而在城市空间范围既定的情况下，偏高的人口密度会给城市空间结构带来各种不利影响；其次，城市居民一般希望居住在市政基础设施和公用设施完备的市中心区，这种向心居住欲望导致市中心区居住密度过高，增加了市中心区的承受压力，使之处于严重的超负荷运转状况。最后，由于一个城市考虑是否要进行以及如何分布某项生产经营活动，很大程度上取决于居民对这种产品和服务的需求，因此，城市居民的消费行为和消费结构也会影响城市空间结构。

### （三）建设合理的城市空间结构

为了实现城市社会经济的健康、稳定和协调运转，提高城市居民的生活水平和生活质量，选择和建立合理的城市空间结构必须坚持以下原则：

1. 依据城市性质选择合理的城市总体形态

城市性质综合地反映了一个城市的自然、经济、社会、政治、历史、地理等特点，是在长期的城市发展中形成的，科学地反映了城市社会经济发展的趋势，具有相当的稳定性。因此，城市形态的选择必须以

札记

城市性质为基本依据。

2. 端正城市建设的指导思想

从国内外城市发展的实践看，在城市建设的指导思想上片面追求产值和利润，会忽视社会效益和环境效益，导致在城市空间结构上犯了很多错误。因此，建立和调整城市空间结构，必须树立正确的城市建设指导思想，把城市的经济效益、社会效益和环境效益有机地统一起来。

3. 综合运用法律的、经济的和必要的行政手段调整城市空间结构

首先，城市要从加强立法入手，制定和完善城市建设的法律、法规，把城市建设纳入有法可依、有法必依、执法必严、违法必究的法治轨道。其次，城市要配套使用地租、房租、信贷等经济杠杆，鼓励和限制集团和个人对城市空间的使用方式和使用效率，调节城市空间范围内人、财、物的流向，调节经济结构和生产力布局。最后，城市要采用必要的行政手段，调控城市企事业单位和个人的行为，使之符合城市空间结构合理化的要求。

## 四、城市总体结构的优化

前面介绍了城市结构的各个组成部分及其合理化问题，这里要从整体的、系统的角度研究城市总体结构合理化的问题。要实现城市总体结构的合理化，必须遵循以下基本要求：

### (一) 实现社会生产总过程四个基本环节的平衡

生产、分配、交换、消费是社会生产总过程的四个基本环节。城市不可能在封闭的环境中孤立地自我实现上述四个基本环节的基本平衡，必须在对外开放中实现这种平衡，在城乡关系和城市体系的协调发展中实现这种平衡。因此，城市要实现生产、分配、交换、消费的平衡，必须把城市同周围地区乃至全国、全球的发展有机地结合起来，把城市的内部结构与外部联系正确地联系起来。

### (二) 实现物的生产与人的生产的平衡

人类社会发展的历史证明，当人口生产与物质资料生产相适应时，就能促进社会生产力的发展，实现社会经济文化的正常发展和人民生活

的顺利改善；当人口生产与物质资料生产不相适应，就会阻碍生产力的发展，破坏社会经济文化的正常发展和人民生活的顺利改善。因此，必须根据城市社会经济发展的要求，制定城市人口发展目标，把城市人口规划与城市经济规划结合起来，实现人口生产与社会经济的协调发展。由于城市人口的增长，不仅有自然增长，还有机械增长和流动人口的增长，因此，城市人口规模与生产力规模的平衡，既要通过增强城市自然资源和基础设施的承载能力来实现，又要通过与其他城市和乡村建立全面、稳定、牢固的经济联系来实现。

(三)实现社会生产系统与自然生态系统的平衡

城市社会生产系统必须在一定的自然生态系统中进行。如果城市社会生产严格按照自然规律和经济规律办事，实现自然生态系统的顺向改变和良性循环，就能促进城市社会经济的持续健康发展，取得良好的社会经济效益；如果城市社会生产违背自然规律和经济规律，导致自然生态系统的逆向改变和恶性循环，就会造成巨大的经济损失，阻碍经济发展，影响人们的身体健康，甚至威胁到城市的生存和发展。因此，实现自然生态系统的良性循环，保持社会生产系统与自然生态系统的协调发展，是实现城市持续发展的一个基本条件。城市要实现社会生产系统与自然生态系统的平衡，首先必须对城市社会经济发展与城市环境保护同步规划、同步实施、同步发展。其次要把城市的内部结构和外部联系结合起来，既要积极进行城市自身的环境治理和保护，又要服从全国国土整治的统筹安排。

(四)实现社会主义物质文明建设和精神文明建设的协调发展

社会主义物质文明建设和精神文明建设互为条件、互为目的、相互促进、不可偏废。社会主义物质文明为精神文明的发展提供物质条件和实践经验，而社会主义精神文明又为物质文明的发展提供精神动力和智力支持，并为它正确的发展方向提供有力的思想保证。因此，坚持“两手抓、两手都要硬”的方针，关系到城市的兴衰成败。任何城市在建立和调节城市结构时，既要把物质生产搞得更好，又要切实把精神生产提到更加突出的地位；既要重视物质生活服务设施的建设，又要重视精神生活服务设施的建设；既要发展物质消费服务行业，又要发展文化生活

札记

服务行业；既要重视物质生活的调节，又要重视精神生活的调节。只有这样，才能促进城市两个文明建设的协调发展，实现城市总体结构的优化。

（五）实现城市经济结构、社会结构、空间结构的协调发展

城市是一个非常复杂的有机整体。首先，城市整体是由各城市结构之间有机的联系组成的，城市的各个组成部分按照一定的规则组成城市。城市与它的各结构之间是一种全局和局部、整体和部分之间的关系。而各城市结构之间及其他与城市整体之间，又具有相对独立性。其次，城市整体的各个构成部分是互相交错、互相依赖、互相作用的，它们谁也离不开谁，城市经济结构离不开城市社会结构，城市经济结构和社会结构离不开城市空间结构，没有城市经济结构的建立和发展，城市社会结构和空间结构也无法建立。最后，各城市结构虽然是互相依赖、互相作用的，但并不是平起平坐的，而是有主次之分的。就一般城市来说，在各类城市结构中起决定作用的是城市经济结构，城市经济结构的状况、发展水平及其规模，决定着城市社会结构和空间结构的状况、发展水平及其规模。当然，城市的社会结构和空间结构也会反过来影响城市经济结构的状况、城市经济的运行和效益。上述城市各结构之间的复杂关系表明，城市总体结构的优化，必须实现城市经济结构、社会结构和空间结构的协调发展。

## 案例

### 产业结构优化与城市经济功能提升——以柳州市为例

柳州市是广西重要的工业城市，是广西中部重要的商贸流通中心和西南重要的交通枢纽。随着北部湾经济区兴起，广西经济发展重心南移，柳州的地缘和交通两大优势逐渐弱化，柳州市提出要通过产业结构升级带动城市功能的转型和提升，增强柳州市的经济实力，保持并不断提升柳州市在区域经济发展中的核心地位和作用。

长期以来，第二产业一直是柳州市经济发展的主导，在地区生产总值中占据绝对的比重。柳州市的产业结构从1984年开始由二、

一、三变成二、三、一结构；1991 年第一产业在产业结构中的比重下降到 20%以下，2007 年降到 10.22%；第三产业自 1984 年首次超过第一产业后缓慢发展，2005 年达到最高，为 36.34%，此后随着柳州工业快速发展、第二产业比重快速增加，第三产业在产业结构的比重缓慢下降。从以上分析可推断目前柳州已经进入工业化中期发展阶段，第二产业占绝对比重，第三产业发展不足。

从第三产业内部看，柳州市虽然在批发零售、交通运输、仓储业等传统服务业上有一定基础，但在第三产业中比重不高，批发和零售业、交通运输、仓储和邮政业增加值之和占第三产业的比重仅为 35%，且增幅缓慢，难以满足规模日益扩大的工业发展的需要。金融保险、房地产，以及其他新兴服务性行业还处于比较落后的阶段。

对 2007 年柳州市规模以上工业企业累计增加值按行业进行统计发现，位居前 10 位的行业增加值之和占全市规模以上工业增加值的比重高达 92.7%，仅交通运输设备制造业、黑色金属冶炼及压延加工业、烟草制品业、专用设备制造业和有色金属冶炼及压延加工业 5 个行业的增加值之和占全市规模以上工业增加值的比重就达到 70%，表明柳州工业行业集中度非常高。此外，计算这 10 个行业增加值占全区同行业增加值的比重后发现，有 5 个行业的比重在 40%以上，其中交通运输设备制造业高达 68.4%，专用设备制造业为 52.6%，烟草制品业为 52%，通用设备制造业为 42.7%，黑色金属冶炼及压延加工业为 41.6%，说明这些产业的集聚性非常强，充分显示了柳州作为广西工业中心的突出地位。

柳州市“十一五”发展规划纲要中明确把柳州定位为“西部新型制造业基地”“区域性现代生产性服务中心”“区域性商业信息和商贸流通中心”以及“区域性现代物流中心城市”。从主导产业的角度来分析，柳州的制造业主导产业集聚性强，对广西乃至西南地区都具有较强的辐射作用，未来柳州市要发展成为“西部新型制造业基地”应该是可行的。但是第三产业一直以来是柳州的弱项，第三产业产值占 GDP 的比重较低，特别是交通运输、仓储业，批发零售业，以及信息等产业在第三产业中的比重较低，目前难以担当主导

札记

产业的重任。柳州要成为区域生产性服务业中心，在物流和商贸流通方面成为区域经济发展的领头羊，任重而道远。

柳州以第二产业占主导的产业结构决定了城市的生产功能比较突出，而服务功能较弱。基于上述情况，柳州市要把发挥城市多功能和突出主导功能作为调整产业结构的指导思想，既要突出制造业主导产业，保持城市的集聚优势、增强城市的辐射能力，又要培育新的服务业主导产业，使城市的功能不断完善，提升城市在区域经济发展中的地位和作用，更要注重城市创新体系建设，以技术创新促进城市产业结构的升级，不断提高城市的综合经济实力。

**(一)突出制造业主导产业，提高城市的集聚力**

提高城市的辐射力是提高城市功能层次的关键。城市功能层次越高，城市越能在更大区域中起核心和带头作用。而城市集聚力和辐射能力的大小与城市主导产业的发展密切相关。目前制造业主导产业加工程度较低、技术含量不高、对能源和材料消耗大，且产业链短促，与关联产业、基础产业关系不够协调。为此柳州市要继续突出制造业主导产业的发展，在政策和投资力度上进行倾斜，重点发展汽车、冶金和机械工业。汽车工业的发展要围绕规模升级、技术升级和产品升级，全面提升整车生产能力，积极发展高效低能耗的微型车、多功能乘用车和中重型载重货车，促进汽车产品向系列化方向发展；积极发展有自主知识产权，有较高技术含量和较好市场前景的汽车零部件产品，着力提高整车本地配套率；积极发展汽车贸易和配套服务，全力打造汽车产业链。冶金产业的发展要注重产品结构的调整，开发适应汽车、机械、家电等产业和基础设施建设需要的、有市场竞争力的、高附加值的新产品；通过技术创新、技术改造，推进有色金属材料的深加工，加快产品结构调整；开发生产铟锡氧化物靶材、镀膜玻璃、纳米氧化锌等高附加值产品，促进产业优化升级。统筹推进机械和装备制造业发展，力争在工程机械、通用机械、建筑机械、塑料机械、起重机械等装备制造方面取得新的突破；以优势企业和名牌产品为龙头，提升产品的科技含量和质量，发展专业化协作，形成围绕整机产品的协作配套体系，实现生产的规模化和集约化；大力扶持本地零配件企业通过兼并、重组，实现资本集聚和区域集聚，加快电工电器、仪器仪表、机械基础件等行业发展，形成有竞争力的机械工业产业链。

札记

### (二)培育新的服务业主导产业，促进城市经济功能的完善

发达国家的经验表明，城市产业主体经历了从最初的手工业、商业向工业，又从近代工业向现代化服务业的升级转移。城市产业合理发展的进程是工业从城市中逐渐向外转移，服务业成为城市的产业主体。柳州市作为广西重要的工业中心，生产功能一直是其主要的经济功能，服务功能则比较薄弱。因此要大力发展第三产业，尤其是与生产有关的交通运输、商贸、信息、金融保险等现代生产性服务行业，并把它们作为主导产业来培养。要适应西部新型制造业基地建设的需要，立足工业城市的较好基础，利用良好的区位条件和较发达的交通优势，通过全面提升传统服务业，大力培育新兴服务业，构建完整的现代生产性服务链，形成现代服务业发展的新格局，不断扩大辐射范围，逐步把柳州建成区域性现代生产性服务中心。同时柳州作为西南地区的交通枢纽，其物流业发展还处于较低的水平，主要集中于运输、仓储等低水平物流项目。因此柳州市要在对传统的运输、仓储业进行改造的基础上大力发展第三方物流，推进物流技术和现代物流管理方法的广泛应用，降低社会物流成本，提高综合服务水平，以实现“近期建设成为桂中地区的区域性物流中心，中期发展成为区域性物流基地，远期发展成为大西南地区、中南地区及辐射东南亚的重要物流中心”的目标。另外，柳州号称“桂中商埠”，商贸流通也具有一定的基础，要培育和发展现代化大型商品市场，推进连锁经营、物流配送、电子商务、信用消费等现代商贸新兴业态的发展，把柳州市建设成为“区域性商业信息和商贸流通中心”。

### (三)以技术创新促进产业结构升级，不断提高城市的综合经济实力

城市功能等级的高低与城市创新能力有关。创新能力是指根据社会经济发展的规律和趋势，不断创造新思路、新制度、新技术的能力。产业结构调整的关键在于提高技术创新能力，在柳州产业结构调整中，应把自主创新与引进创新结合起来，同时推进高新技术的产业化和传统产业的知识密集化、高技术化。柳州的传统制造业在目前乃至今后相当长的一个时期内仍是推动经济增长的主

札记

体，用高技术改造传统产业应是高技术产业发展的战略任务。要加快传统产业的技术改造和产品升级换代，积极运用新技术、新工艺、新装备改造传统产业，发挥化工、制糖、造纸、建材、日化等传统产业的基础优势；同时积极培育具有先导性的高新技术产业，重点发展有色金属新材料产业、新型建筑材料产业和生物医药产业。促进工业结构向高加工度化和技术密集化发展，使产业结构进一步优化，增强城市的整体经济实力，提高城市的集聚力和辐射能力。

**问题：**

1. 结合柳州市城市经济功能的演进，探索城市经济功能构成及演进规律。

2. 分析优化产业结构和城市经济功能提升之间的关系。

# 第三章　城市的性质与规模

城市的性质是城市的特殊属性，是城市的个性。城市的个性随着政治、经济、文化、社会、环境的变化而变化，只是变化的速度有快慢之分。城市规模是人口、经济、科学技术等在城市的聚集规模，有广义和狭义之分。本章是市政学习的基础，分别介绍了城市的性质的定义、确定原则、依据和方法，以及城市规模的影响因素、效益和成本和适度城市规模。

## 第一节　城市的性质

### 一、城市性质的含义

城市性质是指一个城市在社会经济发展的一定历史阶段所具有的本质属性，体现了各城市间相互区别的基本特征。城市性质是由该城市在国家或地区的政治、经济、社会、文化生活中的地位、作用和发展方向所决定的，是城市主要功能的集中反映。

### 二、城市性质与城市功能的区别与联系

要正确理解城市性质的含义，不能把城市性质和城市功能两个概念混为一谈。城市功能一般是指一个城市在国家或地区的政治、经济和社会生活中所承担的任务和发挥的作用，包括城市主要功能和辅助功能。城市主要功能是指那些不可能为每个城市必备的、体现城市特征的功能，具有外向性和对城市发展的决定性。城市辅助功能是每一个城市必备的、并为主要功能服务的功能。城市辅助功能一般是为本城市的生产和生活服务的，在城市形成和发展中起着保证和辅助作用。

城市性质和城市功能既有区别又有联系。城市性质与城市功能的区

札记

别在于：(1)城市性质是标明城市类属的概念，即反映特定城市的性质。而城市功能是标明城市功用的概念，反映特定城市的作用和承担的义务。(2)在多职能的城市，城市性质的范畴里有城市职能的部分，但城市功能只构成城市性质的一部分，并非所有的城市功能都能概括城市的性质。(3)城市性质是相对稳定的，而城市功能是多变的，它会随着社会经济发展和自然资源、交通运输、供水、用地等条件的变化而变化。

城市性质与城市功能的联系在于：(1)城市性质由城市主要功能所决定，并寓于城市主要功能之中。(2)在单一主要功能的城市，城市性质与城市主要功能基本是一致的。而在多主要功能的城市，城市性质是城市多种主要功能的高度概括。

## 三、城市性质的确定原则

正确地确定城市的性质，对于制定正确的城市发展战略，规划城市发展方向，真正发挥每个城市的优势，扬长避短，协调发展，在全国和区域范围内形成布局合理、分工得当的城市体系，有着十分重要的意义。正确确定城市性质，必须掌握正确的科学的观点，坚持以下原则：

### (一)全局与局部相结合的原则

一个城市要把国家社会经济发展的需要与城市自身的特点及条件结合起来，并把它作为确定城市性质的准绳和出发点。因此，在确定一个城市的性质时，不仅要考虑城市自身的自然、经济、社会、历史等条件，而且必须有全局性、整体性观点。

### (二)区域内各城市合理分工的原则

从空间结构上看，诸城市要在职能分工上相辅相成、相得益彰，充分利用区域内的社会、经济、技术、自然条件，形成区域社会经济技术优势，取得最佳的城市组合效益。

### (三)城市现状和未来发展相结合的原则

在确定一个城市的性质时，要把静态分析和动态分析相结合，既要看到城市现在的主要职能，又要研究和预测城市未来的发展远景。

札记

### (四)详尽地占有和分析资料的原则

城市性质的确定，必须以完整、翔实的资料为基础。只有通过综合分析各种真实的数据、资料等信息，才能科学地确定城市性质。

## 四、城市性质的确定依据和方法

### (一)城市性质的确定依据

确定城市性质的依据是：

(1)国民经济和社会发展的中长期计划、远景规划和区域规划。确定城市性质，必须依据国家社会经济发展的总要求，依据城市在地区、国家乃至国际上劳动地域分工中的地位、职能和作用。

(2)区域自然、资源、能源、国防及历史条件。在自然条件中，气候、地形及水文地质条件是市政建设的最基本条件；资源与能源是城市发展的物质基础；历史与国防条件是分析确定历史古城与边境城市不可忽视的重要条件。

(3)城市发展现状。对城市发展现状应针对不同类型的城市进行具体分析。

(4)城市发展远景。根据生产力合理布局的要求，论证城市发展的远景，分析城市在区域分工与协作中的主要职能和辅助职能，从而为确定城市性质提供定性和定量相结合的综合性依据。

(5)经济地理位置和交通运输条件。

### (二)城市性质的确定方法

确定城市性质的方法有：

(1)定性分析法。系统分析城市发展的有利因素和不利因素，客观地、实事求是地分析城市在国家或地区经济、政治、社会、文化生活中的地位和作用，合理区分城市的主要职能和辅助职能，从而确定城市的性质和发展方向。

(2)定量分析法。定量分析法是通过一定的经济、技术指标，如产值、利润、固定资产总值、职工人数、劳动生产率、市场占有率等，分析城市的经济结构，找出在全国或地区中占有较大比重或有较大作用的

札记

主导部门，从而确定城市的主要职能和性质。

(3)比较分析法。在同一个区域内，几个城市的条件、特点往往差异不大，为了扬长避短，充分发挥各城市的优势，促进整个区域社会经济的发展，必须从区域城市体系的布局出发，根据合理分工协作的原则，分析比较每个城市的主要职能，并据此确定每个城市的性质。

(4)综合分析法。它是在定性分析、定量分析、区域分析相结合的基础上，综合分析影响城市发展的各种因素，在正确把握影响城市发展的主要因素的基础上确定城市性质。

## 第二节 城市规模

### 一、城市规模的概念

城市规模是人口、经济、科学技术等在城市的聚集规模。广义的城市规模包括城市的人口规模、用地规模、生产力规模、消费力规模等，狭义的城市规模仅仅指城市人口规模。衡量城市规模大小的指标主要有城市人口数量、占用地面积和国民生产总值。由于城市人口数量比较容易统计和计算，且城市人口数量具有综合意义，因此，城市人口数量成为各国普遍采用的衡量城市规模的基本指标。城市人口是指那些在城市中从事非农业生产活动并居住生活在城市的人口。他们常年居住或生活在城市地域范围内，既是城市的建设者，又是城市的服务对象；既依赖城市而生存，又是城市的主人；既是城市聚落的居民，其需求又是城市社会经济发展的原动力。但是，由于城市人口数量受国内总人口、城市化水平、城市数量、城市分布、社会经济状况等因素的影响，城市人口规模的分级标准相差很大。

城市规模包括城市总规模和单个城市规模。城市人口的总规模指一个国家城市的数量、城市人口总量及占全国总比重，它反映的是一个国家的城市化水平。单个城市规模是指每个城市的人口数量、用地面积和社会经济实力。单个城市规模之间的密切关系可用以下函数表示：

城市总规模=城市数量×单个城市规模

通常所说的城市规模是指单个城市的规模。

按照目前普遍采用的以城市人口规模来划分城市等级的标准，根据全国第七次全国人口普查数据，全国有9亿余人居住在城镇，占全国人口的63.89%，2020年全国户籍人口城镇化率为45.4%。我国城市规模划分为超大城市(城区常住人口大于1000万人)；特大城市(500万~1000万人)；大城市(100万~500万人)；中等城市(50万~100万人)；小城市(低于50万人)。2021年9月公布的《经济社会发展统计图表：第七次全国人口普查超大、特大城市人口基本情况》显示我国超大城市包括上海、北京、深圳、重庆、广州、成都、天津(按城区人口数排序)，其中上海城区常住人口为1987万人，位居榜首。我国特大城市共14城，分别是武汉、东莞、西安、杭州、佛山、南京、沈阳、青岛、济南、长沙、哈尔滨、郑州、昆明、大连(按城区人口数排序)。全国城市体系等级健全，城市等级规模结构表现为中等城市最多，小城市和大城市次之，超大城市、特大城市最少，呈现“中间略大，低端偏小”的较为合理的金字塔格局，由东向西城市规模结构趋向合理。

## 二、城市规模的影响因素

人口是影响城市规模的关键，只有吸引劳动力进入城市，在城市中就业才会带动城市经济运转，形成其规模；另外，城市内的人口素质也影响着城市发展的动力和城市规模的发展方向。因此城市规模的影响方式也可以看作影响人口在本城市工作的因素。主要与区位(如气候条件、国内市场可达性、沿海或非沿海区位)、历史因素和附属要素(如城市基础设施、公共部门提供服务的效益)相关，国家政府政策(如人口分布、资本积累、最低工资和价格政策等)通常都有很强的空间影响，能在自然发展水平以外形成城市的集聚倾向。影响城市规模的因素，总体而言，主要包括五方面的因素：

### (一)自然资源因素

自然资源因素是影响城市规模的天然形成的一些外生因素，如土地资源、水资源、地形地貌、交通区位、气候等。这些因素一般相对稳定，不会轻易变化。在中国，土地资源和水资源正日益成为制约城市规模扩张的主要因素。土地利用规划和年度计划严格控制各大城市的年度建设用地指标，东部发达城市面临的土地约束问题十分突出。北方一些城市严重缺水，直接限制了城市规模扩大，严重影响生产和生活，不得

札记

不通过“南水北调”远距离运水。历史上中国楼兰古城正因水资源枯竭而消亡。地形地貌也会影响城市的规模和形态，如地处多震地带的城市规模一定受限，地处山区或半山区的城市规模也会遭遇地形地貌阻力，增加开发成本，地处平原地区的城市规模一般较大。交通区位对城市规模的影响也十分显著，但不像前三个那样稳定，而与经济发展水平和科学技术水平的提升关系密切。因为经济重心的变化和交通技术的变革会极大地改变一个城市的对外交通运输条件。如，国际贸易兴起之前，中国东南沿海属于边缘化地区，交通区位十分不利，但国际贸易兴起之后，东南沿海一跃成为开放前沿；与日益繁华的石家庄、郑州等铁路沿线城市相对应的是，衰落的古老的京杭大运河沿岸的一些城市。

(二)经济效益因素

经济效益因素是目前研究城市规模主要考虑的因素，即一个城市的投入、产出损益情况直接影响城市的合理规模。经济效益因素一般包括规模经济、规模不经济、经济发展水平和实力、经济结构等方面。规模经济是城市规模的扩大导致成本的节约或效益的提高，既包括生产的规模经济，也包括消费的规模经济。规模不经济是城市规模的扩大导致成本的上升或效益的下降，既包括拥挤成本和生活成本的上升，也包括环境污染的加剧等。规模经济和规模不经济是最受关注的影响城市规模的经济因素。经济发展水平和实力也对城市规模有一定影响。一方面，经济发展水平越高，要求的就业规模越大，所需的人口规模也越大；另一方面，经济实力越强，越有能力进行大规模投资，解决制约城市发展的各种自然和社会条件，为城市规模的扩大寻找到新的空间。经济结构或产业结构也是影响城市规模的重要因素。一般情况下，以劳动密集型产业为主的城市，城市规模较大，而以资本和技术密集产业为主的城市，城市规模较小；以服务业为主的城市，城市规模较大，而以制造业为主的城市，城市规模相对较小。城市的经济结构不同，城市规模会相差较大。

(三)科学技术因素

科技进步既可以改变自然资源、环境质量、经济效益等方面因素对城市规模的束缚，促进城市规模扩大，又可以提高劳动生产率和产业技术含量，降低劳动需求，从而抑制城市规模的扩大。因此，科学技术因素对城市规模的影响是全方位和长期的。一般而言，每一次重大科技革命都可能从某一领域对城市规模产生深远影响，如交通工具、建筑技术、电力传输、信息技术等广泛应用都影响到城市的聚集成本或收益，成为不同时代影响城市规模的主要科学技术因素。

#### (四)政策制度因素

政策制度因素主要是影响人口增长、人口迁移、战略布局和城市功能等方面的主观性较强的政策性和制度性因素。政策或制度偏好会间接作用于空间政策，对城市规模产生影响。在我国一般有三类：第一，全国性的政策。第二，区域性政策，如国家重大工程项目布局往往成为项目所在地城市规模扩大的突发因素，而给予一些城市特殊优惠政策也可能具有同样的效果。第三，通过城市规划确立城市的性质、职能、规模、形态和功能布局等，严格控制城市发展规模。

#### (五)生活质量和社会环境因素

生活质量和环境因素不仅包含城市的生态环境质量，还包含教育、医疗、娱乐、交通等城市基础设施质量，以及公共部门提供服务的质量。这些软环境和硬环境直接影响到居民的生活质量，而随着社会日益发展，人们越来越关注城市的生活质量和宜居性，这也成为吸引人才流入的一个重要因素。

综上所述，城市规模是多种因素共同作用的结果，诸因素之间的关系错综复杂，各个城市和城市周围的社会、经济、自然、科技等条件千差万别，因此，在确定城市合理规模时，必须统筹考虑上述因素。

### 三、城市规模效益与成本

#### (一)城市规模效益

根据规模经济理论，企业经营规模与经济效益之间有一种函数关系，随着生产规模的扩大，单位产品成本会下降，企业从而可以取得规模经济效益。城市规模效益是城市规模演变与城市效益之间的函数关系。城市规模效益有以下几个特点：

(1)规模性。城市规模效益是以一定的社会经济活动规模和人口规

札记

模为前提的，反映了城市规模与城市经济效益、社会效益、环境效益之间的关系。

(2)空间性。城市是以人口和经济活动在空间上的集中为特点的，由于人口和经济活动在空间上彼此近居而可以得到聚集经济效益。

(3)外在性。外在性与内在性是相对应的。企业和家庭可能因自身内部的因素取得比以前更多的利益。而人口和社会经济活动在城市的集中，能通过外在因素增加城市企业和家庭的利益，这些外在因素没有价格，不受市场机制的调节。因此，外在性实际上是一些企业或家庭的活动能给其他企业或家庭带来的利益。

城市规模效益所覆盖的范围，因研究角度的不同而不同。从城市居民个人看，城市居民因人口和社会经济活动在城市的聚集能获得的外在效益主要有：一是就业机会，城市众多的社会经济活动可以给具有不同工作能力的居民提供众多就业机会；二是货币收入，不同规模城市的居民收入水平之间的差异，是城市规模的函数，城市居民收入大体上随着城市规模的扩大而呈递减率上升；三是从一个城市所能提供的广泛设施中得益，有些城市设施只有在城市达到一定规模时才能建设，而且城市设施随着城市规模的扩大而增长，城市居民会因此享受到城市设施所带来的便利或利益。从城市厂商看，与城市规模相关的效益主要有：(1)厂商产成本的降低和劳动生产率的提高。众多企业在城市聚集，能享受各项基础设施的服务，从而使企业节省了基础设施方面的投资和交通、洽谈等交易费用，降低了企业的生产成本。此外，企业在城市的聚集，有利于信息交换和技术扩散，发展专业化协作，提高劳动生产率。(2)市场需求的扩大。市场需求与城市规模正相关，即城市规模越大，市场需求越大，厂商的生产就可以获得足够的市场需求的支撑。从整个城市的角度看，人口和社会经济活动在城市的聚集主要是能带来综合的聚集效益和规模效益，如城市景观的改善、管理费用的节约、综合性城市功能的形成、新知识和新观念的产生等。

### (二)城市规模成本

随着上述城市规模效益的提高，城市规模成本也在缓慢上升。只要是在合理的规模限度内，城市规模效益的提高速度会远远高于规模成本的上升速度。但是，如果城市规模太大，城市规模成本会迅速上升。城

札记

市规模成本主要包括：

(1)外部成本。外部成本是一些企业或家庭为了解决其他企业或家庭的生产、生活活动给自己带来的负面影响，而需要支出的费用或承担的福利损失。例如，就城市居民个人而言，城市噪声等环境污染，使一些城市居民失去了安全、宁静、安逸的生活环境，或者要支付相应的费用才能获得宁静安逸的生活环境；城市规模过大往往造成居民远距离上班，再加上交通拥挤会延长居民的乘车行路时间，从而会增加居民的通勤费用；城市规模扩大，城市地价会上涨，从而推动房租、房价的上升。就城市厂商而言，城市规模扩大引起交通拥挤，会影响企业的营运效率；城市地价上涨，会提高企业单位产品的成本；城市规模扩大对城市环境质量的要求也很高，从而对城市企业的排污有更严格的限制，为此，企业必须支付很高费用。

(2)"门槛"成本。城市规模是一个变量，城市设施必须随着城市规模的扩大而不断增加和改善，否则，城市设施的承载能力会逐渐饱和，甚至会出现超载现象。这时，少量投资因只能解决修修补补的小问题而无济于事，必须一次性投入大额资金。例如上海为了从根本上解决交通拥挤问题，投入巨资建地铁，每公里地铁的造价为 4 亿元人民币。这种巨额投资便是城市规模进一步扩大的"门槛"成本。跨越城市规模进一步扩大的"门槛"所付出的成本，可以从其后的效益中获得补偿。需要指出的是，城市规模增大中的"门槛"是多级的，一旦城市跨越了一级"门槛"，城市在前后两级"门槛"之间的发展就比较合理。一般来说，愈到后面的"门槛"就愈难超越，需要付出的成本愈高。

(3)疏解成本。城市规模增大的最终"门槛"是自然力负荷的极限。当城市发展的"门槛"难以逾越时，就会有部分企业和人口从市区迁到市郊或卫星城。疏解成本就是部分城市企业和人口迁出城市所带来的损失和成本，如城市企业和居民自身需要支付的搬迁费用、城市企业和居民迁出城市所付出的机会成本、政府为鼓励城市企业和居民迁出城市所提供的各种优惠条件等。一般来说，城市规模越大，疏解成本越高，但疏解成本往往要低于门槛成本。

城市规模成本变化规律，也称为城市规模效益递减规律。主要体现在：(1)在适度规模内体现出的城市规模效益，其收益增长速度大于规

札记

模成本增长的速度。(2)当城市规模超过规模设计容量时(又称为城市规模过大)，城市规模成本增速大于规模收益增长速度，城市规模效益进入相对递减阶段。(3)在城市规模过大阶段，城市规模效益的递减加快，城市规模效益进入绝对递减阶段。

## 四、适度城市规模

城市规模效益与成本分析表明，在一定的城市规模限度内，城市规模效益的增加远快于城市规模成本的增加，从而能极大地提高城市的经济效益、社会效益和环境效益。因此，适度的城市规模对稳定和提高城市的规模效益是必要的。适度城市规模首先是一个相对的概念。什么规模合适，取决于我们打算干什么。其次，适度城市规模是一个历史性范畴，适用于各个历史时期的统一的适度城市规模并不存在。最后，适度城市规模是一个区间量和动态量。

### (一)适度城市规模的判断指标

判断一个城市的规模是否适度和合理的最根本、最重要的指标是社会经济效益，城市要用尽可能少的投入和消耗，取得尽可能高的经济效益、社会效益和环境效益。此外，城市的规模是否适度，既要从城市自身的条件加以确认，又要从整个城市体系的角度进行考虑。从城市自身的条件看，确定城市的适度规模应主要考虑：

1. 自然条件

适度城市规模不能超过自然界的承载能力。

2. 市政建设

具体包括市政设施的现有容量和增长速度、市政建设和管理的经济性、规划布局的合理性等。从整个城市体系的角度看，适度城市规模要考虑城市在全国或地区城市体系中所处的地位，要考虑经济合理布局的需要。在综合分析城市自身发展条件及其在全国或地区所起的作用的基础上，确定城市的发展战略，然后根据城市的发展战略来确定适度城市规模的目标模式。

### (二)适度城市规模的要求

城市适度规模的目标模式应符合以下要求：1. 既能在宏观上满足

全国或地区社会经济发展的需要，又能在微观上促进城市自身社会经济发展的需要。2. 能使企业以比较少的投入获得比较多的产出，即有利于企业取得比较高的经济效益。3. 能给居民提供比较多的就业机会，居民既能充分施展自己的才能，又能获得比较高的收入。4. 能建设和有效地经营各种现代化的城市设施。5. 城市环境优美，成为一个花园城市。

札记

## 案例

### 特大、超大城市到底多大最合理

全世界人口超过1000万的国家有30多个，而根据国家统计局公布的最新城市评级，我国人口超过1000万的超大城市就有7个，500万以上1000万以下的特大城市有14个。据中国科学院区域可持续发展分析与模拟重点实验室副主任陈明星统计，这21个超特大城市，常住人口达2.9亿人，约占全国总人口的20.7%；国土面积16.9万平方公里，约占全国市辖区面积7.5%；GDP总量为33.6万亿元，约占全国经济总量的33.1%。

体量大、比重高，反映出其在全国经济社会发展中举足轻重的地位。而随着城市越来越“大”，其发展质量以及规模扩张背后潜藏的各种结构性问题，也愈加受到关注。国务院发展研究中心发展战略和区域经济研究部部长侯永志指出，中国特大超大城市所面临的问题，不仅仅是用一个城市能概括出来的。它所面临的发展和治理要求是多元的，需要构建一个包括经济、社会、环境、交通、安全等各方面的综合治理系统。

**超大城市数量持续增加**

“最近一些年来，中国的城镇规模增长出现了两极化的趋势：一方面超大、特大城市规模过大；另一方面部分中小城市，尤其小城市、小城镇出现了萎缩。”中国社会科学院农村发展研究所所长魏后凯指出。在他看来，有利于共同富裕的大中小城市和小城镇的协调发展，应该是判断城镇化格局是否科学合理的重要标志。“假如大中小城市和小城镇不能协调发展，就不能建立一个科学合理的城镇化规模格局，就不可能最终实现共同富裕的目标。”

札记

中央已经明确，到 2035 年要实现包括城镇化在内的“四化”。根据魏后凯的测算，2035 年中国常住人口城镇化率达到 74%左右，而中国的城镇化率的天花板有可能就是 85%。主要问题在于，户籍人口城镇化率要实现难度较大。根据其在现场给出的一组数据，2015 年，我国户籍人口城镇化率为 39.9%，比常住人口城镇化率低了 17.4 个百分点；到 2020 年，户籍人口城镇化率提高到 45.4%，但仍比常住人口城镇化率低 18.5 个百分点。也就是说，乡镇人口城镇化率和户籍人口城镇化率在“十三五”期间不但没有缩小，反而在不断地扩大。

“怎么来缩小‘两率’的差距，这是未来一个大的问题。”在魏后凯看来，2035 年要基本实现新型城镇化，其重点和难点就在于“质量”。这其中包括要实现“两率”并轨，市民化与城镇化的同步；城镇化规模结构优化，实现大中小城市和小城镇的协调发展；加快基本公共服务的均等化；维护进城农民的各项权益等。

与此同时，根据魏后凯研究预测的 2035 年城镇化规模格局，超大城市在现有基础上会继续增加，中等城市将成为突出的短板，小城市和小城镇则将成为吸纳城镇人口的核心载体。

据魏后凯初步测算，2035 年，超大城市(城区人口 1000 万人以上)数量将达到 12 个，城区人口占全国城镇人口比重将达到 14.7%；中等城市(城区人口 50 万~100 万人)将达到 115 个，但城区人口比重仅为 7.9%；小城市和小城镇(50 万人口以下)将达到约 1.5 万个，其吸纳的城镇人口比重在 55%左右，将超过一半。

在魏后凯看来，未来我国超大特大城市应该走向现代化都市圈。根据社科院农村发展研究所研究，未来要建设 34 座高品质的国家级都市圈，分别为引领型都市圈(11 个)、发展型都市圈(11 个)、培育型都市圈(12 个)。有关优化都市圈空间结构，他的建议是，一是严格控制县改区，二是推进中心区功能和产业扩散，三是要大力发展现代城郊经济，构建多层次多领域的发展共同体。“很多时候是一个城市一城独大，和周边地区形成很大的落差。”中国宏观经济研究院研究员、中国区域科学学会理事长肖金成也特别提到，大都市要加强对周边的辐射带动作用，强化引领作用、削弱虹吸效应，经济合作要变“悬崖”为“缓坡”。

札记

**规模多“大”最合理?**

显然，城市不是越大越好。清华大学交通研究所所长陆化普直言，城市规模越大，其范围经济效率越高，但同时它的负效应也极其明显。如果没有合理规模作为引领，盲目发展会造成很严重的后果。那么，多“大”才是合理的规模?陆化普进一步指出，这个合理规模不是由谁来确定，而是要根据科学机理来判断。作为交通领域研究专家，他从交通视角给出了城市合理规模的研究成果。

通过计算识别，该研究选取19个城市的中心城区、都市圈两个范围，在此基础上，对各范围不同交通方式类型(小汽车、轨道、地面公交等)的出行距离、出行时间、出行速度等指标进行计算分析发现：19座城市的中心城区半径在4.33km(苏州)到11.9km(北京)之间，平均半径为8.27km；19座城市都市圈半径在12.3km(郑州)到20.3km(成都)之间，平均半径为16.36km。基于此，陆化普给出结论：19座城市中心城区平均半径8.27km，平均出行时间为45.94分钟。综合考虑未来土地使用优化和交通效率提高，如果按照中心城区30分钟可达的目标，我国超大特大城市中中心城区的合理规模以10km半径为宜；

19座城市都市圈平均半径16.36km，平均出行时间为57.47分钟。综合考虑未来土地使用优化和交通效率提高，按照都市圈1小时通勤圈的交通强国建设目标，我国超大特大城市的都市圈合理规模最大不应超过30km。

而根据中国社科院城市与竞争力研究中心主任、中国城市百人论坛秘书长(执行)倪鹏飞及其团队的研究，发达国家中，健康程度高的特大城市规模，无论是中心区还是周边都市圈，人口规模普遍在1000万左右，分布面积为3000~10000平方千米。由此，他结合全球超大特大城市发展经验，基于人口舒适生存最低需求理论，即人对空间、距离需求、生态平衡的基线标准，推算整个都市圈、中心城区规模、密度和功能的合理区间：

整个都市圈的半径为60km，总面积1万$km^2$，人口规模为2000万人；且都市圈中心城市的最大容忍度为20$km^2$，人口1500万人(理论标准，即不考虑其他因素情况下的最大容忍度)。“但这都是理论值，事实上达不到这个值。”倪鹏飞继而提到了一个理想的

札记

标准，即中心城市半径为40千米、人口860万人，中心城区半径为15千米、人口800万人。他再次强调，要规划建设多中心的都市圈体系，包括中心城区、副中心、微中心等。其中，大城市要根据人口和产业变化的趋势采取多中心、组团式向外发展，带动人口和产业向周边扩散，实现都市圈的协调可持续发展。

城市的集聚不是无限制的，倪鹏飞指出，“很多人满为患的地区中心城市之所以一城独大，是因为中心城区功能叠加，包括基础设施和公共服务等在内的建设滞后于人口和产业的变化趋势，所以导致大城市难以疏解”。

**课后思考：**

1. 根据案例，城市的合理规模是什么样的？如何确定的？

2. 合理的城市规模对于优化城市化格局以及城市发展有何意义？

# 第四章 城市的类型与体系

城市分类是指根据一定分类原则划分城市的类属，有益于我们分析研究城市的个性与共性，以及城市共性与个性之间的相互关系。城市体系是区域社会经济发展到一定阶段的产物，是城市带动区域的最有效的组织形式。城市体系的产生既反映了社会分工的扩大、生产社会化程度的提高和市场经济的进一步发展，又是城市自身建设和发展的自身要求。

## 第一节 城市的类型

### 一、城市分类的意义和原则

城市分类是指根据一定的分类原则划分城市的类属，以示城市之间的区别。众所周知，通过分类可以更深入具体地分析各类事物的质的规定性，了解各类事物在各方面的区别，掌握各类事务的特点和发展规律。因此，分类是认知和研究客观事务的重要方法和手段。

#### (一)城市分类的意义

首先，城市分类有益于我们分析研究城市的个性与共性，以及城市共性与个性之间的相互关系。中国的城市众多，这些城市尽管性质、结构、规模、自然条件、地理位置各有差异，可以说是千差万别。但是，作为城市，它们具有一些共同的特点、功能和景观。如果避开城市的共同点，就可以按照某种差异或某一标志对城市进行多层次的分类。每一类城市及具有构成该类型城市的共同特点，又具有与其他类型城市相区别的不同特点，因此，通过城市分类，有助于我们充分认识每一类城市的共性，正确把握各类型城市的个性或特点。

札记

其次，城市分类有助于我们掌握各种类型城市的发展规律，正确地分类管理和指导城市发展。不同类型城市的自然资源、环境条件、经济结构等相差甚远，它们的形成过程、性质和发展方向也各不相同。因此，城市发展战略的制定或城市体系的建立，都要首先明确城市的类型，根据各种类型城市的性质、功能、结构和特点来发挥它们应有的作用。如果不进行城市分类，笼统地指导城市的发展，就会违背城市的性质和特点，降低城市的社会经济效益。因此，城市分类是制定适合城市特点的方针、政策和措施的依据，能有效地分类管理和指导城市的发展。

### (二)城市分类的原则

城市分类是一个十分复杂的问题，必须遵循以下原则：

(1)定性分析与定量分析相结合。城市类型首先有着质的规定性，有些质的规定性可以用数量指标来表现和反映，但有些质的规定性不能用数量指标来表现和反映。如果完全通过定量分析对城市进行分类，既不现实，也不一定科学。因此，我们首先应对城市类型进行定性分析，在定性分析的基础上，注重数量指标的收集、分析和运用，用定量分析补充和佐证定性分析，以提高城市分类的科学性和正确性。

(2)经济分类的要求与行政分类的现状相结合的原则。城市分类一般应以区分城市的经济功能为主，但有些城市的功能以行政功能、文化功能为主，而经济功能不是主要的。特别是在中国，城市的经济功能往往与行政功能相结合得非常紧密，甚至城市的政治功能可以带动城市其他功能的形成和发展。中国许多城市一旦成为一定地区范围内的行政或政治中心，城市社会经济就会加速发展，城市功能会很快发生变化。因此，在进行城市分类时，不能忽视城市的政治或行政地位，应把经济分类的要求和行政分类的现状结合起来。

(3)城市体系对城市功能的要求与城市功能现状相结合的原则。一个国家或区域的城市体系会对每一个城市的性质、规模和类型提出相应的要求。但各个城市经过长期的建设和发展，实际上已经成为某种性质、规模或类型的城市。两者可能一致也可能不一致。当两者一致时，应综合分析研究城市体系对城市功能的要求与城市功能发展现状，然后确定城市类型。

札记

(4)功能、规模、隶属和地域分类相结合的原则。城市功能与城市规模密切相关，且受隶属关系的影响。此外，城市社会经济不是孤立存在的，而是与区域社会经济交织在一起的。因此，进行城市分类时，必须通盘考虑城市的功能、规模、隶属关系和所在地域等因素。

## 二、城市分类的方法

### (一)奥洛索分类法

1921年，英国地理学家奥洛索从社会学立场出发，着重政治和社会因子的分析，以城市的专门化职能作为分类依据，提出了一个城市分类方案。奥洛索的城市分类体系为：

(1)行政城市：首都、税收关卡城市。

(2)防御城市：堡垒城市、驻军城市、海军基地。

(3)文化城市：宗教中心、教堂城、朝圣中心、文艺中心、大学城。

(4)生产城市：加工工业城市。

(5)交通运输城市：采集城市、运输城市、贸易城市。

(6)游览疗养城市：疗养、观光、度假城市。

奥洛索分类法在城市分类研究历史上具有重要意义，被认为是最有影响的一般性描述分类法，即凭人的主观认识来划分城市的类型。但奥洛索分类法也有一些重要的缺陷，如以地理位置作为划分城市类型的标志，混淆职能和地理位置的概念，类型划分详略不当，分类体系的逻辑性也不强。

### (二)哈里斯分类法

1943年，哈里斯在《美国城市的职能分类》一文中，侧重分析城市的经济职能，用统计方法，提出了划分城市类型的临界值。哈里斯以工业和商业部门的就业资料作为主要依据，以户籍统计中的职业数字作为补充材料，对人口超过1万的605个美国城市进行了分析研究，将城市的职能划分为九大类。对特定的具体城市，将其每一个职能部门的就业人数占九大部门就业总数的比例，与全国605个城市每一个职能部门的就业人数占九大部门就业总数的比例进行比较，确定城市的一个主导职

札记

能部门，并以此作为城市的类型。哈里斯把美国605个城市划分为以下10类：(1)加工工业城市；(2)制造业城市；(3)综合型城市；(4)零售业城市；(5)批发业城市；(6)运输业城市；(7)游览疗养城市；(8)大学城；(9)矿业城市；(10)行政城市。

哈里斯分类法实际上是主导职能分类法，采用了有着广泛影响的统计描述法，即以就业资料和职业资料作为城市分类的依据。但是，哈里斯分类法也有一些不足之处，如划分城市类型所依据的临界值缺乏客观依据，有一定的主观随意性；只突出城市一个职能部门的主导性，掩盖了城市其他突出职能的作用。

### (三)纳尔逊分类法

1955年，纳尔逊在《美国城市的服务分类》中，根据一个城市的几项主导职能，对美国1万人以上的897个城市进行分类。纳尔逊引用1950年的人口统计资料，把城市就业部门划分为以下九种类型：加工工业、零售业、专门服务业、交通运输业、私人服务业、公共行政、批发业、金融保险房地产、矿业。纳尔逊计算出897个城市每个就业部门的劳动力占全部九大部门劳动力总数的百分比的平均值和标准差，并计算出每个城市的就业的部门结构，据此进行具体的城市分类。

纳尔逊认为，若城市某一个就业部门就业比例高于全国平均值加三倍的标准差，则该部门为一级主导职能部门；若高于全国平均值加两倍的标准差，则该部门为二级主导职能部门；若高于全国平均值加一倍的标准差，则该部门为三级主导职能部门。因此，纳尔逊依据城市的对外服务职能进行分类，比哈里斯分类法更符合实际。纳尔逊分类法解决了作为决定城市形成和发展的产业部门所应达到的就业规模，比较好地解决了各城市主要职能上的差异。

### (四)莫塞和斯科特分类法

莫塞和斯科特在他们合著的《不列颠城镇：社会和经济差异的统计研究》中，根据城市的社会、经济和人口特征，把157个英国城镇的特征资料归结为57个变量，并把这57个变量进一步分类。莫塞和斯科特分类法是一种比较早的多变量分析法，即将城市的社会、经济和人口特征等分成若干个变量，在此基础上把这些变量归纳为若干个因子，然后再根据这些因子进行城市分类。

莫塞和斯科特在对英国157个城镇的特征资料进行主成分分析和聚类研究的基础上，把英国的城市分为以下几种类型：

(1)主要的休憩、行政、商业城市。具体分为主要的海滨休疗养城镇、主要的专业和行政中心城镇、有少许工业的主要商业中心。

(2)主要工业城镇。具体分为传统的铁路中心城镇、大口岸城市、纺织中心城市、海岸带工业城市和矿业城市、金属加工业城市。

(3)郊区型城镇。具体分为独立的城郊居住区，较老的混合城郊居住区、较新的混合城郊居住区、城郊轻工业区、国防基地和大都市圈内城市、老工业城镇和新工业城镇。

#### (五)马克斯韦尔分类法

1965年，马克斯韦尔在进行加拿大城市分类的研究中采用了最低需要量分析法。他在综合分析加工工业基本就业人口百分比、批发商业基本就业人口百分比、城市区值、城市规模、城市的专门化指数五个变量的基础上，将加拿大的城市分为以下五类：专门化的制造业城市、特殊城市、主要大都市、制造业相对重要的区域首府、制造业不甚重要的区域首府。马克斯韦尔分类法也是多变量分类法。多变量分类法采用数学方法对城市职能进行分类，使城市分类计量化，这是其贡献。但由于构成城市社会经济的因素很多，根本不可能全部纳入数学方式，因此，用纯数学方法来进行城市分类必然有其局限性。

综观上述各种城市分类法，主要是功能分类，偏重于城市就业人口的职业构成，以某一个部门的就业人口占总就业人口的比重来确定城市的主要功能，进而进行城市分类。

### 三、中国城市的主要类型

中国的城市可以依据不同标准或原则进行分类。

#### (一)以城市性质或功能为划分标准

(1)综合性城市。综合性城市集多种功能于一身，既是政治中心，又是工业生产、交通运输、商品流通、科学技术、文化教育、金融、信息中心，对全国或地区的社会经济发展有着比较大的影响或作用，如北

札记

京、上海。

(2)工业城市。工业城市以工业生产为主，工业部门的产值和就业人口在整个城市的国内生产总值和总就业人口中占有较大的比重。工业城市根据其主导产业的不同又可以具体分为钢铁工业城市、轻纺工业城市、机械制造工业城市，如鞍山、十堰。

(3)矿业城市。矿业城市以开采挖掘某种地下矿产资源为主，并围绕矿业加工生产一系列相关产品，如大庆、玉门、茂名、淮南、大同等。

(4)交通港口城市。交通港口城市的交通地理位置优越，随着对外交通运输的发展而发展。根据交通运输条件的不同，交通港口城市又可分为铁路枢纽城市，如徐州、郑州、鹰潭；海港城市，如大连、塘沽、湛江；内河港埠城市，如裕溪口。

(5)商业金融城市。商业金融城市一般依托优越的交通运输条件和其他有利条件，成为商品的集散地和资金流通中心，如武汉。

(6)风景旅游城市。风景旅游城市以优美奇特的自然风光、宜人的气候、罕见的名胜古迹闻名于世，旅游业是城市的主导产业，带动着城市其他产业的发展。如桂林、黄山、曲阜、敦煌。

(7)科学文化城。科学文化城是以科学研究和文化教育为主要职能的城市。

### (二)以城市的行政地位为划分标准

(1)直辖市。直辖市是与省同级的行政单位，受中央政府的直接领导和管辖。目前，中国的直辖市有北京、上海、天津、重庆 4 个。

(2)副省级市。副省级市相当于准直辖市，在不改变现有行政隶属关系的前提下，具有省级计划决策权和经济管理权。目前，中国的副省级城市有哈尔滨、长春、沈阳、大连、成都、西安、武汉、济南、青岛、南京、杭州、宁波、厦门、深圳、广州。

(3)地级市。地级市受省、自治区的直接领导和管辖，一般均为设区市，如苏州、无锡、常州。需要注意，有些城市由于经济历史、地理、文化等原因升级成为地级市，导致这些城市并没有达到地级市的规模，所以称为不设区的地级市。目前，我国共有四个不设区的地级市，分别是海南省儋州市、甘肃省嘉峪关市、广东省的东莞市和中山市。

札记

(4)县级市。县级市是不设区的市，具有与县相平行的行政地位。如锡山市。

(5)特别行政区城市。《中华人民共和国宪法》第三十一条规定：国家在必要时设立特别行政区，在特别行政区内实行的制度按照具体情况由全国人民代表大会予以法律规定。目前，我国共有香港特别行政区和澳门特别行政区两个特别行政区城市。

(6)经济特区城市。中国经济特区诞生于20世纪70年代末80年代初，标志中国改革开放进一步发展的主要成果，其保持原有行政级别，但是在经济层面以减免关税等优惠措施为手段，通过创造良好的投资环境，鼓励外商投资，引进先进技术和科学管理方法，实行特殊的经济政策、灵活的经济措施和特殊的经济管理体制，并坚持以外向型经济为发展目标。目前，中国共有6个经济特区城市，分别是广东省深圳市、珠海市、汕头市，福建省厦门市，新疆维吾尔自治区的喀什市和霍尔果斯市，另有一个省级经济特区海南省。

### (三)以城区人口规模为划分标准

以城区常住人口为统计口径，将城市划分为五类七档。城区常住人口50万以下的城市为小城市，其中20万以上50万以下的城市为Ⅰ型小城市，20万以下的城市为Ⅱ型小城市；城区常住人口50万以上100万以下的城市为中等城市；城区常住人口100万以上500万以下的城市为大城市，其中300万以上500万以下的城市为Ⅰ型大城市，100万以上300万以下的城市为Ⅱ型大城市；城区常住人口500万以上1000万以下的城市为特大城市；城区常住人口1000万以上的城市为超大城市。(以上包括本数，以下不包括本数)

城区是指在市辖区和不设区的市、区、市政府驻地的实际建设连接到的居民委员会所辖区域和其他区域。常住人口包括：居住在本乡镇街道，且户口在本乡镇街道或户口待定的人；居住在本乡镇街道，且离开户口登记地所在的乡镇街道半年以上的人；户口在本乡镇街道，且外出不满半年或在境外工作学习的人。

### (四)以城市所处地理位置为划分标准

根据城市所处地理位置的不同，中国的城市可分为：

札记

(1)沿海城市。沿海城市是指沿着海岸线建立并发展起来的城市，一般以港口为依托。如烟台、连云港。

(2)内地城市。内地城市是指既不靠海又不靠近边境线的城市。如宜昌、九江。

(3)边境城市。它是靠近国境线的城市，如凭祥、满洲里、二连浩特。

### (五)以城市结构为划分标准

(1)单中心城市和多中心城市。这是按市中心的规划结构类型划分的。如果城市的主要职能多集中于一处，形成中心性很强的市中心，则为单中心城市；如果城市的主要职能分散于几处，则为多中心城市。

(2)封闭式城市和敞开式城市。这是按城市建成区内部与郊区农业用地间的结构关系即城郊结构划分的。封闭式城市是指建成区与郊区截然分野，几乎没有穿插，形成封闭式的城市自然生活环境。敞开式城市一般采取风扇叶式规划结构，构建城市和郊区的通道，将城市人造环境和郊区自然环境密切结合起来。

(3)集中式城市和分散式城市。这是根据城市各功能用地，特别是生活居住用地和生产用地的相对位置划分的。

### (六)城市综合实力等级分类

结合特定指标对城市实力进行量化的评定并基于此对城市等级和排名进行划定是目前对城市分类的方式之一。常见的方法是将基于城市综合排名将城市划分为“一线城市”、“二线城市”、“三线城市”等。这种方式因其可以直观快速对城市的综合情况进行了解进而在商业领域更受关注，这种方式在民间也更受欢迎。

一般对城市的综合实力的量化标准、等级和排名的确定都由非官方机构，如媒体、研究机构和高校来完成，大部分国家尚未有政府部门和官方机构提出相应的标准和排名。在中国，基于国内的品牌商业数据和互联网公司的用户行为数据及数据机构的城市大数据，将城市划分为五级：北京、上海、广州、深圳为“一线城市”，成都、重庆、杭州等四十余个城市为“二线城市”，另有“三线城市”70余座、“四线城

札记

市”90余座、“五线城市”120余座。根据分类方式和评定标准不同，还有一些机构提出了“超一线城市”“新一线城市”“新二线城市”等延伸概念。

国际上，全球化与世界级城市研究小组与网络(GaWC)的世界城市名册是全球关于实际城市体系的权威排名之一，GaWC用银行、保险、法律、咨询管理、广告和会计六大指标并通过其行业内公司在全球主要城市的办公网络和信息流动来分析城市之间的互动和连通，将城市分为一线(Alpha)、二线(Beta)、三线(Gamma)、自给自足型(Suffciency)四级。根据GaWC2020年城市排名，纽约和伦敦为Alpha++级城市；新加坡、迪拜、巴黎和东京为Alpha+级城市。在中国城市中，香港、上海、北京为Alph+级城市；广州、台北、深圳为Alpha-级城市；成都为Beta+级城市；天津、南京、杭州、重庆为Beta级城市；武汉、长沙等七个城市为Beta-级城市。

此外，按照城市辐射范围的广度和辐射力的强度，城市可分为国际性城市、全国性城市和地区性城市；按照城市发展历史的长短，城市可分为新兴城市、古老城市；按照城市外观形态的不同，可分为团状、带状、环状、放射状、组团状、星座状城市等。

## 第二节　城市体系

### 一、城市体系概述

#### (一)城市体系的含义与特点

城市体系指在一定区域范围内，以中心城市为核心，各种不同性质、规模和类型的城市相互联系，相互作用而组成的有机的城市群体组织。

城市体系所具有的特点是：(1)整体性。城市体系是由城市、联系区域、联系通道、联系流等多种要素按一定规律组合而成的有机整体。(2)动态性。城市体系形成之后并不是固定不变的，城市体系组成要素和外界环境的变化，都会通过交互作用和反馈，使城市体系的形态、规模和结构发生改变。(3)开放性。城市体系不是一个封闭的组织体系，

札记

而是一个频繁与外界进行物质、能量、信息交换的开放的系统。(4)层次性。城市体系有大有小，根据所在经济区的规模和层级而定；城市体系内部的城市有大有小，大的城市成为城市体系的核心，小的城市充当城市体系的基层。(5)重叠性。一个城市可以成为不同层级城市体系的成员，并充当不同的角色。用以实现的途径是交通和通信的联结，只有在此基础上才会有物流、人流和信息流。

### (二)城市体系的类型

城市体系是多种多样的，根据中心城市的数量多寡和组合形式的差异，本书把城市体系分为以下四种：

(1)金字塔型。以一个大城市或特大城市为核心，周围的中小城市以不同距离围绕大城市或特大城市呈环状集中分布，金字塔型城市的发展和职能特点依赖于大城市或特大城市的发展。金字塔型城市体系的发展需要着重解决的是控制大城市或特大城市市区的规模，发展副中心以分散大城市或特大城市的功能。

(2)多核型。多核型城市体系的特点是区域内的核心城市有多个，它们的规模、引力和影响范围相当，共同对区域内的其他中小城市发挥空间作用；区域内城市间的关系比较松散，相互之间没有严格的依从关系；区域内城市的空间分布相对比较分散，间距较远。这类城市体系的发展重点是要抓好区城内经济中心和行政中心的建设，使之真正成为有带动力和有吸引力的区域中心。此外要改善区城内城市间的交通条件，加强经济联系。

(3)网络型。网络型城市体系是指区域内核心城市的性质和规模相近，彼此作用力难分高低；核心城市之间以及核心城市与其他城市之间的联系密切。这种城市体系的发展重点是统一规划核心城市的社会经济发展，深化专业化分工，加强经济协作，防止重复建设。

(4)带状型。带状型城市体系是指在交通干线、江河流域的沿线地区，形成的在空间上一字排列、首尾衔接的带状结构城市体系。

## 二、中心城市

中心城市指一定城市体系居于核心地位，在一定区域的社会经济活动中处于重要地位，具有综合功能或多种主导功能，起着枢纽作用的大

札记

城市或特大城市。

（一）特点

中心城市具有四个基本特点：第一，中心城市不是一般的中小城市。中心城市是在地区和全国社会经济活动中具有重大影响的大城市或特大城市。第二，中心城市具有综合性功能或多种主导功能。这是衡量一个城市是否中心城市的关键点。第三，中心城市具有优越的自然条件、社会条件和历史条件。第四，中心城市与经济中心既有联系又有区别。中心城市一定是经济中心，而经济中心未必是中心城市；经济中心可以是特大城市，也可以是一个镇，而中心城市必须是大城市或特大城市。

（二）分类

按照中心城市综合影响力为划分标准，可以将中心城市分为三类：第一类，全国性中心城市，是指在全国范围内产生综合影响，市区人口一般在500万以上的中心城市。第二类，地区性中心城市，是指在跨省区范围内产生综合影响，市区人口在100万以上的中心城市。第三类，省区中心城市，是指在省域范围内产生综合影响，市区人口在50万以上的中心城市。

（三）具体作用

（1）中心城市是组织和发展专业化协作的枢纽。中心城市是横向和纵向经济联系的结合部，部门和地区的经济活动大都通过城市来实现，加上中心城市与周围地区以及国际市场在历史上就形成了千丝万缕的经济联系。因此，中心城市天然是一个开放性的大系统，能为实行广泛的横向经济联系提供有利条件。同时，中心城市聚集了众多大企业，拥有一定的优势产业和优势产品，只要充分发挥市场机制的作用，就可以以中心城市为基础，以企业为主体，以资本为纽带，围绕中心城市的优势产业和优势产品，培育和发展跨地区、跨行业、跨所有制和跨国经营的大企业集团。

（2）中心城市是发展现代市场经济的先导。中心城市具有较好的基础设施，具备成为大市场、大流通枢纽的条件。中心城市具有明显的聚

札记

集性、扩散性、商品性、高效性和开放性等特点，在发展大市场、大流通中具有明显的优势。中心城市是各类企业最集中、商品生产能力最强、商品交换范围最广的地域，具有产生现代市场经济所要求的高效率、高效益的内生机制，有利于市场体系的发育和完善，实现市场的规模化、社会化和现代化。中心城市主导产业的外向化程度高，具有开拓国内国际市场的扩张力，实现市场的国际化。中心城市科技力量雄厚，是开发新技术、研制和生产新产品的重要基地，具有开发适应市场需求新产品的巨大潜力。

(3)中心城市是调节国民经济活动的枢纽。中心城市具有雄厚的经济实力和广泛的经济联系，既是国民经济运行的轴心，也是调节国民经济稳定有序发展的主要环节。这是因为中心城市经济活动集中，形成了以它为核心和依托的社会经济网络系统，中心城市能利用社会经济网络来协调好国民经济的各种比例关系；中心城市具备健全的经济调节和监督管理机构，能有效调节和规范企业的生产经营活动，促进国民经济又好又快发展。

## 三、经济区

经济区是市场经济发展到一定阶段以后，由于经济布局、经济结构、自然资源、地理环境等方面的内在联系，自然形成的网状式的地域经济综合体。它一般以城市为中心，以城市体系为骨架，以城乡间和城际间的分工协作和经济文化交往为基础。

### (一)经济区的基本结构

第一，经济中心。这是经济区赖以形成的核心，其力量的强与弱、功能的全与偏，直接影响到经济区范围的广与狭、结构的紧与松。第二，一定面积的地域范围。经济区一般由地理位置毗邻、经济联系密切、经济结构相似、发展水平相近的几个地区构成。第三，便捷的交通条件和畅通的流通渠道。这是经济区形成与否的标志和能否顺利运行的前提。第四，业已形成的经济网络。经济网络是经济有机体之间出于内在的需要，通过一定的渠道和方式形成的相对稳定的、经常化的经济联系。一体化的经济网络能降低资源配置的成本，提高资源配置的效率。

札记

(二)经济区的特点

第一，经济区是建立在较为发达的地域分工和专业化协作基础上的，依靠在长期的经济交往中自发结成的彼此依存关系，因而是内在经济力量的地区结合。第二，经济区是建立在平等协作、等价交换、互惠互利的基础之上的，从而组合为比较紧密的利益共同体，成员间共存共兴、俱损俱荣。第三，经济区没有明确的地城界限，经济区之间往往犬牙交织，相互渗透，重叠复合，我中有你，你中有我，且经常变动。第四，经济区在组织形式上以网络的形式存在和维持。

(三)经济区的类型

对经济区的划分，有以下几种划分方法：按经济发展水平划分为东部沿海经济带，中部经济带和西部经济带；按经济区规模划分为省(区，市)际大经济区，跨省(区)经济区和省(区)内经济区；按经济特点划分为单一性经济区(农业区，牧业区等)和综合性经济区。

## 四、城市体系优化

(一)当前城市体系发展的问题

(1)城市化速度的持续放缓及质量问题出现。从全球城市化经验来看，大多数先发国家城市化率在60%至65%区间开始明显持续放缓，也有少数在55%开始放缓。当前我国城市化速度放缓迹象明显，目前仍有继续保持放缓的趋势，但放缓幅度处于合理区间。此外，城市化问题的集中爆发。城市化快速发展时期，受限于设施短缺、风貌单一、交通拥堵、环境恶化、活力不足、管理滞后等因素，城市发展质量问题很难得到有效解决。进入城市化快速发展中后期，这些问题将彼此影响、互相蔓延，突发事件容易集中爆发。同时，城市化的人口结构出现变化，如老年人增多等，从而引发需求偏好的变化，城镇高品质居住、游憩、康养等空间资源严重短缺，这些都对塑造安全均衡高效的城市化格局和城市环境提出迫切要求。

(2)人口流动的多向叠加。传统的单向乡城流动正在发生改变，不仅人口从乡向城流动的规模下降，还出现了从城向乡流动的潜在趋势。

札记

城市间人口流动总体上流向高等级城市，但在都市圈内部，中心城市的郊区化态势也比较明显，新市民向新城、新市镇聚集，中心城市周边的中小城市吸纳人口的规模扩大。面对人口流动的多向叠加，不仅需要辨明流向、规模，还要区分短期现象还是中长期规律。

(3)城镇格局的加速分化。随着人口流动特征和城市化推动力的转变，城镇体系格局将长期分化。一方面，城市间人口流动的增加，意味着一些城市快速扩张和另一些城市收缩将长期共存；另一方面，现代服务业逐渐取代制造业成为推动城市化的主动力，由于服务业更加依赖于集聚效应，人口和其他生产要素将加速向中心城市及都市圈集聚，部分三四线城市人口增长缓慢或持续流出将成为常态。

(4)城市化发展的机制转换。城市化快速发展时期，通过改善基础设施、发展住房消费等，实现城市化与经济增长互相促进。城市化进入快速发展中后期，人们的进城意愿下降、土地资源短缺、房地产库存上升等问题加重，部分中小城市人口收缩，依赖空间扩张型传统城市化模式难以为继，迫切需要构建可持续的新型城市体系，为经济增长注入新动能。

### (二)城市体系的优化趋势

(1)城市体系布局形态多元化。不同城市和区域自然禀赋、发展阶段、产业结构的不同，决定了空间需求的差异性，也决定了当前和未来空间供给的多元化趋势。不仅有宏观尺度上的“城市群—都市圈—中心城市—县城和小城镇”层次性，也有微观地域或业态上的创新走廊、科学城、特色小镇、未来社区、共享空间等新载体。在新时期，随着产业、科技、人口等要素组合的新变化，空间布局形态更加多元。

(2)城市体系结构协同化。随着交通运输、产业转移、要素流动不断增强，“两横三纵”城市化重点轴带相互间的经济联系明显加强，相互支撑、相互促进的效应不断显现。“两横三纵”轴带内的重点城市群、都市圈、大中小城市等不同层次和形态之间的相互影响日益扩大，多方向、多领域、多层次的耦合互动效应明显加强。城市化轴带之外的其他大中小城市、县城、各类城镇等不同形态间的互促互动功能不断释放，同样呈现互相影响、互相支撑的空间互动效应。新时期，空间布局结构协同化的范围、水平、深度将进一步拓展和提升。

札记

(3)城市体系布局动力升级化。随着传统依靠要素投入和规模效应作用的线性、准线性城市增长动力模式向要素组织的化学效应、几何效应引起的增长动力模式升级，5G、高铁等更快速的通信、交通设施提高生产服务业的效率，将释放设施升级效应；新技术变革、产业的跳跃性转移、对外开放的扩大和深化，将释放产业升级效应；新增进城主体、劳动力结构转化升级，将释放人力资本升级效应。牵引城市体系布局的动力逐步从传统动力向新兴动力升级转化。

(4)城市体系布局约束刚性化。各类生态环境风险不容忽视，空间发展的约束更趋刚性化。生态保护红线、永久基本农田、城镇开发边界“三条控制线”的国土开发管控日益强化，对于不同形态的新型城市化空间布局划定了严格的空间类型边界，随着“三区三线”“三线一单”等落地实施，城市体系空间布局的刚性约束作用日益增强。

## 第三节　城市区域与城市群

在对应的城市体系中，一个城市与其周围区域和区域内其他城市的关系是影响城市体系形成和优化的重要组成部分，只有城市与城市和周围区域的关系融洽，城市体系才可以更好地做到优势互补、资源协调进而推动整个体系的完善和优化。一般来说，城市体系的发展会导致城市区域和城市群的出现。

### 一、城市区域

区域是指具有一定同质性、内聚性、层次性和动态性的地域空间概念，它是城市发展的腹地和基础。

#### (一)城市与区域的关系

城市与区城具有不可分割的内在联系，它们的关系是点与面、局部与整体的关系。一方面，城市是区城的核心和焦点，即城市对区域社会经济的发展起着主导作用；另一方面，区域是城市发展的腹地和基础，区域的资源条件、经济条件和交通条件制约着城市发展的方向和规模。从城市产生和发展的历程来看，城市与其所在区城之间的关系，不仅是地域空间联结的关系，而且在社会、经济、文化等多方面存在着相互依

札记

存、相互制约的密切联系。从城市产生和发展的历程来看，城市与其所在区域之间的关系不仅是地域空间联结的关系，而且在社会、经济、文化等多方面存在着相互依存、相互制约的密切联系。城市与区域的关系可以从以下两个方面来考察。

1. 城市与农村的关系

城市是在生产力和社会分工发展到一定阶段从农村中分离出来的，由于受到多种社会经济因素的影响，尽管在经济、社会、科技、教育、文化等方面城市比农村先进，但农村仍然是城市脱胎的母体，农业是国民经济的基础，农业的发展最终决定着国民经济其他各部门的发展规模和速度，也制约着城市建设、发展和现代化。农村的发展能为城市发展提供大量的农副产品、土地、劳动力、原材料、资本积累和广阔的市场。大量事实表明，农村社会经济发展速度快，城市发展也迅速；农村社会经济发达，城市发展水平也高。因此，城市应在互利互惠的基础上，运用自己在科技、教育、人才、资金、信息等方面的优势，支持农村的建设和发展。城市要按照城乡社会经济文化发展的客观要求，建立城乡之间广泛的、开放式的联系，促进城乡经济文化交流活动的舒展运行，充分发挥城市在经济上对农村的领导作用，实现城乡协调发展、共同繁荣。当前，乡村振兴已经成为农村发展的新趋势，农村的发展和振兴对城市发展和区域的经济社会协调发展提供更为积极的作用，同时，城市的发展也助推了农村经济的发展，以及为乡村振兴提供资源和技术支持。

2. 城市之间的关系

城市不仅同周围广大农村产生广泛的联系，而且与远近许多城市有着各种联系。由于受政治、经济、文化、地理位置、历史、风俗习惯等多种因素的影响各个城市在发展过程中必然会出现结构、规模、作用范围等多方面的差异，进而形成性质、功能、规模不同的各类城市。各个城市要从自己的市情出发，形成自己的发展道路。同时，城市是一个开放的体系，随着社会化大生产和市场经济的发展，以及现代化交通运输和通信的发展，城市之间的联系越来越广泛和密切，城市之间要在更多的方面和更大的范围内，强化分工协作，互通有无，互补所短，形成不同规模、类型的城市，并在地域上合理分布，彼此联系，相互制约，形成一个城市综合体。为此，必须从全国国土整治和社会经济文化发展的

札记

总体要求出发，搞好城市之间的分工协作，实现全国各类城市的合理配置和有机组合。此外，还必须从一定地区的角度，确定各个城市在该地区社会经济发展中的地位、作用以及它们之间的相互关系，形成以某个城市为中心，能带动一批城市协调发展的区域性城市网络。

(二)城市区域的形成

1. 产业集聚效应的驱动

在工业化的初、中期，一些铁矿、煤炭、石油等资源蕴藏量丰富的区域依托当地的资源发展重化工工业和能源工业，伴随区域资源开发、基础设施建设、生产设施及其配套设施建设，同时发展了其上、下游产业及相应的服务性产业；在集聚效应的作用下，不同等级规模的生产相同或类似产品的企业在某一区域大量集聚，受产业集聚的推动，在该区域内形成城镇密集区，区内城镇之间在区域经济发展的过程中通过产业关联或其他方式逐渐建立了密切的联系并形成了合理的劳动地域分工体系，最终形成城市区域。

2. 产业扩散效应的驱动

随着技术和社会经济的不断发展，在城市化的过程中，由于集聚效应的作用，城市规模不断扩大，产业迅速集中，并进一步促进了人口的大量集中，从而不可避免地会产生许多城市问题和社会问题，城市产业扩散是解决这些问题的一个重要措施，产业扩散的结果是在一个大城市周围，形成若干个中小城镇，这些城镇之间由于存在着密切的产业关联(或劳动地域分工联系)而联系紧密，最终以这一特大(大)城市为核心形成城市区域(或者都市圈)。产业扩散可分为两种形式：主动扩散和被动扩散。

3. 区域网络化组织发展的驱动

区域内的网络化组织包括由交通运输、通信电力等物质性线路组成的物质性网络和由市场中各种要素资源流动形成的非物质性网络两种。物质性网络组织对城市区域形成的促进作用可以分为两种情形。在工业化发展的初期和中期，一些交通运输业发达的港口城市，凭借其发达的交通运输网络发展如石油、化工、钢铁工业等相应的传统产业，大量的不同规模的产业包括其配套产业、前后相关联产业和服务产业受集聚效应的影响而在某一区域集聚，导致了区域大批城镇的迅速发展，这些城

札记

镇之间存在着紧密的联系而最终形成城市区域。

4. 企业区位选择行为的驱动

在市场经济条件下，在资源配置中起关键作用的是市场机制，企业是经济社会最基本的生产单元，企业的行为选择对城市人口分布和城市空间布局的发展具有重要作用，从这个角度而言，城市之间的空间相互作用则源于企业。企业通过对诸如区域政策、劳动力、技术、生态环境等投资环境分析之后决定其区位指向，大量企业共同的区位指向直接影响到城镇的兴起和发展，并会进一步影响城镇之间的相互联系程度和城市化区域的发展。、

5. 政府宏观调控行为的驱动

政府对城市化的宏观调控行为分为引导性行为和强化性行为两种。实行引导性行为的政府主体包括可能形成城市区域的几乎所有城市的政府(含有核心城市的政府)，或者至少是未来的城市区域内部的核心城市的政府。他们通过产业政策或者其他相关政策引导企业的区位选择，共同制定相应的协调机制以协调城市之间产业的布局、城市的发展与布局、城市交通运输电力通讯等线状网络组织的建设等活动，从而促使城市区域的形成；或者通过核心城市的产业政策及其他配套政策、基础设施的建设等活动最终促使相邻城市集结成群。自党的十八大以来，我国制定一系列具有全局性意义的区域重大战略，包括包括京津冀协同发展、长江经济带发展、粤港澳大湾区建设、长三角一体化发展、黄河流域生态保护和高质量发展等，此外还有以西部大开发、东北等老工业基地振兴、中部地区崛起、东部地区优化发展等区域协调发展战略，国家重大区域发展战略在新发展阶段已经初步形成包含“岛、带、群、板块、海洋”高质量发展的区域经济布局和层次丰富的空间支撑体系。

6. 城市功能集聚与扩散的驱动

城市功能集聚与扩散是城市化发展的结果。在城市发展的初期往往以少数几个功能为主，如政治或者军事功能，随着城市的发展其功能不断增多，即为城市功能的集聚。城市功能的集聚要求与之相适应的城市空间来适应，当原来的空间容量达到极限时，其功能会向城市的近远郊区和临近的城市扩散，即为城市功能的扩散。城市功能集聚与扩散导致

札记

城市的发展、新城镇的出现乃至城镇密集区的形成，最终可能形成城市区域。

需要注意的是，不同的国家，不同的政治、经济、管理体制，不同的发展阶段，城市区域形成发展的动力机制各不相同，一个城市区域的形成往往是几种动力机制共同作用的结果；同一机制在不同的区域、不同的发展阶段也有不同的外在表现。

### （三）城市区域的发展模式

随着市场经济的深化和拓展，全国逐渐接近统一市场，城市之间以互利合作的方式逐渐互相开放，区域内城市在理性博弈、有序竞争的基础上开始了合作。在已形成全国统一大市场的前提下，经过各个相关城市之间的长期竞合，形成若干内部相互开放的城市区域体系。在城市区域体系内部，基本突破了行政区的限制，城市之间进行了合理的分工合作，形成了完整而有竞争力的产业体系，建立了公共基础设施；既与世界经济和全国市场有开放的联系，又有相当程度的区域特色。在各个一体化城市区域之间，也逐渐形成有分工合作的竞合关系，形成共同发展、各具特色的格局。各个城市、城市竞合区域打破低水平"闭关锁国"的格局，有机地融入国家经济体系、世界经济体系，使城市的发展进入了城市区域一体化阶段。

城市的发展，既有互相竞争的一面，又有相互合作的一面，这种既竞争又合作，是21世纪城市发展的一个重要特征。城市之间不断交流与合作，各自发挥自己的优势，弥补自己的不足，这是劳动地域分工和优势互补的需要。在改革开放的今天，在充满活力的21世纪中，城市间的合作，不仅是一定地域或国家内部城市之间的合作，还应广泛开展国际间城市的合作。

### （四）促进城市区域协调发展的对策

党的二十大报告为我国在新的历史时期区域协调发展指明了方向，报告指出，要深入实施区域协调发展战略、区域重大战略、主体功能区战略、新型城镇化战略，优化重大生产力布局，构建优势互补、高质量发展的区域经济布局和国土空间体系。

札记

具体来说，要改革GDP体制和财税体制。城市合作在微观上主要应按照市场经济原则，通过市场自身的力量实现企业之间的分工与协作，实现资源的优化配置。所以，财经管理制度应适应这一要求，将经济增长的统计框架由单一的GDP体制变为GDP与GNP双轨制，将属地原则的财政税收制改为更灵活的属地和异地并存的税制。这样就会鼓励经济主体跨区域合作与合资，鼓励中心城市的产业实现异地发展，进而推动要素资源按市场需求而不是按行政需求实现跨区域整合。

要建立城市区域共同市场。通过市场自身的力量实现企业之间的分工与协作，实现资源的优化配置，是城市合作的根本机制。当前重中之重是建立和完善城市区域内统一、开放、有序的大市场，使区域内各种经济资源充分转动起来，通过市场机制的引导增进整个城市区域经济布局的合理性。就像城市化是一个自然历史过程一样，区域共同市场的发展与成熟也是一个自然历史过程。然而在中国行政经济条件下，这个过程的实现还需要各省市政府根据全区域利益和各省市利益相统一的原则，采取一定的政策措施，加以引导和推进。要打破地方壁垒，大力整顿区域内市场竞争秩序，营造一个诚信和公平的市场环境，为城市间互利互惠打下良好的基础。

要建构城市间的利益协调机构。基于中国的现实国情，如何超脱于法定行政区划边界来综合考虑经济区域的组织和管理，是区域经济研究和公共管理研究的崭新视角。建立并完善城市政府之间的组织协调机制和产业领域管理部门之间的沟通交流机制，应是中国城市合作发展中的当务之急。在这个问题的认识上，国内外的相关实践具有重要的参考价值。

中国有着较完善的垂直管理体系，可以在借鉴国外成功经验的基础上，结合自身国情建立多层次的经济区域公共管理战略联盟，诸如区域开发联盟(区域联合开发和约、授权或共同开发协定)、城际公共物品生产与运营联盟、多重事业联盟以及协会形式的多个政府机构之间的多部门的合作联盟，这些跨城市的合作组织或联盟的建立，将为区域内产业协调发展、基础设施衔接布局和各项社会事业的发展提供整体性规划并进行区域内发展政策和发展路径的协调。

札记

## 二、城市群

### (一)城市群概述

1. 城市群的基本概念

城市群是指在相关的地域范围内具有相当数量的不同性质、类型和等级规模的城市，依托一定的自然环境条件，以一个或两个超大或特大城市作为地区经济的核心，借助于现代化的交通工具和综合运输网的通达性，以及高度发达的信息网络，发生与发展着城市个体间的内在联系，共同构成的一个相对完整的城市“集合体”。在城市区域内的城市合作密切、国模扩大的情况下，往往会形成城市群。

城市群有三种基本型态：一是内聚性城市群，是指城市群域内的中心城市与周边城市辐射程度，中心城市具有较强的群域扩散效应，极化作用重要表现在人口流、产业群、资金融通、交通枢纽、商品扩散、信息流通等高度集聚与辐射。二是依存性城市群。依存性是一个非均衡城市功能系统。城市间的发展不能封闭孤立地运行，必须不断地与中心城市和其他地区进行经济能量要素交换，产生自给组织功能。三是网络性城市群。交通运输网络、商贸网络、旅游网络、城镇网络等的建设和完善，都是这样形成的城市群的特征。以交通运输网络化为例，城市群域内部有发达的铁路、公路、水运和通信网络将各大中小城市连为一体，还通过城市交通将城市与城市联结成城市网络群。

2. 城市群的基本特征

城市群是一个多核心的城市系统。以人口、信息、资金、技术和文化传播等方面“流”的形式在各个城市之间体现出来的高强度交互作用，是支撑这一系统的基本力量。同时，城市群作为一种重要的社会经济活动空间组织形态，也成为一种新型的生产力布局形式，体现着经济流动在空间上集聚发展的特性，以及经济发展沿着阻力最小方向延伸的基本规律。具体特征如下：

(1)城市体系的完整性。

城市群是一个巨大的城市群体，不仅拥有一个或数个大的中心城市，而且还有大量的中小城市，是一个包括大、中、小城市和市镇的城市群体。尽管城市群大小不一，但其内部可明显地分为不同的层级，从

札记

而形成不同的、完整的城市等级体系。就大、中、小三种城市群分别而言，大城市群通常由“中心城市（大城市群中心）—副中心城市（相对较小的城市群中心）—骨干城市——般县市—城镇”构成，中等城市群一般由“中心城市—城市—城镇—集镇”构成，小城市群一般由“中心城市—城镇—集镇”构成。完整的城市等级体系，又使得城市群在空间形态上具有网络结构性的特点。

（2）内部结构的中心性。

城市群以一个或几个大中城市为核心，这些城市成为城市群经济活动的集聚中心和扩散源，对整个区域的社会经济发展起着组织和主导作用。中心城市可能是一个，也可能是多个，因而城市群可以是单中心型，也可以是多中心型。城市群的中心性不仅指中心城市在城市群处于经济活动的核心，也意味着中心城市在整个城市群地域范围内的经济社会活动中处于核心和支配地位。

（3）形成发展的动态性。

与世界上其他经济事物一样，城市群的形成发展过程具有动态变化的特征。一方面，群体内各类不同性质的城市，其规模、结构、形态和空间布局总处于不断变化的过程中，经过发展演进，中心城市可能退到次中心或一般城市位置，非中心城市、一般城市可能成为中心城市。另一方面，通过发展，小城市群可演变为大城市群，地方城市群可演变为国家城市群乃至国际城市群。当然，这种不断变化的过程最为重要的还是核心城市的发展变化，因为核心城市的变化影响着区域性城市群的每一个城市。总的来说，当核心城市呈稳定上升的发展趋势时，整个城市群的发展也呈现上升的发展趋势，反之，则呈现衰落下降的趋势。

（4）内在联系的有机性。

内在有机性是指城市群不仅仅意味着自然地理意义上的城市密集分布，而且，在城市密集分布背景下出现的各类资源在区域内的特定分布形式，决定了整体上具有不同于各城市简单叠加的新的整体特征与功能。城市内部的各个单位，尽管在景观和功能上存在巨大的差别，但都是一个有机整体的组成部分。内在有机性是城市群的基本特性之一。这种有机联系性突出表现在产业分工与协作上，合理配套的产业分工与协作网络是城市群不断发展的基础和动力所在。城市群发展可使区域经济

札记

在生产要素的组织与创新方面具有较强的可更新性和自生性，促进地区产业结构不断优化并形成良好的产业布局，从而使得各城市优势互补，形成有机的产业系统。内在联系性也是现代意义的城市群与地理学意义城市群的重要区别。

(5)经济发展的能级均衡性。

经济发展的能级均衡性，是指在一个成熟的城市群内，存在高效率的“流”系统，这些“流”系统包括：各城市之间经济管理技术指导与交流系统；生产装备、技术装备和技术援助系统；文化科技教育服务系统；流动式的居民生活服务系统；流动商业系统以及现代通信联络的技术系统等，空间距离对各类经济活动产生的阻力大大降低。迅速的技术扩散带来大量溢出效应，这种低成本的技术扩散可加速城市群内技术知识的积累，提高整体创新发生的可能性。一旦均衡被某一城市或某一产业的创新打破，便会迅速引发城市群产业网络内的不平衡动力，从而推动产业结构的演进，带动城市群经济发展。

### (二)世界城市群的发展

1. 世界主要城市群简况

(1)美国东北部大西洋沿岸城市群。

从波士顿到华盛顿，以波士顿、纽约、费城、巴尔的摩、华盛顿几个大城市为核心，涵盖40个10万人以上的中小城市。该城市带长965公里，宽48公里到160公里，面积13.8万平方公里，占美国面积的1.5%；人口6500万，占美国总人口的20%；制造业产值占全美的70%，城市化水平达到90%，是世界最大的金融中心。

(2)北美五大湖城市群。

分布于五大湖沿岸，从芝加哥向东到底特律、克利夫兰、匹兹堡，并一直延伸到加拿大的多伦多和蒙特利尔。美国的“钢铁城”“汽车城”都在这里。钢铁集中在匹兹堡，汽车集中在底特律及周围地区。这里有美国通用、福特和克莱斯勒三大汽车公司，其产量和销售额约占美国总数的80%，是一个巨大的世界工厂。

(3)日本太平洋沿岸城市群。

也称东海道城市群，一般是指从千叶向西，经过东京、横滨、静冈、名古屋，到京都、大阪、神户的范围。该城市群一般分为东京、大

札记

阪、名古屋三个城市圈。这个区域面积3.5万平方公里，占日本国土的6%；人口将近7000万，占全国总人口的61%。二战以后，日本在美国的扶助下重建经济体系，形成了东京湾、伊势湾、大阪湾及濑户内海的“三湾一海”沿岸地区，内含京滨、名古屋、阪神、北九洲四大工业区。工业产值占全国的65%。

(4)欧洲西北部城市群。

实际上由大巴黎地区城市群、莱因—鲁尔城市群、荷兰—比利时所构成。主要城市有巴黎、阿姆斯特丹、鹿特丹、海牙、安特卫普、布鲁塞尔、科隆等。这个城市带10万人口以上的城市有40座，总面积145万平方公里，总人口4600万。

(5)英国以伦敦为中心的城市群。

由伦敦—利物浦一线的城市构成，其中包括世界纺织工业之都——曼彻斯特、纺织机械重镇——利兹、伯明翰、谢菲尔德等大城市，以及众多小城镇。这是产业革命后英国主要生产基地。面积为4.5万平方公里，人口3650万，是国外五大城市群中地域面积最小、发展最早、城市密度最大的城市群。

2. 世界城市群发展特点与趋势

(1)世界城市群发展的特点。

第一，具有良好的地理位置和自然条件。国外城市群都位于适宜人类居住的中纬度地带，并且都处于平原地带。平原地带便于农业耕作、居住和交通联络，因此人口总是向平原集中，导致城市也向平原集中。当今世界发展最快、最发达的城市多是港口城市，港口成为城市经济发展的支柱。由此可见，纽约、东京、伦敦、巴黎的形成，既符合人类发展规律又符合经济学规律。

第二，具有中枢的支配地位。国外的超大型城市群往往都是国家或洲际的中枢，乃至全世界的政治经济中心，城市群内的产业结构是综合的、多元的、开放的，具有较强的创新能力和国际竞争力，是国家社会经济最发达、经济效益最高的地区，具有发展国际联系的最佳区位优势，是产生新技术、新思想的“孵化器”，对国家或地区乃至世界经济发展具有中枢的支配作用。

第三，具有完整的城市等级体系。城市群是一个巨大的城市群体，不仅拥有数个大的中心城市，而且还有大量的中小城市，是一个包括

札记

大、中、小城市和市镇的城市群体。其中，中心城市在城市群形成和发展中起着核心作用。中心城市是人口与产业集聚的引力中心，世界上已形成的城市群中的中心城市都是由 2 个以上大城市或特大城市组成。

第四，具有发达的区域性基础设施网络。交通运输业和信息产业的快速发展是国外城市群发展的主要驱动力。它还具有相当规模和技术水平领先的大型海港和空港，作为城市群对外联系的纽带，其中发达的铁路、公路设施构成了城市群空间结构的骨架。

第五，城市群之间以及城市群内部中心城市之间的发展具有相对独立性，但城市群各城市之间要有密切的分工合作，共同组成一个有机的整体，具备相当的整体优势。完善的城市基础设施，便捷的交通联系，得力的空间管制，是其高效、有序的分工协作体系建立的基础与保障。

(2)世界城市群发展的趋势。

①合理规划都市圈的发展。

城市群规划不同于传统的区域规划、城镇体系规划和概念性规划，它是一种非标准层次的规划。城市群规划的主要内容，是从更大的空间范围协调行政区之间、城市之间和城乡之间的发展，协调城乡建设与人口分布、资源开发、环境整治和基础设施建设布局的关系，促进区域健康发展和可持续发展。城市群规划的目的，在于促进区域城市之间的联系与协作，提高区域的整体竞争力，促进区域的可持续发展。城市群的形成有其客观基础，同时也是当今世界参与国际竞争的一种战略选择，因此处于不同阶段的城市群，需要解决的矛盾不同，相应的规划目标也就不同。

②大力建设世界中心城市。

随着世界区域经济一体化的迅猛发展，在高度城市化的发达国家和地区，大城市人口和经济的点状集聚状态逐步为散状和面状集聚状态城市区域所替代，出现了不同层次的世界大城市群。其中以中心城市为核心的大城市群也已经成为其所在国的经济命脉，日益显示出强大的优越性和发展潜力。世界城市发展的历史表明，世界城市的形成和发展具有明显的规律性。它们的形成，与世界经济增长中心转移有着内在的联系，是这一转移的直接后果。新的经济增长中心所在区域城市化不断加快，必然会出现若干片城市群，而在实力最强的城市群中又会崛起具有

札记

世界意义的世界城市。世界城市是全球经济、社会、文化活动的中心区域。建设世界城市是全球化发展趋势和世界级城市群发展的新潮流。

③着力提升城市群治理水平。

大城市群内的经济联系、产业结构的形成和空间分布的格局，归根结底是在市场规律作用下企业行为活动的结果；市场引导企业和产业的集聚，决定城市的性质。政府只能是加强规划与引导，而不能人为地限制企业的活动，用行政手段干预企业的区位决策。政府的规划重点，应当是投资环境规划和城市功能规划，而不是经济增长规划和产业结构规划。对于一个大城市来说，它拥有强有力的行政管理体系和完善的管理网络，而城市群没有这样的载体，仅靠一些概念，如协作分工、联合体等，但这代替不了“载体”的作用。因此要建立新载体，这个新载体并不是要建新的行政体，而是要建立社会化的指导机构。随着经济产业发展，城市群各城市之间客观存在竞争与合作的关系，各城市之间的政府行为的相互联系程度远远大于过去，为了实现大城市群利益的整体最大化，城市群内各级政府应当进一步明确职能，应当让渡一些重大项目规划决策权和管理权限，通过社会化的指导机构去管理。

### （三）中国城市群的发展

1. 中国城市群发展简述

自2006年《中华人民共和国国民经济和社会发展第十一个五年规划纲要》首次提出“把城市群作为推进城镇化的主体形态”，迄今城市群在中国城镇化进程中的“主体形态”地位逐渐明确、作用日益凸显。2014年《国家新型城镇化规划》明确提出“把城市群作为主体形态”，既不是长期以来一直占据主流的“小城镇”，也不是2000年以后异军突起的“大都市”，而是以大都市为领头羊的城市群成为中国新型城镇化的主导和基调。党的十九大报告指出，以城市群为主体构建大中小城市和小城镇协调发展的城镇格局。目前，我国已建设19个城市群，其中，京津冀、长三角和珠三角代表着中国城市群发展的最高水平和发展方向，2021年，三大城市群GDP总额超过36万亿，约占全国总量的35%。

中国城市群建设的三个层级分别是城市群、城市圈、城市带。首先，构筑城市群。让大城市真正强大起来。实质是走区域一体化，谋求城市群和区域经济的协调和共同发展。其次，培育城市圈。让中城市真正强起来。城市圈的目标不在于规模的扩张，而重点是经济的整合和做强，是利用城市群所产生的规模效应实现城市价值的深度体现，并反过来促进城市群规模效应的提高。最后，打造小城市带。让小城市真正特起来。中小城市的城市化应依托于城市群和城市圈，不在于做大，而在于做小、做精、做巧，重点是城市的特色化和专业化。

目前，京津冀、长三角、珠三角、成渝城市群和长江中游城市群已经成为我国所有城市群中的第一梯队。从这些城市群的人口、面积及经济总量看，它们对中国区域与城市发展起着十分关键的作用。我国19个城市群成为承载发展要素、引领高质量发展的主要空间载体，承载了全国78%的人口，贡献超过80%的GDP，取得了令人瞩目的成就。目前，城市群作为中国城镇化进程中的“主体地位”的特征尤为明确，各个主要城市发展成不同的城市群，同周边城市协同合作已成为当前城市提升竞争力的主要手段。

2. 中国城市群的发展路径

第一，优化提升东部地区城市群。东部地区城市群主要分布在优化开发区域，面临水土资源和生态环境压力加大、要素成本快速上升、国际市场竞争加剧等问题，必须加快经济转型升级、空间结构优化、资源永续利用和环境质量提升。京津冀、长江三角洲和珠江三角洲城市群，是中国经济最具活力、开放程度最高、创新能力最强、吸纳外来人口最多的地区，要以建设世界级城市群为目标，继续在制度创新、科技进步、产业升级、绿色发展等方面走在全国前列，加快形成国际竞争新优势，在更高层次参与国际合作和竞争，发挥其对全国经济社会发展的重要支撑和引领作用。东部地区其他城市群，要根据区域主体功能定位，在优化结构、提高效益、降低消耗、保护环境的基础上，壮大先进装备制造业、战略性新兴产业和现代服务业，推进海洋经济发展。充分发挥区位优势，全面提高开放水平，集聚创新要素，增强创新能力，提高国际竞争力。统筹城乡、区域基础设施和信息网络建设，深化城市间分工协作和功能互补，加快一体化发展。

第二，培育发展中西部地区城市群。中西部城市群是城镇体系比较健全、城镇经济比较发达、中心城市辐射带动作用明显的重点开发区域，要在严格保护生态环境的基础上，引导有市场、有效益的劳动密集型产业优先向中西部转移，吸纳东部返乡和就近转移的农民工，加快产

札记

业集群发展和人口集聚，培育发展若干新的城市群，在优化全国城镇化战略格局中发挥更加重要的作用。加快培育成渝、中原、长江中游、哈长等城市群，使之成为推动国土空间均衡开发、引领区域经济发展的重要增长极。加大对内对外开放力度，有序承接国际及沿海地区产业转移，依托优势资源发展特色产业，加快新型工业化进程，壮大现代产业体系，完善基础设施网络，健全功能完备、布局合理的城镇体系，强化城市分工合作，提升中心城市辐射带动能力，形成经济充满活力、生活品质优良、生态环境优美的新型城市群。依托陆桥通道上的城市群和节点城市，构建丝绸之路经济带，推动形成与中亚乃至整个欧亚大陆的区域大合作。中部地区是中国重要粮食主产区，西部地区是中国水源保护区和生态涵养区。培育发展中西部地区城市群，必须严格保护耕地特别是基本农田，严格保护水资源，严格控制城市边界无序扩张，严格控制污染物排放，切实加强生态保护和环境治理，彻底改变粗放低效的发展模式，确保流域生态安全和粮食生产安全。

第三，建立城市群发展协调机制。统筹制定实施城市群规划，明确城市群发展目标、空间结构和开发方向，明确各城市的功能定位和分工，统筹交通基础设施和信息网络布局，加快推进城市群一体化进程。加强城市群规划与城镇体系规划、土地利用规划、生态环境规划等的衔接，依法开展规划环境影响评价。中央政府负责跨省级行政区的城市群规划编制和组织实施，省级政府负责本行政区内的城市群规划编制和组织实施。建立完善跨区域城市发展协调机制。以城市群为主要平台，推动跨区域城市间产业分工、基础设施、环境治理等协调联动。重点探索建立城市群管理协调模式，创新城市群要素市场管理机制，破除行政壁垒和垄断，促进生产要素自由流动和优化配置。建立城市群成本共担和利益共享机制，加快城市公共交通“一卡通”服务平台建设，推进跨区域互联互通，促进基础设施和公共服务设施共建共享，促进创新资源高效配置和开放共享，推动区域环境联防联控联治，实现城市群一体化发展。

第四，促进各类城市协调发展。优化城镇规模结构，增强中心城市辐射带动功能，加快发展中小城市，有重点地发展小城镇，促进大中小城市和小城镇协调发展。首先，增强中心城市辐射带动功能；沿海中心城市要加快产业转型升级，提高参与全球产业分工的层次，延伸面向腹

札记

地的产业和服务链，加快提升国际化程度和国际竞争力；内陆中心城市要加大开发开放力度，健全产业体系，提升要素集聚、科技创新、高端服务能力，发挥规模效应和带动效应；区域重要节点城市要完善城市功能，壮大经济实力，加强协作对接，实现集约发展、联动发展、互补发展；特大城市要适当疏散经济功能和其他功能，推进劳动密集型加工业向外转移，加强与周边城镇基础设施连接和公共服务共享，推进中心城区功能向1小时交通圈地区扩散，培育形成通勤高效、一体发展的都市圈。其次，加快发展中小城市，把加快发展中小城市作为优化城镇规模结构的主攻方向，加强产业和公共服务资源布局引导，提升质量增加数量；鼓励引导产业项目在资源环境承载力强、发展潜力大的中小城市和县城布局，依托优势资源发展特色产业，夯实产业基础。加强市政基础设施和公共服务设施建设，教育医疗等公共资源配置要向中小城市和县城倾斜，增强集聚要素的吸引力；完善设市标准，严格审批程序，对具备行政区划调整条件的县可有序改市，把有条件的县城和重点镇发展成为中小城市。培育壮大陆路边境口岸城镇，完善边境贸易、金融服务、交通枢纽等功能，建设国际贸易物流节点和加工基地。最后，有重点地发展小城镇，按照控制数量提高质量、节约用地、体现特色的要求，推动小城镇发展与疏解大城市中心城区功能相结合、与特色产业发展相结合、与服务“三农”相结合；大城市周边的重点镇，要加强与城市发展的统筹规划与功能配套，逐步发展成为卫星城；具有特色资源、区位优势的小城镇，要通过规划引导、市场运作，培育成为文化旅游、商贸物流、资源加工、交通枢纽等专业特色镇。远离中心城市的小城镇和林场、农场等，要完善基础设施和公共服务，发展成为服务农村、带动周边的综合性小城镇。

第五，强化综合交通运输网络支撑。加快城市群交通一体化规划建设，改善中小城市和小城镇对外交通，发挥综合交通运输网络对城镇化格局的支撑和引导作用。首先，完善城市群之间综合交通运输网络：依托国家综合运输大通道，加强东中部城市群对外交通骨干网络薄弱环节建设，加快西部城市群对外交通骨干网络建设，形成以铁路、高速公路为骨干，以普通国省道为基础，与民航、水路和管道共同组成的连接东西、纵贯南北的综合交通运输网络，支撑国家“两横三纵”城镇化战略格局。其次，构建城市群内部综合交通运输网络：按照优化结构的要

札记

求，在城市群内部建设以轨道交通和高速公路为骨干，以普通公路为基础，有效衔接大中小城市和小城镇的多层次快速交通运输网络。再次，建设城市综合交通枢纽：建设以铁路、公路客运站和机场等为主的综合客运枢纽，以铁路和公路货运场站、港口和机场等为主的综合货运枢纽，优化布局，提升功能；依托综合交通枢纽，加强铁路、公路、民航、水运与城市轨道交通、地面公共交通等多种交通方式的衔接，完善集疏运系统与配送系统，实现客运“零距离”换乘和货运无缝衔接。最后，改善中小城市和小城镇交通条件：加强中小城市和小城镇与交通干线、交通枢纽城市的连接，加快国省干线公路升级改造，提高中小城市和小城镇公路技术等级、通行能力和铁路覆盖率，改善交通条件，提升服务水平。

## 案例

### 推动长江中游城市群协同发展　更好支撑全国高质量发展

长江中游城市群地跨湖北、湖南、江西三省，承东启西、连南接北，是推动长江经济带发展、促进中部地区崛起、巩固“两横三纵”城镇化战略格局的重点区域，在我国经济社会发展格局中具有重要地位。为落实“十四五”规划《纲要》关于推动长江中游城市群协同发展的部署要求，经国务院批复同意，近日国家发展改革委正式印发《长江中游城市群发展“十四五”实施方案》，明确了未来一段时期长江中游城市群协同发展的方向路径和任务举措。

**一、充分认识长江中游城市群协同发展的现实基础**

2015 年国家发展改革委印发《长江中游城市群发展规划》以来，城市群空间格局逐步优化，武汉、长沙、南昌等中心城市综合实力和发展能级不断提升，辐射带动周边发展能力有所增强；综合立体交通网基本形成，建成以三个省会城市为中心的“三角形、放射状”城际交通网络，铁路网总规模突破 1 万千米；产业和创新基础不断夯实，形成装备制造、汽车制造、电子信息、航空航天等优势产业集群，“双一流”高校、高水平研发平台、重点实验室及各类创新载体创新能力持续增强；绿色发展持续深化，长江协同治理、国家生态文明试验区和“两型”社会建设取得明显成效，生态环境质量总体改善；对外开放格局稳步优化，自由贸易试验区、全国内陆开放型经济试验区等开放平台集成效应初步发挥，与东盟等共建“一带一路”国家和地区经贸合作日益密切。到2020年，长江中游城市群常住人口超过1.3亿，实现地区生产总值约9.4万亿元、约占全国的9.3%。总体上看，长江中游城市群发展动能持续增强，综合实力显著提升，具备了实现更高水平协同发展、发挥更大支撑带动作用的基础。

同时，长江中游城市群协同发展需破解一系列突出问题。目前，城市群中心城市对周边辐射带动不足，次级城市发展相对缓慢，省际协商协作机制不健全；关键技术攻关和创新成果转化能力不强，具备核心竞争力的产业偏少；营商环境有待优化，全方位开放格局尚未全面形成；长江污染治理基础还不牢固，绿色低碳转型任务繁重；新冠疫情的发生也暴露出安全韧性发展水平不高、防范化解重大风险能力较弱等问题。

“十四五”时期，我国开启全面建设社会主义现代化国家新征程，以国内大循环为主体、国内国际双循环相互促进的新发展格局加快构建，长江经济带生态环境保护和全面绿色转型持续深化，中部地区崛起加快开创新局面。在这样的历史背景下，推动长江中游城市群协同发展，有利于发挥城市群的空间枢纽作用，推动构建新发展格局，促进长江经济带发展和中部地区崛起，更好支撑全国高质量发展。

**二、准确把握长江中游城市群协同发展的原则要求**

以习近平新时代中国特色社会主义思想为指导，坚持协同联动、共建共享，彰显三省优势和特色，以培育发展现代化都市圈为引领，优化多中心网络化城市群结构，增强经济和人口承载能力，推动长江中游城市群协同发展。

坚持优势互补、区域协同。这是长江中游城市群协同发展的核心要义。长江中游城市群山水相连、人文相亲，经贸往来密切，基础设施、产业、市场等重点领域合作不断深化，呈现出联动发展的良好态势。要树立系统观念，坚持“一盘棋”思想，充分发挥三省各自比较优势，加强城市间合作，强化政策统筹、一体推进，形成分工合理、功能互补、协调联动的发展格局，显著提升区域整体竞

札记

争力。

坚持创新引领、改革驱动。这是长江中游城市群实现高质量发展的不竭动力。长江中游城市群创新资源较为丰富，改革基础较好，开放格局逐步优化，但与东部发达地区相比，在科技创新能力和改革开放水平等方面还有不小差距。要发挥科技创新的引领作用，强化改革的先导和突破作用，破除制约一体化发展的体制机制障碍，推动高水平开放，为高质量发展持续提供动力和活力。

坚持生态优先、绿色发展。这是切实贯彻长江经济带发展战略要求的重大任务。长江干流自西向东贯穿城市群，长江“双肾”洞庭湖、鄱阳湖生态地位重要，是长江大保护的重点区域。要深入践行生态文明理念，共抓大保护、不搞大开发，深化生态环境系统治理、协同治理，加快经济社会发展全面绿色转型，实现人与自然和谐共生。

坚持防范风险、筑牢底线。这是坚持总体国家安全观、把安全发展贯穿于国家发展各领域和全过程的内在要求。要统筹发展和安全，树立全周期管理理念，守住耕地保护红线、永久基本农田、生态保护红线和城镇开发边界，强化重大风险联防联控，提升安全发展水平，保障人民群众安全健康和安居乐业。

### 三、扎实推动长江中游城市群协同发展取得新成效

准确把握方向定位。着眼在全国统一大市场中发挥空间枢纽作用、在推进中部地区崛起中发挥支撑作用、在推进长江经济带发展中发挥示范作用，推动长江中游城市群建设重要先进制造业基地、具有核心竞争力的科技创新高地、内陆地区改革开放高地、绿色发展先行区、高品质生活宜居地，努力打造成为长江经济带发展和中部地区崛起的重要支撑、全国高质量发展的重要增长极、具有国际影响力的重要城市群。

紧紧锚定发展目标。到 2025 年，武汉、长株潭都市圈同城化取得实质性突破，南昌与周边市县协作更为紧密，基础设施互联互通水平大幅提高，具有全国竞争力的先进制造业集群基本形成，区域协同创新体系初步建成，对外开放水平显著提高，生态环境质量明显改善，公共服务便利共享和安全生产保障水平明显提高，支撑长江经济带发展、中部地区崛起乃至全国高质量发展能力显著

札记

增强。

全面推进重点任务。以科学分工、协同发展为导向，强化都市圈带动作用，优化城市群空间格局。以提升互联互通效率为重点，健全基础设施网络，共同提高内联外达能力。以推进产业基础高级化和产业链现代化为导向，增强科技创新能力，共同促进产业转型升级。以服务和融入新发展格局为统领，深化改革全面开放，共同建设高标准市场体系。深入践行绿水青山就是金山银山理念，推动绿色低碳转型，共同筑牢生态安全屏障。以更好满足人民群众美好生活需要为目标，提升公共服务质量，共同增进民生福祉。

**问题：**

1. 归纳现阶段长江中游城市群发展的成就、问题与发展方向。

2. 结合案例，分析“城市群”怎样做到更好协调、整合不同城市的资源。

# 第二篇　市政概述篇

# 第五章　市政与市政理论

市政不仅研究市政体制和政府职能，而且关注城市政策创新和公共服务提供机制。通过对市政及其理论的合力应用，可以及时诊断市政府问题，推进市政体制、机制和政府职能转变，发展公私合作和伙伴关系，有利于提高公共服务能力，提升城市竞争力。中国的市政来源于近代以及百余年的现代城市发展历程中，并结合时代特点对市政及其理论进行着不同的探索，在科学的理论指引下为城市发展提供动能。

## 第一节　市政概念

### 一、市政的含义

市政，就是市政主体作用于市政客体的活动及其过程，也就是实施城市管理的过程。市政主体和市政客体是相互依存、不可分割的。根据市政主体和市政客体的不同范围，我们也可以从广义和狭义来理解市政的含义。

广义的市政，是指所有城市参与者，为协调和整合公共部门和私人部门的行动，处理城市居民面临的问题，实现城市自身的政治、经济、文化和生活的发展，打造更具有竞争力、更公平和可持续发展的城市而开展的各项管理活动及其相互影响的过程。狭义的市政，是指城市的国家行政机关对市辖区内的各类行政事务和社会公共事务所进行的管理活动及其过程。

广义的市政突出了治理理论所强调的多元主体的参与；狭义的市政更多地突出了城市政府在城市管理活动中所具有的主导性地位。这两种观点都有其理论依据和实践证明。根据市政的一般含义和我国的实际，可以对我国的市政定义如下：

札记

所谓市政，是指城市的公共权力机关为了促进城市发展、解决各种城市公共问题、有效地管理城市公共事务、实现城市公共利益而进行的各种形式的公共政策的制定和执行的过程，以及城市公民、利益群体等对公共政策的各种影响活动。

这个定义所揭示的市政的内涵有如下几点：

(1)市政的核心主体是公共权力机关。以公共权力机关来表示市政主体的广泛性和权威性，体现了我国市政的特点。坚持、加强和完善中国共产党的领导，是我国政治制度的一大特点和优势，研究现代中国市政，必须考虑和重视市委这个处于领导地位的市政主体，研究它是如何发挥领导作用的。同时，随着市场经济体制的建立，政府职能要进行转变，政府将成为有限政府；而一些社会职能则要由非营利组织来承担，这些处于变革和发育之中的组织将在市政管理中发挥日益重要的作用，是市政管理活动的有益补充。

(2)市政的表现形式是各种公共政策。公共政策是公共权力机关的基本活动方式或活动过程，是公共权力机关的权力意志的体现，它表明了公共权力机关想干什么、为什么干、怎样干。在我国，它既包括专门适用于城市的上级政策、法律和法规，也包括市各公共权力主体制定或发布的决定、地方性法规、地方性行政规章、行政命令、行政决定等。

(3)市政的目的是为了解决问题、实现公共利益。处理各种城市问题、维护城市公共秩序是城市建设和发展的需要，是市政的基本职能。而解决问题的轻重缓急的次序认定则取决于市政主体经由各种市政过程所作的考虑。市政目标的设定标志着市政是一种有明确方向的活动，谋求公共利益的实现是市政的灵魂和目的。

(4)市政是一个动态的发展过程。为解决城市事务管理中的公共问题，市政主体所进行的政策制定和政策执行都是连续性的活动。随着城市问题的发展变化，市政管理的内容、手段也在不断变化。同时，市政过程也是市政主体之间、市政主体与市政客体之间相互影响的一个互动过程。

正是从上面的理解出发，本书对市政的关注更强调城市公共问题的特性，注重城市政府管理体制的变迁，突出城市公共政策的应对过程。

札记

## 二、市政的特征

市政的特定含义，决定了它固有的一些特性，而这些特性又进一步丰富了市政的含义。概括地讲，市政具有以下几个主要特征：

### (一)政治性

市政实质上是一种国家管理活动，或者说它是国家管理活动的重要组成部分。市政的核心主体，主要是市的国家政权机关，它是整个国家政权机关的一部分；市政的客体或内容，主要是城市的公共事务管理过程中所体现出的各种问题；市政的手段，主要是国家的法律、法规和规章，是各种公共政策的具体表现；市政的过程，与国家的政治权力体系及其运行紧密相连。因此，市政必然具有国家管理的属性，体现国家的利益和意志。国家管理的性质决定着市政的性质和发展方向。现代市政发展表明，市政早已经成为“政治的一部分”或“一个政治过程”，已超越单纯的技术性、中介性和方法手段方面的问题，而体现着社会集团的目的和利益。从一定意义上说，市政活动是一种城市的政治活动。

因此，我们在市政管理中也要讲政治，也要讲政治原则和政治方向问题。市政的出发点和落脚点，就是坚持以人为本、全心全意为市民谋利益。在市政管理中，作为市政主体的党组织、城市各级政权机关及其工作人员，一切为了群众，一切相信群众，一切依靠群众，倾听群众呼声，关心群众疾苦，为广大市民办实事，不断提高城市人民物质生活和精神生活的水平和质量。这是政治性的最重要的体现。

### (二)整体性

市政是一个由各系统、各要素、各环节组成的有机整体，是一个大系统，它包括多个分系统，如市政组织系统、市政体制系统、市政环境系统等，每个分系统下面又有多相互关联的子系统。市政系统由多元的市政要素组成，如组织要素、人员要素、财政要素、制度要素、行为要素等，每种要素内部又包括多种次级要素。同时，市政系统也是一个由决策、计划、组织、协调、控制等多环节组成的管理过程。

市政大系统中的各个要素之间相互依存、相互作用，形成有序的系统结构，市政管过程的各个环节之间相互制约，有序连成一体。市政系

札记

统、市政过程之间又相互渗透，能互相维系，围绕着统一的市政目标，发挥出市政的整体功能

市政的整体性决定了市政在市政管理活动中必须树立整体观念和系统意识。城市各种问题的解决都是多个系统和要素相互配合与协作的结果，市政管理要实现市政主体的多元化与整合、市政目标的多重性与协调、市政要素的有机性与合理配置。

(三)综合性

市政是一种综合性很强的管理活动。现代城市作为政治、经济、文化中心，具有集中、开放、多元、有机等特点，这就决定了市政管理具有突出的复杂性和综合性。市政管理内容既包括大量的社会公共事务和公共事业的管理，又包括城市各项经济活动的规划和控制，对市民物质生活、精神生活的指导和协调等。市政管理对象的人员包括了社会各行各业的人群。在城市中，不同层次的人员形成各种利益群体。对社会各阶层和各方面人员利益关系进行调节和整合，是现代市政管理的重要任务之一。从市政管理结果看，要用经济发展水平、市民生活质量、市民受教育程度和文化水准、城市生态环境、城市安全和公共秩序等十分复杂的指标体系，对市政管理结果进行综合评估和反映。

(四)动态性

市政不仅是组织、制度、体制等方面的静态结构，而且是一个有序的动态过程。由于市政是一种存在于城市并以城市事务为对象的管理活动，以至于这种管理过程的动态性有它自身的特点：一是灵敏，主要指市政过程的每个环节的功能都能比较快捷地发挥出来，这既同整个城市生活的快节奏相适应，又得益于城市管理的科学化、现代化。二是相关性强，即市政过程的每个环节紧密相连，互为条件，彼此制约，其中任何一个环节发生故障，都有可能引发城市生活的全局性混乱。三是民主程度高，即在市政管理过程中的每个环节都会有市民的广泛参与，尤其体现在决策活动和监督活动中。

(五)双重性

城市的行政建制是整个国家行政层级中的具体环节。在我国，城市

札记

的市政既要坚决贯彻中央的大政方针，保证政令统一，坚决维护中央的权威；又要从本市实际情况出发而决定和实施的方针政策，维护本市的正当权益，代表或反映市民利益；还要对其下属组织，如市辖区、街道办事处等，实行领导和指挥，即对上要负责宏观决策的执行，对下要负责微观管理的领导，并有一定相对独立的权力，因此，市政具有承上启下的特征。

## 三、现代市政的发展

### （一）市政的演变

城市及公共事务管理与市政并不是同步出现的。可以说，城市事务及其管理随着城市的产生而产生。最早的城市事务，如道路的铺修、住房的建造、城墙的构筑等，若要有条不紊地进行，就需要得到相应的管理。最初虽有了相应的城市事务及其管理，却没有产生城市政府，而是由中央政府的相关部门或由统辖城乡的地方政府进行管理，这种管理并不是现代意义的市政。现代市政是社会经济发展到一定阶段才出现的产物，随着社会的剧烈变化，社会环境的日益复杂，在城市管理走向市政的过程中，市政的职能、角色和手段也在发生着变化。

1. 市政职能的变化

市政职能是指市政主体为实现其使命而承担的职责和功能。从性质上看，市政职能与其他地方政府的职能基本相同，都以公共管理职能为主。但由于城市的特点，要求市政府把为城市、为市民、为城市社会提供科学高效的管理作为基本职责。因此，城市政府要加强对城市规划、基础设施建设、环境保护、科学文化教育、社会治安、社会保障、卫生保健、公用事业等的管理。

现代城市正逐渐从工业化城市转变为后工业化城市，服务业取代重工业成为现代城市的重要特点，全球化和信息化也给城市发展带来了新的形态。市政职能的发展趋势是为城市创造良好的社会环境和物质条件，为辖区内居民提供各种快捷、高效的公共服务，以满足他们的需要，改善他们的生活质量。市政的职能重心将由经济管理转向城市生活管理与服务，从以城市建设为重点转向以城市管理和服务为重点。市政的重心在于做好城市的规划、建设、管理和服务。

札记

2. 政府的角色改变

政府从城市服务和基础设施配置的主体转变为承担城市发展推进者的角色。一方面，在新公共管理理论的指引下，城市中出现了新的公共机构，如各种社区组织、非营利组织。另一方面，政府也开始并习惯与各种非政府部门结成伙伴关系，共同参与城市事务的管理。城市管理的民主化成为重要趋势。

政府角色的改变不仅表现在市政主体横向的分权，而且表现在地方分权。随着城市的崛起和地方分权的实施，城市政府越来越成为一方利益的代言人，这样更能促使城市政府对其行为负责。在各种新的挑战下，城市政府的能力提升也成为一个重要课题。要通过科学设置市政机构，进行广泛的部门改革，增强城市政府的行动能力。

3. 市政管理手段现代化

随着城市的现代化，市政管理手段也日益现代化，主要表现为市政管理的科学化、民主化和法制化。

市政管理科学化的主要内容有：一是机构设置科学化，建立完善的高效运转的决策、咨询、执行、信息、监督系统，从组织上保证管理决策的科学性；二是管理过程科学化，调查研究、决策制定、执行监督都遵循其自身规律；三是方法手段科学化，把现代管理学、政治学、城市学等理论引入市政管理，广泛运用管理信息系统、互联网、电子政府等现代科学技术手段，如城市管理方式精细化、管理手段信息化都是现代市政管理的重要表现。

市政管理民主化的主要内容有：一是政务公开，城市是国家机关的活动，除涉及国家机密，应一律向社会公开，政府应公布各种文件，市民对政务有知情权，可以旁听某些会议，查阅有关材料，新闻界可以采访报道有关活动，非法定事由不得拒绝；二是完善人民代表大会制度和民主协商制度；三是基层民主生活制度化，建立人民申诉制度，健全全过程人民民主制度体系。

市政管理法制化的主要内容有：一是加强立法工作，尽快制定专门的市组织法，制定市政机关机构编制法规，建立和完善工作责任制；二是要依法行政，有关市政机关独立行使职权，促进党政机关同其他社会组织、中央与地方关系制度化；三是要提高公民法律意识，城市市民要自觉守法。

札记

# 第二节　市政学相关理论概述

## 一、新公共管理理论

西方国家为应对公共财政困境和传统行政模式的缺陷，于 20 世纪 70 年代后期开始推行大规模的行政机构改革，这一改革的目的是为了区别于传统的公共管理模式，被冠以“新公共管理”的名称，也随之发展出系统化的新公共管理理论。

从实践来看，“新公共管理作为一种可选择的典范可以比传统的公共行政模式提供更为切实可行的方法”。具体来说，新公共管理理论主要包括如下几个方面的内容：(1)以输出为价值取向，将公共管理的注意力从过程转向结果，强调管理者的个人责任；(2)以市场机制取代官僚组织；(3)引入民营部门的管理方法，明确组织和个人的工作目标；(4)通过市场测试将政府的某些功能外包出去以缩减管理成本；(5)把社会公众视为公共管理的客户，确立明确的服务标准；(6)削减政府机构的直接成本，强调政府部门的资源配置效率；(7)引入更多的竞争机制，如任期合同、公开的招投标等，以缩小政府规模、节减政府开支、提高公共服务质量。

新公共管理理论的主要特征在于以管理取代行政，以市场或合同取代公共行政，从而缩小公共行政规模，以更有效率的方式解决西方国家因社会转型而出现的各种社会问题。借鉴新公共管理理论的合理要素，市政管理得以重新定位政府职能，建立有限政府；转变市政管理手段，鼓励企业提供公共产品与服务；培育多元化的市场主体，建立共同参与的多中心市政管理体制；积极借鉴民营部门的管理经验，提升公共服务和公共产品的质量和效益。然而，新公共管理理论自身所存在的理论缺陷。在推进市政管理改革中要予以正确认识。首先，新公共管理理论尚未形成一套统一和规范的理论体系，这就意味着应立足实际采取适合城市发展需要的改革措施。其次，新公共管理理论在实质上并没有跳出公共行政的原本内涵，也不是对政府价值的否定，只是关注管理手段和方法的变革。第三，新公共管理理论对市场化和企业化管理手段的强调，也容易导致其对市场价值和企业价值的依赖。

札记

## 二、治理理论

治理与“行政”“统治”相比是一种内涵更丰富的现象。它既包括政府机制，同时也包含非正式、非政府的机制，随着治理范围的扩大，各色人等和各类组织得以借助这些机制满足各自的需要并实现各自的愿望。因此，治理理论的核心观点是主张通过合作、协商、伙伴关系，确定共同目标等途径，实现“更少的统治，更多的治理，以最大程度地利用社会资源促成公共目标。其主要内容包括：

(1)公共治理是由多元公共管理主体组成的公共行动体系。政府并不是唯一的公共管理主体，各种社会组织和民间机构只要得到公众的认可，也可以成为公共管理主体。现实中的政府具有复杂的结构，地方、中央和国际层面的政府及其不同部门构成了多层级、多中心的决策体制。

(2)公共管理的责任边界日益模糊。在市场和公共部门之间被称为“社会经济”的领城中，出现了大量的非政府组织，它们在社会中的作用和影响越来越大，那些传统上由政府承担的公共管理责任正逐渐转由非政府组织和个人来承担。

(3)多元化公共管理主体之间存在权力依存和互动的伙伴关系。治理理论注重将市场的激励机制和民营部门的管理手段引入公共管理，强调以最小的成本获取最大的社会收益；在政府内部权力的划分方面，治理理论则主张确立分权化和多中心的治理结构。

(4)公共治理是多元化公共管理主体基于伙伴关系进行合作的一种自主自治的网络管理。这种网络化管理强调自主合作、权力分散和多元化与多样化基础上的共同利益。

(5)政府在社会公共管理网络中的“元治理”角色。治理理论认为，在社会公共管理网络中，虽然政府不再具有最高的绝对权威，但是它却承担着建立指导社会组织行为主体的大方向和行为准则的重任，它被视为“同辈中的长者”，特别是在那些“基础性工作”中，政府仍然是公共管理领城中最重要的行为主体。

然而，治理理论自身所存在的理论缺陷，在市政管理建设中要予以正视。治理理论的内在困境可以概括为四种矛盾：一是合作与竞争的矛盾，二是开放与封闭的矛盾，三是原则性与灵活性的矛盾，四是责任与

札记

效率的矛盾。

## 三、共同体理论

“共同体”这一概念来自古希腊，最初的含义是指在城邦里设立的市民共同体。亚里士多德认为，城邦就是最有代表性的共同体，人们都是生活于一个共同体之中，人们通过对善的共同追求来获得相应的利益，国家就是一个德性意义上的“至善”的共同体。

真正意义上的共同体理论诞生于19世纪中后期，马克思较早就对共同体的基本形态作出了论述，由此奠定共同体的理论基础，后来，斐迪南·滕尼斯提出了“共同体”与“社会”两个概念，用以说明社会历史发展的两种基本类型模式。

马克思指出，资产阶级把自己的特殊利益说成是全体人民的共同利益，并将前者凌驾于后者之上，这样国家构成了一个虚幻的共同体。随着社会生产力的发展，人们在世界范围内的普遍交往逐渐建立，旧的生产关系和交往关系被推翻，社会分工和私有制被消灭，人从被奴役、被统配和被忽视的社会关系中解放出来，得到自由全面的发展。资产阶级虚幻的共同体被推翻，“代替那存在着阶级和阶级对立的资产阶级旧社会的，将是这样一个联合体，在那里，每个人的自由发展是一切人自由发展的条件”。马克思的共同体思想，科学地考察和把握人类发展历程，对资本主义生产方式和生产关系进行了深刻批判，对未来社会的发展目标和图景作出了科学预设，影响极为深远。

德国社会学家滕尼斯是西方共同体理论的重要奠基人。他的《共同体与社会——纯粹社会学的基本概念》一书，被称为“德国社会学史上一部划时代的著作。其中标志性的一点是，滕尼斯首先将共同体概念(community)与社会(society)概念区别开来，自此以后，“共同体”才真正成为了一个社会学的概念。在滕尼斯看来，共同体和社会是存在于人类发展历程中的两种不同的社会生活方式。共同体的本质是人类血缘、感情、伦理等的结合，其基本特征是人类之间拥有一种纯朴、亲密的自然感情，相互之间不存在利益关系，这是一种有机的联系。社会则建立在成员之间的利益关系之上，每个个体都是孤立存在、自私自利的，人与人之间的关系是冷漠、对立的，不同的思想和行为经过有计划的协调，形成了一种有目的的联合体。滕尼斯认为，“共同体”和“社会”在

札记

形成方式、聚结形态、聚集范围、意识形态、维持时间、本质属性等诸多方面都存在着较大差异性，“共同体”是人类关系的真正本质，“社会”只是这一本质属性的表现方式。但是，人类社会的发展，却不以人的意志为转移，从共同体逐步向社会转型是一种趋势。“共同体是古老的，社会是新的。不管作为事实还是作为名称，皆是如此”“在大的文化发展中，两个时代相互对立：一个社会的时代紧随着一个共同体的时代而来。”滕尼斯一生始终高举“共同体”的大旗，并且希望能够在社会中重建日渐消散的“共同体”。他关于“共同体”和“社会”的理论观点，对西方社会学的发展有着深远影响。

在滕尼斯的基础上，涂尔干提出了“机械团结”和“有机团结”，它是对滕尼斯的理论的重要发展。在涂尔干看来，机械团结的基本特征在于：低度的分工，根深蒂固的集体意识，约束性法律占主导地位，低度的个性，特殊的规范性模式上的一致是重要的，社区对越轨者进行惩罚，较低的相互依赖，是原始的或乡村的。而有机团结的特征在于：高度的分工，微弱的集体意识，复原性法律占主导地位，高度的个性，抽象的一般价值上的一致是重要的，专门化的社会控制机构对越轨者进行惩罚，高度的相互依赖，是城市的与工业的。对比来看，滕尼斯的共同体或者“小共同体”，在涂尔干看来，这种“千人一面”的群体生活是一种机械团结，而基于社会分工的近代工业社会才是一个真正的有机体，属于有机团结，他也清楚意识到有机团结的出现是历史发展的必然。

20世纪三四十年代，费孝通先生基于当时中国乡村面对外在工业的冲击如何谋求出路的现实考量，提出了“聚焦乡村经济动力”的“小共同体”思想，从经验实证角度发展了滕尼斯的“小共同体”理论。费孝通先生提出的城乡互补发展的思路，对改革开放时期基于乡镇企业推动“小城镇”发展的城乡一体的规划，对于我国当前的城乡融合发展，具有现实指导意义。在当前市政学发展的新背景下，人口流动的幅度和范围日益扩大，民族交往交流融合逐渐加深，城乡一体化趋势日益明显，已经成为当前中国市政发展的典型特征，“共同体”也在逐渐超越“小共同体”，形成包容城乡的趋势。在市政发展中，如何有效动员城市社区和农村地区的基层居民群体更好地参与城市生活，完善城市治理，“共同体”理论依然可以为其提供有意义的参照。

## 四、精英理论

学术界一般观点认为，系统而有影响的传统精英理论形成于 19 世纪末 20 世纪初，主要是从现实主义出发来理解和阐释政治与社会的结构及其发展的一种理论。其主要代表人物是 G. 莫斯卡、V. 帕累托、R. 米歇尔斯，他们试图从精英特别是政治精英和杰出人物出发，着手揭示政治系统的实质和社会运行的规律。他们的主要思想和理论奠定了传统精英理论的基石。

精英理论的逻辑起点在于社会异质性，强调人的差异，认为人在天生的家庭和智力等方面有明显不同，同时人的后天努力不同也影响他们的人生道路。传统精英理论认为精英不论在先天或者后天的条件方面都优于普通民众，由此造成精英的综合能力和素质远远地超过普通民众。这一理论认为，精英统治是一切社会的普遍现象，一切社会都存在着统治阶级与被统治阶级，实行少数对多数人的精英统治，同时精英对社会的统治是必然的，也是人类社会的普遍规律和固有特征。在社会异质方面，莫斯卡认为，政策过程中，公众完全是被动的，他们的要求及其行动对公共政策不会产生决定作用。只有精英才是社会改革的决定力量和大灾难的救星，社会的进步随精英的变动而改变。他得出这一论断是基于精英和民众存在着资源分配的不平等性，精英掌握着大量的权力和社会其他资源，二者信息严重不对称。精英是活跃的，前者对后者的影响远远大于后者对前者的影响。莫斯卡还对统治精英的更新和流动作了探讨，他认为统治阶级更新可以从被统治的非精英阶层进入统治的精英阶层，这个变化过程一定是缓慢且持续的，从而才能保持社会的稳定并避免革命的发生。在非精英阶层中，只有那些能够接受精英阶层共同观念的人才可能被允许进入统治精英的行列。

需要注意的是，这里提及精英理论并非对其进行照搬和推崇，而是在市政学的发展中发掘其深层次的合理内核。

## 五、城市竞争力理论

### (一)城市竞争力理论模型

国际竞争力理论和国家竞争优势理论为城市竞争力构造了研究模

札记

型，也为开展相关研究提供了重要的理论支持。

1. 国际竞争力理论。国际竞争力评价体系由世界经济论坛(World Economics Forum，WEF)和瑞士洛桑国际管理发展学院(International Institute for Management Development，IMD)于1980年创立，其目的是谋求对复杂的经济过程进行系统科学的分析和描述，探讨新的经济增长理论，寻求政治、社会与经济过程的一体化研究模式。该理论将国际竞争力看作是一个国家在世界市场经济竞争的环境和条件下，通过与世界各国的竞争比较，所能创造增加值和国民财富的持续增长和发展的系统能力水平。而一个国家竞争力的指标体系则是由包括政府职能、国内经济、人力资源的素质及生活水平、科技实力、企业管理、金融实力、国际化程度和基础设施等八个方面的内容构成，每个方面又由若干具体指标组成。国际竞争力理论希望在长期、持续和最大限度提高人民生活质量的目标追求下，通过竞争形成和促进一国整体发展能力的提高。

2. 国家竞争优势理论。国家竞争优势理论也称为产业竞争力理论，由美国学者迈克尔·波特(Michael Porter)提出。该理论提出，“产业是研究国家竞争优势时的基本单位。一个国家的成功并非来自某一项产业的成功，而是来自纵横交织的产业集群。一个国家的经济是由各种产业集群所组成，这些产业集群弥补并提供竞争优势(当然也可能造成竞争劣势)，反映了经济的发展。”为此，波特创建了衡量国家竞争优势的“钻石体系”，以衡量环境要素对产业竞争力和国家竞争优势的影响。“钻石体系”包括四项环境因素：一是生产要素，是指一个国家在特定产业竞争中有关生产方面的表现；二是需求条件，它反映本国市场对特定产业提供产品或服务的需求如何；三是相关产业和支持产业的表现，这主要是看这些产业的相关产业和上游产业是否具有国际竞争力；四是企业的战略、结构和竞争对手，它是企业在一个国家的基础、组织和管理形态，以及国内市场竞争对手的表现。由此构成了一套动态的评价系统，其中任何一项因素的变化都会影响其他因素的状态。在动态多变的竞争状态下，单纯依靠成本因素已经难以维持长久的竞争优势，维持竞争优势的唯一方式就是不断提升创新能力，而创新的基础则有赖于高素质的劳动力和强大的科研基础。

札记

### (二)城市竞争力理论

该理论认为，城市竞争力是一个复杂的城市价值链模型，它必须“以市场为目标、以战略为核心、以整合为导向”，目标是建立高度区域一体化的全球资源配置机制和城市形态演化模式。

城市价值链包括城市的价值活动和价值流。价值活动是城市价值创造过程中实现价值增值的每一个环节，由城市实力系统、城市能力系统、城市活力系统、城市潜力系统和城市魅力系统组成。价值流则是指一个城市以相应的平台和条件，吸引区外物资、技术、资本、人才、信息、服务等资源要素向区内集聚，借助资源要素的整合促进和推动产业升级和扩充，并将竞争优势向周边和外界扩张与辐射，在资源要素高效、规范、快速、有序的流动中实现价值，再在循环往复中不断扩大规模和持续增长，从而提升城市竞争力。城市价值链模型将城市的资源配置机制和价值创造过程有机整合在一起，形成相互关联、协调发展的整体，并按照层次结构逐级提升，推动城市实现价值最大化和城市形态的演化。提升城市竞争力，不仅要实施价值链的分解战略，分解价值创造过程的各个环节，保留最优环节，而且必须实行价值环节的市场整合。只有在对价值链体系的各个系统进行有效分解和整合的基础上，城市才有可能获得真正的竞争优势。

城市竞争力理论强调城市内在竞争能力的提升，其核心要素是城市政府管理能力的提升，这就要求城市政府应积极构造开放的社会和市场环境，完善城市治理结构，转变市政管理职能，在加强城市合作的基础上，促进资源流动和创新能力的提高，创造城市品牌，促进城市工业化和现代化的持续发展。

## 六、经营城市理论

经营城市理论也称为城市经营理论，其核心理念是将城市看作可以实施经营活动、获取相应收益和回报的资产。政府经营城市，就是运用市场机制，将城市资源和资产进行重新整合和优化配置，形成“投入——产出——再投入”的良性循环机制，提高城市资产利用的综合效益，走“以城养城、以城建城、以城兴城”的城市建设市场化道路，以实现城市的自我完善、自我积累、自我发展和自我增值。随着中国市政

札记

体制改革的不断深入，特别是一些城市在经营城市方面的成功经验，逐渐使经营城市理论被来越多的城市管理者所接受。

然而，因为理论界对经营城市理论的科学性，以及经营城市的基本概念、基础理论、经营内容、经营方式和经营目标等方面还存在着广泛的争议，各地的做法也千差万别。归纳起来，目前对经营城市理论的讨论，主要有生产要素论、保值增值经营论、竞争优势经营论等几种观点：(1)生产要素论。生产要素经营观点认为经营城市是通过将城市中政府控制的生产要素推向市场，用企业家经营企业的理念进行经营运作，充分挖掘和合理开发城市现有资源，以实现城市的自我积累和自我发展。(2)保值增值经营论。该观点认为城市是国家长期巨额投资形成的重要国有资产，城市政府的职责是把城市软硬环境建设好，实现城市资产的保值增值。在保值增值论看来，城市经营就是把城市中可经营的资源，如土地、基础设施、生态环境、文物古迹和旅游资源等有形资产，以及依附其上的名称、现象、知名度和城市特色等无形资产，通过对其使用权、经营权、冠名权等相关权益的市场运作，最大限度地盘活存量，引进增量，广泛利用社会资金进行城市建设，实现城市资源配置的最优化和效益最大化。城市经营的对象是城市可经营性资源，而经营城市的内容是对城市可经营性资源进行资本化运作，通过城市资产的自我积累和自我增值实现城市的建设和发展。(3)竞争优势经营论。该观点认为，经营城市是指城市政府综合运用市场手段和行政手段，借助市场力量对可经营性资源进行资本化运作，减少城市政府对可经营性公共产品的财政支出，降低可经营性公共产品的供给成本，将有限的城市财政资源集中投入非经营性公共产品和公共服务领域；实现以同样的财政投入营造更好的城市环境的目的，最终提高城市的综合竞争力。

尽管有关经营城市理论的争论各有侧重，但是其核心观念都是希望借助市场竞争手段实现对城市资本的合理开发和利用，以提升城市自我发展的能力。概括来说，可以将城市资本划分为三种基本形式：(1)自然资本，即各种自然物质形态，包括土地、矿藏、水源等城市自然资源；(2)基础设施资本，即经过长期资金投入和建设后存在的如道路、桥梁、公园、水电管网等城市基础设施；(3)无形资本，如政府政策、民俗风貌、历史文化、城市风光等。通过对城市自然资本的经营和开发，能够盘活土地存量，充分发挥各种自然资源的效益，为城市发展提

札记

供充足的动力；在基础设施资本经营过程中，通过引进竞争机制，实现公用事业的多元化经营，能够极大地提高市政管理的效率，调动社会各方面在城市建设和发展中的积极性；加强城市无形资本经营的目的主要是通过对城市“软”环境的建设和开发，树立城市形象，在注重经济效益的同时，也兼顾社会效益。

## 七、营销城市理论

城市营销理念认为城市营销的也是一种“产品”，这些“产品”可以包括土地、基础设施、旅游资源等实物，也包括城市品质、形象、文化的等各种元素符号。在中国，“城市营销”的概念已经转变为“经营城市”。一是借助市场的力量，将城市的有形和无形资源进行包装，作为一个产品来经营，追求经济利益的最大化。二是主张通过市场竞争的力量，优化城市的资源与结构，提高资源使用率，提升城市的竞争力，从而实现城市的可持续发展目的。三是通过引入竞争因素，让民间资本的力量参与进来，参与以上两者的建设和管理，提高城市的运行效率。因此，城市营销理论对促进城市发展具有一定的积极意义。

### (一)营销城市的内涵

营销城市是运用市场营销的方法论，对城市的政治、经济、文化、环境、工业、农业等诸要素进行合理的策划与整合，以求找到符合市场经济规律，提高城市综合竞争力，增加城市财富及知名度，提高城市人民物质文化生活水平的最佳发展道路的一门科学。营销城市有三个构成要素：城市营销的主体、载体和客体。城市营销主体，主要指城市政府，但随着经济全球化和政府权利的转移，出现了多元化主体的趋势，因此广义的主体还包含居民、中介组织等；载体包括城市的软硬环境，也就是城市产品；客体即城市顾客。营销城市是对不同利益相关者需求的满足，它在促进城市财富增长、经济发展的同时也追求人与自然的可持续发展以及社会关系的和谐，是对城市综合价值的促进和提升，是对包括城市经济价值、人文价值、社会价值等各种价值综合的和系统的提升。

札记

(二)城市营销策略

(1)市场细分策略。东部沿海城市可将跨国公司作为市场细分标准，发展开放性经济，推进贸易、投资和金融自由化，为跨国公司创造更好的投资条件；沿边城市应确立优势互补的区位市场细分策略，推出一种区位形象，营造一种区位吸引力，形成优势在这个区域的集聚效应；中西部内陆城市已形成门类比较齐全的工业体系，应充分利用其已有的优势，以这些产业为细分标准，吸引适合的外资进入，充分发展高技术产业。

(2)基于顾客让渡价值的竞争策略。菲利普·科特勒把城市间为顾客提供更多价值的竞争叫作“顾客让渡价值”竞争。城市围绕顾客需求的价值竞争，就是城市力求提高顾客价值中的各种价值因素，尽可能降低整体顾客成本中的各种成本因素，以使顾客获得的让渡价值最多、最好。因此，城市在竞争过程中要创造新的非同寻常的价值曲线，改变原来的经营逻辑；同时在创造价值的过程中，要在价值链上进行正确定位，包括选择正确的业务、正确的产品和细分市场等。从而使城市和其顾客共同产出最适宜的价值，实现城市与顾客双赢。

(3)城市整体品牌策略。城市形象可以分为城市经济形象和城市文化形象两大类。城市经济形象的特色开发的关键是要找准城市的产业重点，确立城市的支柱产业，并致力于打造城市支柱产业的品牌；城市文化形象的个性定位的关键是要使人们对城市形成一种独特的看法和认知，创造一种独具一格的文化氛围。

(4)城市文化形象策略。不同的城市由于其文化上的差异所形成的城市形象有区别，从而形成不同的城市文化形象品牌，产生不同的城市吸引力，最终造成其竞争力的不同。城市文化形象的品牌策略可以通过以下几方面来实施：加强特色文化建设，塑造城市自我形象；促进城市历史文化的保护与形象建设的协调发展；创造与市民、投资者及游客需求相适应的城市文化氛围；城市文化特色的继承与创新。

(5)沟通策略。与城市现有目标顾客、潜在目标顾客的有效沟通，可以树立良好的城市形象，吸引各种优势资源向本城市集中。可选用的沟通策略包括：政府所采取的针对各类参与主体的激励措施和政策手段的销售促进策略；向潜在合作者传递城市邀约，为文化、经贸领域的推

札记

广服务的广告策略；直接与消费者沟通，收集消费者的意见、建议的征询性公关以及宣传性公关的公共关系沟通策略；打造以社会各界知名人士、政府部门的领导和工作人员、媒体工作人员、服务业从业人员和城市及企业驻各地办事处为主导，各行各业的企业组织和全体市民共同参与的全员营销的人员沟通策略等

## 八、生态城市管理理论

"生态城市"是在联合国教科文组织发起的"人与生物圈(MAB)"计划研究过程中提出的一个概念。这一概念的产生是城市生态理论发展的必然结果。"生态城市"的思想渊源是极其丰富的，也有着非常悠久的历史。此后，它的内涵随着社会和科技的发展，不断得到充实和完善。生态城市现已超越了保护环境即城市建设与环境保持协调的层次，融合了社会、文化、历史、经济等因素，向更加全面的方向发展，体现的是一种广义的生态观。

### (一)生态城市的内涵

生态城市是城市生态化发展的结果，简单地说它是社会和谐、经济高效、生态良性循环的人类住区形式，自然、城、人融为有机整体，形成互惠共生结构。生态城市的发展目标是实现人—自然的和谐(包含人与人和谐、人与自然和谐、自然系统和谐三方面内容)，其中追求自然系统和谐、人与自然和谐，是其基础和条件，实现人与人和谐才是生态城市的目的和根本所在，即生态城市不仅能"供养"自然，而且满足人类自身进化和发展的需求，达到"人和"。

### (二)生态城市的特点

与传统城市相比，生态城市有着本质的不同，主要有以下几大特点：

(1)和谐性。生态城市的和谐性，不仅反映在人与自然的关系上(强调自然与人共生，人回归自然、贴近自然，自然融于城市)，更重要的是在人与人的关系上。人类活动促进了经济增长，却没能实现人类自身的同步发展，生态城市营造满足人类自身进化需求的环境，充满人情味，文化气息浓郁，拥有互帮互助的群体，富有生机与活力；生态城

札记

市不是一个用自然绿色点缀而僵死的人居环境，而是关心人、陶冶人的“爱的器官”。文化是生态城市最重要的功能，文化个性和文化魅力是生态城市的灵魂。这种和谐性是生态城市的核心内容。

(2)高效性。生态城市一改现代城市“高能耗”“非循环”的运行机制，强调提高一切资源的利用效率，物尽其用，地尽其利，人尽其才，各施其能，各得其所，物质、能量得到多层次分级利用，废弃物循环再生，各行业、各部门之间的共生关系协调。

(3)持续性。生态城市是以可持续发展思想为指导的，兼顾不同时间、空间，合理配置资源，公平地满足现代与后代在发展和环境方面的需要，不因眼前的利益而用“掠夺”的方式促进城市暂时的“繁荣”，保证其发展的健康、持续、协调。

(4)整体性。生态城市不单单追求环境优美，或自身的繁荣，而是兼顾社会、经济和环境三者的整体效益，不仅重视经济发展与生态环境协调，而且注重对人类生活质量的提高，即在整体协调的新秩序下寻求发展。首先，要树立全局观念，完善城市的总体规划设计，将良好的经济效益与高质量的生态环境相结合。同时控制城市规模，促进中小城市的发展。其次，要注意整体与局部的关系，生态城市的完善依赖于每个子系统的平衡发展，良好的生态城市环境与城市中的每一个人，每一幢建筑都是密不可分的。因此，可以采用先进的科学方法和技术，对各种信息进行仿真分析，为生态城市建设做出科学决策。

(5)区域性。生态城市作为城乡统一体，是建立区域平衡基础之上的。而且城市之间是相互联系、相互制约的，只有平衡协调的区域才有平衡协调的生态城市。就广义而言，要实现这一目标，全球必须加强合作，共享技术与资源，形成互惠共生的网络系统，建立全球生态平衡。广义的区域观念就是全球观念。

## 九、场景理论

经典理论认为，土地、劳动力、资金和管理作为生产要素，推动经济增长和人口流动，影响消费行为和居住模式，改变社会进程。然而，从20世纪70年代到90年代，美国的很多制度创新的措施并没有收到很好的绩效，不是退回原处就是比原来更糟。面对这种情况，著名学者理查德·佛罗里达认为，在知识经济时代，城市增长发展正转入一种创新型增长模式，即创新成为经济增长、人口流动和社区繁荣的主要推动力，创意阶层对城市的增长发展至关重要。

针对这个问题，芝加哥大学社会学系特里·克拉克(Terry N. Clark)教授领衔新芝加哥学派提出了城市增长发展的场景模式。他们认为，城市发展到一定阶段(后工业时期)后，原有的增长模式受到了限制，而市民文化艺术参与对城市增长发展开始变得至关重要。他把基于市民主体性的文化艺术消费实践整合到以便利设施为导向公共产品与多样性人群等元素集合形成场景(Scenes)，以及场景中蕴含的文化价值观与生活方式等内容。不同的场景可以聚集不同人群，因为场景中蕴含的文化价值观、生活方式与生活质量发挥着重要作用。比如，适宜的温度和漂亮的山水风光的场景对老年人群体有更多吸引力，而如酒吧、咖啡馆、影剧院和博物馆等场景更多吸引大学毕业生，或者时尚与提倡自我表达的场景更能吸引年轻人群体聚集，街头张扬违规的场景更能影响政治选举或运动，宜居与便利的场景更易影响不同群体的居住空间选择等。在新芝加哥学派看来，不同的场景对不同社会阶层的消费行为、居住模式、政治活动等都会产生影响，从而影响到城市与地区的增长发展。

场景理论及其场景模式为城市增长发展提供了更高维度的解决方案，该模式聚焦城市增长发展的文化动力，尤其是市民文化参与、消费与娱乐等对城市发展的影响。事实上，场景理论谈论的“文化”，并不是抽象和模糊的，而是在居住区(街区、社区)层面，由便利设施为导向的公共物品、多样性人群与实践等集合形成的场景，以及场景中蕴藏的价值观念、生活方式与质量，影响着诸如创意阶层等人力资本流动与聚集，推动着经济增长和社会发展。这一点上区别于工业城市发展所依靠的土地、资金、劳动力和管理等传统方式。

在市政管理中，各个城市管理部门要对不同区域的邻里社区、基本设施、特殊场景以及文化背景等进行调查，根据居民提高创造性和自我表达的要求去建设文化场景，使社区内的设施组合体蕴含特殊的价值取向、营造特殊文化氛围。对于高层管理者，应该注意新项目和现有的设施的整合，把现有的设施、服务整合到新的设施服务中，形成文化场景；在区域规划中增加区域的一致性和协调性。

札记

## 十、空间生产理论

“空间的生产”这一概念最早由法国马克思主义思想家亨利·列斐伏尔提出，意指资本、权力和阶级等政治经济要素和力量对城市的重新塑造，使城市空间成为其介质和产物的过程。传统对“空间”这一观念的分析集中在“物理空间”和精神空间二元划分上，列斐伏尔的理论在对此进行批判的基础上，对“生产”概念进行了论证，赋予空间以社会意义，实现了精神空间、物质空间、社会空间在理论上的统一。

列斐伏尔从空间和时间的关系概念来出发理解这种社会空间。空间意味着同时性，是社会现实的共同体秩序，而时间表示历时性秩序，是社会生产的历史过程。在列斐伏尔看来，社会既不表示“实体”或者“物质”的时空总体，也不是行动和实践的综合。在列斐伏尔的唯物主义理论中，人是以其肉身性（corporeality）和感知性（sensuousness）方式存在的，他们有自己的感受、想象、思考和意识形态，是通过活动和实践产生相互关系的人类。据此，他认为时间和空间并不能被简化为纯粹、先验的概念。在社会实践的固有方面，他称其为社会产品。所以在列斐伏尔看来，时间和空间既是社会生产的结果也是社会生产的前提。从这个角度出发，时间和空间需要在特定的社会背景下被理解，且由不同的社会方式“生产”出来，时间和空间不仅相互关联，而且能够概括当时的历史。

列斐伏尔理论的核心观点是空间生产可以被划分为三个相互辩证相关的维度或过程。列斐伏尔将其称之为空间生产的构形成分或环节。一方面，它们指“空间实践”“空间再现”和“再现空间”的三元。另一方面，它们是“感知的”“构想的”“生活的”空间。这两种划分方式也指向了空间研究的现象学和语言学的双重研究方法。需要注意的是，上述的三个层面并不是相互对立的，而是相辅相成形成了一个循环。

空间生产理论的一大优点在于能够帮助理解真实空间与各社会群体的空间想象之间的关系。从社会空间视角分析，一些传统社区能够形成自己独特的空间景观，与其长期处于相对封闭的自然空间密切相关。因为自然空间条件的限制和社会关系的稳定性，传统社区往往诉诸于所居住的自然空间，通过人类的实践活动获取相应的生产和生活资料，自然环境在长期的人地交往中形成的传统社区起到了重要作用。

札记

空间生产理论既可作为宏观解读城市化进程的工具，又可作为城市内部空间构造和社区发展研究的理论指导。特别是在城市更新领域，当代中国城市特有的空间再开发进程，出现了很多典型问题，为空间生产理论的应用与阐发提供了契机。

## 十一、新城市主义管理理论

20 世纪 60 至 80 年代，大量人口涌向城市郊区，导致城市空心化现象存在，在此背景下，“新城市主义”理论应运而生。它认为传统的、邻里的、社区的、场所的、全面的、整体的、有机的是城市管理的必备要素，借此实现城市的可持续发展，该理论提倡城市人文价值回归的重要性。以此来设计城市，提高生活质量。该理论强调的原则和立场主要体现在以下几方面：尊重自然的完整性；尊重社会的、个人的、人性的概念；尊重多样性和稳定性；尊重节约性和可持续发展性。因此，从这一角度该理论与生态城市理论具有相似性，对城市管理亦具有重要的参考价值。基于新城市主义管理理论是对人的尊重，强调人的感知和体验，体现城市的宜居性和舒适性，它一方面体现人文关怀在城市管理中的重要性；另一方面，也注重城市的自身魅力的挖掘。

### (一)新城市主义之十大体系

20 世纪 80 年代，新城市主义的浪潮出现在以美国为主的西方建筑界。现在，新城市主义已经在世界范围内得到了普遍的认同。新城市主义是社会经济发展阶段的产物，同时也反映了人类社会步入后工业社会以后对城市建设和城市文明的一种反思和向往。新城市主义作为一种理论体系，涉及经济、社会、人文、生态、建筑等 10 个方面。

1. 新城市主义之“新城市”

城市是一个相当古老而又十分复杂的社会现象。城市的兴起源于人类定居的生物本能和物质发展基础，同时也集中体现了人类的文化需要。新城市主义者心目中的 urbanism 应当是城市化和都市化的概念，即将原有的无序蔓延的郊区重新“城市化”，而不是“郊区化”。也就是说，新城市主义的“城市”是现代化的都市，而不是“郊区”。

2. 新城市主义之“新经济”

新城市主义注重对“城市经营”的质的提高，而不简单地看成是数

札记

量(城市面积)的扩大。这种城市经营的“新经济”理念，注重经营所需的资源是泛资源的概念，即没有什么不是资源，注重经营主体能动性的发挥，注重全方位营造“创新”环境。

3. 新城市主义之“新社会”

新城市主义思想产生本身是对城市蔓延及其带来的不良后果的一种回应。新城市主义所倡导的“新社会”，是一个人与自然相谐、融合并实现可持续发展的“社会”；是一个具有宽容和学习品性的多元文化的“社会”；是一个克服由于郊区化而带来的人性的孤独，注重人与人之间沟通与协调的“社会”。

4. 新城市主义之“新社区”

新城市主义的“新社区”，指的是对传统区域规划模式的复兴，以及将现有环境改造重修成完整城镇的一种城市规划方式，即提倡创造和复兴多样化的、适宜步行的、混合使用的、紧凑型的邻里、城镇和都市。这样会创造一个精心设计的公共开放空间，恰好与郊区蔓延模式形成对比。

5. 新城市主义之“新规划”

城市规划和设计的目的在于为人们的活动提供合适的空间环境。一般原则是：为多样化的人口提供住房，多种功能的混合，可供步行的街道，活跃的公共场所，与之相结合的市政和商业中心，便捷的公共交通以及方便的公共空间。

6. 新城市主义之“新人文”

以人为本，就是以人的感受作为行动的基本出发点。体现在建筑规划中，就是尊重人、关心人、满足人的多种需求，创造一个“人的场所”。新城市主义提倡从传统的城市规划和设计的思想中发现灵感，与现代生活特征相结合，以具有地方特色、重视历史文化传统，居民具有强烈归属感的社区取代郊区蔓延的模式。

7. 新城市主义之“新生态”

新城市主义思想、设计原则中充分体现了对生态要素的关心和对城市生态系统平衡的追求。新城市主义的“新生态”观融合了现代生态学生物演进的规律，他们认为，虽然城市永远不断地在变化，为人们提供着各种各样实验和探索的机会和场地，但其变化应有一条健康的主线。

札记

8. 新城市主义之“新生活”

新城市主义的“新生活”理念，是对自然与人的关系的再认识，是人与人的关系的新变化的体现。新城市主义的“新生活”理念，表现在对公共空间的强调。按照生态发展的观点，社区和邻里的设计，以至于整个的大面积的城市规划，都要强调城市和社区中公共的领域、公共空间以及居民共同使用的建筑与设施，如社区空间、城市广场、社区街道、社区商店、学校、社区工作中心场所和设施、社区图书馆等。

9. 新城市主义之“新建筑”

新城市主义特别指出，社区内的建筑应该根据其类型进行设计，而不仅仅是与其功能相关，这样使得它们具有多重功能适应性，能适应时间和条件的变化而不需要改变建筑形式，从环境可持续发展的观点来看也是十分重要的。新城市主义提出社区的住宅建筑应该体现形式多样化、风格多样化的特点，为多种类型的家庭、多种收入层次的人群、不同年龄层的人提供住宅。

10. 新城市主义之“新开发”

新城市主义试图改革整个房地产开发的过程，它涉及从邻里建筑到区域规划等方方面面的问题。新城市主义的开发布局有三种基本方式：重新开发、填充开发和新区域开发，开发者必须从区域层面上进行平衡分析，在环境、经济和社会事项等方面取得平衡。

## 十二、数字城市理论

数字城市是在信息技术不断发展、城市信息化水平不断提高的背景下提出的新课题。1998 年，美国前副总统戈尔在一次公开演讲中首次提出了数字城市的概念，之后人们在这一领域的研究逐渐深入，并随着数字城市建设的实践获得了进一步发展。数字城市是以计算机技术、多媒体技术和大规模存储技术为基础，以宽带网络为纽带，运用 PC 技术（遥感、全球定位系统、地理信息系统）、遥测、仿真—虚拟技术等对城市进行多分辨率、多尺度、多时空和多种类的三维描述。本质上讲数字城市属于一种技术手段，它为城市建设和管理工作提供了一套崭新的解决方案。信息的全面性和及时性使得城市管理决策效率大大提高，通畅的信息流动路径使整个城市的经济、社会、生活有机的融合在一起，提高了城市整体运行效率。

札记

(一)“数字城市”的基本内涵

信息化的实质就是数字化、网络化和智能化。因此，“数字城市”广义上指城市信息化，是指数字技术、信息技术、网络技术渗透到城市生活的各个方面。其本质是对物质城市及其相关现象(经济社会特征)统一的数字化重现和认识，是用数字化的手段来处理、分析和管理整个城市，促进城市的人流、物流、资金流、信息流、交通流的通畅、协调和高速。“数字城市”是城市信息技术的综合应用，包括电子政务、电子商务、城市智能交通、市政基础设施管理、公众信息服务、教育管理、社会保障管理、城市环境质量监测与管理、社区管理等，几乎涵盖城市生产与生活的所有管理方面和经济层面。

(二)数字城市建设的战略主导

数字城市建设中，电子政府是提高政府工作效率，提升政府施政水平，优化政府服务功能的最佳选择；同时也是提高政府办公透明度、实现公正廉洁和有效监督的重要工具。目前，对于“数字城市”的研究，多集中在关键技术研究方面，本书认为在研究关键技术的同时，核心的问题是要研究“数字城市”的内涵，即“数字城市”的功能与结构。

(三)数字城市建设的战略核心

电子商务建设的关键和难点，集中地体现在如何完成“物流、信息流、货币流”三者的有机匹配和统一网络化。在城市商业行为中，创造一个“公开、稳定、安全、有序、高效”的虚拟商业环境，把每个人、每个企业、每项政府采购和各类供需交易等的交换活动转换成一种全新的方式，即把包括生产中心、采购中心、仓储中心、配送中心、批发中心、零售中心和各类电子住户充分联结的物流系统；把网络查询、电子订货、电子交易、价格协商、电子指南、合同拟订、电子服务、电子广告和电子仲裁的信息流系统；把虚拟资本、投资往来、货币兑换、股权交易、电子消费、电子结算、电子钱包、电子家政计划等的货币流系统，整体地纳入不同级别、不同类型、不同平台、不同中心的统一数字管理体系，这将是数字城市建设中一个特别庞大、特别精密和具有特别法律效力的战略实体工程。

札记

### (四)数字城市建设的战略基础

数字城市建设是一项技术和管理并举的城市信息化工程，同时也是一项影响社会经济发展进步的综合工程。数字城市建设、运行和维护具有产业化的特征，走产业化道路是数字城市建设的必由之路。由于数据在数字城市建设中的核心地位，数据的商业化、市场化及产业化发展成为数字城市建设效率与效益的关键。在中国，数字城市建设正在大规模、大范围展开，而数据的商业化、市场化与产业化发展尚举步维艰，从规模、数量到广度、深度均处在非常初始的阶段，亟待改善和提高。

### (五)数字城市的对策和建议

加强对数字城市发展的领导，科学、合理地设定政府行为，领导的重视和支持是数字城市建设的前提条件。数字城市是一项庞大的社会系统过程，涉及经济社会各种资源的重新配置和各种利益关系的重新调整，在某种意义上说是一项社会“改造”工程。确定一个健全有力的决策领导体制至关重要。

建设信息基础设施主要是指通信和网络设施。建设“数字城市”基础信息数据传输网络，不仅是建设“数字城市”的必要，而且可以充实国家基础信息数据网络建设，促进“数字中国”的建设。开发利用信息资源城市信息资源的开发对于数字城市而言相当于商品的生产对于物质城市。面向数字城市建设的信息资源开发不仅指数字化的信息资源的开发，还包括模拟信息的数字化、城市生活运作过程的数字化、信息的数字化采集、数据库建设等。

建立分布式空间数据仓。政府各部门已经建立了专业的数据库，相当数量的企业也建立起了各自的数据库，为了充分利用政府、企业的专业数据库，就要把它们组织起来，建立分布式的空间数据仓库；为了达到数据共享的目的，数据仓库建设要依据统一的规范去描述不同部门、不同级别、不同类型的数据，并提供公共的数据接口标准。建设数字城市示范区是引导和加快数字城市建设的有效措施。可以选择发展条件较好、城市规模不大的小型城市进行“数字城市”的初步实践。组织多系统、多层次的试点项目，在理论研究、技术应用、建设模式和体制创新等方面取得有益的经验，并在一定范围内进行推广。

札记

## 十三、城市更新理论

### (一)国外城市更新理论研究进展

西方国家近现代意义上的城市更新，起源于产业革命。根据不同时期对城市更新研究的深度和广度不同以及城市更新动力机制的不同可以将西方国家的城市更新历程划分为三个阶段。

1. 第一阶段：19世纪后期到20世纪初期，城市更新初创时期

对城市更新理论的研究最初起源于霍华德的“田园城市”理论。1898年，霍华德出版了《明日：一条通向真正和平改革的道路》一书，在书中详细阐明了他著名的“田园城市(Garden City)”的理论，希望通过建立新的、以绿化带限制人口向外围地区扩散的“乡村”式城市来限制城市规模的不断扩张。此后恩威和帕克的“卫星城”理论和沙里宁的“有机疏散”理论又对“田园城市”理论作了进一步的发展。虽然从本质上而言，这些理论的思想基础仍然是以传统城市规划中的“形体决定论”为基础的，将城市看作一个静止的事物从而寄希望于建筑师和规划师通过形体规划来构建一个希望中的蓝图，从而解决城市发展的问题。但是与之前的研究相比，这一时期的理论摆脱了乌托邦式单纯追求理想化模式的城市规划思想，在理论实现方面有了很大进步，同时，在更新对象方面并没有局限于居住区而是扩大到城市的空间结构，这对现代城市规划理论的发展具有非常重大的影响。

2. 第二阶段：20世纪初至第二次世界大战末，城市更新发展徘徊不前

本阶段的研究仍然以城市规划与城市发展的问题为主。20世纪20年代美国对城市更新改造的布局、组织方式进行了新的探索，“邻里单位”随即出现。这一思想为不断扩张的城市建设提供了一种新的解决方法，通过建立基本独立的综合型的城市单元能有秩序的扩大城市，而不是在城市边缘任意建设，无限制地增大城市面积。邻里单位思想可能导致城市的反中心化，但也是用来解决经常被责难的阶层和种族隔离问题的途径之一，以至于它在著名的《雅典宪章》里作为“合理规模的居住单元”被引证。20世纪40年代，英国土地开发补偿和赔偿政策研究委员会主席 Justice Uthwatt 和他的委员会向政府提交了“过渡性报告”，指出

札记

为了适应战后大规模的重建工作，应该在全国范围内控制无限制扩大城市建设的行为，并指出政府应该是城市建设的主体，应将城市规划运用到全国的重建工作中去。这些建议都得到了政府的认可，为日后城市的城市更新打下了基础。

3. 第三阶段：20 世纪 50 年代以来，可持续城市更新

20 世纪 60 年代之后，一大批学者如路易斯·芒福德(Lewis Munford)、简·雅各布斯(Jacobs Jane)、彼得·霍尔(Peter Hall)、亚历山大(Christopher Alexander)等都从不同角度和立场对城市更新进行了研究。到了 20 世纪 70 年代，可持续发展的理念已经出现在城市更新的思想中，并逐步成为当代城市更新的重要思想基础。1996 年 6 月，联合国在伊斯坦布而召开的第二届人类住区会议上将"人人有适当的住房"和"城市化进程中人类住区的可持续发展"确定具有全球意义的、全人类为之奋斗的两个主题，并将"可持续的人类住区"作为承诺之一。这是新世纪新时期城市更新的主题思想所在。

### (二)国内城市更新理论研究进展

我国对于城市更新的研究一开始不是从理论方面入手的，而是在实践中产生的，这是为了解决城市发展过程中不断出现的如旧城中心区衰落、居住环境有待改善等城市问题。

1. 有机更新理论

1979 年，吴良镛教授在对北京什刹海地区进行规划研究时，深入分析了城市更新的"难处"所在，从如何正确处理好城市更新中继承与改造的问题出发，提出了"有机更新"的理论构想。有机更新，是把整个城市当作人体一样，城市中承担着不同功能的地区是有机构成人体的细胞。所谓"有机更新"，就是把不适应城市发展的那部分地区、街区进行改造规划，采用适当规模、适当尺度，依据改造的内容与要求，妥善处理目前与将来的关系，不断提高规划设计品质，争取使每一个片区的发展都达到相对的完整性，使有机更新的部分更能适应城市功能的改造方式。有机更新不是短时间内盲目地改造和乱建，而是将不适应城市发展的那部分区域挑出来进行改造设计，这种改造是小规模、阶段式的，但从大的时间尺度上来看，又是一项长期的工程。通过这种有序的持续的更新活动，使城市达到最适宜人类生存和生活的状态。

札记

2. 系统更新理论

针对我国城市发展的特殊背景以及城市更新过程中出现的各种问题，1999 年，吴明伟和阳建强教授提出我国的城市更新应该走一条全面系统的更新道路。他们指出，“我国现阶段的旧城更新具有面广量大、矛盾众多的特点，传统的形体规划难以担当此任，需要建立一套目标更为广泛、内涵更加丰富、执行更加灵活的规划系统。要从总体上对旧城区进行全面的研究，制定一个系统的旧城改造规划”。吴明伟教授认为，城市更新应该以促进城市功能结构的整体协调为目标，旨在建设环境优美、充满活力的人居环境。在城市更新的过程中，不可避免会出现各种各样复杂的问题，但凡是复杂的问题，都是由一定的层次结构组成，这种层次结构所要达到的目标也不相同，而且多是不能相容的目标，这就要求我们在城市更新建设中学会运用权衡和优化决策，把城市更新中社会、经济、环境等各层次上的目标统一权衡，获取最优方案。吴明伟教授提出了旧城改造的控制观，包括系统观、经济观、文化观三方面。

3. 可持续发展理论

随着时代的进步和城市规划理论的逐步完善，城市更新理论也在不断发展。此后，也有众多学者基于特定地区城市更新的实践提出过不少更新理论。进入 21 世纪，可持续发展理论逐步成为城市更新的理论焦点。并逐渐发展成为现代城市更新的理论基础。1994 年，我国制定的《21 世纪议程》明确指出将“可持续发展”作为制定国民经济和社会发展长期计划的指导性原则。从城市发展层面上来讲，可持续发展是一种崭新的城市发展观，它强调在追求经济效益的同时，还要注重城市品质的提高，包括城市生态环境的美化、城市空间结构的优化、城市功能结构的完善以及城市精神面貌的改善，实现政治、经济、社会、环境多方面的协调发展。这种可持续发展观反映在城市规划上，丰富了城市更新的内容，是对过去城市更新理论的进一步发展和深化，对我国以后的城市建设、城市更新工作具有重要的指导意义。

从城市更新理论的发展过程来看，国内城市更新启动 40 年以来，我国的城市更新在实践中曲折的向前发展，无论是理论还是实践方面还是取得了很大的进步。就更新的内容来看，从最初单一的住区更新向街区、商业区方面涵盖；从空间发展模式来看，从新中国成立初期的小范围更新转向大规模、整片区的整体改造，这种更新方式虽然在有些方面存在一定问题，但在特定时期对于促进城市发展、改善城市面貌确实起到了积极的作用；从体制政策来看，从以政府为主的城市更新逐渐转为多元化主导的模式，房地产商、企业和当地居民逐渐加入城市更新的过程中来，成为城市改造名副其实的参与者，使城市更新具有更大范围上的代表意义。

## 十四、区域均衡发展理论

区域均衡发展理论主要认为经济是有比例相互制约和支持发展的。新古典区域均衡发展理论是区域均衡理论的代表之一，是建立在自动平衡倾向的新古典假设基础的。因为根据该理论，市场机制是一只“看不见的手”，人们普遍坚信，只要在完全市场竞争条件下，价格机制和竞争机制会促使社会资源的最优配置。

### （一）基本内容

1. 赖宾斯坦的临界最小努力命题论

主张发展中国家应努力使经济达到一定水平，冲破低水平均衡状态，以取得长期的持续增长。不发达经济中，人均收入提高或下降的刺激力量并存，如果经济发展的努力达不到一定水平，提高人均收入的刺激小于临界规模，那就不能克服发展障碍，冲破低水平均衡状态。为使一国经济取得长期持续增长，就必须在一定时期受到大于临界最小规模的增长刺激。

2. 纳尔森的低水平陷阱理论

以马尔萨斯理论为基础，说明发展中国家存在低水平人均收入反复轮回的现象。不发达经济的痼疾表现为人均实际收入处于仅够糊口或接近于维持生命的低水平均衡状态；很低的居民收入使储蓄和投资受到极大局限；如果以增大国民收入来提高储蓄和投资，又通常导致人口增长，从而又将人均收入推回到低水平均衡状态中，这是不发达经济难以逾越的一个陷阱。在外界条件不变的情况下，要走出陷阱，就必须使人均收入增长率超过人口增长率。

3. 罗森斯坦·罗丹的大推进理论

主张发展中国家在投资上以一定的速度和规模持续作用于各产业，从而冲破其发展的瓶颈。此论在发展中国家较有市场，原因在于它的三

札记

个“不可分性”的理论基础，即社会分摊资本的不可分性、需求的不可分性、储蓄供给的不可分性，另外外部经济效果具有更能说服人的证据。

4. 纳克斯的贫困恶性循环理论和纳克斯的平衡增长理论

资本缺乏是阻碍不发达国家经济增长和发展的关键因素，是由投资诱力不足和储蓄能力太弱造成的，而这两个问题的产生又是由于资本供给和需求两方面都存在恶性循环：但贫困恶性循环并非一成不变，平衡增长可以摆脱恶性循环，是扩大市场容量和造成投资诱力的一种必须的方法。

上述理论应用在区域经济中就形成了区域均衡发展理论，它不仅强调部门或产业间的平衡发展、同步发展，而且强调区域间或区域内部的平衡(同步)发展，即空间的均衡化。认为随着生产要素的区际流动，各区域的经济发展水平将趋于收敛(平衡)，因此主张在区域内均衡布局生产力，空间上均衡投资，各产业均衡发展，齐头并进，最终实现区域经济的均衡发展。

### (二)理论缺陷

均衡发展理论的缺陷之一在于忽略了一个基本的事实，即对于一般区域特别是不发达区域来说，不可能具备推动所有产业和区域均衡发展的资本和其他资源，在经济发展初期很难做到均衡发展。缺陷之二，忽略了规模效应和技术进步因素，似乎完全竞争市场中的供求关系就能决定劳动和资本的流动，就能决定工资报酬率和资本收益率的高低。但事实上，市场力量的作用通常趋向增加而不是减少区域差异。发达区域由于具有更好的基础设施、服务和更大的市场，必然对资本和劳动具有更强的吸引力，从而产生极化效应，形成规模经济，虽然也有发达区域向周围区域的扩展效应，但在完全市场中，极化效应往往超过扩展效应，使区际差异加大。另外，技术条件不同也会使资本收益率大不相同，此时的资本要素流动会造成不发达区域资本要素更加稀缺，经济发展更加困难。

区域均衡发展理论显然是从理性观念出发，采用静态分析方法，把问题过分简单化了，与发展中国家的客观现实距离太大，无法解释现实的经济增长过程，无法为区域发展问题找到出路。在经济发展的初级阶

札记

段，非均衡发展理论对发展中国家更有合理性和现实指导意义。

新古典区域均衡理论从纯粹供给的角度，认为区域长期增长取决于资本、劳动力和技术三个要素，各个要素报酬取决于其边际生产力，其没有考虑区域空间特征，生产要素的流动并不像设想那样灵活：(1)从资本的流动性看，由于大部分资本是固定资本，“资产专用性”使其转移存在巨大转移成本；(2)从资本流动方向看，投资者不仅要考虑利润最大化，而更要看重投资环境的综合条件，发达地区对投资者的吸引力可能更大；(3)劳动力并非完全流动，其迁移受信息非对称及制度与非制度因素的影响和制约。

在加进规模经济、收益递增及正外部性等经济学分析元素后在完全竞争假设下，要素资源会出现聚集于空间某些点上，形成增长极，极化效应又会导致增长极与极外形成“中心—外围”的空间格局。威廉姆森的倒U形理论表明，在到达拐点之前的相当长一段时期内，区域发展差异是不断扩大且难以消除，而且根据发达国家的发展经验，即便旧的差异缩小了，新的差异又会出现。

## 第三节 中国市政管理的理论探索

随着时代变化，中国的市政管理理论从无到有，并随着城市的发展逐步更新其理论。

### 一、近代：市政理论的引进与探索

19世纪中期，我国对市政理论的引进和探索处于起步阶段，主要是通过驻外人员的观察和介绍了解西方的市政制度。

20世纪初，学者在界定市政问题时，认为“研究市政问题，大概可划分为两个分野，一是市政府或市自治团体组织的问题，一是市任务或各项市政设施的问题”，即市政制度建设与市政实务推进。但事实上，市政制度是研究关注的重点，市政实务的受重视程度有限。

当时学者对“市政问题”的认识也清晰地反映出这一倾向：“市政问题中最主要的问题就是城市与中央政府的关系，城市政府的组织。”在城市与中央政府的关系方面，市政被寄予了理顺中央和地方关系、完善政治体制的厚望，但有学者指出，民国时期的“市政”与“国政”实际上呈

札记

现出复杂的纠缠关系。而在城市政府组织形式方面，市政研究主要集中在对欧美主要市政体制的介绍和梳理。可以说，20 世纪初的市政研究的制度偏好，既是探讨城市在国家制度体系中的定位和功能，也是探索城市内部运行和管理的机制设计。

## 二、计划经济时期：政府主导下的市政理论的变动及调整

中华人民共和国成立初期，在长期计划经济背景下，城市建设主要由工业化带动，我国的市政发展呈现出明显的政府主导的特征。工业化建设采取"重点建设、稳步前进"的方针，首先是对拥有重要工程的新兴工业城市集中力量进行建设，其次是在已有工业基础的城市中进行改建和扩建。

## 三、改革开放后：市政理论的丰富

在改革开放后城市快速的发展之中，城市管理的理论具有明显的新公共管理色彩。市场化改革转变了对公共服务供给的传统认识，强调"集体物品并不必然地要求政府供给"，鼓励私人部门参与公共物品的生产和提供，建立公私部门的伙伴关系，特别是进入 21 世纪后，随着政策放开，鼓励社会资金和外国资本介入公共设施建设，在市政公用行业实施特许经营，推进教育、医疗、养老等领域的市场化改革，对城市生活产生深远影响。

在治理理论下，我国市政管理在主体关系上强调厘清多元治理主体的权责关系和职能边界。一是政企关系逐步完善，严格规范政府和社会资本合作(PPP 等)模式的时间运作，引导市场主体参与市政管理；二是培育和壮大社会力量参与治理，扶持社会组织的孵化，积极为社会组织赋权，鼓励社区居民参与基层自治；同时改革政府机构和职能，通过"放管服"改革和政府机构改革，优化政府内部的权责培植，防止政府"越位""缺位"给城市发展带来限制。此外，一些新的工作机制构建也有效支撑治理思想在市政管理中的落地，城市内部完善公众参与的制度渠道逐渐增多，政务服务信息化的建设便捷了市民的办事流程；各地通过建立"吹哨—报到"制度构建了社区问题化解的协同操作平台和部门之间的合作机制。

札记

## 四、发展新时期：精准治理与市政理论的继续发展更新

党的十九大指出我国社会的主要矛盾是人民日益增长的美好生活需要和不平衡不充分的发展之间的矛盾。人们对城市繁荣和生活品质的需求日益提升，也愈发强调了实现精准和精细的城市治理，人民对美好生活的需要也体现于市民在城市中对城市空间体验的"获得感"。

这一时期城市繁荣的治理也被赋予了新的内涵，城市繁荣不仅是经济实力增强、居民收入提升、公共服务繁荣等物质层面，同时也意味着居民围绕空间生产和利用而形成的社会关系和行为得到充分支持，增强居民在生活中的融入感。

随着我国经济进入转型升级，城市也处于转型的过程中。

## 案例

### 城市精细化治理：理论与实践

**材料一：**

城市治理是国家治理体系和治理能力现代化的重要内容。习近平总书记强调，一流城市要有一流治理，要注重在科学化、精细化、智能化上下工夫。既要善于运用现代科技手段实现智能化，又要通过绣花般的细心、耐心、巧心提高精细化水平，绣出城市的品质品牌。

城市的核心是人，人民群众对美好生活的向往就是城市治理的方向。高效精准推进城市治理现代化，是落实以人民为中心的价值理念的必然要求。好的城市治理，应一切围绕人的需求，重视人的感受，让人民群众在城市生活得更方便、更舒心、更美好。毋庸讳言，过去传统的城市治理或多或少存在重"GDP型"评价、轻精准高效能治理等现象，由此造成了公共产品部分短缺，资源配置不完全均衡，生态空间环境和历史文化资源承压受损等问题。为此，我们必须直面城市发展实践中存在的问题，重塑人在城市化进程中的主体地位，彰显城市治理的价值关怀和实践创新。

以人民利益为根本。人民对美好生活的向往和共享城市发展成果是城市治理的价值旨归，其前提和基础就是要确保城市居民能

札记

够参与城市规划、改造、生产和治理，实现政府、市场、市民等主体的共建共享。从根本上扭转传统城市化重物轻人、重规模轻质量、重效率轻公平的发展方向，科学协调土地、生态、教育、医疗等资源的合理分配，把实现人民对美好生活的向往落到城市治理实处。

以人民需求为导向。这需要我们聚焦人民需求，树立全周期管理意识，实现利益主体全过程、全方位参与到城市空间实践的规划、生产和分配。通过透明、规范、合法的程序规范城市权力，尊重人民的参与权、知情权，畅通表达渠道。坚持民有所呼，我有所应，切实把群众大大小小的事情办好，不断提高公共服务的水平和质量。

以人民满意为目标。城市治理得好不好，人民群众说了算。应树立城市是生命体、有机体意识，走内涵式、集约型、绿色化的高质量发展路子，使城市发展具有可持续性。保留城市历史文化记忆，延续城市文脉，让人们记得住历史、记得住乡愁。在城市更新中，要保留城市景观的“烟火气”，营造更高品质的生活和发展空间。在城市治理数字化转型中，要积极推动智慧城市、数字城市战略实施和项目落地，注重体制机制创新并完善安全防范相关制度，为城市治理“赋魂”“强基”“健体”，进一步激发城市发展活力。

推进城市治理现代化，需要始终把握这个深层旨归：着眼于增进人民福祉、促进人的全面发展，从制度层面回应市民关切，铺就通往幸福的民生之路，让城市像家一样温暖、贴心、美好。

**材料二：**

为落实习近平总书记在上海发表的“城市管理像绣花一样精细”讲话，上海交通大学中国城市治理研究院与上海市徐汇区合作编写了《像绣花一样精细：城市治理的徐汇实践》。本书重点展现了近年来徐汇区在精细化治理方面的新实践和新探索，主要涵盖城市更新保护、生态环保、服务优化、平安构筑、社区共治、居民自治等内容。

按照上海市委提出的“发挥引领超大城市管理的标杆作用，成为体现上海国际大都市城区管理水平亮丽名片”的城区精细化治理

札记

要求，徐汇区努力探索符合超大城市中心城区特点和规律的社会治理新思路，形成了一系列颇具地方特色的精细化治理实践。

河长制下的中小河道精细化治理、微型消防站助力城市安全、“弄管会”和“路管会”织起社区自治新网络……翻开《像绣花一样精细：城市治理的徐汇实践》，近年来徐汇区精细化治理的实践举措以案例的形式跃然纸上，展现了徐汇区在精细化治理和创新社会治理方面的新道路和新探索，提出了进一步发展和完善大都市地区城市治理的对策和建议。

比如岳阳路的“微更新”。位于徐汇衡复历史文化风貌区南端的岳阳路是近代上海法租界西区内历史最久远的城市道路之一。岳阳路虽不过短短947米，但却有着丰厚的历史和人文底蕴。徐汇区对岳阳路的历史风貌保护展开了系列实践与探索。通过对岳阳路沿街立面建筑和围墙、平面道板铺装、重要空间节点、公共设施等方面的整治及品质提升，以及功能活力的激发，逐步恢复历史风貌，提升景观品质，营造具有历史人文氛围的整体街道环境，打造优雅、温馨、宜人的慢生活街区。同时，徐汇区深度发掘并展示岳阳路的历史文化内涵，通过对三个路口节点(呈现科学人文氛围的肇嘉浜路岳阳路路口，体现文化艺术气息的建国西路至永嘉路分段，呈现街区风貌的普希金广场)以及沿街围墙、建筑立面色彩、广告店招、铺地等版块进行设计提升，减少部分设施对街道风貌的影响，还在管理策略上建立了引导和监管并举的实施策略。

**问题：**

1. 如何理解城市精细化治理的内涵与特征。

2. 结合案例，归纳城市精细化治理的特征如何体现在徐汇区的治理中。

# 第六章　市政体系与市政体制

市政体系和市政体制是城市管理的核心，正是因为各个市政主体形成严密的市政体系，并通过各自分工运行形成高效的市政体制，组成了一地的市政。市政体系是如何构成的？市政的体制又是如何运行的？它又有哪些特点和功能？这是本章学习的基础性内容。

## 第一节　市政体系

### 一、市政体系概述

#### （一）市政体系的含义

所谓市政体系，是指城市中由诸多组织、群体、个体依据一定法律制度组织起来的。担负城市政治与行政功能的有机体。它由以下五个要素构成。

1. 主体

它是指城市有关的组织、群体、个体。在我国市政体系的主体包括：城市的各级政党组织、各级国家权力机关、各级国家行政机关、国家审判机关、国家检察机关，各人民团体以及其他社会团体，基层群众自治组织等；除此之外还有市民。

2. 规范

它是指城市政治组织的行为准则，是维系市政体系自下而上的必不可少的要素。它包括各种成文与不成文、正式与非正式的规范。其中最为重要的是法律规范，它是现代市政职能行为的基本方式。

3. 目标

它是指个体和组织体系想要达到的境地或取得的结果。构成系统的目标各异，但系统本身具有共同的总体目标。市政体系总体目标，就是根据国家发展的要求，集中市民的愿望，通过政策的制定和实施管理，维系城市社会机制正常运转，解决城市面临的社会和经济问题，满足人们不断增长的物质、精神等各方面的需求。

4. 功能

市政体系是为实现其政治与行政功能的动态有机体。市政体系赖以存在的根本原因在于实现其功能。它包括政治功能，即在市民利益表达与聚合、价值选择与分配、市政领导人员的选举、公共政策的抉择、公共权力的监督方面所发挥的作用。它又包括行政功能，即在对城市有关公共事务的管理和控制，以及为此而对城市公共权力机构内部事务的管理等方面所发挥的作用。可见市政体系不单纯由静态的组织、机构、人员堆积而成，而是围绕着为实现其政治、行政管理功能而建立的动态结构。

5. 环境

它是指市政体系活动于其中的各种条件的总和。市政体系自身以外的一切存在形式都是它的环境。其中对市政体系起重要作用的是：国家法律制度、城市政治文化、城市经济、城市社会、自然资源和条件。市政体系与环境之间的物质、信息、能量交流，也就是输入、转换、输出的过程。市政体系的政策及其执行与环境密切相关。

由此可见，市政体系是一个组织结构复杂，规范繁多、层次、功能分明的、多维、动态有机体。

### (二)市政体系的功能

市政体系不同于一个单纯组织或机构，而是由众多组织机构组成的复杂的有机体。因此，其功能可从三个不同的角度予以揭示。

1. 结构功能

它是维持市政体系自身存在和适应环境的功能。为了维持市政体系的存在，首先必须吸收各种新的任职者接替相当的角色。其次，必须形成有利于市政体系维持自身生存的政治文化，并使其社会化。

2. 过程功能

它是市政体系中主客体在一定环境下相互作用而产生输入、转换和输出的功能。包括：利益表达，即个人或组织提出改变某政策或继续某

札记

政策的要求；利益综合，即将利益表达提出的许多要求，综合成为少数几个重大的政策选择方案；政策制定，即城市制定政策的主体；政策实施，即政策执行者推行已经生效的决策。

3. 政策功能

它是市政体系制定的政策在一定社会领域内发挥作用的功能。制定政策是城市政府的职责，政策所要解决的问题也就是城市政府所要解决的问题。因此从此意义上说，政策功能也就是市政职能。

### (三)市政体系的特征

由于城市系统本身的特性，决定了市政体系具有与之紧密相联系的一系列特征。

1. 独立性

市政体系在其形成之初，就具有较强的独立性。如在英国，1215年的大宪章就曾对城市地位作出过明确规定，承认伦敦和其他城市的自由和习惯，并且不得向市民征收额外税金。英国资产阶级革命后的城市自治，主要是通过司法形式表现出来的。各城市一般都有自己的法院，负责处理本城市范围内的法律纠纷；各城市都有程度不同的自治权限；城市内部许多重要行政事务，不是由中央直接处理，而是由城市政府自己处理；各城市自成一个选区，选举自己的代表。19世纪以来，英国的市政体制经历了一系列的改革，总的趋势是独立权限越来越大。1835年，英国议会通过“市团法案”，赋予城市“法人”地位，成立了城市自治的议会机关，承认城市是独立的自治团体。当今世界各主要资本主义国家的城市，几乎都享有独立的“法人”资格，拥有相当大的“自治”权力。

近年来，我国随着经济体制改革，中央政府向城市下放了许多权力，特别是一大批计划单列城市、沿海开放城市，在管理经济和城市建设方面拥有较大的自主权限。城市社区不断地向城市政府输入各种信息、资源、要求，通过转换，输出城市政策。这一动态过程，把城市政府和周围环境紧密联系起来，从而形成一个相对独立的市政体系。

2. 从属性

市政体系纵然权限较大、独立性较强，但毕竟它是整个国家政治体系的一部分，从属于国家政治体系，它不能脱离国家政治体系而独立存在。中央和市的上级机关(或省、州)可以通过立法、行政、财政、司法等各种手段，对其进行控制或给予援助。因此，市政体系不仅同其周围的环境进行物质、能量、信息的交换，还要从国家政治体系里输入指令、要求、财政援助、信息资源，同时也要向国家政治与行政决策中枢，输出政策成果、资金、捐税、各种服务等。

3. 开放性

市政体系是一个开放的系统，不仅表现在与其周围的自然系统、社会系统、经济系统的输入和输出的交流关系，而且表现在与地区、全国乃至全世界发生相互作用的信息、资源等的广泛交流，扩展其吸引力和辐射力。相应地，当任何一个公民或社会组织进入城市辖域时，就可能成为市政体系里的一个角色，比如向城市政府履行纳税义务，接受城市政府的管制或裁决，参加城市的诉讼程序等；同样，亦可向城市政府进行利益表达，甚至可依法结成利益群体，就制定和执行某项政策向城市政府施加一定的影响。

## 二、中国市政体系的构成

### (一)城市政党组织

1. 中国共产党

(1)市级组织机构。

党的市级组织及其机构主要包括：

城市市委。它是中国共产党设在市一级的地方领导机关，由市一级的党的代表大会选举产生。直辖市、省辖市和县级市委员会委员和候补委员，一般分别为 60 人、40 人、30 人左右。在党的代表大会闭会期间，它执行上级党组织的指示和本级党的代表大会的决议，领导本地方的工作，定期向上级党委会报告工作。

市委常委。它包括书记、副书记和市委常务委员，由党的市委全体会议选举产生，并报上级党委批准。直辖市、省辖市和县级市的市委常委成员，一般分别为 9~15 人、7~13 人、7~11 人，书记和副书记分别为 1 人、2~4 人。在市委全体会议闭会期间，它行使市委职权，是主持市委日常工作的领导核心。

市纪委，即党的市纪律检查委员会。它是中国共产党的市级纪律检

札记

查机关，由本市每届党的代表大会选举产生。直辖市、省辖市和县级市的纪委委员，一般分别为20~50人、15~30人、10~15人。其常委成员、书记和副书记，由市纪委全体会议选举，并由市委通过，报上级党委批准。市纪委在市委和上级纪委双重领导下进行工作，其主要任务是维护党章、党纪。协助党委整顿党风。检查党的路线、方针、政策和决议的执行情况；检查和处理党的组织、党员违反党章、党纪和国法的大案、要案，决定和取消对这些案件中的党员处分，受理党员的控告和申诉。

(2)区、街党的组织。

它主要包括区委员会、街道委员会及居委会党支部和区、街辖域内有关的企业单位党组织等。

区党委。在区党代表大会闭会期间，它执行上级党组织的指示和区党代表大会的决议，领导本区党的工作，定期向市委报告工作。

街道党委。它不是一级党的地方组织，而是地域性的党的领导机关。它执行区委的决议指示，对街道各项工作负有全面的领导责任。

居委会党支部。它是城市中党的基层组织，有各种不同的组织形式，其任务各有特色，但所有居委会党支部，都必须履行党章规定的基层组织的八项任务，抓好支部自身建设，发挥先锋模范作用，做好居民思想政治工作，调解居民邻里纠纷，支持居委会做好居民的自我教育、服务和管理，向上级反映居民意见，密切党群关系。

企业事业单位党组织。它包括区属和街道属的企事业单位党支部，以及实行“属地化”领导后新划归区、街道党委领导的省、市属企事业单位的党组织。

2. 各民主党派

我国实行的是共产党领导下的多党合作制，民主党派是参政党。目前，我国共有八个民主党派，分别是中国民主同盟、中国民主建国会、中国民主促进会、中国农工民主党、中国致公党、九三学社、中国国民党革命委员会、台湾民主自治同盟。

各民主党派在城市和市辖区设有党的代表大会和委员会。此外，还在基层设立了党组织、支部委员会和总支部委员会。直辖市、市、市辖区的党代会由同级委员会召集，一般每五年举行一次。

各民主党派的市委员会由市代表大会选举产生，一般由主任委员、副主任委员、常务委员、委员和秘书长组成，任期与同级代表大会相同，并向同级党的代表大会及上级组织负责并报告工作，实行集体领导和个人分工负责相结合的制度。市委员会可根据工作需要，设立必要的工作部门，其负责人选由同级委员会决定。

城市民主党派组织在城市社会性政治生活中具有重要的地位和作用：主要是参政议政，发挥民主监督作用，带动和领导各自代表的一部分市民进行现代化建设，维护国家统一和社会的安定团结。

3. 市人民政治协商会议

城市民主党派通过城市人民政治协商会议实现参政议政。城市人民政治协商会议简称市政协，是城市中最主要的爱国统一战线组织，是中共领导的多党合作和政治协商机构，主要发挥政治协商和民主监督的作用。

市政协与市的国家权力机关和行政机关的关系较为密切。一般来说，国家机关的重大决策作出之前，应向市政协征求意见。市政协委员可列席有关重要会议，与有关机关共同研究讨论城市中的重大问题，并可对有关机关进行监督。

市与市辖区一般设立人民政协市区委员会。政协委员会由中国共产党、各民主党派、无党派人士、人民团体、各少数民族和全市各界的代表以及台湾同胞、港澳同胞、归国侨胞的代表组成。凡赞成政协章程的党派、团体和个人，经人民政协市委员会的邀请参加。市、区的政协委员会每届任期为五年。每届政协委员会的参加单位、委员名额和人选都由上届常务委员会决定。政协市委员会全体会议每年至少举行一次，主要是对城市中的重要事务与重要问题进行讨论研究，并提出批评和建议。

政协市委员会的会务由常务委员会主持。常务委员会由主席、副主席、秘书长和常务委员会组成，候选人由参加政协市委员会的各党派、各人民团体、各民族和各界人士协商，经市委员会全体会议选举产生。政协市委员会主席主持常务委员会的工作，副主席、秘书长协助主席工作。主席、副主席、秘书长组成主席会议，处理常务委员会的日常工作。直辖市的政协委员会设立办公厅，其他工作机构的设置，根据工作需要，由常委会决定；设区的市、不设区的市和市辖区政协委员会工作机构的设置，根据市的实际情况和工作需要，由常委会决定，也可以不设秘书长。

市政协的主要职责和任务是：参与本市的大政方针的讨论和协商；宣传和贯彻执行国家的宪法、法律和各项方针政策；对城市国家机关和

札记

其工作人员的工作提出建议和批评；调整和处理统一战线各方面的关系和市政协内部合作的重要事务；加强同台湾同胞和各界人士的联系，促进祖国统一；开展人民外交活动，增进同各国人民的相互了解和友好往来；组织有关人士进行文史资料的征集、研究和出版工作。

(二)城市国家机关

1. 城市国家权力机关

由于城市行政地位不同，城市行政区划各异，例如有的设区，有的辖县。因此，城市国家权力机关组织体系较为复杂。从纵向而言，有市、区及县人大与其常委会。

(1)市人民代表大会。

①性质与任期。

它是我国城市的国家权力机关，在市的行政辖区内代表人民行使国家权力。市人民代表大会任城市国家政权组织体系中，依照宪法规定是权力最大、地位最高的，也是城市中其他国家机关权力之母。换言之，城市的国家行政机关、司法机关，都由它产生、对它负责、受它监督。市人大代表由区、县人大选举产生，区人大代表、县级市人大代表由选民直接选举产生。每届任期为 5 年。

②职权。

市人大行使职权主要为：决定权、执行权、任免权、监督权和地方立法权。

③常设机关。

市人大常委会是市人大的常设机关，由本级每届市人大第一次会议从代表中选举主任、副主任和委员若干人组成，下设办事机构和若干专门工作委员会。常委会会议由主任召集，每两个月举行一次。直辖市，设区的市由人大常委会正、副主任和秘书长组成主任会议，县级市的人大常委会由正、副主任组成主任会议。主任会议处理常委会的重要日常工作。市人大常委会对本市人大负责并报告工作；每届任期同本市人大每届任期相同，行使职权到下届本市人大选出新的常委会为止。

(2)区人民代表大会。

①性质与任期。

它是设在市辖区的地方国家权力机关，由选民直接选举产生的人大

札记

代表所组成。区人大每年至少举行一次会议，由区人大常委会召集，经1/5代表提议也可临时召集，大会由选举产生的主席团主持，决议以全体代表过半数通过。每届任期5年。

②职权。

区人大行使的职权主要有：组织和选举区的人民政府、人民法院、人民检察院；选举产生出席市人大的代表，依照法律规定的权限，通过和发布决议，审查和决定区经济、文化建设和公共事业建设计划，听取和审查本级人大常委会的工作报告，撤销或改变区人大常委会不适当的决定；听取和审查区人民政府不适当的决定和命令等。

③常设机关。

区人大常委会是区人大的常设机关，由本级每届区人大第一次会议从代表中选举主任、副主任和委员若干人组成，一般组成人员为11~19人，最多不超过29人，会议由主任召集，每两个月至少举行一次。

2. 城市行政机关

市人民政府是市人民代表大会的执行机关，是城市的国家行政机关。作为市人民代表大会的执行机关，市人民政府必须执行市人民代表大会及其常委会的决议，对市人大及其常委会负责并报告工作，接受市人大及其常委会的领导和监督。作为城市的国家行政机关，市人民政府是组织和管理本市行政区划内行政事务的机关，它必须执行上级国家行政机关的决议和命令，对上一级国家行政机关负责并报告工作，接受上一级国家行政机关的领导和监督，并服从最高国家行政机关即国务院的统一领导。市人民政府的这种双重性质和地位，既保证了中央和市级行政机关对城市行政事务的统一领导，又有利于因地制宜地发挥市人民政府的积极性和主动性。市政府行政机关，就纵向而言，有市人民政府、区人民政府及其派出机关街道办事处。

(1)性质和组成。

市人民政府是市人大的执行机关，是设在城市的地方国家行政机关。它由市人大产生，向市人大和上级国家行政机关负责并报告工作，人大闭会期间向市人大常委会负责并报告工作。市人民政府由市长、副市长、秘书长(或办公室主任)，厅长(局长)、委员会主任等组成。直辖市、设区的市、不设区的市的人民政府每届任期为5年。

札记

(2)职权。

其职权主要有：执行市人大及其常委会的决议，以及国务院、省人民政府的指示、规定和命令；领导所属工作部门和下级人民政府的工作，改变或撤销县、区政府和市政府所属工作部门不适当的决议、指示和命令，讨论制定和组织执行国民经济年度计划和长期规划，决定与生产建设和人民生活有关的重大措施；讨论制定年度财政预算，决定实现预算的重大措施；依照城市建设的总体规划，研究确定和组织实施城市建设的重大工程项目，决定加强城市管理的重大措施；讨论研究区划变动，县级单位建设，市政府各部门副科级以上和区、县政府局(科)级干部的任免，以及政府工作人员的奖惩；讨论研究发展科学、文化、卫生体育事业中的重大措施；依照国家法律规定，讨论研究维护社会秩序；保护国家财产、保障公民权利、保护少数民族权利方面的重大事项，管理本市范围内的外事工作，确定涉外的重大活动；办理国务院、上级人民政府和本级人大常委会交办的其他事项。

(3)机构设置。

市人民政府的工作部门按照管理领域与性质的不同可以分为以下五类：

①城市综合管理机构。指在承担城市社会公共事务中，负责统筹规划、综合协调、统管全局的部门。相对全国而言，它们属国家行政系统中的“中观”管理部门，相对全市而言它们属“宏观”管理部门。主要有：市政府办公厅(室)、市计委、市经委(或市计经委、市计划与经济局)、市经贸委(局)、市财政(局)等部门。

②城市专业经济管理机构。指承担行业或者部门经济管理的部门。这是市政府机构中比重最大，也是政府机构改革的重点部门。主要有：市机电委(局)、市交通局、市建委、外经贸委(局)、市农委(或市农业局、农牧局)等部门。

③城市监督服务机构。指承担对政纪、经济、技术等方面监督并提供信息等多方面服务的部门，它们是社会主义市场经济发展过程中需要强化的部门。主要有：市监察局、市审计局、市工商行政管理局、市统计局、市技术监督局以及市物价管理、商检等部门。这类机构的特点是：依法进行监督并在监督活动中提供服务，寓服务于监督；多实行双重领导(行政上由市政府领导，业务由上一级部门领导或指导)。

④城市内务司法机构。指承担维持城市社会治安和秩序，保障人民生命财产安全和市民合法权益的机构。主要有：市公安局、市国家安全局，市司法局等。这类机构的特点是：强制性和执法性，多属双重领导。

⑤城市社会事务管理机构。指承担社会公共事务管理和服务的部门。主要有：市教委、市民政局、市卫生局、市计划生育委员会、市体育局、市文化局、市宗教事务局(或民族与宗教事务局)等部门。这类机构的特点是：为城市物质文明与精神文明建设提供人才素质保证。

3. 市人民法院

市人民法院是市的审判机关，代表国家行使审判权。所谓审判权，是指依法审理和判决刑事案件、民事案件、经济案件、行政案件等。市人民法院从属于市人民代表大会及其常务委员会，由市人民代表大会及其常务委员会产生，受市人民代表大会及其常务委员会监督，对市人民代表大会及其常务委员会负责。市人民法院接受上级人民法院的审判监督，上级人民法院可以通过受理上诉、抗诉、申诉等渠道监督市人民法院的审判活动，对于市人民法院已经产生法律效力的错误判决和裁定进行提审或指令市人民法院再审，纠正错误判决和裁定。

市人民法院的基本任务是：审判刑事案件、民事案件、经济案件和行政案件，并且通过审判活动，惩办一切犯罪分子，解决民事纠纷，促进城市行政机关依法行使职权，以保卫人民民主专政制度，维护社会主义法制和社会秩序，保护社会主义全民所有的财产和劳动群众集体所有的财产，保护公民私人所有的合法财产，保护公民的人身权利、民主权利和其他权利，保障城市的社会主义现代化建设和改革开放事业的顺利进行。市人民法院要通过其全部活动，教育本市公民忠于社会主义祖国，自觉地遵守宪法和法律。

市中级人民法院审理的案件为：法律规定的由它管辖的第一审案件；基层人民法院移送审判的第一审案件；对基层人民法院判决和裁定的上诉案件和抗诉案件；人民检察院按照审判监督程序提出的抗诉案件。市基层人民法院审判一般刑事和民事的第一审案件；处理不需要开庭审判的民事纠纷和轻微刑事案件；指导人民调解委员会的工作等。

市人民法院根据城市的行政地位设置。直辖市设市高级人民法院、中级人民法院、基层人民法院，设区的市设中级人民法院、基层人民法

札记

院，不设区的市和市辖区设基层人民法院。市各级人民法院由院长、副院长、庭长、副庭长和审判员组成，并由上述人员组成审判委员会。审判委员会实行民主集中制，其任务是总结审判经验，讨论重大的或者疑难的案件和其他有关审判工作的问题。市各级人民法院分别设立刑事审判庭、民事审判庭、经济审判庭、行政审判庭、执行庭和其他审判庭等，配备助理审判员、书记员、执行员、法医、法警等。

直辖市高级人民法院院长，设区的市、不设区的市和市辖区的人民法院院长由本级人大选举产生和罢免，副院长、审判委员会委员、庭长、副庭长、审判员由本院院长提请本级人大常委会任免。直辖市中级人民法院院长由直辖市人民代表大会常务委员会根据主任会议的提名决定任免，副院长、审判委员会委员、庭长、副庭长和审判员由直辖市高级人民法院院长提请直辖市人民代表大会常务委员会任免。市各级人民法院的助理审判员由本院院长任免。市各级人民法院院长的任期与本级人民代表大会每届任期相同。

4. 市人民检察院

市人民检察院是市的国家法律监督机关，代表国家独立行使检察权。所谓检察权，是指依法监督城市国家机关和国家工作人员、企事业单位、人民团体和全体市民遵守宪法和法律的权力，是维护宪法和法律在城市统一、正确实施的一种特殊权力。市人民检察院向市人民代表大会及其常委会负责和报告工作，接受市人大及其常委会的监督。市人民检察院作为一级地方法律监督机关，必须接受上级人民检察院的领导。

市人民检察院根据城市行政地位的不同分别设置。直辖市设市人民检察院、市人民检察分院和市辖区人民检察院；设区的市设市人民检察院和市辖区人民检察院；不设区的市设市人民检察院。市各级人民检察院设检察长1人，副检察长和检察员若干人。检察长统一领导检察院的工作。市各级人民检察院设立检察委员会。检察委员会实行民主集中制，在检察长的主持下，讨论决定重大案件和其他重大问题。如果检察长在重大问题上不同意多数人的决定，可以报请本级人大常委会决定。市各级人民检察院可根据需要分别设立相应的检察处、科和其他业务机构，配备一定数量的助理检察员、书记员和法警等。

直辖市人民检察院检察长和人民检察院分院院长由直辖市人民代表

札记

大会选举和罢免，副检察长、检察委员会委员和检察员由直辖市人民检察院检察长报请直辖市人大常委会任免。直辖市人民检察院检察长的任免，须报最高人民检察院检察长提请全国人民代表大会常务委员会批准。省辖市、市、市辖区人民检察院检察长由本级人民代表大会选举和罢免，副检察长、检察委员会委员和检察员由省辖市、市、市辖区人民检察院检察长提请本级人民代表大会常务委员会任免。省辖市、市、市辖区人民检察院检察长的任免，须报上一级人民检察院检察长提请该级人民代表大会常务委员会批准。助理检察员、书记员由市各级人民检察院检察长任免。市各级人民检察院检察长的任期，与本级人民代表每届任期相同。直辖市人民代表大会常务委员会根据本级人民检察院检察长的建议，可以撤换下级人民检察院检察长、副检察长和检察委员会委员。

（三）企业组织

企业行为是建立在对利润的追求上，企业利润的高低与经济发展形势、企业所在行业、以及城镇区位因素等有密切关系，因此企业会随着一定区域企业的平均利润水平而改变其行为。当城镇的供给无法满足企业的需求，供需差异会促使企业通过迁移、投资和改变运输行为等方式减少这种差异。这种行为会直接影响企业对材料、人口、资金、技术、信息等的需求，进而改变城镇区位发展，居住、生产及商业区位的吸引力，而这种改变又会形成新的区位要素供需差异，再次促发企业行为的改变。如此循环反复，企业行为会形成对城镇发展的影响机制，并且这种相互关系会持续作用。随着中国城镇化的发展和企业数量的不断增加，企业已成为中国城镇化发展的重要主体，在城镇化发展中起到重要作用。

1. 企业投资成为国内投资的重要来源

随着改革开放进程的不断深入和现代企业制度的逐渐推广，企业的自主经营权逐步扩大，企业投资逐渐成为国内投资的重要来源，在推动中国城镇化进程中的作用明显加强。国内外企业通常选择区位条件好、交通、供电、供水等配套设施完善，有一定经济社会发展基础的城镇的开发区、工业区投资建厂，进而带动了资金、生产资料、人口等向城镇聚集，进一步促进了城镇建设和发展，加快了城镇化进程。

札记

2. 为农村劳动力提供和创造了大量的就业机会

中国企业的发展为农村劳动力提供和创造了大量的就业机会。特别是中小企业，提供和创造就业被认为是中小企业最重要的经济作用之一。改革开放以来，中国走过了一条以工业化带动经济增长为主的发展道路，率先发展的东南沿海地区企业迅速增加，对于劳动力的需求促使内地劳动力向沿海地区的大量转移。

对于集聚经济效益的追求使得企业在城镇化进程中发挥了重要作用，企业投资与促进就业直接加快了城镇化的进程，而企业在税收、产业联动等方面也间接促进了城镇化的发展。城镇化是企业发展的一个非常重要的标识，企业在城镇化的建设中发挥的作用越来越大。对于企业而言，将会给社会带来更多的就业机会，因此我国积极采取政策，鼓励创业，通过创业带动就业。我国的城镇化道路是社会发展的必然产物，城镇化建设必须和企业的发展相协调，如果出现不协调就会导致相反的结果。如果企业发展过快，那么企业在发展的过程中就会需要大量的人力，而城镇化道路发展缓慢势必使得劳动力比较紧张，许多的时候，企业不得不选择减缓进一步的发展。只有城镇化建设得到了比较高的发展，社会才会存在更多的劳动力去企业就业，同时企业的进一步发展也使得当地的各项社会配套设施得到有效的建设，这对于形成城镇化具有十分重要的帮助。

### (四)城市社会组织

城市社会组织，是指介于政府和市场之间的第三种有组织的力量，它的组成主体是非政府非营利组织(也称非政府组织)。非政府非营利组织具有民间性、自治性、非营利性和志愿性的特点。在我国的城市管理中，社会组织已越来越显示出其优势和特点，随着城市政府职能的转变，城市社会组织势必会更多地参与城市管理。目前直接参与城市管理的第三部门组织主要有社区组织、各类人民团体以及行业协会等。

1. 社区组织

社区是城市管理的基础单元，是城市管理的起点。目前我国正处于大力发展社区的进程之中，尤其重视社区组织的建设。目前较广泛存在的社区组织主要有两种：一是城市居民委员会，二是业主委员会。

札记

居民委员会是城市居民自我管理、自我教育、自我服务的基层群众性自治组织，简称“居委会”，它产生于20世纪50年代。我国的《城市居民委员会组织法》规定，居委会由该居住地区具有选举权的居民或由每户的代表选举产生，包括主任、副主任和委员共5~9人，每届任期3年。居委会主要负责组织执行居民会议的决定和公约，开展便民利民的社区服务活动，协助有关部门搞好社会治安、计划生育、优抚救济、残疾人保障、教育工作，维护妇女儿童合法权益，并向人民政府及它的派出机关反映居民的意见、建议和要求，等等。

1997年之后，我国住房建设、分配、管理制度改革不断深化，在这种情况下，出现了业主委员会。所谓业主委员会，是指由物业管理区域内业主代表组成，代表业主的利益，向社会各方反映业主意愿和要求，选举并监督物业管理公司管理运作的民间性组织。业主委员会的权力基础是其对物业的所有权，它代表该物业的全体业主，对该物业有关的一切重大事项拥有决定权。根据政策规定：居住小区已交付使用并且入住率在50%以上时，应当在该居住小区开发建设单位、居住小区所在地的区、县房屋土地管理机关指导下建立物业管理委员会（业主委员会）。业主委员会的产生，一般是以业主代表大会的方式选举产生，并定期换届选举，委员可连选连任。

业主委员会代表和维护着房地产产权人、使用人的合法权益。它在相关机构的指导下负责制定业主委员会章程，选择物业管理企业，监督居住小区物业管理工作的实施，对物业管理企业进行检查和监督，协助物业管理企业进行管理工作。可以说，业主委员会是整合广大业主的共同意愿，维护广大业主合法权益的有效组织形式。它的存在有利于明确业主与物业管理公司之间的责、权、利关系；有利于促进形成物业管理市场竞争机制，在物业管理市场中发挥着重大作用。并且，随着国内物业管理法律法规体系的完善，全过程人民民主制度体系的健全，业主委员会的法律地位将会得到更加明确的保障。

2. 城市人民团体

城市人民团体是指以表达和维护一定阶层的群众的具体利益为基础，担负着部分社会管理职能，起着依照各自的切身利益协调社会各部门之间关系的作用，并按照一定章程组织起来的群众性的社会政治团

札记

体，主要包括市工会、市妇联、市共青团、市科协、市侨联、市文联等。这些团体一直在党和政府与城市居民之间起着重要的桥梁纽带作用，有利于党和政府了解各界、各阶层市民的要求，有助于实现不同阶层的城市公民议政、参政，逐步实现城市发展的社会化和民主化。

3. 其他城市人民团体

行业协会是发展最迅速的非政府组织。在政府职能转变的过程中，政府的一部分职能交还市场，一部分职能放给社区组织，一部分职能则转给了社会中介组织。作为社会中介组织的重要组成部分的行业协会，通过协调行业内部行业之间和特定的社会关系或监督协会成员的社会经济活动，以追求整个行业或集团的总体利益。因此，行业协会作为新的历史条件和市场氛围下的新型组织体，在政府与社会主体之间、市场主体相互之间搭起了一道沟通的桥梁，行业协会充当着组织协调的平等中立者角色。

## 三、推动市政体系现代化发展

2013 年 11 月，中共十八届三中全会通过的《中共中央关于全面深化改革若干重大问题的决定》明确，全面深化改革的总目标是完善和发展中国特色社会主义制度，推进国家治理体系和治理能力现代化。首次提出“推进国家治理体系和治理能力现代化”的改革目标；2022 年，党的二十大报告将“基本实现国家治理体系和治理能力现代化”纳入我国 2035 年的国家总体发展目标，并指出未来五年作为全面建设社会主义现代化国家开局起步的关键时期，国家治理体系和治理能力现代化深入推进。市政体系作为国家治理体系在城市领域的体现，实现市政体系发展的现代化，利于城市在新的发展阶段实现高效治理，让城市市民更有获得感、归属感和满足感，进而以城市力量推动国家治理体系现代化的实现。

当前，我国已经构成了包含城市政党组织、立法部门、行政部门、司法部门、社会组织、企业和市民的市政体系，这一市政体系也随着我国的发展长期处于发展变化中。

### （一）提升城市基层党建水平

党的二十大报告指出，坚决维护党中央权威和集中统一领导，把党的领导落实到党和国家事业各领域各方面各环节，使党始终成为风雨来袭时全体人民最可靠的主心骨，确保我国社会主义现代化建设正确方向，确保拥有团结奋斗的强大政治凝聚力、发展自信心。在各个城市中，城市党委在市政体系中具有协调城市各方的领导作用，结合全面加强党的自身建设的要求，继续健全总揽全局、协调各方的党的领导制度体系，完善党中央重大决策部署落实机制，确保全党在政治立场、政治方向、政治原则、政治道路上同党中央保持高度一致，确保党的团结统一。充分发挥城市党委统筹领导和资源整合方面的突出优势，构建上下联动、部门协同、全民共建的工作格局，结合城市发展特征研究更有持续性和可行性的工作方法，合理制定市政发展目标，优化各项工作机制，健全各类制度保障，坚持科学化、系统化、长效化原则，规范城市治理，真正实现集中力量办大事、办好事、办实事，提升党领导下市政体系的现代化。

具体而言，城市党委需要发挥整合资源的强大优势，构建城市内部协同的治理体系。在内部，城市党委需要构建城市党委同同级部门之间团结协作和上下级部门间沟通协调的内部协同体系，还需要构建城市地方党委与群众和社会力量之间的外部协同体系。为此需要进一步转变城市党委工作作风，提升工作方式方法的人性化，强化沟通协调，改善上下级关系，科学调动城市各项资源配置，更注重工作的权责利统一，变党委的治理工作压力为治理动力。

城市党委要建立以城市党委为主体的党委市民联动模式和外部协同治理体系，形成具有强效性和长效性的工作模式，实现党委统筹、部门协同、多元主体、全面共建共享的有机结合。为此，城市党委需要拓展监督和建议渠道，借助各类平台和社会力量对城市管理的成效进行监督，主动通过舆论倒逼自身和基层提升治理能力；要创新政务信息传播渠道，构建常态化的听证、磋商和建议制度，提高施政的透明度和公信力，接受更多的非政府组织、社会组织参与。

城市党委要压实基层党委和政府责任，作为一个城市基层治理的主要领导者，城市党委要主动引导基层党委和政府加强对基层治理的组织领导，完善基层的议事协调机制建设，强化统筹协调，政体谋划城市社区建设、治理和服务。同时加强对基层治理工作成效的评估，充分发挥基层治理“一线指挥部”的作用。

札记

(二)城市政府职能转变

为了实现市政体系的正常运行，城市政府的角色应逐渐从全面控制转向为导向和服务，确保城市公共利益的最大化。在治理的作用下，政府的部分职责如生产职能应逐渐转移给非政府部门，包括企业、社会组织、利益团体等。城市政府需要采取市场化的手段，对城市中不同的公共物品采取不同的处理方式，例如收费物品可以以委托、承包、特许经营等方式交给企业或社会组织进行承担，政府负责对其结果进行验收和监督；对于公共资源和纯公共物品的供给，政府作为提供者必须负责向社会提供一定数量和质量的公共物品。此外，城市政府还需要与企业、社会组织进行合作协商，结成公司合作的伙伴关系，在不同的制度安排中担任不同的角色，采用复合的方式分别扮演安排者、生产者，充分利用社会资源提供城市的公共服务。

此外，城市政府内部也可以采用类似市场化的竞争，进一步考虑城市政府行政的回应性和行政效率。可以通过引入绩效管理、综合质量考评等方式提升政府的效率，进一步引导城市政府做到“有所为有所不为”，使城市行政更具有包容性。

(三)发挥多元主体的参与积极性

市政体系的发展需要充分调动多元主体治理的参与度与积极性，一方面通过城市的政策进行引导，为城市各主体参与市政提供制度保障，另一方面也要通过多种形式的引导提升各个主体的参与能力，充分发挥其在市政体系中的特点。

对于市域范围内的民主党派和群团组织，城市发展需要发挥我国社会主义新型政党制度优势，坚持长期共存、互相监督、肝胆相照、荣辱与共，加强同民主党派和无党派人士的团结合作，支持民主党派加强自身建设、更好履行职能。以铸牢中华民族共同体意识为主线，坚定不移走中国特色解决民族问题的正确道路。

对于企业组织而言，企业需要做到追求利润最大化和承担社会责任的统一。城市党政部门也需要全面构建厘清政商关系，促进非公有制经济健康发展和非公有制经济人士健康成长，应拓展企业参与市政的接合面，进而为企业提供最大限度参与城市治理的动力。一方面可以利用企业的行业优势搭建特定领域的城市大数据平台，全面整合城市治理数据资源，为城市政府在指挥、协同联动层面提供帮助；企业也可以为居民提供便民服务，为市民申办证件、税务注册等政务服务提供便捷；也可以通过智慧化手段将城市物联网与城市治理紧密联系，通过收集城市空气治理、水质治理的数据，为城市环境治理提供依据。

对于社会组织，需要进一步将松散的社会组织按照行业性质对其承担的功能领域进行划分统筹，汇集更多的力量和资源，形成不同领域的协同、沟通和联系；基于特定的评判标准按照社会组织的规模效益比、影响力程度、分担政府职责等指标进行差异化的支持；培育“学习型”的社会组织，以规范化的培训提升社会组织的素质和能力。

城市市民是一个数量庞大的群体，也是城市治理的受益方。对于城市市民，应建立健全公众参与的机制，包括事前的公众参与规范化教育和培训机制，事中的公共决策机制、利益诉求机制、争端解决机制、协调平衡机制，以及监督机制。另外，要完善城市的公众听证及评议制度，在已有政策框架下进一步实现各个环节的细化和规范化。

### （四）完善基层社会自治机制

完善基层社会自治机制，是市民参与城市建设，将市民力量真正融入市政体系中的重要举措，也是解决现实中的矛盾和利益冲突的突破口。党的二十大报告指出，进入新时期我国需要加快推进市域社会治理现代化，提高市域社会治理能力，因此需要转变现有的城市社区自治目标设置，健全扁平化的组织体系；规范社区的协商与监督体系，充分发挥社区居民的主体作用，拓展平等化参与体系；发挥党建引领基层治理的制度优势，提升基层治理效能；加强社区工作制度建设，完善规范化工作制度体系，坚持以制度体系保障和发展全过程人民民主。

在制度保障上，城市应该设立城市社区发展的专门机构和工作组，推行网格立体化、主体多元化、服务社会化的基层社会自制机制。在传统的管理体制下，上级政府往往为了达到绩效指标，将压力和工作量下压给基层，破坏了基层治理的运行逻辑，同时单一目标设置也不利于社区自治机制的良性运行，因此需要在目标设置中引入更多对城市基层社会生活和社区秩序重要的事项。一方面需要形成一个规范的社区居民自治参与，基于社区人口数量、人口年龄结构和就业情况等合理安排社区

札记

自治机制的居民参与，让更有治理意愿、更有治理能力的居民参与社区自治；另一方面，居民对社区工作的考评制度也需要进一步明确，考评主体不应仅包括城市基层政府组织，还应加强社区居民的考评参与，听取居民的建议和诉求。

## 第二节 市政体制

### 一、市政体制概述

市政体制是国家政体在城市的延伸，即城市政权的组织形式，它的本质是处理城市中的统治阶级内部的关系，是规范城市内代议机构、行政机构和司法机构之间、城市的政党组织与国家机构之间以及城市的国家机构上下级之间关系的各种法律、规章和惯例的总称。

市政体制的本质是处理城市中的统治阶级内部的关系。市政体制的形式有多种多样。

### 二、市政体制与其他概念的关系

#### (一)市政体制与市政体系的关系

体系，一般指一定范围内或同类的事物按照一定的秩序和内部连续组合而成的整体，是由不同系统组合而成，指由若干事物或某些意识相互联系的系统而构成的一个有特定功能的有机整体。在市政体系当中，城市党政部门、企业、社会组织是构成市政的不同主体，各个主体也是一个系统，将每一个系统相互联系，组合而成的有机整体便是市政体系。体制指国家机关、企事业单位在机构设置、领导隶属关系和权限划分方面的制度、方法、形式的总称。市政体制一般代表一个城市按照什么样的方式组织起自己的各类机构，形成一个城市的政治、统治形态，强调对组成市政的各个组织之间的关系和组成规则。

相比而言，体系更强调有机整体，在市政中指各个市政主体不是经过简单堆砌，而是有机整合成为一个整体，而体制则是强调体系是有其特定组织形式的，在一定政府强制力和既有制度保证下将各个市政主体形成一个市政体系的制度整合，是一系列定型的规则和制度。一个通俗

札记

的例子，可以将市政体系比作一座房屋，各个主体有着不同职能分工，在这座房子中分别扮演地基、门、窗户、墙壁等不同角色，而体制则是通过固定的规则，将“窗户确定为窗户”“门确定为门”，并将各个组成部分搭建为一个房屋的规则。体系和体制相互依存，如果只有体系，没有体制，那么最终将是一群“门、窗、砖头”等建筑材料堆在地上，无法让各个部件物尽其用，让市政真正运转；如果只有体制，没有体系，那么就相当于我们虽然有盖房子的技术，而缺少了材料，都是不行的。

### （二）市政体制与国家体制的关系

市政体制是国家政体在城市的延伸，因此，国家政体的内容决定着市政体制的内容，市政体制的形式必然与国家政体的形式相统一。这首先是因为国体与城市政权性质的统一性，规定着政体与市政体制的统一性。正像政体与国体相适应，市政体制也与城市政权的性质相适应。

市政体制一方面与国家政体具有统一性，另一方面与国家政体相比较，具有灵活性和多样性。市政体制的基本特征与本国的政体相一致，这是基本的一面；另一方面，市政体制的其他特征往往与本国的政体不一致，这是由于市政体制的内容和形式虽然主要取决于国家政体，但也受制于其他多种因素，诸如生产力水平、自然地理条件、历史传统、民族风俗和文化心理等具体的国情和市情。

## 三、西方国家的市政体制

### （一）西方国家市政体制的特征

西方国家的市政体制和社会主义国家市政体制存在差别化，不仅在于二者的国体不同，还受制于具体国情的差异。在了解西方国家市政体制特点后，我们要以批判审视的态度看待西方国家市政体制中反映资本主义制度的内容，并且结合具体的国情作适当的借鉴，避免简单照搬其中反映城市管理一般规律的具体形式。

1. 议会在市政体制中起重要作用

议会市长制、弱市长制，委员会制尤其如此，即使是在强市长制

札记

下市议会的立法权也能得到保证，市议会的权力只是相对于弱市长制而言较小。另外，美国市政机构的设置、撤销都必须通过议会依法进行。

2. 普遍自治

西方的市政具有自治的传统。多数城市不辖区和县，实行市县分离。之所以不辖区和县，首先是因为多数城市的人口规模不大，在几万至几十万之间，类似于我国的县级市，没有必要设市辖区。其次是因为少数大城市随着人口规模的扩大，市区人口向郊区迁移，大城市的卫星城镇增加，这些卫星城镇的人口达到一定规模以后，就单独设置市或镇，与大城市的行政区域脱离。再次是因为地方自治的传统。从历史的角度看，县先于市而存在，县有传统的地方自治权限。随着城市化的发展，县的辖境内不断有市镇出现，脱离县的管辖，但县仍然主要代表农村居民的利益，它不会同意受市管辖，进一步减少原有的地方自治权限。

市政管理机构由选民选举产生，依法独立自主地行使权限，不受上级政府干预。自治权一般包括：人事权、行政权、财政权、立法权等。

3. 不同层次间无行政隶属关系

市与上一级政府如省、州等属不同层次，但由于实行自治就不存在隶属关系，市与市之间同样无隶属关系。不同层级之间有明确分工，各有其职责范围，不同层级政府在各自职能范围内行使权力，不能干预不属于自己职能范围内的事务，上级对下级只有有限指导和监督权限。

4. 具体形式多样化

西方国家市政体制的具体形式表现多样，各不相同。这是由历史传统、国家结构以及自治程度等多种因素决定的。英国的市议会就是市政府。法国的市长和市政府在办理中央事务方面，不受市议会的监督，作为中央政府的代表，市长反而拥有若干监督市议会的权力。日本的市长和市议会虽然分别由市民选举产生，但市议会却有较大的监督市政府的权力。美国市政体制的形式有市长议会制、市委员会制和市议会经理制等。德国的市政体制除了有美国的部分形式，还有市议会参事会制、市议会监督委员会制等。

札记

5. 建制性质同一

一般来讲，市的建制在西方各国主要是城镇型行政单位，而不像中国兼有地域型行政建制的性质。西方各国的设市模式细分起来有两种形式：一种是统一性模式，即城市的行政区划与城市连续建成区基本一致，或者前者略大于后者，在城市核心区外的部分或者作为郊区农业用地，或者是为城市发展备用。日本和澳大利亚等国家采用这种模式。另一种就是城市的行政区划只包括城市连续建成区，但在同一片连续建成区内由若干相对独立的大小城镇分而治之。美国、加拿大等许多城市均属于这种模式。这两种模式都是实行城乡分治的城镇型政区。

6. 非政府组织和市民的参与方式

非政府组织通过与政府合作，提供专业服务，开展宣传倡导、参与政策咨询等方式，市民通过投票选举参与。

7. 政党通过竞选的方式参与市政体制

西方国家绝大多数的市长和市议员，是某个政党的成员，并且经过竞选任职。但也有少数的市长和市议员，由于一部分选民对政党政治的厌倦，因而是以无党派人士身份参加竞选后任职的。市长和市议员属于某个政党，并代表该政党从政，使他们的言行受到政党的纲领、组织和纪律的约束。表面上看，市长和市议员是否当选，是由选民决定的，实际上，由于竞选资金、媒体的舆论导向和所有制结构等原因，他们的当选主要是由资本及富人决定的。

### (二)西方国家市政体制的形式

西方发达国家的市多是自治性的，在市政体制的设置上不受中央政府的干预，有较大的独立自主权，各市根据自身的特点和需要决定其体制形式。因此，市政体制的形式呈现多样化特征，其中尤以美国的市政体制形式最多样化。在美国，市政府是指根据州政府颁发的特许状而拥有自治权的地方机关，具有法人资格。在多样化的城市管理模式中，有一个共同之处，各市都有一个选举产生的市议会，市政府体制的差别和变化主要表现在行政职务的设立及其与议会的关系上，大体有以下几种权力配置结构。

1. 市长议会制

市长议会制是按绝对的“议行分立”的原则设立的，又被称为市长

札记

市议会制，是西方国家历史最久、实行最普遍的市政府体制。目前美国的城市多采用此制。它是基于分权的原则，设立立法、行政、司法三个机构。在这种体制下，市长是行政首长，议会是市的立法机关，根据宪章行使立法权。市长和市议会分别行使各自法定的权力，市长行使执行权，市议会行使立法权，市司法负责地方性法规的执行和解释。在赋予市长行使职能的具体权限方面，各城市又有区别，因此，市长市议会制又可以分为强市长制、弱市长制和行政长官制。

(1)弱市长制。

弱市长制，又称为议会市长制。市长只是挂名的行政首脑，在市议会和市长的关系上市议会处于强势地位，市长和市政府处于弱势地位。市长通常由市议会从议员中选举产生，而不是由选民直接选举。市长没有行政领导权，他只是议会成员之一，市长作出的一切重大行政决策都必须得到议会的同意。市长的任命权限非常有限，市长只能委派少数不重要的人员，且需征求市议会的同意，市长无法对下属行使处分权。市长的活动更多的是礼仪方面，几乎没有任何其他权力，形同一种荣誉职位。政府各部门的首长，都由市民直接选举和议会推派人员担任，他们不对市长负责。但市议会权力和规模很大：负责立法、预算拨款、任免市的重要行政部门官员、监督一切市政活动、制定预算、决定市政的一切重要问题。市议会多数议员通过的决议，可使市长的否决权无效。市议会下设众多相对于市政府而独立存在和运作的委员会、行政委员会负责监督和控制市的各主要部门的活动，并任命某些重要的行政官员，这进一步削弱了市长对行政各部门的指挥和控制。弱市长制的优势是议会拥有最大限度的权限，能够满足选举需求，有利于对市政管理的监督。弱市长制的缺点在于划分不清，行政不统一，缺乏强有力的行政领导，不利于行政效率的提高和促进专业化行政，市政容易被政治斗争所影响。弱市长制是早期的一种市制形式。并非一种好的市制。尽管如此，在美国等国家仍有少数城市，主要是中小城市有这种城市管理体制。

(2)强市长制。

强市长制，又被称为市长议会制。在实行强市长制的城市，市长是

“行政领导的源泉”。市长和市议会均由选民直接选举产生，市长负责指挥和协调市政活动，拥有几乎全部行政管理权；市议会只是代议机关和立法机关，负责创设法律，监督市政府并使其高速运转。市长有权向议会提出立法建议，并对议会通过的法案行使否决权，在表决赞同与反对票数相等时有决定性的投票权。市长拥有广泛的任免权，可根据宪章规定的程序，无须经过议会同意任免各部门的长官和某些委员会的成员。这些官员除了对各自的工作负责，还要对市长负责，并向其直接汇报工作。在市长议会制下是由市长任命行政领导，市长有权在部门、机构和单位之间重组成员改变其功能；市长有权编制和监督各级行政部门提出的预算，经议会通过后，负责执行预算；市长有权监督市议会所制定的法规的执行，还在本市与其他地方政府、与州和联邦或中央发生关系时代表本市。强市长制被认为是治理大城市的最好形式。市长虽有权否决议会的立法案，但经议会再度以绝大多数通过后，不得再否决。市长对选民负责，市民有权任免市长，不受市议会的制约，市议会只具有行使市政决策及立法监督职能，不干涉市行政事务。强市长制克服了弱市长制职权分散、职责不清的弊端。市长是政治竞选的产物，拥有管理市政的职责和权力，成为强有力的行政领导核心。在实践中市长往往委任政府专职人员管理行政业务，提高了市政计划和服务功能的效率，市议会免除了日常的行政业务，也有利于更多关注市民的主要需求。其缺点在于，政治与行政不能密切配合、相互联系，由于存在着市长和议会之间的制衡，往往造成市议会和市长之间的对立，因而不能充分发挥城市的政治功能。

(3)行政长官制。

行政长官制又称为“首席行政长官强市长制”，是强市长制派生出的一种形式。与强市长制不同之处在于，在市长之下设置了一名专业行政长官，由他专职负责行政事务的管理。行政长官由市长任命，对市长负责，以分担市长的行政工作。在行政长官制下，市长设置的专业行政长官的主要职责是协调各部门的工作、准备预算、安排一般人事、为市长提供专业方面的咨询建议等。实际上行政长官是管理顾问的角色。在这种体制下重大的事情还是由市长负责(见图6-1)。

札记

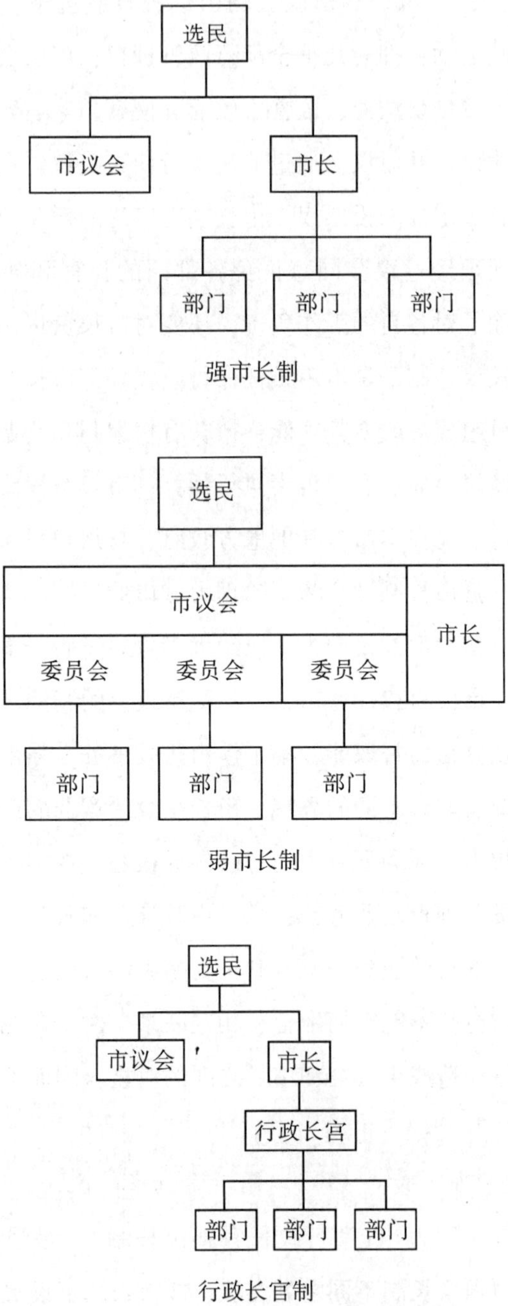


图 6-1 强市长制、弱市长制和行政长官制

2. 市议会制

市议会制的主要特征是市议会兼行政决议权和行政权，市议会就是市政府。英国各城市普遍实行这种市政体制。以英国为例，市议会制的

札记

基本特征如下：

(1)由市民直接选举的市议员组成市议会。市议会行使立法权、议决权、人事任免权、城市预算权以及监督行政权等。由市议员选举少数知名人士为名誉参议员。

(2)由市议员和名誉参议员选举他们中的一位为市议会议长，即市长。市长只有一些礼仪性的职权，而没有领导市政府工作的实权。市长的礼仪性职权包括主持市议会会议、主持城市的重要庆典活动、会见国内外重要宾客、授予荣誉市民称号、担任市议会改选的监选官、兼任城市的治安法官等。市长在市议会表决时一般不投票，但在可否票数相等时，可以投决定性的一票，市长既没有市政府决策的决定权，也没有市政府行政管理的统一指挥权。

(3)市议会的委员会相当于市政府的工作部门。它既行使一般的市议会委员会的职权，如审议议案、调查问题、召开听证会等，又行使市政府工作部门的行政决策权。委员会的类型有：常设委员会，行使传统的职能，如公用事业、环境卫生和教育等；省时委员会，负责临时性事务；法定委员会，依法成立，处理特定事务，如土地委员会等；联合委员会，由两个或两个以上的城市议会为了处理跨地区的共同性事务而设立，如公路委员会等。英国的有关法律规定，某些事项，如果有关的委员会不同意，市议会不得议决，如预算收支事项须经财政委员会同意，产妇和儿童福利事项须经妇女儿童福利委员会同意。

(4)市议会选举任免若干行政长官，聘任一些行政职员。行政长官以及行政职员与委员会对口设置，与委员会一起构成市政府的工作部门，他们行使行政执行权。市议会的委员会主要由市议员组成，他们难以有精力处理城市管理的日常事务；而市政府工作部门的事务须由行政首长统一指挥，因此有必要设置行政长官和行政职员。行政长官对市议会负责，与委员会分工协作，个别市议员无权对行政长官和行政职员发号施令。行政长官有市秘书、司库、教育官、医官、卫生视察、测量员和消防主任等。

市议会制的优点是有利于维护市议会的权威性；有利于市议会对城市管理的监督；有利于减少议决机构与行政机构的矛盾，提高管理效率。它的主要缺点是缺乏一个统一指挥市政府各部门工作的、有实权的市长，而这对于协调各部门的工作，领导执行系统高效率运转，是不

札记

利的。

3. 市委员制

市委员会制于 1901 年兴起于美国的得克萨斯州的加尔维斯顿市，在 20 世纪的市政改革中产生。市委员制是按“议行合一”的原则设立的。由市委员会兼行市政管理的议决权和执行权。

市委员制具有如下特征：第一，由市民或州政府选举产生市委员，组成委员会。在美国，市委员会委员一般为 5 人。委员会集体对选民负责。委员会既制定政策，又执行政策，实行集体领导与分工管理。第二，市长既可以由选民直接选举产生，也可以从委员会中推选产生。市长是委员会主席和市政府代表，主持委员会会议，并在一些重要场合代表市政府。但市长并不比其他委员享有更大的立法和行政权力。有些市委员会制采取轮流主持会议和担任市长。第三，市委员会任免较为重要的行政长官，如市秘书、市司库、市审计、市检察官等，他们对市委员会负责。第四，每个委员分别兼任一个或几个行政部门的首长。对本部门的工作享有独立指挥权，有权任免本部门的行政官员，就本部门的工作对市委员会负责。市委员会制下，人员和机构精简，议决权和行政权统一。优点是高效，有利于人员精简和政府规模缩小。但缺乏统一指挥，往往出现协调困难，缺乏明显的领导核心。

4. 市经理制

市经理制采取“议行合一”的变形方式，市经理制采取公司治理的方式来管理城市。市议会聘任一位市经理，把行政权授予市经理，市经理对城市公共事务进行专业化的管理。市经理制的特征是：第一，由市民选举市议员组成市议会，市议会行使立法权、议决权和对行政部门的监督权。市议会的人很少，一般为 5~12 人。市议会不直接从事行政管理工作。第二，市议会公开招聘专业人士任市经理；市经理对市议会负责，执行市议会通过的地方性法规和决议。市经理拥有领导市政府工作的全权，包括：有权任免只对市经理负责的政府各部门负责人；统一指挥和协调市政府的各部门工作；编制预算草案并负责执行；向议会提交地方性法规和决议案等。第三，市长由议会选举产生或由议长兼任，也可由市民选举产生，市长是荣誉性的职务，没有实际权力，无权干预市经理的工作。市经理制适应了管理科学化专业化的要求，减少了政治对行政的影响，把“掌舵”和“划桨”相对分离，并通过引入市场

札记

竞争机制提高了城市管理的效率和效益。但是，当政治矛盾和城市利益冲突纠缠在一起时，市经理制就难以把握政策方向，难以整合利益（见图 6-2）。

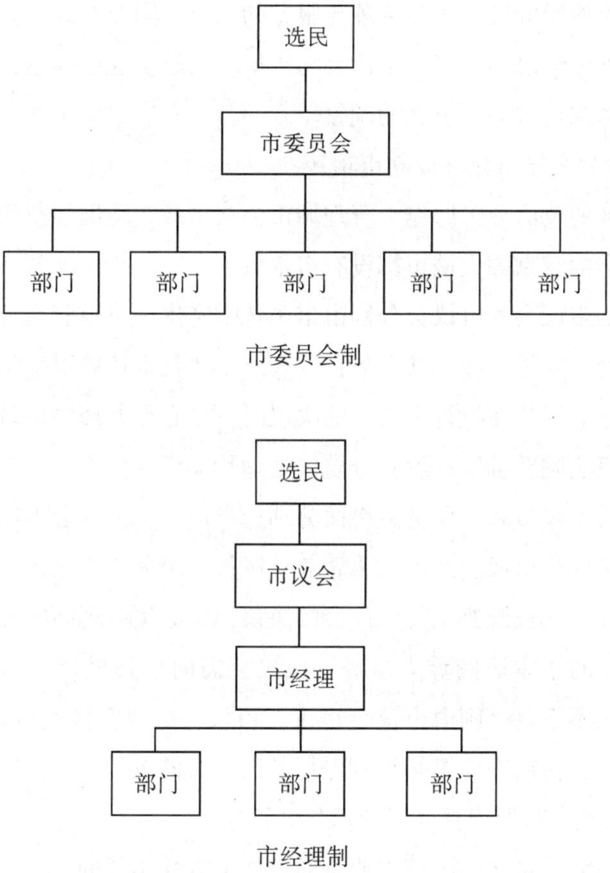


图 6-2　市委员会制和市经理制

5. 大都市区市政体制

大都市与我们平常所说的大城市并非一个概念，大城市是统一的行政区域，而大都市区域则是以大城市为中心，各个大小不一，地理位置临近的多个行政区域的紧密或松散的联合。

西方国家的城市一般不辖区、县，市政府与周围的乡镇政府也没有统属关系。但是，随着城市化的发展，收入增加，交通便利，大批有条件的城市家庭逐渐迁往郊区，而农村地区也逐渐城镇化，大城市与周围的城镇连成一片，形成了所谓的大都市地区。现代城市有日趋小型化的

札记

趋势，但大都市的产生与存在仍有其实在意义。如城市的部分基础设施和公用事业必须形成规模才能有经济效益，地域越大效果越好；某些公共行政事务如社会治安等需要市县乡镇政府合作处理；市县乡镇还面临一些涉及面较宽的问题，如环境保护等，也不是市县乡镇能独立解决的。这种跨地区的统一公共管理与服务的需要，同原有的市县乡镇相互分割的管理体制之间，产生了冲突与矛盾。为解决这些问题，大都市地区在市政体制上进行了重大的调整。

(1)少数大城市允许设立市辖区。

市、区的政府分工协作，管理城市公共事务。美国的纽约、法国的巴黎、日本的东京等大城市都设有市辖区。

纽约的市议会和区议会分别由市民选举产生。市政府主要负责交通管理和社会治安等大型公共事务；区政府主要负责环境卫生和社区管理等具体事务。区长在执行区议会的决议时，也必须办理些市政府交办的事务。市级法院在各区都设立分院，处理相关事务。

巴黎市市议员和区议员由市民分别选举产生，区议会由本区选出的市议员和区议员组成。区议会主席兼任区长，由区议会选举一位本区的市议员担任，区长既要执行区议会的决议，又必须办理国家和市政府交办的事务。对于本区的重大事务，区议会需向市长报请并提出书面意见，如市长不答复，则由市议会审议。市议会的议案涉及区的利益时，如城市规划、占用土地等必须事先征求区议会的意见。

(2)大城市对周边县乡镇的部分性管理。

大城市对县乡镇的统辖主要是通过如下方式实现的：

地区兼并。这种兼并多发生在新开发地区，通过兼并不仅壮大了城市实力与规模，也带动了周边地区经济的发展。郊区的乡镇政府仍保留原有的大部分自治权力，仅把更适合规模经营的事务交给大城市。大城市也获得相应的税收和行政权力。

机构合并。县的政府机构可以并入市的政权机构，也可以保留部分职能和人员。原来县内的乡镇可以自行决定是否并入市的行政区域。市政府根据提供服务的多少，决定征税的多少。

功能合并。即根据协议，乡镇政府的部分功能并入城市，由大城市政府统一管理，在这些方面，乡镇政府必须接受大城市政府的领导，但在其他方面，仍保留其自治权力。

(3)大城市政府与县乡镇在某些方面开展不同形式的合作。

在西方，多数县乡镇的居民并不愿意所在地区并入大城市，而是支持县乡镇政府与大城市政府在适合统一管理和提供服务的领域内进行合作。县乡镇居民之所以不愿意成为大城市的市民，主要是因为：一方面，大城市的公共支出较高，因而大城市民的税收负相也高于县乡镇居民；并入大城市以后，县乡镇会丧失许多自治权力，不能灵活自主地处理地方事务；政府管理的范围越大，其效率越低，越难以保证服务的质量。另一方面，随着社会的发展，有相当一部分事务县乡镇政府不能很好地处理，因此，有必要与大城市政府开展合作。主要表现为：

职能合作协议。非正式的协议，如在特大火灾时消防部门相互支援。正式的协议是市与县乡镇的政府之间签订的合作合同，如县乡镇购买市政府提供的服务；共同管理边界地区；共同办理某项事务。

职能转移。如上级政府在征求双方意见的基础上，通过立法，把县乡镇的某些职能转移给市，或把市的某种职能转移给县乡镇，双方都有义务为对方提供便利。

政府联合会。其性质是协商和咨询的组织。由市县乡镇的行政首长、议长或其他政府代表组成，就共同面临的问题定期开会讨论，并有常设的规划机构协调日常事务。联合会没有强制权力，只能依靠成员的自觉性。

## 四、中国的市政体制

### (一)中国市政体制的特征

市以城市为依托建制，是设在城市地区的地方建制，因此，中国的市政管理体制应该具有一般市政管理体制的共同特点，与非市政管理形式相区别。但在发展过程中，市政管理体制受到许多因素的影响，形成了许多自身的特点，中国的市政管理体制主要具有以下特点：

1. 中共市委居于领导核心地位

中国特色社会主义最本质的特征、中国特色社会主义制度的最大优势是党的领导，中国共产党领导与中国特色社会主义具有内在统一性。以习近平同志为核心的党中央全面加强和改进党的领导，不断健全和完善党的领导体制机制，形成了一套坚持和完善党的领导的制度规范和工

札记

作机制。随着城镇化进程的加快，城市问题的大量出现，中国共产党的城市管理也进入了一个新的发展时期。为了应对城市管理现代化的课题，中共中央于2013年召开了中央城镇化工作会议，特别是在2015年11—12月连续召开中央全面深化改革领导小组第十八次会议、中央财经领导小组第十一次会议、中央政治局会议，讨论与城市工作相关的议题，并时隔37年再次召开了中央城市工作会议，先后发布了《中共中央、国务院关于深入推进城市执法体制改革、改进城市管理工作的指导意见》、《中共中央、国务院关于进一步加强城市规划建设管理工作的若干意见》以及《国务院关于深入推进新型城镇化建设的若干意见》等重要文件，从规律性、系统性、体系性和组织性四个方面，提出了实现城市管理现代化的具体路径。根据党的十九届四中全会《决定》要求，中共城市市委健全党的全面领导制度，完善领导城市人大、政府、政协、监察机关、审判机关、检察机关、武装力量、人民团体、基层群众自治组织等的工作制度，确保城市党委领导城市各项事业的具体制度，将党的领导贯彻到党和国家所有机构履行职责全过程，推动各方面协调行动。一方面，强调了完善城市管理体制的体系性的重要性。通过确立中央城市管理主管部门、框定城市管理主要职责、理顺城市管理体制的方式，从中央层面入手搭建城市管理顶层设计，改变了城市管理中存在的虚化层面，使城市管理的体系性更加完整。另一方面，强化了城市管理的组织性，进一步突出党在城市管理中的领导地位。因此必须加强和改善党的领导，主要领导亲自抓城市管理工作，建立健全党委统一领导、党政齐抓共管的城市工作格局。中国共产党的领导是人民当家作主，发展全过程人民民主的根本保证。

2. 建制双重性

中国的市既具有一般地域型行政建制的性质，又具有专门市镇型行政建制的性质。一般来说，市是设置在城市地区的专门类型的地方行政建制，不管辖大片的农村地区。由于推行市领导县体制，特别是县改市，使得市的行政区域不仅包括大片的农村地区，而且管辖人口中农业人口所占比例较高，有的甚至高达80%，改变了市是纯粹城市地区的地方行政建制的性质，从而使市兼具一般地域型地方行政建制的性质，即市政府不仅要对辖区内的城市地区实施专门的管理，还要按地域对辖区内事务进行一般管理。

札记

3. 结构同一性

中国宪法、地方组织法和有关的法律对市的政权组织形式作了统一规定，市政权由市人大、市人民政府、市人民法院、市人民检察院组成。中国所有的市的政权组织基本上是按这一模式设置的，且有高度的同一性。此外，市辖区的基层政权也是按这一模式设置的，由区人大、区人民政府、区法院、区检察院组成。

4. 法律地位的非自治性

中国宪法和地方组织法规定，各级人民代表大会是地方国家的权力机关，地方各级人民政府是地方国家权力机关的执行机关，是地方国家行政机关，对本级人民代表大会和上一级国家行政机关负责并报告工作。全国地方各级人民政府都是国务院统一领导下的国家行政机关，都服从国务院。宪法同时还规定，民族自治地方的自治机关，除行使宪法规定的地方国家机关的职权，还依照宪法、民族区域自治法和其他法律规定权限行使自治权。

5. 职能的广泛性

中国市政管理的内容十分广泛复杂，它集工业、商业、农业、财税、金融、卫生、教育、科技文化、体育、环保、城建、民政、司法行政于一体，具有很强的综合性。

6. 内设层级的混合性

中国市的内部层级大多是混合设置的。在设区的市为二级(城、区)和三级(市、郊区和县)混合设置，即为市—区和市—区、县—乡、镇。在不设区的市为一级(城区)和二级(郊区)混合设置，即为市和市—乡、镇。通常市辖区城内城市地区的层次设置少于农村地区。为了管理的需要，市辖区、不设区的市人民政府经上一级人民政府批准，还设立了若干街道办事处，作为派出机关，协助区政府开展工作。

## 五、中国市政体制的转型

随着城市规模的不断扩大，人们的需求越来越多样化，市政所面临的环境也处于不断的变化当中，这对现有的市政管理体制提出了新的挑战。在实现治理体系和治理能力现代化的要求下，市政体制也因时因势升级，以真正让各个市政主体有效协调，提升城市治理效能。当前中国城市化的转型要求实现一种城市经济发展与社会利益兼顾的市政体

札记

制，实现由政府、企业、社会的多元化参与和治理的综合管理模式。基于此，改革市政体制应遵循的基本原则是实现“条”“块”结合、责权利的统一、统一领导与分级负责相衔接、综合管理与专业力量的相互补充。

### （一）信息技术助力体制转型

信息技术在城市管理领域中的不断深入与普及，尤其是电子政务系统和地理信息系统的建立，为市政管理主体多元化奠定了技术基础。在技术的服务下，中国许多城市出现了扁平化的管理和网格化管理等现代理念，推进了精细、敏捷的市政体制创新。信息化在促进城市政府行政的现代化、民主化、公开化、效能化方面起着重要的作用。现代通讯网络技术的发展，对城市政府管理的理念、治理的结构、政府工作程序和流程、城市政策的制定都产生了重大的影响。信息化的发展有效促进了城市政府的应对能力，提升了政府的沟通效率，为高效利用人力资源、节省政府经费开支提供帮助。

另外，信息化的发展也推动了市政体制中市民与城市的互动。城市管理体制创新借助信息技术实现政府层级、职能、部门的智能的贯通。借助现代技术，城市公共组织传统的计划的结构被打破，网格型组织得以建立，城市政府的运作流程和服务职能得以改善，市民与城市之间的隔阂逐步消弭，形成了以公众为导向的城市市政，进一步完善了市政体制。

### （二）对城市空间的扩展

新型的市政管理体制要求延伸城市管理空间的外延，从传统城市管理走向城市区域的治理。当前，城市圈、城市群的出现已经成为世界城市化发展的普遍现象，也是中国城市化的重要特征之一，本书第四章已为我国城市群的产生和发展进行介绍。

在这种城市区域发展的背景下，我国市政体制面临跨地区、跨城乡的城市发展格局。因此市政体制也需要进一步扩展范围，形成更大地域范围的政府、市民、社会组织通过政府、市场或合作的方式共同解决城市区域发展中出现的问题，并联合提供公共物品和相关服务，由单一行政辖区的府际问题向各个成员联合起来的跨域治理的方向发展。

## 案例

札记

### H省民政部门拒绝执行该省强制婚检的条例

H省人大常委会最近修订了该省的《母婴保健条例》，保留了有关强制婚检的内容，从而引起社会各界的争议。有人认为，取消婚检是因噎废食，有人认为，强制性的重提是一种体制的倒退。

6月召开的H省第十届人大常委会第十五次会议对《H省母婴保健条例》进行了修订，保留了原条例中规定的“准备结婚的男女双方应当接受婚前医学检查和婚前健康教育，凭婚前医学检查证明，到婚姻登记机关办理婚姻登记”等内容。

H省卫生厅基层卫生和妇幼处处长姜相春说，此次《H省母婴保健条例》的修订意味着恢复强制性婚检，准备结婚的男女双方今后仍要接受婚前医学检查，除艾滋病、梅毒、淋病、麻风病这四项必须检验，其他各项仍按自愿原则，由新人自己选择。

而早在2003年10月1日，国务院颁布了新的《婚姻登记管理条例》，将强制婚前检查改为自愿婚检。但此后，各地婚检率直线下降，卫生部公布的统计数据显示，2004年我国婚检率不到10%，个别地方已不足1%。B市在实行自愿婚检后，一个区妇幼保健院在短短的5个月接连检出了三个“梅毒胎”。这一状况引起人们对人口质量的担忧。

**群众：强制婚检更像变相谋利**

B市的李盈认为，由于新人的素质参差不齐，尤其是在农村文化知识水平相对较低的群体，很难保证他们能够进行自愿婚检，而强制性婚检就解决了这一问题，有利于下一代儿童的健康成长。

刚刚结婚的B市民迟国则认为，现在都尊重个人隐私，如果采取强制性措施就相当于公权力对私权力的侵犯，这与我们国家强调尊重人权的现实情况相悖。恢复强制性婚检让人感到相关部门更像是在变相谋利，如果婚检变成公益性的、免费的，自愿婚检的人数自然会增加。

**民政部门：我们不执行这个条例**

H省民政厅社会事务处调研员魏广福认为，新修改的《H省母婴保健条例》与《婚姻登记条例》发生了冲突，民政部门目前还要按

札记

《婚姻登记条例》执行，如果强制执行婚检，人家可以告我们行政不作为。

他说，民政部门事先不知道要修订《H 省母婴保健条例》，而且条例里也没有体现民政部门的意见和态度，其可行性值得商榷。

**专家分析：争议在于对法规理解不同**

H 省政府法制办助理巡视员张忠华认为，《母婴保健条例》是以《母婴保健法》所规定的具体内容，与本省具体实际相结合的结果，只是保留了原有的强制婚检内容，无所谓“取消”或“恢复”，之所以出现如今这种争议，是由于各部门从自身角度对法律、法规的理解不同造成的。

黑龙江大学法学院副教授贺轶文认为，宪法具有最高的法律效力，而法律的效力高于行政法规、地方性法规、部门规章，行政法规的效力高于地方性法规、规章。因此，国务院颁布的《婚姻登记条例》的法律效力要高于 H 省人大常委会制定的地方性法规，所以《H 省母婴保健条例》不得违背国务院的行政法规。

但 H 省人大常委会制定的地方性法规是直接援引全国人大常委会通过的《中华人民共和国母婴保健法》作为立法依据的，《母婴保健法》明确规定：准备结婚的男女双方，应当接受婚前医学检查和婚前健康教育，凭婚前医学检查证明，到婚姻登记机关办理结婚登记。因此应该认为作为行政法规的《婚姻登记条例》及民政部的部门规章《婚姻登记工作暂行规范》与《母婴保健法》有不协调的地方。

在实际中，婚姻登记机关完全依据《婚姻登记条例》和《婚姻登记工作暂行规范》，而更具有效力的法律却被束之高阁，法律的一些规定得不到有效落实。

**问题：**

1. 试分析我国市政体制中各种代议机构、行政机构之间的关系。

# 第七章　市政职能、过程与绩效

## 第一节　市政职能

### 一、市政职能概述

市政职能简单来讲就是市政主体承担的职责和功能。如何明确而科学地界定市政主体的职责与功能对于提高城市管理的水平和有效性具有非常重要的意义。特别是我国处于经济社会的转型期，进一步适应和推动我国社会与经济的发展，转变和改善政府职能是一个重大的现实课题。对于一个城市来讲亦是如此。一个城市如何调整管辖事务的范围和手段，在新的经济社会背景下为广大市民提供适宜的生存环境和更好的发展空间，是所有市政主体特别是国家机关必须认真对待的问题。在各种市政主体中，城市政府是城市公共事务的直接管辖主体，因此，这里主要探讨城市政府承担的职责和功能，即狭义的市政职能。

#### （一）市政职能的含义

所谓市政职能，是指狭义上的城市政府即城市中的行政机关在城市管理过程中依法履行的各项职责和功能的总称。

市政职能的主体是城市行政机关。市政的主体是多元的，在市政过程中占有不同的地位和作用，也分别承担着不同的职责和功能。如城市中的执政党承担着政治、思想和组织领导的职能，人民代表大会承担着立法、决定重大事项、人事任免和监督等职能。但就市政职能而言，往往取狭义的解释，即把市政职能的主体界定为城市中的行政机关，这是因为政治结构赋予了城市行政机关直接管理城市公共事务的主体地位，而且行政机关的活动能更直接地表现出广义上政府活动的动向。此外，

札记

从研究上看，也有利于避免市政职能的概念范围过大，无所不包，混淆了和其他研究领域的界限。

市政职能的客体反映了政府活动的实质及行政活动的内容与方向。市政职能的客体是城市公共事务，但公共事务并非一定由城市行政机关完全承担，还会由其他国家机关和非营利组织等公共组织承担一部分公共事务。对于一个城市来讲，市政职能的核心问题就是回答政府“应该做什么”和“不应该做什么”以及“如何去做”的问题。市政职能确定了城市行政机关的活动内容和方向，确定了行政机关与其他公共组织的合理边界，同时反映了城市政府管理的重心所在。

### (二)市政职能的主要特征

与社会关系简单、文化具有同质性、封闭性和一元化特点的乡村相比，城市社会关系复杂，具有异质性、开放性和多元化的特点。而且城市的行政区域较为集中，行政事务繁杂，问题结构复杂。城市的这一系列特点决定了市政职能既不同于一般的政府职能，也不同于政府在管理农村社会事务中承担的职能。此外，和传统的市政职能相比，当代市政职能也出现了许多新的变化。具体而言，现代市政职能主要有以下特征：

1. 从历史变迁来看，市政职能具有动态性和扩张性

随着城市的发展，市政职能也在不断地发展变化，成为一国政府职能演变的缩影。在不同国家和同一国家的不同历史时期，市政职能具有不同的内涵和特征，带有明显的历史烙印，表现出动态性和扩张性。

从西方国家的市政职能变化的情况来看，前工业化阶段，市政职能往往仅限于户籍、治安、消防、道路、路灯、卫生等方面的管理，管理方式和手段也比较单一。到了工业化阶段，由于城市公共事务的增多，市政职能得到扩张，如社会福利、住宅保障、环境治理等都被纳入到城市政府职责范围之内。随着城市的进一步发展，市政职能范围继续扩大，如随着网络技术的出现，城市政府开始把维护城市的信息安全作为市政职能。当然，市政职能的这种扩张产生的弊端已经给城市政府的规模、开支和效率带来了负面影响，国外城市政府开始缩小职能范围，有计划地把市政职能委托给市场或社会，改革职能实现方式。

札记

2. 从职能内容和实现方式来看，市政职能具有广泛性和多样性

与农村社会相比，市政职能具有广泛性的特点。乡村事务简单，城市的公共事务复杂多样，分工细密。本来应由其自主处理的事务不得不由政府统一管理，成为了政府的职能。

从职能的实现方式来看，当代市政职能的实现方式具有多样性特点。我国城市公共事务内容复杂多样，新情况、新问题层出不穷，单一的手段与方式很难解决所有的问题。为适应不断变化的社会问题，政府需采取多种手段，以保证管理的有效进行。当代城市政府除了注重综合运用行政手段、经济手段、法律手段和思想教育手段外，还积极创新管理工具，采用民营化、用者付费、特许经营等市场化工具，把全面质量管理、目标管理、绩效管理等工商管理技术引入到城市管理中来，同时还注意发挥社区治理、志愿者服务、公众参与等社会化手段的作用。

3. 从城市的地位表现来看，市政职能具有双重性和差异性

作为地方政府，城市政府承担的职能具有双重性，即城市政府既有义务执行中央政府和其他上级政府制定的法律、法规、决议和决定，又有权依法自主决定并处理仅仅关系到辖区内居民利益的公共事务。这种双重性要求城市政府必须处理好与上级政府之间的关系，既要维护中央权威，确保宏观调控等政策落实，又要切实促进城市的良性发展。

同时，市政职能存在着差异性。不同国家的城市，同一国家不同地域的城市、不同层级的城市，市政职能都不完全相同。差异产生的原因是多方面的，既有国家结构、政治制度、行政体制等方面的原因，也有经济社会发展的不平衡和自然条件、文化条件存在差异的原因。市政职能的差异性表现在许多方面，包括职能内容、履行职能的机构设置、人员构成和实现职能的方式方法等。如在经济调节职能方面，作为直辖市的市政府和作为县级市的政府显然存在很大差异，一个可以动用许多资源，制定地方规章，自主决策的功能较强，另一个则更多地表现为执行上级政策的功能。

4. 从城市发展的要求来看，市政职能具有规范性和服务性

一方面，行政管理的法制化和科学化已成为基本的要求，依法行政与科学行政已成为现代城市的基本要求与基本特征。因此市政职能必须具备规范性，具有法制化和科学化特点。市政职能的规范性要求将城市政府的职责范围、权责关系、政府职能实现方式、时效性和相关标准等

札记

纳入法制轨道，依法行政，保证城市管理的顺利进行。

另一方面，建立公共服务型政府成为当代政府的职能定位，服务性是政府职能的基本特征。对于城市政府而言，政府职能的公共服务性特点更为突出。这是城市自身特点决定的，城市的物资、人力、信息等资源的高度聚集，要求公共服务的强大支撑，城市政府在提供公共服务方面的规模效益，也有利于提高服务的质量。城市政府能否保障社会稳定有序，能否提供充足的基础设施等公共物品既关系到城市居民切身利益，也影响到整个城市的可持续发展。

### (三)市政职能的主要作用

市政职能是国家职能的具体体现，决定了城市政府行政管理活动的性质、方向和范围，为城市管理的有序进行提供了依据和前提。只有按照市政职能的要求来安排市政系统的运作，才能保证市政运行机制的科学化和程序化。具体而言市政职能具有以下作用：

1. 市政职能是城市行政体制建立和改革的依据

首先，市政职能是行政组织设置的依据。市政职能决定了行政组织的规模、层次和数量。行政组织设置得科学、合理，行政活动才能有效进行并发挥作用。要建立精简、效能、统一的行政机构，就必须依据市政职能来设置。其次，市政职能的变化决定着城市的行政组织机构，也必然随其作出相应的调整。城市行政组织机构出现的臃肿、膨胀、重叠问题，往往是没有依据职能去调整行政机构所致。过去，城市的行政体制改革往往聚焦于城市行政机构的精简上，忽视市政职能的转变对机构改革提出的新要求，陷入精简——膨胀——再精简——再膨胀的恶性循环。当前，许多城市政府吸取教训，把机构改革和市政职能的转变有机地结合起来，取得了良好的效果。

2. 市政职能是确定市政活动方式的依据

市政职能性质的不同决定了城市管理活动的方式存在差异。从城市政府的不同组成部门来看，如公安部门、经济部门、社会保障部门、科研部门等，由于承担的具体职责和功能不同，导致其行政活动的方式也存在较大差异。

3. 市政职能是衡量城市管理效率的标准和依据

城市管理活动的目的在于追求高效率、高效能、高效益。评价一个城市政府的管理绩效的高低，其实质是看它实现市政职能的程度。市政职能作为城市政府整体的职责和功能，既可以分解为政府各部门的职责，同时又是各部门的行政目标，因此，最大限度地实现市政职能的过程也就是最大限度实现行政目标的过程，只有将二者有机地统一起来，城市管理效率的衡量才能拥有客观的标准和依据，才能不至于仅仅关注经济的增长而忽视其他指标，偏离了城市管理的最终目标。

### (四)市政职能的主要内容

市政职能的内容构成有不同的划分标准。根据城市管理涉及的事务的主要内容和特点，可以将市政职能分为一般职能和专业职能。所谓一般职能是市政管理必须涉及的基本职能，如管理职能、经济职能、社会服务职能等；专业职能是政府在一定范围一定时期内所履行的专业性职能，如城市的规划、交通管理、土地管理、基础设施管理等职能。根据市政的运行过程，市政职能又可以分为计划、组织、协调、控制、监督等职能。根据市政职能的具体领域划分，又可以分为政治职能、经济职能、社会职能、文化职能等。这里主要从市政职能作用的范围和领域来谈市政职能的内容构成。

1. 城市政府的宏观职能

随着市场经济的进一步完善，市政职能也在逐渐地转变。从宏观角度讲，政府职能界定为经济调节、市场监管、社会管理和公共服务四个方面。不同层级的城市政府在这四个方面的职能发挥中的地位和作用不同，侧重点也不同，并且和所在地城市公共事务的特点紧密结合。

(1)经济调节职能。

所谓经济调节，就是对社会总需求和总供给进行总量调控，保持经济持续快速协调健康发展。经济调节主要运用经济手段和法律手段，同时通过制定规划和政策、发布信息以及规范市场准入，引导和调控经济运行；而不是靠行政审批管理经济，不是政府直接干预企业生产经营活动，更不是由政府代替企业决策招商引资上项目。

城市的经济调节职能，在以前主要表现为政府对经济的计划式管理，市场的作用微乎其微。政企不分、企业没有自主权，积极性与创造力受到极大的压制，随着改革开放的不断深入和市场经济体制的确立，市场调节变成了经济领域的最主要手段。但这并不意味着政府从此退出

札记

经济领城，政府需要应对经济不稳定、公共物品供给不足、外部性和社会贫富差距等市场失灵问题，利用财政、金融、法律和一定的行政手段，从宏观上对城市经济进行调控，维护经济秩序的良性发展。例如，深圳市政府根据房地产市场的供求关系，适度提取土地自然增值所产生的收入，以调控二、三级市场，并且合理安排城市的投资规模和结构，定期公布产业政策，鼓励房地产的长期投资，适度控制短期投资，维护房地产市场的稳步、正常运行。

(2)市场监管职能。

所谓市场监管，就是依法对市场主体及其行为进行监督和管理，维护公平竞争的市场秩序，形成统一、开放、竞争、有序的现代市场体系。完善行政执法、行业自律、舆论监督、公民参与的市场监管体系，依法打击制假售假、商业欺诈等违法行为。建立健全社会信用体系，实行信用监督和失信惩戒制度。

具体而言，城市的市场监管职能主要集中在界定和保护产权；维护市场秩序，打破地区封锁和各种垄断，保障市场经济的自由竞争；提供弥补市场失灵的规章制度，为市场经济的发展创造良好的制度环境，减少交易成本，打击违法行为，以促进市场经济的健康发展。

(3)社会管理职能。

所谓社会管理，就是政府通过制定专门的、系统的、规范的社会政策和法规，管理和规范社会组织，培育合理的现代社会结构，调整社会利益关系、回应社会诉求、化解社会矛盾，维护社会公正、社会秩序和社会稳定，孕育理性、宽容、和谐、文明的社会氛围，创造经济、社会和自然协调发展的社会环境。

具体而言，社会管理职能主要包括以下几个方面：规范社会组织或团体，培育社会治理的多元主体；创设完整的社会规制体系，推行社会安全系统工程；实施配套的社会政策，维护社会公正，树立科学的发展观，培育健康的公民社会；调整社会管理执行机构，健全政府社会管理体制。

(4)公共服务职能。

所谓公共服务，就是提供公共产品和服务，包括加强城乡公共设施建设，发展社会就业、社会保障服务、教育、科技、文化、卫生体育等公共事业，发布公共信息等，为社会公众参与社会经济、政治、文化活动提供保障和创造条件，努力建设服务型政府。

根据内容和形式的不同城市公共服务可分为四类。第一类是基础性公共服务，它是指为城市公民及其组织从事经济、社会等活动所提供的基础性服务，如供水、供电、供气，公共交通与通信基础设施等。第二类是经济性公共服务，它是指为城市公民及其组织从事经济或生产活动所提供的服务，如科技推广、咨询服务以及政策性信贷等。第三类是社会性公共服务，它是指为公民的生活、发展与娱乐等社会性直接需求提供的服务，如义务教育、公共卫生、社会福利以及环境保护等。第四类是公共安全服务，它是指为公民提供的安全服务，如军队、警察和消防等服务。

近年来，随着服务型政府的提出和建设，公共服务职能日渐成为城市政府的首要职能，建立健全社会福利和社会保障制度，完善城市公共基础设施等已成为城市政府保障民生的关键措施。

2. 城市政府的具体职能

城市政府基本是以在当地形成良好的、安定的社会秩序为基本目标，通过对当地社会提供良好的管理和服务，提供必要的公共基础设施，为当地居民的生活、企业的生产创造一种较好的环境和条件，从而维护和促进地方经济和社会的发展。具体而言，城市政府的职能集中表现在以下几个方面：

(1)城市规划职能。

制定和实施城市规划已经成为城市政府的一项基本职能，具体包括地区综合开发计划的制定，区域建筑物结构、卫生设施、工业、商业网点的管理，交通的规划布局，各种地下管道和网线的铺设和扩展等。传统城市规划的内容包括地方土地的功能分区、对建筑的控制、基础设施的布局等。现代城市规划则从环境、生产和生活的协调发展出发，对城市的经济和社会发展进行宏观调控。

(2)环境保护职能。

随着社会的发展，环境保护也成为一个国家重要的市政职能，在发达国家，主要表现在城市政府执行国家法律和地方性法规的坚定性上，不允许企业以牺牲环境为代价来发展经济；环保被置于各项职能和公共政策的重要地位；城市政府的环保部门在职权、机构设置、人员配备、资金支持和物质装备方面得到充分的保障；选民也把环保方面的绩效作

札记

为衡量城市政府政绩的首要标准。

(3)公用事业服务职能。

城市公用事业服务职能是指与市民生活和生产活动有直接联系的公用事业的服务职能，主要有城市道路、桥梁、河道、防洪设施、排污设施等纯公共物品，还有供水、供电、供气、公共交通、垃圾收集等混合公共物品。这一职能无论在发达国家，还是发展中国家都普遍受到城市政府的高度重视。

(4)公共事业管理职能。

城市政府的公共事业管理职能主要包括教育、科学、文化、卫生四个方面的管理。公共事业管理的好坏，关系到城市全体公众的基本生活质量和水平，所以这一职能必须由城市政府来承担。改革开放以来，特别是市场经济体制建立以后，我国的城市公共事业管理正朝着多元化、社会化、商品化、市场化与法制化的方向前进。

(5)社会福利与保障职能。

社会福利和保障职能是指对生活困难者、老年人、残疾人、精神病患者、孤儿、失业者等市民的援助、保护、救济和福利，以及为这个目的而设置的养老院、托儿所、孤儿院、养护设施等慈善机构设施。有的国家还包括营造住宅、改善低收入者住房条件；组织残疾人企业、建设伤残老病人员社会劳动保险和养老保险；提供免费的法律援助；提供健康的娱乐场所，建造和管理公园游戏场、增加体育娱乐设施等管理职能。

此外，市政职能还体现在其他诸多领域，如城市基础设施管理、城市交通管理、城市公共安全管理、城市公共财政管理、城市土地与房地产管理等。

### (五)市政职能的影响因素

市政职能的影响因素是多元的，表现形式各异，导致市政职能也存在差异性。这些因素既有城市政府在国家中的地位与作用，也有城市内部多元主体之间的互动关系；既有不同经济体制的影响，也有不同地城差别的影响。另外在城市发展的不同历史时期，市政职能有很大的不同。

1. 城市在国家政权中的地位及其行政层次

城市在国家政权中的地位对市政职能的范围和稳定状况影响甚大，

札记

而城市的地位又很大程度上取决于一个国家的类型与特点。

此外，即使在同一个国家由于城市的层次级别不同，市政职能也存在较大的差异。如我国城市按行政级别可分为四类，即县级市、地级市、副省级市、直辖市，其中直辖市属于省级单位，一般是全国性的政治、经济、文化中心，通常以第二、第三产业为主，对周边地区形成较大的辐射作用；副省级市具有省级的经济管理权，其经济与社会发展计划直接纳入全国计划。地级市受省级政府直接管辖，是具有地区性政治、经济，文化中心功能的较大城市。地级市数量众多，是我国城市的主要形式。近年来，县级市的数量增长迅速，其职能与县相似，主要以农业和较小规模的公共服务为主。

2. 宏观经济体制和经济政策

市场经济体制的情况下，城市政府对经济实施调节，对符合法律规范的具体经济活动不加干预，社会在法律规范下具有相对独立的空间，城市政府承担的职能相对有限。

此外，国家对城市实行的政策，特别是经济政策的不同，也导致市政职能的巨大差异。如改革开放初期，我国城市按经济政策的不同可以分为经济特区城市、对外开放城市和一般城市。经济特区城市，如深圳、厦门等实行特殊的经济政策和特殊的管理体制，享有很大的经济自主权。对外开放城市也拥有较大的对外开放方面的管理权限，对前来投资的外商实行经济优惠政策。而其他城市则一般不享有上述特殊的经济政策，这样的城市在我国占大多数。迄今为止，各种特区政府依然享有多种经济政策的优惠，在履行市政职能方面拥有较大的自主性。

3. 市政主体之间的关系及城市政府自身的能力

一般意义上的市政职能是指城市人民政府的职责与功能，但一个城市的管理并非只取决于城市政府，而是该城市党委、立法机关、行政机关、司法机关等市政主体的相互影响和相互作用的结果，所以市政职能必然受市政主体之间关系的影响，现实中影响市政职能的主要有党政关系以及国家机关之间的关系。此外，社会自治能力的强弱也影响市政职能范围的大小。社会自治能力强，城市政府就有可能把自身的职能委托给社会，反之，则需要城市政府承担大部分职能。

城市政府自身的能力也对市政职能有着重要的影响。不同层级的城市政府乃至同一层级的城市政府基于自身的权限和行政能力，所承担的

札记

政府职能并不相同。如地方财力因素，对公共服务供给的范围和水平具有相当大的影响，如果一个城市政府的财政收入及其获得和使用这种收入的能力较强的话，那么它在履行社会保障、公共基础设施供给等职能方面更容易。反之，如果一个城市政府的财力不足，它就很难在需要投入大量财政资金的职能领域有所作为。

除上述因素，城市的地域特色，自然地理、经济地理和人文地理条件，对城市政府职能的制约也有重要的影响。首先，不同的自然、经济、人文地理条件，通过影响不同的生产力水平，制约着地方政府职能的发展程度。其次，自然、经济、人文地理条件直接制约市政职能的具体内容，如在城市的安全功能方面，北方城市政府需要抵御沙尘暴等自然灾害，而南方沿海城市则需要抵御台风侵袭等。不同特色的城市，其政府职能也有不同的侧重点，而政府职能的不同必然导致城市政府在职权划分、机构设置和职能实现方式上的诸多不同。因此，市政职能体系也需要根据地域特色、不同类型城市的特点等具体情况确定。

### （六）市政职能的意义

#### 1. 市政职能体现和实现城市政府的宗旨和目的

城市政府的宗旨是为提高市民的物质文化生活水平提供优质的公共行政和公共服务，它的目的则表现在城市政府为了实现宗旨而在各个方面、各个阶段提出的目标。

#### 2. 市政职能执行着中央政府的法律、法规和决定

公共事务中，只有少数事务属于中央政府专有决定权和执行权，大部分事务属于中央与地方共有权范围。共有权范围中，除了小部分事务由中央政府决策并为主执行，大部分事务由中央政府决定，而由地方包括城市的政府执行。没有地方包括城市的政府行使职能来执行中央政府的法律、法规和决定，就不可能实现中央政府对全国各地的领导。

#### 3. 市政职能决定着城市政府的机构设置和人员编制

在生产力的发达阶段，即后工业社会乃至信息社会阶段，市政职能中公共行政部分，即国家机构及其编制宜保持精简、稳定的规模，而其中的公共服务部分，即公共事业单位的机构及其编制，会呈现适度扩大的趋势。

4. 市政职能决定着城市财政收支占城市国内生产总值的比重

财政收支占国内生产总值的适度比重，取决于生产力不同阶段政府为企业生产创造必要的外部条件(它表现为财政支出)与向个人和企业征税(它表现为财政收入)之间的平衡点。在生产力不发达阶段，政府财政相对的低收入和低支出，有利于企业有更多的资金用于扩大再生产；而在生产力的发达阶段，主要是由于企业生产对政府负责提供的、必要的外部条件的依赖程度加深，如对基础设施、社会保障、提高劳动力素质的教文卫体的依赖，使财政支出增加，从而带动财政收入占国内生产总值的比重呈现适度增长的趋势。

## 二、西方国家的市政职能的范围及实现方式

### (一)西方国家市政职能的范围

从范围上看，西方发达国家的市政职能主要包括：

1. 规划职能

以土地规划和区域综合开发计划为主。英国的城市规划分为制定和执行两个阶段，其制定阶段又分为两部分：一是结构规划，即战略性的长期发展规划。二是地方规划，即在结构规划范围内由各小区域规定的详细发展规划。

美国的城市规划机构主要有三种类型：作为独立活动的自治或半自治的计划委员会；作为行政首脑之下的参谋部门，直接对行政首脑负责；作为市议会的决策职能机构，其成员从属于议会。美国城市规划分总体规划和具体规划两个阶段。总体规划一般包括：导言、城市及其历史；开发和战略；人口和经济；娱乐及公共设施，住房规划；交通规划。具体规划一般包括：人口规划、经济规划、土地使用规划、道路规划、公共设施规划等。

2. 公共服务职能

作为西方发达国家市政职能的主要内容，包括文化教育、交通运输、产业振兴、人力资源、福利保障、环境卫生、治安消防到市民生活，涉及市政管理的方方面面。

教育服务主要是指对中学、小学、幼儿园、市立高等学校等进行有效的政策指导，强化各种业余性、回归性的社会教育，特别是对青少年

札记

的教育，防止不良化，提高市民素质。这是各国市政府较为普遍的一项传统职能。

文化服务主要是指为提高市民的整体素质，丰富市民生活，对图书馆、博物馆、科学馆、文化馆、体育馆、美术馆的修建、维护和管理，以及对建筑物绘画、传统技艺、名胜古迹和历史文物的保护等方面的公共服务。

交通运输服务主要是指道路、桥梁、港湾、机场和停车场等的设置和管理，以及使用这些设施的权利的相关规定，轨道事业、汽车运输事业、船舶及其他运输事业的经营，通勤对策等方面的公共服务。

产业振兴方面的公共服务主要是为振兴工商业和农业等产业，所进行的技术援助和产品奖励，以及为此而建置完备的设施，促进农地开发事业以及旅游开发事业等方面的公共服务。

人力资源服务主要包括劳动技能培训与教育、雇佣的促进、失业对策与生活保障等。此外还有公用事业服务、公共住宅服务、社会福利保障、环境卫生服务、治安和消防服务，等等。

### (二)西方国家市政职能的实现方式

多数西方国家市政职能的实现方式主要采用间接管理为主，直接管理为辅；宏观调控为主，微观监控为辅；法制手段为主，经济和行政手段为辅；公共服务为主，公共管理为辅的模式。

1. 制定法规、政策和指导性社会经济发展计划

城市政府有相对独立的自治权，制定市政管理的法规、政策和某些指导性计划，为企业法人、社团法人、特殊法人和市民提供一个行为规范和努力目标。

2. 直接经营和控制某些公益事业

西方国家的城市政府对煤气、供水、电力等与市民生活紧密相关的公益事业，通常由城市政府进行垄断经营，允许私人经营公益事业，但对其价格、服务时间、服务质量实行严格的管制。

3. 依法规定各种审批、许可程序，对和市民息息相关的事务进行巡视检查和实时监督

法律明确规定了各种公民或法人进行各种合法行为时，都要履行申报、登记、审批、公证、验证等手续，以便及时发现问题、及时加

札记

以纠正。此外，市府行政部门还进行一些巡视、检查、监督等公共服务。

4. 通过政府投资和支持开发新技术，引导、刺激经济发展

西方国家城市政府主要通过投资建设良好的城市基础设施、花钱做广告等吸引外地企业到本市投资、从事工商活动。此外它还直接扶持中小企业，给予财政援助；有些城市还拨款支持新技术的开发和引进，以支持新的小批量生产的工厂和企业的发展。

5. 委托私人企业从事公益事业，提供公共服务

由于公有企业经营成本较高、效率较低，英、美、日等国家的一些城市，放弃了对一些公益事业的直接经营，以签订合同方式委托信誉较好的私营企业经营公益事业，私营企业必须严格按照合同规定，提供公共服务，接受政府的检查和监督。

## 三、我国市政职能的变迁与发展

### (一)我国市政职能的变迁

我国市政职能的变迁受到多重因素的影响，主要是伴随我国市场经济体制的建立和发展、伴随国家宏观政策的调整以及价值取向的改变、伴随国家法治建设的逐步推进、伴随国家机构改革而进行不断调整的。

随着改革开放的启动，于20世纪90年代初确立了社会主义市场经济的经济体制改革目标，并确立了“效率优先，兼顾公平”的价值取向，市政职能也随之调整，开始逐步放松社会和经济规制，按照市场经济的要求逐步调整政企关系、政府与市场的关系。同时，积极进行行政体制变革，推动政府职能的转变。1988年政府机构改革首次明确提出“转变政府职能是机构改革的关键”这一命题，后来的历次机构改革都坚持贯彻这一原则。总体而言，改革开放至20世纪末这一时期，各城市均把强化经济职能、通过体制改革促进城市的经济增长作为其核心职能。

进入21世纪，特别是党的十六大以来，提出科学发展观、构建和谐社会、更加注重社会公平正义等新的发展理念，明确把政府职能界定为四大方面：经济调节、市场监管、社会管理和公共服务。2005年“建

札记

设服务型政府”的理念被国务院政府工作报告采纳，2007 年该理念写入十七大报告。自党的十八大之后，服务型政府建设成为政府部门全面深化改革，提升国家治理体系和治理能力现代化建设的重要组成。党的十九大报告强调“建设人民满意的服务型政府”，十九届四中全会《决定》则指出“深入推进简政放权、放管结合、优化服务，深化行政审批制度改革，改善营商环境，激发各类市场主体活力。”这些都进一步促进了市政职能的转变，各地城市纷纷把职能重心向社会管理和公共服务倾斜，采取了加大民生领域的投入力度、提升城市基础设施的承载能力和公用事业的服务能力、加快教科文卫等公共事业发展、建立健全社会保障体系等多项举措。

回顾市政职能的变迁过程，我国的市政职能已经有了重大转变：政企关系逐步理顺，政府对微观经济的干预大大减少，市场在资源配置上的基础作用日益明显，政府加强了对市场的规范和监管，越来越重视社会管理和公共服务职能。同时政府履行职能的方式不断创新，在依法行政的要求下，政府履行职能的法治化程度提升，政府管理更加公开透明，政府决策更加开放民主；在市场经济体制背景下，开始探索多元化的政府职能实现方式，积极采用市场机制、社会机制，从传统的政府管制向城市经营转变，进而向城市治理迈进，不断创新职能实现方式，优化了政府绩效。

### (二)我国市政职能存在的问题

我国市政职能存在的问题主要有：

城市政府存在重建设，轻管理的倾向，导致市政职能的重心转变没有到位，城市的经济管理职能依然广泛而突出。相反，本应成为城市政府职能重心的社会管理和公共服务职能相对薄弱。如城市的公共安全保障不足，城市政府的危机管理能力欠缺；城市的基础设施和公用事业投资不足，远远不能满足城市化进程的需要。

## 四、我国市政职能的行使：政府职能转变

市政职能的转变是一项宏大而艰巨的系统工程，并非只要进行简单的政府职能调整就能实现。职能转变，不仅涉及技术层面，还涉及制度层面、思想层面和历史层面，其转变不可能一步到位、一蹴而就，历史

札记

的包袱、人为的阻力还有各种各样的潜在障碍都是很难克服的。当然在长期的改革过程中，我们已积累了较为丰富的经验，各种科学的思想也在不断地引入。在今后很长一段时间内，我国的市政职能改革主要需做好以下几方面的工作：

(一)调整市政职能的范围

具体地说，政府应当切实履行好经济调节、市场监管、社会管理和公共服务等各项基本职能，在公共设施和基础设施建设、环境资源保护、发展教育科学文化事业、公共福利和保障、公共安全、法制建设等方面充分发挥作用。政府应当切实担负起维护市场秩序的职能，为企业创造一个统一、公正、自由的市场环境，促进市场经济的发展。同时，政府要有意识地改革社会管理体制，培育社会中介组织，提高社会的组织化程度，扩大社会组织自我管理的能力，为政府职能的转移提供承接载体，以形成政府、市场和社会合作治理的格局。

(二)理顺市政主体之间的关系

理顺各种关系，为市政职能改革创造良好的环境。首先加强发挥党的领导作用，发挥制度优势。其次，调整城市政府与上级政府之间的关系，合理划分各自的事权、财权和用人权，并用法律法规的形式予以保障，以赋予城市政府充分的自主权，充分发挥城市政府因地制宜处理城市公共事务的优势。

(三)转变市政职能的重心

市政职能的重心由经济建设型政府、社会管制型政府向公共服务型政府转变。公共服务型政府是城市政府职能转变的核心目标。公共服务型政府，就是指从公众的需求出发，以服务为核心价值，以提供公共服务为主要功能，以公众满意为最高标准，以对公众负责为最终使命的政府管理模式。与传统的政府管理模式不同，它不再把经济建设当作唯一的目标，而是综合考虑经济效益、社会效益和生态效益。

城市政府在公共服务型政府的理念指导下，不但要实现职能重心的转移，为城市居民平等地提供普遍的城市基础设施、教科文卫、公共安全等公共服务，还要强调公民导向、绩效导向。增加城市居民在公共服

札记

务方面的选择权，保障公众在公共服务中的参与权，以公众的满意为目标，不断提升公共服务水平。

(四)创新市政职能的实现方式

城市政府的核心职能是公共服务，但公共服务不一定采取由政府直接供给的方式。公共服务的垄断性直接生产带来高成本、低效率、质量较差和回应性的缺乏等问题，不仅损害了公众对政府的信任，而且耗费大量公共资源。在新的公共服务供给模式中，政府角色定位的核心是“安排者”和“生产者”之间的区分和理性选择，政府作为“安排者”决定哪些公共服务应该由政府来做，做到什么程度或水平，怎样付费等问题。至于多数公共服务的生产和提供，完全可以通过合同外包、政府补助、凭单、特许经营等形式由私营部门或社会机构来完成，如城市垃圾的清运工作和供水、供热、供气等公用事业，再如小区治理、流动人口的管理、社会治安等可以和社区自治组织协作进行。

## 第二节 市政过程

### 一、市政过程概述

(一)市政过程的含义

它是指城市权力政治体系与环境相互作用、相互影响以及城市权力政治体系自身的生存、维持、演化等一切过程的总称。它包括两方面的内容。

(1)市政管理过程。指城市权力政治系统输入各界、各阶层市民利益要求和上级指令，经过系统内部的论证，转换成为城市公共政策，并贯彻到城市生活中去的一切过程，包括决策、咨询、信息、执行、监督等环节，实质上是城市政府对社会公共事务进行管理的过程。

(2)市政发展过程。指城市权力体系内部运行规则的建立与调整、改革与完善，城市政府机构的设置、撤销、合并，市政人员的更新和城市政治文化的进步等，实质上是为市政管理过程提供组织准备、制度准备和思想意识准备。既为市政管理服务，又受市政发展自身的制约。

札记

### (二)市政过程的影响因素

它是城市权力政治系统与外在环境的相互影响、相互作用的动态过程。其内容包括与多种外在环境的相互关系。从系统论和生态学的角度看，市政权力系统所遇到的最直接、影响价用最大的环境通常有：

(1)政治环境。市政权力系统首先是城市政治系统的一个组成部分。城市政治系统内部，除了市政权力系统，还有城市非权力系统。市政权力系统与政治环境的关系，首要的也是最直接的是与城市非权力政治系统的关系，它们之间的相互影响和作用，是市政过程内在的重要内容。其次，城市权力系统又是整个国家政治权力系统的组成部分，它们之间存在着直接的从属关系。它们之间的相互作用构成市政过程第一位的重要内容。

(2)社会环境。城市权力政治系统又是整个城市这一大系统的子系统。因此，整个城市的经济、文化和自然状况等，都是城市权力政治系统的外部环境。城市的经济、文化、自然环境的变化和信息的输入，必然会对城市权力系统的决策和执行活动产生巨大的影响力。反之，城市权力政治系统的决策和执行活动，又会对整个城市的经济、文化、自然和人工环境产生大的反作用。

### (三)市政过程的阶段

按照过程发生的先后顺序，市政过程包含两个阶段。

1. 外部环境对城市权力政治系统的影响作用阶段

表现为外部环境的信息、资源、资金，尤其是市民的利益表达和上级机关的法律、行政法规、行政规章、决议、命令等，对城市权力政治系统输入的过程。环境的变化和需求影响城市权力政治系统的决策和执行。

2. 城市行政力系统对各类环境的影响作用阶段

表现为城市权力政治系统的信息收集与调查研究、决策与执行、咨询监督与信息反馈等过程，尤其是城市国家行政系统的决策、执行等管理活动，必然对各类环境起着巨大的反作用，甚至决定着城市经济、政治、文化和社会生活等各个领域的兴衰。

札记

## 二、市政运行过程

### (一) 市政决策

它是指城市党政机关为实现其职责，对城市各项建设和管理问题进行抉择的过程。

1. 市政决策的特征

市政决策与中央决策及其基层决策相比，主要有四个特征。

(1) 中观性。

既要执行中央及省的决议、决定、决策，又要从本市实际情况出发，独立做出决策。

(2) 综合性。

市政决策的内容包括政治、经济、文化、城建、城管、生活、环境、治安等许多方面。

(3) 针对性。

市政决策都是针对本市实际情况为解决实际问题而作出的，不像中央宏观决策那样具有普遍适用性及原则性。

(4) 导向性。

市政决策从属于宏观决策，对企业基层单位具有直接指导意义。但一般不采取行政命令方式，而是采取指导方向的形式。

2. 市政决策的组成

市政决策，主要由市政治决策、市行政决策和市国家权力机关决策三部分组成，其决策方式也各有特点。

(1) 市政治决策。

市委负责城市的大政方针、重大事项和全局性的综合协调，负责对市人大、市政府、市法院、市检察院等国家政权领导机关组成人员和市工、青、妇等人民团体主要负责人的候选人推荐。市政治决策，通常在市委常委会和市委全体会议上，根据民主集中制的原则作出。市政治决策需要遵循多决原则，采用过半数通过。

(2) 市行政决策。

它是市政府行政机关为实现某一行政目标，针对管理中的某一类或某一主要问题，选择解决办法的过程。其内容涉及工业、农业、建筑、市政、商业、金融、外贸、财政、交通运输、科技、服务等，生产与消费积累、交换和流通等方方面面。市政府行政机关实行首长负责制，其决策由市政府行政首长在集体讨论的基础上，集中多数人意见做出，不需表决通过。其主要形式，有市长办公会议、市政府全体会议、市政府办公室会议、部门性会议、部门专题工作会议、市政府常务会议六种形式。

(3)市国家权力机关决策。

它是确定可否赋予一定决策内容以较高的法律效力的一种决策形式，由市人大及其常委会作出，其职责侧重于制定规范性文件，批准政府的计划、预算和其他重要事项，决定市政府和市法院、市检察院等重要领导人的任免。

3. 市政决策的原则

市政决策不论其主体和内容如何，均须遵循下列五项原则：

(1)科学原则。即要求决策主体作出重大决策时必须经过科学论证，进行周密调查，务使决策具有高质量，杜绝“拍脑袋”决策。

(2)准确原则。要求有准确的数量依据。决策内容一般应包括实施决策所需的人力、物力、财力以及可能带来的经济效益和综合效益指标。

(3)系统原则。由于城市本身是一个有机的复杂的系统，要求决策时，要进行全面的，综合的系统分析，研究各种条件和后果，兼顾经济效益、环境效益、生态效益；既要考虑眼前，又要着眼未来，不可顾此失彼。

(4)时效原则。现代城市的节奏加快，要求城市决策者及时针对问题作出反应，以免贻误时机，同时要求对未来可能出现的问题，采取防患措施，作出超前性决策，坚决避免短期行为。

(5)合法原则。市政决策必须在法定职权范围内作出，不能违反有关法律规定，需要由上级机关审批的，必须报请批准，否则无效。

### (二)市政执行

它是指城市政府以贯彻落实市政决策为核心的职务行为，是市政府和它的工作部门以及工作人员执行市政决策中枢的决策、指令、法律和法规的过程。

1. 市政执行的特征

(1)非直接操作性。市政府行政机关不直接执行市政决策，而是通过命令、指令、地方性规章、奖惩等，促使决策目标的实现。

札记

(2)法律强制性。市政决策不以讨价还价、协商一致为原则，它可根据需要使用行政强制力或借助于司法强制力，动用警察力量，保证决策执行。

(3)种类层次多样性。市政执行的层次和种类主要包括：市政府对市委、市人大和上级党政领导机关决策的执行；市政府各工作部门对市政决策中心指令的执行；市政府各工作部门对市政决策中心指令的执行；市政府各工作部门工作人员按照本部门领导的部署、指示和有关规章制度具体办理各种业务。

2. 市政执行的环节

复杂的市政执行，具有四个相互联系和相互独立的运行环节。

(1)授权。市政决策作出后，要指定执行决策的主体，同时授予执行者必要的权力。市政授权应遵循授权专一、层级直接、界限明确、权能一致、责任保留、行政自主等原则。

(2)计划。市政决策确定后，被授权执行决策的机构(或个人)，为了使决策便于操作实施，要根据决策要求做具体安排和具体步骤设计。计划执行应遵循客观求实简便易行具体量化、周详灵活、统筹兼顾的原则。

(3)用人。市政府行政系统选择、调配、使用合适的人员，调动、激发工作人员的积极性，以推动市政府政策目标和计划的实现。用人应遵循用人不疑、用人之长、不求全责备、适才适用等原则。

(4)操作。参加执行公务的工作人员，按照计划要求、领导分工和指示规章制度去实际完成任务。这是市政执行的最后一个环节。操作应遵循积极主动、勤奋努力、熟练精通、忠实守规等原则。

## 第三节 市政绩效管理

### 一、市政绩效的内涵及特点

#### (一)市政绩效的内涵

“绩效”又称“业绩”，是指管理组织实现各项职能、从事各种管理活动所取得的工作业绩和社会效能。市政绩效就是城市政府实现市政职能、管理城市公共事务所取得的工作业绩和社会效能。

札记

1. 市政绩效是对市政职能实现程度和结果的客观评价

确定市政职能的依据通常来自于市政管理的客观实际，但其具体的决策过程，却饱含着管理者和参与者的主观愿望，体现了他们共同的主观意志。所以，一项市政职能能否顺利地实现、取得预期的效果，则取决于市政职能的实现过程和市政绩效。就是说，市政职能虽有主观因素参与，但衡量市政职能的实现程度和结果则必须是客观的，即通过城市政府的工作实绩和社会效果加以衡量和评价。在我国市政管理过程中，由于长期没有导入绩效管理系统，在衡量和评价市政职能实现程度和结果时，常常受到主观因素的干预，致使虚报工作实绩、夸大社会效果的现象时有发生，极大地影响了市政管理的良性发展。

2. 市政绩效评价的主要内容是城市政府的工作业绩和社会效能

城市政府的工作业绩包括内部业绩、外部业绩和社会效能三个方面：(1)内部业绩主要是指衡量政府工作的内在标准，即行政效率；(2)外部业绩主要是指衡量政府工作的外在标准，即行政效能；(3)社会效能是指市民对政府工作的整体评价。这三个方面综合起来，构成市政绩效评价系统。市政绩效是市政管理的一个重要组成部分，通常也被称之为绩效管理。市政绩效管理是一项复杂的系统工程，涉及市政管理的各个领域和各个环节，包括一系列的绩效管理和绩效评价的方法及技术。

### (二) 市政绩效的特点

城市是一个集约化的社会，相对于乡村社会来说，文化、教育、传播和沟通都比较发达，市民和政府之间，以及一个城市的各级政府之间都有密切的相互作用，从而使市政绩效、绩效评价和绩效管理都更加重要，更具有自身特点。

1. 市政职能的层次性决定了市政绩效的层次性

宏观层次的市政绩效以整个城市政府为关注对象，设计整个市政管理活动的成绩和效果，具体体现为政治的民主与稳定、经济的稳定成长和发展、市民生活水平和生活质量的持续提高、社会公正与平等、城市安全和社会秩序的改善、文化的发展和精神文明程度的提高等方面。显而易见，宏观层次市政绩效的提高有赖于市政府所有部门的共同努力，

札记

取决于市政管理活动的各个主要方面，包括市政职能、市政素质、市政能力、市政决策的质量、市政行为方式等。微观层次的市政绩效以特定的市政机构或部门为关注的对象，体现为这些单位的工作成就或效果，包括经济性、效率性、服务质量、市民满意程度和客观社会效果等。

2. 市政管理的公共性决定了市政绩效管理的公共性

作为一种新的管理实践，绩效管理在西方国家首先是在私营部门形成和发展的，后来逐步扩大并广泛应用到公共部门。由于我国城市事务的民间委托和民营化尚未发展，市政管理在今后很长的时期内依然是以公共管理为主，在市政绩效管理的具体内容选择上，自然要侧重于具有公共部门绩效管理特色的机制和实践，如社会服务承诺制度等，同时对那些公共部门和私营部门均可使用的绩效管理模式和技术，也要结合我国市政管理的实际情况加以借鉴和应用。

3. 市政绩效管理和评价都具有理论实践相结合并且注重操作技术的特点

市政绩效管理和评价必须坚持理论联系实际的原则，在理论和实践的指导下确立绩效管理制度和方法，科学地制定绩效评价的维度、效标和权重系数，建立绩效管理和评价制度以及科学便捷的操作技术和方法，积极推进市政绩效管理和评价的制度化、科学化和现代化。

## 二、市政绩效管理的原则、特征和基市程序

### (一) 市政绩效管理的基本特征

绩效管理脱胎于业绩分等、目标管理、绩效评价等曾经盛行一时而今已“失去信用”的管理技术，被称之为是在这些旧技术废墟中飞出的一只金凤凰。要说明绩效管理为什么比上述传统技术更为有效，这里有必要对上述管理技术的特点和局限性进行简要的介绍和分析。

首先，业绩分等制有三个主要缺陷：(1)工作绩效完全由上司和管理者评价，公务员处于被动的地位，成为管理棋盘上被动的棋子，这不可避免地带来评价的主观性和公务员的不满情绪等问题；(2)绩效的判断标准过分注重规章制度因素，忽视了工作表现和实际效果；(3)由于评价标准的偏颇和评价过程的主观性等问题，业绩分等难以在行政管理中发挥积极的作用，最后流于一般形式(各种表格在人事部门束之高

札记

阁）而被忽视和遗忘。

其次，目标管理（MBO）方法在企业盛极一时，开始在公共部门得到广泛的应用，我国的许多政府机关也相继推行过目标管理方法，但在国外，这一技术从20世纪70年代末开始逐渐失去信用。其主要原因是目标管理导致繁重的文字工作，管理者常常借以逃避做出命令。在许多目标管理实施计划中，随着目标清单越来越长，文件越来越厚，工作重点变得不明确了，质和量混淆不清，主要精力被用在目标管理本身的运作而不是工作结果上。在实践中，目标管理的局限性主要包括：（1）官僚制方式和集中化特点（目标确定和分解基本上是一个自上而下的过程，管理者和雇员之间的对话和协商不足）；（2）过分注重产出和可量化的目标而忽视质的因素；（3）对近期目标的过度重视导致管理中的短期行为；（4）目标一经设定就难以调整，从而使管理缺乏灵活性；（5）管理中的注意力集中在管理者身上，绩效评价过程中的公务员参与不够；（6）基本上依赖业绩分等的过时的技术等。

最后，业绩评价（Performance Appraisal）的局限性主要表现在：（1）评价依然是一个自上而下的过程；（2）业绩评价由人力资源管理部门确定标准和程序，因而常常被主管视为额外负担，最终导致评价的随意性；（3）业绩评价不是一个持续的管理过程，而是一年一度的任务；（4）评价的结果仅仅被作为奖惩的根据，这在本质上是对“过去”的表现的奖惩，而不是对未来的导向的管理。

市政绩效管理脱胎于业绩分等、目标管理和业绩评价等管理技术，因而，它既承袭了这些传统技术的某些特征和做法，又表现出自己的特色和优势。市政绩效管理与传统技术的相同之处在于：（1）强调确定的目标的重要性；（2）目标确立和分解中运用相似的技术；（3）根据既定目标对绩效进行评价；（4）业绩评价中注重行为因素和实际表现；（5）正式绩效评价中运用相似的技术。

绩效管理与上述传统管理技术的不同之处在于：（1）绩效管理是一个整合过程，强调组织总目标、功能目标、小组目标和个人目标的整合，并把它们与人力资源管理的其他方面有机联系起来；（2）绩效管理是日常管理活动一个的组成部分，而不是其他部门强加给管理者的额外工作或额外负担，部门主管在绩效管理中起主导作用；（3）绩效管理是一种在共识基础上的契约式管理，强调雇员与管理者之间平等对话协商

札记

和相互学习，改变了目标管理自上而下的集权特点；(4)绩效管理强调依靠团队精神提高组织绩效，对小组绩效和个人绩效给予了同等的重视；(5)绩效管理是以发展为导向的管理。

### (二)市政绩效管理的原则

市政绩效管理作为一个有机过程，在具体操作中应该遵循一些基本原则。这些原则同时也体现了市政管理的特殊需要。

1. 市政绩效管理应融入日常的市政管理活动之中

市政绩效管理的基本程序是市政管理活动的一个有机组成部分，不应成为市政部门强加给管理者的额外工作。根据绩效管理的一般要求，市政绩效管理是日常管理过程的一个自然组成部分和核心工作。它强调对绩效的分析、测定和监测，强调通过规则和指导来实现绩效的改进。这说明，市政绩效管理关注的是市政管理活动的优良实践的基本方面，而不是其他机构如人事部门强加的额外工作。把市政绩效管理融入市政管理活动的全过程，首先要求部门主管成为绩效管理的积极倡导者，并在绩效管理过程中起主导作用。由人事部门提出要求而部门主管被动接受的绩效管理是难以取得成效的。其次，把市政绩效管理融入日常管理活动，还意味着市政绩效管理是一个连续不断的监测和改进过程，而不是一年一度的考核、检查和评比。

2. 市政绩效管理的前提是城市发展战略和价值导向的明确化

城市发展战略目标，即市政府所肩负的历史责任或市政管理工作要实现的最高目标，实现这一目标的资源、途径和计划等，构成了城市发展的基本战略。价值导向则是市政府一切市政管理活动所遵循的行为准则，如人才规划、团队精神、管理质量、市民满意、价值标准等。市政战略和价值导向明确化主要包含两层意思：一是市政府各个部门要明确自己的任务、整个城市发展战略和价值导向，对这些要素不明确的单位不可能取得良好的工作绩效；二是市政府各部门应通过有效的沟通，使部门、单位任务及整个城市发展战略和价值导向成为每个公务员的共同信念。

3. 市政绩效管理是以公务员的认同和共识为基础的契约式管理

认同和共识表明市政管理人员要有共同的信念，即以共同的行政文化为背景；契约式管理则强调单位、部门和公务员之间有效的沟通和协商，强调公务员的广泛介入和参与，强调通过授权以调动和发挥公务员的积极性和创造性。契约式管理的原则要体现在市政绩效管理的全过程和各个环节。具体来说，市政战略目标和战略计划的确定需要公务员的广泛介入和参与，这样能在公务员中形成为实现市政管理目标而积极努力的高度热情和责任感；而对于许多市政单位、部门和公务员来说，用沟通和协商而不是简单命令的方法更能激励其热情和责任感。此外，市政战略目标的分解和部门化过程，不是自上而下的命令和强制过程，而是管理部门与公务员平等对话与协商的过程，并在此基础上形成绩效协议或绩效合同，包括职责、任务、岗位目标、绩效评价的具体标准等。契约式管理原则还要求公务员积极参加绩效评价过程，意味着强调公务员对自己的表现和工作绩效进行自我审视和自我评价，改变管理部门作为唯一的绩效评判者的传统做法。同时，契约式管理赋予公务员以评判管理部门和整个市政绩效的权力。

4. 市政绩效管理的目的是促进市政管理的全面、迅速和持续地发展

首先，发展导向的市政绩效管理，强调公务员个人的发展和潜力的发挥，使之能够在市政管理中展现其人生价值。其次，发展导向的市政绩效管理，强调用积极的、正面的方法评价公务员的工作实绩，麦克雷戈把这称之为由"评价"到"分析"的重点转移：下属工作绩效的评价不再单纯依赖上司，不再以发现弱点和不足为目标；相反，下属对自己的工作表现进行自我审视，不仅要发现弱点和不足，而且要发现优势和潜力。从而成为一个积极的行动者，而不是一个消极的"对象"，不再是管理发展棋盘上一颗被动的棋子。再次，发展导向的市政绩效管理强调正确对待公务员在工作中的失误，就是对公务员工作中的失误不采取简单惩罚的办法，而是以建设性的态度提供帮助，从而把失败变成学习的机会。最后，发展导向的市政绩效管理强调公务员的培训和自我发展，即根据绩效评价的结果、政府绩效规划和公务员的实际需要及时为他们提供培训的机会，开发公务员的潜质和潜能，从而为市政绩效的持续提高奠定坚实的人力资源基础。

札记

### (三)市政绩效管理的基本程序

市政绩效管理是由一系列环节组成的有机过程。市政绩效管理不是一个一次性完结的过程，是为了改进和提高市政绩效而进行的持续不断的努力。一个绩效管理周期的终结，标志着下一个绩效管理周期的开始，由此形成了循环往复的市政绩效管理活动。市政绩效管理过程一般包括以下几个基本要素或步骤：(1)明确城市发展战略和绩效计划；(2)制订市政绩效协议和绩效计划；(3)市政绩效的监测、评估和反馈；(4)市政绩效的正式评估与分析；(5)公务员的奖惩、培训和发展。

在市政管理实践中，不同的市政部门和管理组织可能有不同的绩效管理要素和程序，也可以根据本单位或部门的实际情况。对绩效管理的程序和步骤做一些调整，以适应自己的工作性质和环境特点。

市政绩效管理的第一步是制订市政绩效协议和绩效计划。市政绩效协议实际上是一种绩效台同，它是上级和下级、管理者和公务员之间就职责、任务、目标、工作条件等达成的一致性看法和具有约束性的契约，其主要内容包括以下几个方面：

(1)确立绩效协议的根本规则是谁对什么事情负责；

(2)各种职位上的自由裁量权限有多大；

(3)行政管理工作所要达到的目标是什么；

(4)履行职责和实现目标需要哪些行政资源；

(5)用什么样的控制机制来检验他们是否实现了目标；

(6)具体工作任务、责任、标准以及公务员素质和能力要求。市政绩效计划是缔约双方在实现市政绩效目标的有效措施和行动计划方面达成的共识。在市政管理实践中，可以把绩效计划作为绩效协议的一部分，也可以在绩效协议基础上制订独立的绩效改进计划。市政绩效协议和计划将确定市政管理活动的总方向，并由此成为绩效管理的其他环节如绩效测定、反馈、评估和发展的基础。市政府、部门、单位和公务员个人都要有各自的工作计划、发展计划、绩效改进的行动计划。

市政绩效管理的第二步是监控绩效管理的过程，把绩效协议和绩效计划融入绩效管理过程的每一个环节，并通过连续化的监测、反馈和阶段性评估，对绩效管理过程进行有效的监控，以保证市政绩效的持续性和有效性。

札记

市政绩效管理的第三步是进行市政绩效评价，即在绩效管理周期（一般为一年）结束后对市政绩效状况和绩效改进成就进行总结评估，并在评估的基础上形成新的绩效协议和计划，作为市政绩效管理新周期的起点。

总之，绩效管理是一个过程，其中各个环节相互联系，形成一个有机的链条。

## 案例

### 杭州市创新政府绩效管理

推进政府绩效管理，既是党中央、国务院的战略部署，也是建设创新型、法治型、廉洁型、服务型政府的大势所趋；既是全面深化改革、推进治理体系和治理能力现代化的迫切需要，也是服务经济社会发展大局的内在要求。

杭州是国内最早开展政府绩效评估与管理的城市之一。从1992年至今，杭州的政府绩效管理已经走过了30多个年头。2015年9月，浙江省人大常委会批准《杭州市绩效管理条例》，以立法形式确立这种做法。

**群众点题，部门整改进度及时公示**

考试开始，最让“考生”好奇的便是试卷了。

杭州市采用“3+1”的模式，从社会评价(50分)、目标考核(45分)、领导考评(5分)和创新创优4个维度实施考核。社会评价由社会各界9个层面代表负责，包括随机抽样的1万名市民、企业代表，通过问卷、入户调查等形式对各单位的服务态度和工作效率、工作实效和社会影响等方面进行评价。

停车难怎么办？社会治安怎么提升？……群众当了“考官”，就能将生活中遇到的糟心事直接出成考题。群众通过网络等渠道将问题反馈上来，有关部门根据社会意见作出整改，以回答好群众的“点题”。

点开杭州考评网，社会评价意见重点整改目标、为民办实事项目进度浏览等内容系统而详细，每个单位这一年的绩效考核目标和进度都一目了然。如进入市卫生计生委的页面，各项绩效指标、重

札记

点工作目标、工作进度赫然在列：9家市级公立医院住院患者人均药品费用下降5%；实施急救网络布局调整，新增下沙医院、西溪医院等4个急救点……

**"考官"跟踪监考，创新便民项目可加分**

"考官"这么多，考评制度这么细，"考生"们的工作压力真不小。"之前在医院看病，哪个程序都要排队，特别浪费时间。"市民王婧曾经很是不满，她在年度社会评价中给了卫生部门"差评"。从考评办反馈来的几百条群众意见，让卫生部门的领导坐不住了。他们的主任表示，"从最初全市综合考评排名倒数，到现在排名第二，能够实现'逆袭'，多亏了'评价—整改—反馈'持续改进机制和绩效目标动态跟踪管理制度，考评办的这两项制度给了我们压力，也给了我们动力。"

"向各部门反馈群众意见后，我们会将常规检查与暗访、测评三种方式并用，跟踪了解其整改情况再向公众反馈，由公众对整改情况打分，确保公众诉求有回应。"杭州市考评办的工作人员表示。痛定思痛，市卫生部门对传统的看病流程进行了重构，在市级医院试点推出"智慧医疗"诊间付费服务，患者可以实时付费、不再排队，很快赢得了市民的点赞。目前已有495万参保人员开通市诊间结算功能，时间成本平均降低1小时。

制定城市公共自行车管理服务规范、首创"一岗解两难"模式助老助残……这些年来，杭州各单位共有800多项创新项目通过评估，一系列创新项目不仅在考评时给各部门加分，还产生了显著的社会效益和经济效益，让百姓受惠。

杭州市的政府绩效管理如今已形成一套完整的、实操性强的制度，成了破解民生问题的指挥棒，也成了督促机关转变作风的撒手锏。

**群众满意度保持九成以上，考评实现制度化**

经过20多年的摸索，绩效考评制度已经融入杭州各级政府部门的日常工作中。绩效考核的"威力"十足，各部门不得不重视起来。

"如果连续两年绩效评估结果不合格，我们在这一年或者次年会被取消评优评先资格，我一年内不得升职。"杭州一家单位的负责人表示，若是连续3年以上不合格，责任人就要被调离岗位、降职、免职、解聘或者辞退。

市民作为“考官”给政府部门打分，加强了群众和政府的沟通交流，取得了不错的效果。从2006年以来，社会公众对杭州市政府绩效评价的满意度均保持在90%以上。

目前，绩效考核成为杭州破解庸官懒政问题的重要举措之一，而《杭州市绩效管理条例》以地方立法的形式，使绩效管理制度化。

**制定规划，进一步完善城市绩效管理**

为了推进政府绩效管理，提升政府治理体系和治理能力现代化水平，2017年，市考评办组织编制了《杭州市“十三五”绩效管理总体规划》，这也是国内首部绩效管理规划。

规划在社会评价意见整改中，梳理了城市建设、城市管理、公共服务和民生保障、机关效能建设等方面群众意见数量大、呼声较高、反映较为突出，但多年尚未得到有效解决的热点难点问题，通过列表方式明确了责任单位和整改方向，并提出了许多绩效管理措施。

而对于政府管理中存在的一些带有普遍性的绩效问题，比如公共资源共享利用程度低、重建轻管和建管脱节、部门协作联动不够、长效机制不健全等，规划也提出了一些针对性的绩效管理举措。杭州绩效管理工作也讲究“创新”。规划围绕杭州经济、政治、文化、社会和生态各个领域的重大课题和长期困扰制约城市发展的深层次矛盾和问题，提出了一系列创新创优的方向(目标)，从而引导各地各部门从理念思路、体制机制、政策法规、方法手段上去积极探索创新。

规划还查找了杭州公共治理和政府服务中的短板，通过对接国际标准，梳理出了具有杭州特色的城市治理标准体系，并明确计划制订、修订100余项“杭州标准”清单。市考评办表示，围绕贯彻落实党的十九大和省市党代会精神，编制《杭州市“十三五”绩效管理总体规划》，打造规范化、精细化、专业化、高品质、高绩效的公共治理和政府服务的“杭州标准”，既是为了确保杭州市系列重大战略目标实现，也是为了确保人民日益增长的美好生活需要得到有效回应。

札记

**课后思考：**

1. 杭州市如何通过绩效完善城市绩效管理？

2.《杭州市“十三五”绩效管理总体规划》能为其他城市的绩效管理带来何种启发？

# 第八章　市政法治与市民参与

作为全面依法治国在城市内的体现，加强市政法治，对提升城市各机关依法履行职权的能力提出了新的要求。同时，在市政法治和城市多元主体治理要求下，作为城市主体的重要组成部分的城市市民，也逐渐广泛的参与到城市治理当中，引导城市市民守法参与、高效参与，对于建立良好的城市治理环境，确保各个主体各司其职，具有重要作用。

## 第一节　市政法治

### 一、市政法治概述

党的十八大以来，我国对全面依法治国，加快社会主义法治国家作出了重要部署。2014 年 10 月，十八届四中全会对依法治国战略进行了专题讨论，制定出台了《全面推进依法治国若干重大问题的决定》，拉开了全面推进依法治国的序幕，此后我国又从全面履行政府职能、完善依法行政制度体系、坚持严格规范公正文明执法、强化对行政权力的制约和监督等方面明确了法治政府建设的主要任务。党的二十大报告指出，我国社会主义法治国家建设深入推进，全面依法治国总体格局基本形成，法治中国建设开创新局面。

市政法治是在依法治国的总体方略的过程中逐步形成的，在市级行政区域内以法律法规为工具对城市区域内的国家和社会各项事务的依法治理活动。市政法治的内涵就是在党中央所确定的依法治国的宏观框架内，从地方城市的市情实际出发充分发挥城市的法治建设精神，在保证全国法治统一性以及省级依法治理连贯的前提下，形成具有城市特色的城市法规规章体系和实施机制，形成城市内更加规范高效地推进法律实施、更加严格深入地加强法治监督、更加坚实有力地提升法律保障，从而依靠和保证社会公众参与市政的治理，使城市的政治、经济、文化和社会生活进入法治轨道，逐步实现对城市治理的法制化，保障城市的各项事业在法律的规范引导下，健康有序发展。

具体来说，市政法治是指市政各主体及其人员，一般指城市各机关及其公务人员必须在法律授权和规定的范围内行使自身权力、管理公共事务。这要求市政主体的行为必须符合法律规定的精神，在此基础上才谈得上自由裁量权的行使。市政法治的本质是依法规范，约束权力。具体来说，市政法治是依法施政，依法办事。

市政法治具有以下特征：一是市政法治是对城市机关及其公职人员的要求，而不是对行政相对人的要求。在中国，既不可将市政法治等同于行政机关的行政执法监督，也不能将其等同于依法治国。二是市政法治是指城市的一定组织行政机关为实现城市职能、维护公共利益，依照法律规定的职权和规范，对城市行政事务进行组织和管理的活动。其领域是只能由国家实施管理的社会公益事务。三是依法行政中的“法”，首先必须是体现国家和人民整体意志，反映社会进步发展规律的法，而不是个人意志、少数利益集团意志的反映；其次，“法”应主要限定在法律、行政法规、部门规章、地方性法规和政府规章以及民族自治地方的自治条例和单行法规。其他政策办法不能作为依法行政的法律依据；再次，从法律要素上看，依法行政之“法”不仅应包括法律法规，还应包括法律原则以及法律目的和法律条文背后所隐含的法律精神、法律价值。四是市政法治在中国是一种积极保障、有效行政与消极防范，防止滥用权力的有机结合。市政法治的目的不仅在于对城市各机关的行为依法进行规范，防止权力的滥用，并使受到不法行政行为侵害的公民权利及时得到补偿，而且也在于保证市政管理的有效和效率，使其能够最大限度地发挥作用。

## 二、市政法治的要求

全面依法治国是国家治理的一场深刻革命，关系党执政兴国，关系人民幸福安康，关系党和国家长治久安。党的二十大报告指出，我们要坚持走中国特色社会主义法治道路，建设中国特色社会主义法治体系、建设社会主义法治国家，围绕保障和促进社会公平正义，坚持依法治国、依法执政、依法行政共同推进，坚持法治国家、法治政府、法治社会一体建设，全面推进科学立法、严格执法、公正司法、全民守法，全面推进国家各方面工作法治化。为此我国的市政管理在新时期也要继续坚持市政法治的轨道，在中国特色社会主义法律体系下扎实推进依法行政，严格公正私法，加快建成法治社会。

具体来说，市政法治的要求主要包括在城市范围内的合法行政、合理行政、程序正当、高效便民、诚实守信、权责统一。这六项基本要求，集中体现了依法行政中治官、治权的内在精髓，高度浓缩了依法行政追求公正与效率的价值目标，有力地支撑了法治政府的基本骨架，因而对指导和规范行政机关和公务员依法行政具有重要作用。

### (一)合法行政

合法行政是行政合法性原则在行政领域的内在要求。合法行政要求城市各机关实施行政管理，应当依照法律、法规、规章的规定进行；没有法律、法规、规章的规定，行政机关不得作出影响公民、法人和其他组织合法权益或增加公民、法人和其他组织义务的决定。根据中国的具体情况，合法行政应当包括以下几个方面的要求：一是任何行政职权都必须基于法律的授予才能存在；二是任何行政职权的行使都必须依据法律、遵守法律；三是任何行政职权的授予、委托及其运用都必须具有法律依据，符合法律要旨；四是任何违反上述三点规定的行政活动，非经事后法律认可，均得以宣告为“无效”。合法行政要求任何行政职权的行使皆不得有悖于法律。职权的运用必须符合法律条文的规定，不能与之抵触。这里的“抵触”既包括实体上的抵触，也包括程序上的抵触。强调依法行政、合法行政，并非消极地限制行政活动，并非要抑制行政的积极性。事实上，只要宪法、法律未加禁止的，不直接影响公民、法人或其他组织的具体权利义务的，市政主体在其职权范围内，为了社会的改革、发展和稳定，为了增进公共利益而开展的各项活动，都是符合依法行政原则的，现代社会要求充分发挥行政主体积极的能动作用。

### (二)合理行政

合理行政要求市政管理主体在管理时，要平等地对待行政管理相对

札记

人，不偏私、不歧视；行使自由裁量权应当符合法律目的，排除不相关因素的干扰；所采取的措施和手段应当必要和适当。合理行政是合法行政的必要补充。合法行政解决的是行政行为“合不合法”的问题，合理行政解决的是行政行为“当与不当”的问题。合理行政必须以合法行政为前提，也就是说，合理是合法范围内的合理，而不是合法范围之外的合理。任何违法的所谓“合理”，都是不能容忍的。合法行政对应的是行政区的“羁束行为”，它多呈现出“刚性”的一面；合理行政对应的是“自由裁量行为”，它多呈现出“柔性”的一面。正因为如此，后者容易发现和识别；不当行政，人们不容易发现和识别。因此在现实生活中，后者给人们造成的损害更大，更应该引起我们的高度重视。行政法上合理性原则的确立，与行政自由裁量权的存在和发展，以及人们对自由裁量权的认识的深化，特别是对其控制意识的增强有关。行政上的自由裁量权是客观存在的，是行政管理得以正常开展的必然要求；但与此同时，由于行政自由裁量权较难受到约束，人们也应注意到它常常被滥用的事实，出现具体行政行为显失公正的后果。无论行政自由裁量权的滥用或行政裁量显失公正，都是不符依法行政原则的。故而，我们既要承认自由裁量权的作用，又应当加强对其控制。正是在此需要下，合理行政从实质方面对自由裁量行为提出了要求，要求其内容适度、适当、合乎情理。

### (三)程序正当

程序正当要求构成市政行为的方式、步骤和时间、顺序等，要符合法律及其精神。也就是说，市政程序既要合法，又要合理。在现代行政法中，程序性法的比重越来越大；而在行政实践中，程序违法现象非常严重。程序正当有如下一些具体要求：(1)坚持公开原则。公开是对行政行为的一项基本要求。行政机关实施行政管理，除涉及国家秘密和依法受到保护的商业秘密、个人隐私外，应当公开进行。市政行为的公开，对改进城市机关及其工作人员的工作作风，加强勤政廉政建设，防止权力的滥用和腐败现象的滋生，保护行政相对人的合法权益都具有十分重要的意义。(2)坚持公平公正原则。公平公正的本意是公道正直，没有偏私。这就要求市政机关及其工作人员办事公道，不徇私情，合理考虑相关因素；平等对待行政相对人，不因相对人的身份、民族、信仰、性别而有所歧视。公平公正原则是行政民主化的必然要求。(3)听证原则。在市政程序上要保证相对一方当事人对行政行为发表意见，并且使这种意见得到应有的重视。“公开原则”中的听证，主要体现相对人对行政行为的“知”的权利；这里的听证，主要体现的是相对人的“为”的权利。听证制度是现代行政程序法基本制度的核心，它具有加强“官”“民”沟通、促进政治民主参与、提高行政效率、防止权力滥用、杜绝行政权力专横的功能，能够体现市政程序作为公正和效率整合的深层次价值。(4)顺序原则。要求市政程序的各项制度表现为一定的顺序性，如果违反了规定的顺序，即是违法或不当行政。顺序原则是市政程序的时间性的表现和要求之一，其实质是保证市政程序的合理运用，防止因时间上的差异而对相对人造成侵害或损害。(5)效率原则。这是市政程序的时间性的另一个表现，它为了保证市政活动的高效率。在不损害其他目的的前提下，市政程序应当简便易行。效率原则还包含使某些程序格式化，尤其是各种行政法律文书如记录、裁决等应当作出统一的格式规定，这是保证当事人享有平等权利的必要保障，也有利于提高效率。

(四)高效便民

市政各个机关应当遵守法定时限，积极履行法定职责，提高办事效率和质量，最大限度地为公民、法人和其他组织提供方便。便民和效率原则，是市政法制的重要原则。它要求城市各市政机关既有效地实施管理，又力避繁琐，尽可能地创造条件，方便当事人，方便群众，包括简化程序，减少环节，节省时间、费用和精力等，以合法准确、简便易行、高效灵活的方式达到市政管理的目的。高效便民的原则是依法治国、建设社会主义法治国家的客观要求。城市各市政机关只有把履行职责与方便民众、造福于民统一起来，才是真正意义上的尽职尽责。

(五)诚实守信

社会信用是一个国家文明程度的标杆，建立健全由政府、企业和个人信用有机组成的国民信用体系，应该成为当务之急。而在这个体系的建立过程中，城市政府应该率先垂范。市政机关的行政行为应当具有公信力，公民、法人和其他组织对行政机关的决定的信赖应当受到保护。各机关非因法定事由并经法定程序，不得撤消、变更已经生效的行政决定；因国家利益、公共利益或者其他法定事由需要撤回或者变更行政决

札记

定的，应当依照法定权限和程序进行，并对行政管理相对人因此而受到的财产损失依法予以补偿。

（六）权责统一

权责统一这一要求，可以概括成这样几句话：执法有保障、有权必有责、用权受监督、违法受追究、侵权须赔偿。权力和责任、权利和义务是紧密相联不可偏废的，更是不可或缺的。如果光有权力没有责任，权力就会变形；光有权利没有义务，权利就会走样。在当前现实情况下，尤其要强调对权力进行制约与监督。这里的责任有两方面的涵义：一方面是指权力主体应履行的义务；另一方面，是指行政权力主体违法行政所应承担的后果，或不履行法定义务所应承担的后果。目前在中国，对城市权力的监督是多方面、多层次的，有来自权力机关的监督，有行政机关的层级监督和内部监督，有新闻舆论监督，有行政管理相对人的"面对面监督"，有广大人民群众的"民意监督"，等等。当然，无论是权力机关的监督、行政机关自我监督，还是舆论监督、"民意监督"，目前还存在着薄弱环节，尤其是后两者，力度明显不够。要通过增强行政的透明度和公开性，自觉接受新闻舆论监督和广大人民群众的直接监督。

## 三、市政法治的基本内容

（一）市政主体合法

市政主体必须是依法设立的并具备相应的资格和条件。该项内容包括市政机关和其他组织都必须符合法律规定的主体地位、资格和组织条件。如果进行市政活动的主体不是依法成立的或者不具备行政主体资格，其行为不具有法律效力。

（二）权力的取得和行使合法

具体包括：一是各市政主体权力的取得必须有法律依据。权力不是固有的，而是来源于人民，由全国以及省、市人民代表大会及其常委会制定的法律赋予的；二是权力的行使必须符合法律法规的规定。该项内容包括权力行为必须有法律法规的依据，否则不得作出影响公民权利义务的行为；权力主体不仅有消极的义务遵守法律的规定，而且要积极地采取行动或措施保证法律规范的实施；权力行为不仅要符合实体规定，也要遵守程序性规定。

### (三)行使权力必须权责统一

具体包括：一是行政主体的职权与职责相统一；二是行为主体与责任主体相一致；三是责任与违法相对应，违法必须受追究；四是基于权力主体的地位和公务的要求，行政公务人员还有一种道义上的责任，如对公务员的纪律要求。

## 四、市政法治的重要意义

市政法治的建立与完善，对于现代国家民主和市场经济的发展，对于行政管理改革的巩固与完善，都有重要的作用与意义。

### (一)市政法治是现代国家民主，尤其是行政管理民主发展的前提与保证

国家民主或是市政管理的民主，其实质都在于要使公共权力的运行能真正体现人民的共同利益与意志。在现代国家和城市，人民利益与意志的直接与集中体现形式就是各种法律规范。而市政法治的核心就是要保持行政法律规范的规范性与约束力，确保行政管理活动在法律限定的范围内合法合理地进行。这就从根本上确保了市政管理活动民主化的实现。与此同时，现代法律规范还规定了公民和社会组织直接参与市政管理过程的途径、方式与权利保障手段，这也构成市政管理民主化的一种重要形式与推动力量。

### (二)市政法治是城市市场经济发展的客观要求与保证

市场经济是一种法制经济，也是一种强调权利与义务对等的经济形态。它要求城市政府作为公正的裁判，制定与维护社会普遍遵从的、以法律规范形式体现出来的各种“游戏规则”，如公平竞争、等价交换、第三者权威仲裁等。同时，它也要求在所有游戏规则的运行过程中实现“在法律面前人人平等”这一更基本的法制规则。正因为如此，市场经济的发展就离不开“从社会中产生但又自居于社会之上并且日益同社会

札记

脱离”的政府力量，要求城市政府作为市场法律秩序的建立者与维护者，确保市场经济有序发展。但是，为确保“在法律面前人人平等”这一市场经济发展的基本要求与原则能得以实现，又要求政府行为具有公正性。对于作为政府的一部分，并且地位日渐突出的行政系统而言，实现市政法治也就成为市场经济顺利发展的客观要求和保障。

（三）市政法治是推进与深化行政管理改革的有效途径

由于社会环境的不断变迁，尤其是20世纪70年代中后期以来，市政管理改革一直是各国政府面临的共同问题。市政法治正是推动与深化行政管理改革进程的重要力量与有效途径。一方面，已有的各项相关行政法律规范要求行政系统及其工作人员能够不断调整自身的职责权限、管理与服务的程序、方式和方法，以便能够适时满足社会与公民日益变更的利益要求。这也正是各国市政管理最基本的改革动机。各种确保管理合法合理化的法律规范以及要求行政系统在法律规范范围内履行管理与服务职责的法治体制和原则是形成这种动机的制度与法律保障。另一方面，市政改革要想取得合法权威与地位，也需要实现改革方案的法制化和改革过程的合法化。在改革过程中形成的成果最终要依靠不断建立与健全法律规范体系来巩固与稳定。

## 第二节 市民参与

### 一、市民的概念与构成

（一）市民的概念

市民，又称城市居民，通常是指具有城市有效户籍和常住在市区的合法公民。根据中国现行法规和相关制度，构成中国市民概念的基本要件依次是：具有城市户口（身份）、居住在市区内（地域）、从事非农业生产劳动（职业）的合法公民。

第一，从身份上看，城市居民的首要条件是持有有效的城市户籍。但是，传统的市民概念已无法说明现在的城市居民，户籍制度改革已成为中国市民概念创新的关键。第二，从地域上看，市民是指居住和生活

札记

在市辖区或城区范围内的居民。从居住和生活方面来看，中国的城市居民在不设区的县级市主要是指居住在城区的居民，而在设区的地级市、直辖市则是指居住在市辖区范围内的居民。他们的共同特点是居住和生活在非农业地区的居民。对城市居民的这种空间或地域上的划分只是一个模糊的概念。第三，从职业上看，市民是指从事非农业生产劳动的职业群体。由于第二、第三产业已不是市民的专属行业，从事农业劳动的市民也日益增多，城乡之间职业上的传统差别已逐渐消失，所以，传统的市民概念尽管可以笼统地界定为非农业劳动者，但其职业特征已逐渐模糊。中国的市民概念将随着工业化和城市化的迅速发展而更新，被赋予新的内涵，总之，随着城市和城市化概念的发展，传统的市民概念在不断地发展变化中。但从一般意义上说，把市民看作是居住、工作和生活在城市里的合法公民，都平等地享有市民的合法权利，履行市民应尽的义务。

### (二)市民的构成

在现代城市社会中，对市民行为和市政管理影响较大的市民构成，主要有三个层次，即人格构成、社团构成和文化构成。

(1)市民的人格构成。市民在人格上具有异质性，以及个人主义和平等主义倾向；市民在长期的城市生活中，由于习俗、生活方式、工作和行为方式上的高度分化，在人格构成上与农民或其他社会群体有很大的不同。概括说来，市民在人格构成上的主要特征是：①理性重于情感；②时尚重于传统；③个人主义倾向；④消费主义倾向；⑤较强的心理调适与平衡能力。市民的人格构成是市民素质的内核，它直接通过市民的个人行为，影响市民的社团构成和文化构成，并在这一过程中塑造市民的整体素质和整个城市文化。

(2)市民的社团构成。在现代城市的市民生活环境中，社团结构虽有历史的传承，但已经有了很大的变化，例如，作为传统社会初级集团的血缘关系集团和地缘关系集团，已发展了“学缘关系”(同学、校友等)集团和“事缘关系”(同事、工友、战友等)集团等，而邻里关系集团、社区关系集团脱离了传统的襁褓，和社会关系集团(政治的、宗教的、职业的、学术的、教育的、艺术的、娱乐的等)一起成为次级社会集团的一部分。在现代城市中，市民的社团构成直接关系到一个城市的

札记

市民精神和城市文化的塑造，关系到市民参政的质量和城市政治发展。

(3)市民的文化构成或价值构成。广义的文化构成或价值构成包括人格构成和社团构成，即市民活动的文化要素(如传统、语言、信仰、制度等)及其共享的风俗习惯和生活方式，其功能是维系一个城市的具有普遍意义的价值与范式。市民的文化构成是一个复杂的价值体系，反映着一般市民文化(所有城市居民共同的价值倾向)和某个城市所特有的价值倾向(某个城市的市民文化倾向)。不同历史时期的不同城市有不同的市民文化。中国的市民文化构成较为复杂，其中除了在构成方式上有传统型、现代型和移民型等类型外，还隐含着传统与现代、本土与外阜的矛盾与冲突，而每一个文化系统中，又有成长性文化因素、衰退性文化因素和过渡性文化因素。但就整体上来说，市民文化具有继承性、统一性、规范性、和谐性特点。

## 二、市民素质

### (一)市民素质的概念

市民素质是指市民的价值信仰、道德心理、知识能力等因素复合而成的一种集体人格状态。市民素质是一个动态的概念，即一个城市的居民，在其人格构成，社团构成和文化构成的相互作用关系中形成的整体人格倾向。

### (二)市民素质的主要影响因素

(1)市民素质取决于市民对城市现实生活的基本态度。包括：市民对城市社会及所在社区、社团和他人的态度；市民对劳动、工作或学习的态度；市民对自己的态度；市民的劳动方式、消费方式、闲暇方式、婚姻家庭方式、社交方式等。

(2)市民素质状况取决于市民的语言、地理、历史和传统的情感与意志特征。市民的情感与意志是在一种综合环境中培育而成的，而这个综合环境主要是有特定的语言(方言)、地理(江河湖海与内陆等)、历史传统(古今中外)因素构成的。

(3)市民素质取决于市民的文化、价值、知识和能力素质状况。市民的知识和能力素质是市民素质的内核或内在构成，直接关系到整个市

札记

民素质的状况，而教育和大众传播是养成和提高市民文化、知识与能力素质的前提条件。

(4)市民素质取决于市民的道德水平和城市精神的塑造。市民对所居住城市的归属意识、市民精神、公共道德修养和市民形象，是市民素质外部表现。市民的归属意识孕育着市民的公德意识和市民精神，而市民的公德意识又是市民精神的土壤，它们之间的相互作用促成良好的市民形象，塑造和反映时代精神和城市特点的市民精神。

### (三)市民素质的特点

在每一个具体的城市里，由于其特定的地理条件、物质环境、经济生活、组织形态、语言文字(方言)及特定的历史文化传统，必然形成反映这一城市的市民素质特点。而且，在不同的时代背景之中，同一城市的市民素质也有不同的特点。市民素质的特点，不是单个市民素质的机械复合，而是市民在市政管理过程中相互影响、相互作用的整体社会效果，是一个有机的文化整合。

(1)市民素质具有整合性特点。市民素质是许多因素的复合体，但这些因素不是彼此孤立地存在的，而是相互联系、相互依存地构成一个有机的系统。

(2)市民素质在一定时期内具有相对稳定性的特点。市民素质是在一定的物质和精神生活条件下形成的，随着市民物质和精神生活水平的变化而变化，在其具体发展过程中，表现为一种特殊的市民文化形态。在遵循文化发展规律的基础上，市民素质一经形成就按照其自身的发展规律，处于相对稳定状态，不轻易发生实质性的改变。从整体上看，每个城市的居民都应具有自己的素质特征，有区别于其他城市或社区的特色。但对于一个城市来说，处在相对稳定状态的市民素质因素，主要是那些反映该市居民的共同素质特征。

(3)市民素质在其发展中具有可塑性特点。市民素质虽然具有相对稳定性，但亦并非自然赋予和一成不变的，随着城市物质和精神生活的发展变化，以及市民生活方式、生活质量和城市综合环境的变化，市民素质也会随之发生相应的变化。市民素质是城市居民在其共同活动中相互作用、相互渗透和共同培育的结果，其变化通常以“渐变”为主。

札记

## 三、市民的权利与义务

### (一)市民的基本权利

根据《中华人民共和国宪法》和《中华人民共和国民法典》中的有关规定，市民是中国公民的重要组成部分，作为公民的城市居民，在法律面前一律平等，享受与其他公民一样的基本权利。

(1)市民享有政治权利和自由。

(2)市民享有宗教信仰自由方面的权利和义务。

(3)市民享有人身自由方面的权利和义务。

(4)市民享有劳动、休息和社会福利方面的权利和义务。

(5)市民享有文化教育的权利和义务。

(6)市民的婚姻、家庭、母亲和儿童受国家的保护。

### (二)市民的法定义务与道德规范

作为一个城市居民，既要认真履行公民的法定义务，又要遵守城市政府制定和倡导的各市政管理法规、规章、公约和公共道德规范。

首先，市民要认真履行作为公民的法定义务。在中国，任何公民享有宪法和法律规定的权利，同时必须履行宪法和法律规定的义务。具体说来，市民的法定义务主要有：

(1)根据《中华人民共和国宪法》规定，市民在行使自由和权利时，不得损害国家的、社会的、集体的利益和其他公民的合法的自由和权利。

(2)市民有维护国家统一和全国各民族团结的义务。

(3)市民必须遵守宪法和法律，保守国家秘密。爱护公共财产，遵守劳动纪律，遵守公共秩序，尊重社会公德。

(4)市民有维护祖国的安全、荣誉和利益的义务，不得有危害祖国的安全、荣誉和利益的行为。

(5)保卫祖国、抵抗侵略是中华人民共和国每一个公民的神圣职责。依照法律服兵役和参加民兵组织是中华人民共和国公民的光荣义务。

(6)市民有依照法律纳税的义务。

(7)由国家和地方法规规定的其他义务。

札记

其次，作为一个市民，必须严格遵守城市政府制定和倡导的各项市政管理法规、规章，树立良好的市民形象和城市形象。

(1)严格遵守城市环境、交通、治安、卫生、娱乐和公共服务等方面的法规、规章和条例，维护城市正常的公共秩序和市民的公共安全。

(2)爱护城市公共设施，维护市民的整体利益。

(3)禁止聚众赌博和胁迫他人赌博，严禁走私、偷运、贩卖、制作和传播以具体描写性行为或露骨宣扬色情淫秽形象的录像带、录音带、影片、电视片、幻灯片、照片、图画、书籍、报刊、抄本和印有此类图样的玩具、用品、淫具等。

(4)对于违反上述法规、规章的行为，市民有义务予以劝告、告诫、揭发、检举和制止，以维护法制的尊严和市民的根本利益。

最后，作为市民，有义务遵守城市公共道德规范，发扬良好的道德风范。为此，一些城市相继制定了《市民行为道德规范》，以促进城市精神文明建设。例如，在市民社会公德方面倡导以下几个方面的风范：遵纪守法、礼貌文明；爱护公物，公私分明；热心公益，关心他人；救死扶伤，见义勇为；讲究卫生，清洁环境；移风易俗，弘扬科学。在职业道德方面倡导以下几个方面的规范：(1)敬业乐业，尽职尽责；(2)优质服务，公平竞争；(3)积极进取，钻研业务；(4)注重绩效，技术创新；(5)秉公办事，清正廉明；(6)团结协作。顾全大局。在家庭美德方面倡导以下几个方面的德行：(1)婚姻自主，慎重择偶；(2)夫妻敬爱。优生优育；(3)孝敬双亲，家庭和谐；(4)合理消费，勤俭持家；(5)丰富生活，美化家庭；(6)和睦邻里，关心社区。在个人品德方面倡导以下几个方面的风格：(1)终身学习，自尊自爱；(2)尊老爱幼，助人为乐；(3)诚实守信，言行一致；(4)宽容大度，与人为善；(5)互助友爱，求同存异；(6)礼遇外宾，热情友好。

### (三)市民权利的保障

#### 1. 市民政治权利的保障

国家依法通过法规、制度、政策和各种监督方式，以保证公民政治与自由权利的实现。中国宪法规定，中华人民共和国的一切权力属于人民。同时还规定了由公民直接或间接行使选举权、罢免权等各项政治权利。这是市民参政最重要、最权威的形式。

札记

首先，选举权是指公民依照法律规定选举各级人大代表，组成各级国家权力机关，并由人大代表选举一定范围的公职人员来进行管理、决策和公共服务的权利。公民行使选举权，被认为是人民行使主权的最重要的体现。在中国，公民的直接选举权限于城市公民直接选举的范围，包括选举区县和乡镇两级人大代表，市辖区人大代表的选举、县级市人大代表和乡镇人大代表的选举，设区或辖县的市人大代表，由区、县人民代表大会选举。市、区主要行政官员由市、区人民代表大会及其常委会选任或委任。市民行使选举权遵循普遍、平等、直接、秘密投票等原则。

其次，罢免权是选民对于代议机构的代表或行政官员，在其任职届满之前，以投票的方式，免除其职务(或资格)的权利。

依据中国宪法和选举法的有关规定，中国原选区的选民可以罢免由他们选举产生的市辖区、县级市和乡镇的人大代表。

再次，在市民与政府的关系中，市民可以通过一些行政法规，维护市民的合法权益。例如行政诉讼和行政复议方面的法规，行政复议是指行政机关在行使其管理职权时，与作为被管理对象的相对人发生争议，根据相对人的申请，由该行政机关的上一级行政机关对引起争议的具体行政行为进行复查的一种具体行政行为。在行政复议与行政诉讼关系的问题上，一般有两种情况：一是对属于人民法院受理范围的行政案件，公民既可以向上一级行政机关或者法律、法规规定的行政机关申请复议，对复议不服的，再向人民法院提起诉讼；也可以直接向人民法院提起诉讼。在这种情况下，是提起复议还是提起诉讼，由公民自由选择。二是对属于人民法院受理范围的某些行政案件，法律、法规规定必须先向行政机关申请复议，对复议决定不服然后才能向人民法院起诉讼。否则，人民法院不予受理。在这种情况下，行政复议是行政诉讼的必须程序。

最后，市民的各项自由权利也有法律和制度保障。

2. 市民经济与劳动权利的保障

国家通过法律、法规、制度和政策，保障市民经济与劳动方面的权利得到实现。

首先，市民经济活动权利的保护，主要涉及民法通则和经济合同法中的有关规定。在经济活动中，市民在处理一些重要经济问题时，应当注意签订经济合同，以及签订合约协议、委托授权书、租赁合同、借贷合同等，用合同或协议的方式，明确双方当事人的权利和义务。经济法律关系一经形成，不论是否发生争议，自始至终都存在法律保护问题，只是在经济法律关系的不同阶段，根据问题的性质由不同机构采取不同的保护手段。而经济活动权利的保护，除了民法通则和经济合同法中的有关规定以外，还涉及个体工商户、农村承包经营户的有关规定，如雇工权、申请权、经营权、法律地位等。了解和运用法律规定，对于依法保护自己的合法权益，有着直接的重要意义。

其次，在市民劳动权利的保护方面，宪法中有关劳动问题的规定，是劳动立法的根本依据，而劳动权利的保护，又是中国劳动法的基本内容之一。这些规定的主要内容有：各尽所能，按劳动分配的原则；公民有劳动的权利和义务；加强劳动保护，改善劳动条件；公民在年老疾病或者丧失劳动能力的情况下，有从国家和社会获得物质帮助的权利；国家保护妇女的权利和利益，实行男女同工同酬。

1986年，中国恢复了劳动争议处理制度，依法处理劳动争议，对劳动法规实施具有特殊的监督、保证作用。为公民依法保护自己的合法劳动权益提供有益的帮助。实行劳动争议仲裁的目的是为了促进社会稳定和劳动关系的和谐发展，保护企业经营者和职工双方的合法权益。劳动争议仲裁依循以下原则，即着重调解，及时受理；查清事实，依法处理；当事人在适用法律上一律平等。市劳动争议仲裁委员会受理市内企业与职工之间的下列劳动争议：(1)因企业开除、除名、辞退职工和职工辞职、自动离职发生的争议；(2)因执行国家有关工资、保险、福利、培训、劳动保护的规定发生的争议；(3)因履行劳动合同发生的争议；(4)法律法规规定应当依照国家劳动争议处理条例处理的其他劳动争议等。劳动争议的投诉时效为：当事人应当知道或者应当知道其权利被侵害之日起六十日内，以书面形式向仲裁委员会申请仲裁。

劳动争议发生后，当事人应当协商解决；不愿协商或者协商不成的，可以向本企业劳动争议调解委员会申请调解；调解不成的，可以向市劳动争议仲裁委员会申请仲裁；当事人也可直接向市、区劳动争议仲裁委员会申请仲裁。对仲裁裁决不服的，可以向人民法院起诉。根据《中华人民共和国劳动法》第八十二条、《中华人民共和国企业劳动争议处理条例》第三十二条规定，仲裁庭处理劳动争议案的时间最长不得超

札记

过九十日。如果劳动争议仲裁机构受理案件后超过时限仍未处理，可直接向该机构负责人质询，并及时向上级劳动争议仲裁机构反映情况，通过监督程序，求得争议案的尽快处理。

第三，市民的知识产权也受相关法律和法规的保护。知识产权，又称智力成果权，是指市民或法人通过自己的劳动而取得的创造性的智力成果依法享有的权利。市民的知识产权主要包括：(1)关于文学艺术和科学作品的权利；(2)关于表演艺术家演出、录音和广播的权利；(3)关于人们在一切领域的发明权利；(4)关于科学发现的权利；关于外观设计的权利；关于商标、服务标记、厂商名称和标记的权利；(5)关于制止不正当竞争的权利以及在工业、科学、文学和艺术领域里一切其他来自智力活动的权利。

知识产权具有以下法律特征：一是知识产权是创造性的智力活动成果，它必须具有为人所知的客观形式，并依照法律规定的条件和程序予以确认；二是智力成果是创造人发挥自己的智力、智慧和艰苦劳动的成果；三是知识产权具有专有性、时间性和地域性的特征。市民知识产权的保护，通常主要是专利权和著作权的保护，并由专利法和著作权法的有关规定予以保障。

3. 市民消费者权利的保障

市民是最大的消费者群体之一。作为消费者，市民在购买、使用商品和接受服务时享有人身、财产安全不受损害的权利。这些权利主要有：

(1)消费者有权要求经营者提供的商品和服务符合保障人身、财产安全的要求。

(2)消费者享有知悉其购买、使用的商品或者接受的服务的真实情况的权利。消费者有权根据商品或者服务的不同情况，要求经营者提供商品的价格、产地、生产者、用途、性能、规格、等级、主要成分、生产日期、有效期限、检验合格证明、使用方法说明书、售后服务，或者服务的内容、规格、费用等有关情况。

(3)消费者享有自主选择商品或者服务的权利。消费者有权自主选择提供商品或者服务的经营者，自主选择商品品种或者服务方式，自主决定购买或者不购买任何一种商品、接受或者不接受任何一项服务。消费者在自主选择商品或者服务时，有权进行比较、鉴别和挑选。

(4)消费者享有公平交易的权利。消费者在购买商品或者接受服务时，有权获得质量保障、价格合理、计量正确等公平交易条件，有权拒绝经营者的强制交易行为。

(5)消费者因购买、使用商品或者接受服务受到人身、财产损害的，享有依法获得赔偿的权利。

(6)消费者享有获得有关消费和消费者权益保护方面的知识的权利。消费者应当努力掌握所需商品或者服务的知识和使用性能，正确使用商品，提高自我保护意识。

(7)消费者在购买、使用商品和接受服务时，享有其人格尊严、民族风俗习惯得到尊重的权利。

(8)消费者享有对商品和服务以及保护消费者权益工作进行监督的权利。消费者有权检举、控告侵害消费者权益的行为和国家机关及其工作人员在保护消费者权益工作中的违法失职行为，有权对保护消费者权益工作提出批评、建议。

(9)消费者在购买、使用商品时，其合法权益受到损害的，可以依法向销售者要求赔偿。销售者赔偿后，属于生产者的责任或者属于向销售者提供商品的其他销售者的责任的，销售者有权向生产者或者其他销售者追偿。消费者或者其他受害人因商品缺陷造成人身、财产损害的，可以向销售者要求赔偿，也可以向生产者要求赔偿。属于生产者责任的，销售者赔偿后，有权向生产者追偿。属于销售者责任的，生产者赔偿后，有权向销售者追偿。消费者在接受服务时，其合法权益受到损害的。可以向服务者要求赔偿。消费者在购买、使用商品或者接受服务时。其合法权益受到损害，因原企业分立、合并的，可以向变更后承受其权利义务的企业要求赔偿。使用他人营业执照的违法经营者提供商品或者服务。损害消费者合法权益的，消费者可以向其要求赔偿，也可以向营业执照的持有人要求赔偿。消费者在展销会、租赁柜台购买商品或者接受服务，其合法权益受到损害的，可以向销售者或者服务者要求赔偿。展销会结束或者柜台租赁期满后，也可以向展销会的举办者、柜台的出租者要求赔偿。展销会的举办者、柜台的出租者赔偿后，有权向销售者或者服务者追偿。消费者因经营者利用虚假广告提供商品或者服务。其合法权益受到损害的，可以向经营者要求赔偿。广告的经营者发布虚假广告的，消费者可以请求行政主管部门予以惩处。广告的经营者不能提供经营者的真实名称、地址的应当承担赔偿责任。

札记

(10)消费者与经营者发生消费者权益争议的，可以通过下列途径解决：与经营者协商和解；请求消费者协会调解；向有关行政部门申诉；根据与经营者达成的仲裁协议提请仲裁机构仲裁；向人民法院提起诉讼。

4. 市民权利的自我保护

保护市民的基本权益，是国家各级政府工作人员、司法工作人员的职责，同时对于每一位公民来讲，只有知法、懂法，才能运用法律来保护自己的基本权利。

首先，市民要知道到哪里去起诉。根据有关规定，市民一般在被告所在地法院或合同履行地法院起诉，鉴于层级制管理权限，需要参考标的额大小、经济合同和被告人级别，到相应的各级人民法院起诉。

其次，市民起诉时须明确自己提供的基本材料。(1)当事人到法院起诉，须提供侵权或者形成法律职责存在的事实证据材料，提出自己的主张，提供主体资料证明。单位须提供营业执照、法人身份等证明的复印件。个人须提供身份证明的原件。(2)诉状数目需比关系者人数多一份。如一个原告、一个被告、一个法院的，则要备一式四份的诉状。若多个原告或多个被告，数目则是原告加被告加法院之数，再加一份。(3)诉状写法。先写原告者身份、姓名或单位名称、地址、联系电话、法律代表人，单位应是法人；再写被告者身份、姓名或单位名称、地址、联系电话、法律代表人，单位应是法人；接着写诉讼请求和事实理由；最后落款“此呈”；(4)在有些城市(如深圳市)，一切申诉均可到当地法院的立案室或立案处受理；届时需交付定量诉讼费。

再次，市民在遇到法律问题时，可以向当地的法律援助机构申请法律援助。法律援助是国家以制度化、法律化的形式，组织法律专业人员为贫者、弱者、残疾者或特殊案件的当事人提供免费或减少收费的法律服务，以实现法律赋予公民的平等权利。申请法律援助的对象应是具备一定条件的公民和法人。而城市法律援助机构一般只就下列范围的法律事项提供法律援助：(1)刑事案件；(2)请求给付赡养费、抚育费、扶养费的事项；(3)除责任事故外，因公受伤请求赔偿的事项；(4)请求国家赔偿的诉讼案件；(5)请求发放抚恤金、救济金的事项；(6)以法人为援助对象的经济案件；(7)需要予以公证的与公民个人人身、财产密切相关的法律事实或法律关系；(8)为受援人向司法、仲裁机关申请减免诉讼或仲裁费用。

对城市各级人民法院指定辩护的刑事法律援助案件，应由法律援助机构统一接受并指派中心或城市各律师事务所的律师具体承办该法律援助案件，其他援助案件应由法律援助申请人向市法律援助机构提出申请，说明请求援助的目的和主要事实并填写《法律援助申请表》，同时提交身份证、暂住证和证明其经济困难、无力支付法律服务费用的证明文件及其他证明案件的材料。法律援助机构经审查对符合条件的及时批准，并向申请人签发《法律援助通知书》，对不符合条件的也及时通知，申请人有异议的，可以要求中心重新审议一次。获准法律援助的申请人，应与法律援助机构签订《法律援助协议书》，法律援助机构依据该协议指派法律服务机构或法律服务人员具体提供当事人所需的法律服务。

最后，市民要注意利用公证机构的公证服务，保护自己的合法权益。公证是国家公证组织根据机关、团体、企事业单位和公民的申请，对法律行为、具有法律意义的事实和文书，依照法定程序，证明其真实性和合法性的特殊证明活动。公证是一种为国际社会普遍认可的法律制度，也是中国的一项重要法律制度。

## 四、市民参政

### （一）市民参政的内涵与意义

#### 1. 市民参政的内涵

市民参政，亦称市民政治参与，是指市民个人或群体通过一定的途径和形式向政府及其领导人员提出各种要求和建议（亦称市民的利益表达），向有关部门进行检举揭发，行使选举、罢免、监督等权利，阻止或促成某项政策的行为，参与城市管理与决策的各项活动。具体说来，包括市民的政治参与、行政参与和社会参与等方面。

首先，市民的政治参与主要包括行使宪法和法律规定的各项政治权利和自由权利。履行市民的政治义务。参与和支持城市立法机关、行政机关和司法机关的重大决策、向政府及其领导人员提出各种要求和建议，维护市民的合法权益；监督城市党政机关及其工作人员的政治行为，实现市民当家作主的民主权利；促进市政管理的法制化、民主化和

札记

公开化进程。

其次，市民的行政参与主要包括参与城市政府的行政决策，阻止或促成某项政策的行为；向有关部门检举揭发行政机关及其公务员的违法失职和渎职行为，行使监督政府及其公务员的权利；参与城市的规划、建设和管理活动，维护城市公共设施和公共财产的安全，改善城市公共服务，促进行政管理的法制化、科学化和现代化。

最后，市民的社会参与主要包括参与城市社区、基层居民自治组织和其他社会组织的各项活动，从事社区服务、拥军优属、残障人士后援和义工活动，参与城市教育、文化、体育、科技、医疗卫生、福利保障等方面的公共管理和公共服务。

2. 市民参政的意义

市民是国民的重要组成部分，而且随着中国城市化的迅速发展，市民将成为中国国民的主要成分。因此，市民参政对社会主义民主的发展具有举足轻重的重要意义。

(1) 市民参政是发展社会主义民主的重要切入点。城市政治民主化，是社会主义民主政治建设的本质要求，也是市政管理现代化的基本标志之一。民主发展既要“自上而下”，又要“自下而上”，而且还要注意选择中层的切入点，以带动两端，促进社会主义民主的全面发展。随着中国城市化的迅速发展，市民参政将作为中国社会主义民主发展的重要生长点，为21世纪中国社会主义民主的发展奠定坚实的基础。

(2) 市民参政是市民当家作主的集中体现。在中国，工人阶级和广大劳动人民是国家的主人。劳动人民当家作主是社会主义社会的本质要求。市民当家作主的关键在于市民广泛的政治、行政和社会参与，只有通过市民参政，才能把市民当家作主落到实处，从而增强市民主人翁的责任感。由于中国经济、政治、文化和社会发展条件的制约，城市政治民主化程度、市民素质和民主机制尚待进一步提高和改进，诸如：重大决策的参与，民主形式、程序、途径和方法等，有待于通过城市政治、行政和社会改革加以完善，政府单向度的意志和行政行为使市民普遍对自己是城市的主人缺乏心理和社会认同，造成一些市民缺乏主人翁的责任感。广开市民参政的渠道，出台一些具体的市民参政程序，改进现有的市民参政形式和方法，鼓励市民依照法定民主程序积极参与城市政治生活，有助于增强市民主人翁意识和责任，激发市民建设和管理城市的热情，为建设文明、繁荣、民主的社会主义现代化城市而奋斗。

札记

### (二)市民参政发展的条件

1. 市政公开及其制度化

市民的知情权是指市民了解城市各项政务活动及其过程的权力。在一些发达国家，为了方便市民了解市政过程，采取了一系列立法和行政措施，其主要内容有：一是一切有关市政管理的法律、法规、规章、制度和程序，未经公布告示于市民群众者，不能作为城市政府政务活动的依据；二是政府行政机关做出有关市民问题的决定和处理时，必须把处理的主体、依据、程序和结果公开，否则，该行政处理不发生法律效力；三是社会组织和公民(不限于本市居民)向城市政府了解有关法规、规章、政策和程序时，城市政府有提供和解释的义务；四是市政府有公开运用情报、形成决策的过程，说明其决策的情报来源和根据的责任。市民享有了解和监督政府的情报收集和运用情况、获取公开情报等各项权力。

中国的各城市在继承和发扬优良政治传统和政治文化的基础上，坚持“从群众中来，到群众中去”的工作路线。尤其是随着城市政治与行政体制改革循序展开和逐步深化，提出了城市政府政务公开化，大大提高了市政管理透明度，初步收到良好的效果。中国近年来在市政公开方面的主要尝试有：

(1)设立市长公开电话，随时听取市民的意见，解答市民提出的问题。

(2)实现现场公开办公制度，组织有关部门开赴现场。就地公开办理事务，解决困难问题。

(3)建立政府发言人制度，定期或不定期地举行记者招待会，公开市政府近期工作状况和目标。

(4)举行公开的市政对话会或市政讲评会，由市党政机关主要负责人与市民直接对话，并对市领导班子进行评议。

(5)实行公开办事制度，把市政机构的职责、权限、工作方式、工作程序以及工作人员的姓名、年龄、性别和具体职责等张榜公布。实行挂牌服务，并印刷成册，摆放在政府业务部门的窗口，由市民自由取阅。

(6)公开市党政机关重要领导人的活动、去向，包括日程、出国、

札记

出访、收入、住房、用车、子女、财务、经费等，以便于广大市民公开监督。

(7)将重大市政决策和与市民息息相关的公共事务公诸于众，允许记者采访，报道有关会议，并创造条件，允许市民旁听某些会议。

(8)通过政府上网，将有关市政管理的法律、法规、政策和以上诸项内容公布于网上，便于市民了解、查询、沟通，密切市民与政府间的关系。实行市政公开制度、提高市政透明度是市民参政的前提条件。一方面，只有实行市政公开、提高市政透明度，市民才能真正参与到城市政治生活中来，实现其当家作主的民主权利。如果公民对市政管理和一些事实真相不了解，不知道市情和政情，不但不能真正地当家作主，而且一些市政参与活动还有可能为一些不明情况的人所误导，成为一种破坏力量，危害城市的公共安全，阻碍社会主义民主政治的发展。另一方面，实行市政公开、提高市政透明度，可以有效地增强市民参政的意识，增加市政参与活动的范围和力度，进而促使市政管理活动的公开化，有助于塑造负责、廉洁、高效的城市政府形象。

2. 创新市民参政的途径与方式

随着中国城市化和城市管理现代化的迅速发展，广大市民的参政意识不断提高，尤其是在经济较发达的城市和地区，市民参政途径和方式相对不足，不能满足市民参政意识和热情不断高涨的需要，成为制约中国市民参政和社会主义民主政治发展的主要因素。因此，创新市民参政的途径和方式，成为促进市民参政的重要条件。

(1)市民意见表达方式的创新。市民参政的基本形式之一是意见表达，即隶属于不同职业、社团和组织的市民，通常以个人意见和建议的形式参与市政管理和决策活动。一般说来，市民个人的意见表达，可以采用直接或间接的口头表述、署名的文字表述(电话、信函、新闻稿件、意见或建议书、揭发或检举材料)等方式，也可以通过工会或市民团体等机构表达团体的意见和建议。市民个人意见表达往往突出地表现在与市民个人利益(如有关获得住房、就业、贷款、救济等)有关的事项上，通过直接或间接的途径向市领导或业务管理部门反映意见或发生接触，也可能在范围更广的问题上表达自己的意见和建议。市民参政议政的宗旨之一就是集中广大市民的意见和建议，为市政决策和管理提供民意的和社会的基础。随着中国改革开放和城市化的发展，市民参政方式的创

札记

新开始提上日程，而市民的意见表达又是创新市民参政方式的重要突破口。创新市民意见表达方式的主要工作集中在以下几个方面：

①为各个阶层、各种职业、各社会团体和基层自治组织的市民，创造意见表达的途径和条件，并逐步将这些途径、方式和条件纳入制度化的轨道。②在法制化、制度化的基础上，循序启动大众传媒及其他舆论工具，为市民参政议政提供一个意见表达的阵地。发挥大众传媒的社会动员、号召、沟通、传播和教育功能，将市政府的意图及市民的意见和建议，及时、准确地传达于广大市民和政府决策机构；并且在条件成熟时制定相关的制度和措施。利用大众传媒工具积极开发市政决策信息资源，促进市政管理和决策的科学化、高效化、现代化。③大力开发市民智力、人力资源，努力发展教育事业，积极开展市民终身教育和职业培训，不失时机地抓好提高市民素质工作，以确保市民参政议政和意见表达的质量和效果，把拓展市民意见表达工作提升到城市发展的战略高度，作为一个长期的战略任务来抓好抓实。

(2)市民利益表达方式的创新。市民利益表达是指代表某种利益的市民组织或市民团体，通过一定途径和方式向城市权力机构提出政治和经济等方面利益要求的行为。市民利益表达是市政决策的重要参照系，也是城市民主政治建设的一个重要内容。市民利益表达通常以团体的形式来进行，多为有共同利益要求的市民群体，或者既有共同利益又经过利益要求的聚合形成一定的群体组织。当前中国城市工会、青年组织、妇女组织、群众团体、职业群体、行业组织、产业组织、文化组织、自治组织等，是城市国家政权建设和经济与社会发展的重要社会基础，是市政府联系市民群众的桥梁和纽带，它们在维护全国人民总体利益的同时，对各自代表的群众利益有代表、表达的权利和义务。

在法律允许的范围内，中国市民利益表达的主要途径或渠道有：①个人联系渠道。这是一种最为传统的表达方式。即在特定情况下利用家庭、学校、社区、地区范围内的各种血缘、地缘、事缘、学缘或其他非正式关系，来接近有关市政决策的人物，直接反映其利益要求。个人联系渠道的创新，面临着由非正式渠道到正式渠道的历史性转变，因为随着城市化的发展尤其是随着城市管理法治化、制度化、科学化和现代化的发展，市政管理中非正式组织和非正式关系日渐式微，其合理部分也开始纳入了科学管理的范畴，因此，如何使个人利益表达纳入规范化

札记

渠道，避免非正式关系所带来的负面影响，就成为创新市民利益表达方式的重要任务。②代理人或代表渠道。即在城市政治系统内居于特殊地位并具有重要影响力的个人，通常由他所隶属的集团推选出来，进入城市权力系统内部，担任市政治或行政职务。直接参与政策制定，作为一定社会集团利益的代理人。在中国市人大代表和政协委员等，都是各人民团体的代表，他们的利益表达属于代理人渠道。③集团参与渠道。在中国城市中，集团参与渠道是一种方兴未艾的市民利益表达渠道，即通过职业集团对市政管理和决策施加有效影响，实现其利益要求。④市民监督渠道。市民监督是维护市民利益的重要途径和方式。

总之，市民的意见和利益表达方式的创新，是市民参政方式创新的重要突破口。通过市民的意见和利益表达方式的创新，一方面可以使市政管理与决策更加符合市民的利益和要求，而且通过这种双向沟通，可以使各阶层的市民在政策制定之前都能充分地表达他们的意见和利益，有助于提高市政决策的质量，减少市政管理与决策的失误，树立民主、负责、公正、高效、廉洁的政府形象，促使城市政府更好地为市民服务。市政管理实践反复证明，凡经常倾听市民呼声、代表并实现广大市民利益的政府，必然是一个深受群众拥护、具有很高威望的政府。另一方面，有助于市政决策的顺利推行，保证市政管理的绩效目标。当一项公共政策的前后制定过程为更多的市民所了解，其精神反映人民的根本利益和愿望，就能为多数市民所接受，执行起来就会及时有效，就会增强政府的社会动员能力和管理能力。

## 案例

### 青岛“全民城管”：由政府“单向管理”转向市民“共同参与”

人民城市人民建，人民城市为人民。市民是一座城市建设发展的主体，城市管理更离不开全民的参与。只有实现变政府的“单向管理”为全民的“共同参与”，城市的管理效果才能更持久、更有保障。

近年来，青岛市城市管理局以构建共治共享新格局为目标，搭平台、建机制，将城市管理工作由“政府独唱”变成“市民大合唱”，探索出一条由“城市管理”向“城市治理”转变、共建共治共享的新模式。

**人人都是责任人，共建共享美丽街区**

李沧区振华路街道的151户商户，在四流中路、振华路、石门路和松柏路四个主要路段建立了4个自律小组。在街道、社区引导下，加入自律小组的商户们每日开展“门前垃圾扫一扫、门前堆物清一清、门前招贴除一除、门前晾晒收一收、门前停车管一管”活动，把门前责任区内的市容环境卫生任务当作自己的事，养成文明自觉。

自2020年9月沿街商户自治工作开展以来，通过自律小组发现并反馈解决的乱堆乱放、门前乱停车、违章搭建、路面下沉等问题共计183项，街道执法办和城管中队及时协调解决，得到了商户的一致认可。“街道推进商户自律自治工作，不仅加强了商户之间的联系，促进了资源共享，也建立了商户与街道之间的沟通机制。

在推进责任区制度落实过程中，青岛市城市管理局注重探索技术手段与管理力量相结合，通过整合现有的人力与技术资源，有效提升管理时效和市民参与度。开发了“责任区”管理App及“和商”微信小程序，用于责任区的日常管理。推行责任书电子化签约，累计签订电子责任书14.8万余份。健全完善责任人信息档案数据库，借助大数据分析，及时锁定问题多发点位、时段等，逐步实现对责任区的分级分类管理。与此同时，通过借助责任人之间形成的自我管理组织、自治机制，实现政府管理的“手臂延长”，放大行政管理效应。2022年，新培育行业协会、商家联盟、志愿服务社等形式多样的自律组织54个，引导自律组织通过制定组织章程、组织公约等逐步实现各责任区“自我管理、自我约束、自我提高”的自律模式和社会共商共治的格局。

**将问题发现在基层一线，解决在基层一线**

社区一直是城市管理的薄弱环节，为解决社区层面城市管理人手紧缺、市民群众投诉量大等问题，我市在全市推广“三长一站”工作模式，立足于从源头上预防和化解问题与矛盾，将大部分问题发现在基层一线、解决在基层一线，形成问题解决“微循环”。

据青岛市城市管理局相关负责人介绍，“三长一站”是群众参与城市管理、社会各方力量协同共治的工作模式。在人员组成上，

札记

突出党建引领，注重发挥党员先锋模范带头作用，各街道按照就近方便的原则，安排社区居委会党支部书记、街道骨干干部担任城市治理服务站站长，本区域的党员、街道干部、社区居委会两委成员、社区志愿者、网格员、楼组长、热心市民等担任楼院长、街巷长、区片长，真正做到政府、市民共同参与治理。截至目前，我市已在93个街道947个社区建立城市治理服务站1152个，设立站长1080名、街巷长3345名、区片长1708名、楼院长1.3万余名，增强了城市管理领域基层工作力量。为使“三长一站”真正发挥作用，各服务站致力于借助群众的眼睛发现问题，整合专业的力量解决问题，将供水、供气、供热、市政、园林、环卫、执法、通讯、电力、物业等与老百姓生活密切相关的专业人员吸纳进来，让专业人干专业事，使老百姓身边的绝大多数问题都能通过“三长一站”来解决。截至目前，各服务站已吸纳各行业专业人员3000余名。为调动各专业力量工作积极性，市城市管理局定期组织街道办事处对各行业企业问题处置情况进行评估，评估结果向各区市、各相关职能部门、驻青单位及其上级单位进行通报，倒逼各专业力量履职尽责，真正实现小事不出社区、大事不出街道。

为让问题处置形成“闭环”，青岛依托城市治理服务站，打造了“线上”“线下”两个问题处置平台。线上，通过建立微信工作群等方式，将辖区内三长成员、各专业人员全部吸纳入群，三长成员巡查发现问题及时在群内反馈，专业人员接到反馈后根据各自职责第一时间应答、第一时间处置，使问题在最小的范围和最短的时间内得到解决。线下，利用现有设施资源设立城市治理服务站，作为三长交流情况、议事讨论、安排工作以及听取市民意见建议的场所，定期召开议事会，研究解决区域内重难点问题。

**为市民参与城市管理活动搭平台畅渠道**

近年来，青岛市坚持开门办城管，实施“个、十、百、千、万”工程，“个”即打造一个富有生机活力的“全民城管·温馨家园”活动品牌；“十”即建立人大代表、政协委员、专家学者、专业律师、媒体记者、社会组织、企业单位、社区居民、新市民、社会志愿者十支队伍；“百”即从十支队伍中选聘100余名热心于城市管理和社会公众事业、政策理论水平较高、专业素质较强、具备较高社会威望的城市管理公众委员；“千”即在全市推选产生1016名热心于城市管理、有一定政策水平和专业素质的市民代表；“万”即招募12661名城市管理志愿者队伍，坚持每月一主题，通过开展专题座谈会、现场观摩、现身说法、参与城市管理督导、巡查、执法等多种形式，激发全民城管队伍工作积极性。先后组织社会公众委员参加了“美丽楼院评选”、关爱“城市美容师”、百佳店招征选、生活垃圾分类线上研讨等主题活动27期。组织市民代表、城市管理志愿者参与小广告清理、楼院整治等城市管理活动1592次，引导市民城管队伍发挥不同专业、不同领域、不同层面作用，从各个角度为城市管理工作出谋划策、提出合理化建议420条，收集市民关心的城市管理事项1378件，为城市管理科学决策提供了参考依据。

今年以来，青岛市城市管理局还组织市民代表、志愿者2.6万余人次，参与清理卫生死角5800余处、清理垃圾4600余吨、清理乱贴乱画小广告3万余处，通过抓点带面，持续打造“人人有责、人人尽责”群众工作新格局。

结合垃圾分类、小广告治理、文明典范城市创建等城市管理领域重难点工作，青岛市城市管理局向全市城市管理公众委员、市民代表和城市管理志愿者发出倡议，号召大家从自身做起，用好“青岛城管”微信公众号和“点·靓青岛”微信小程序，随时发现身边的城市管理问题，发扬主人翁精神，带动身边越来越多的人投入到城市管理中来，形成全民理解、关心、支持并参与城市管理的良好氛围。

**问题：**

1. 试归纳现阶段青岛市“全民城管”的具体举措与成效。

2. 试分析相较于传统的城市管理模式，动员市民共同参与会为城市治理带来什么样的改变。

# 第九章　中国市政的新趋势

市政是一定时期城市政治和经济发展的产物。近年来，随着国家全面深化改革的推行，我国城市发展的环境发生变化，一方面，影响城市发展的各方面因素发生变化，促使市政出现新的特征和功能；另一方面，随着城乡一体化建设和城市群、城市区域的发展，城市发展的格局发生转变，市政也不再是某一个城市的专属，而是需要综合考虑城市与城市的关系、城市与乡村的关系。

本章将从微观、中观、宏观的顺序介绍中国市政面临的新趋势。微观方面指的是市政对城市市民及其市民组织层面的管理，市政和管理服务直接面向城市市民；中观方面指的是市政对本城市内部的安排，一般指的是对城市管理机构职能的划分、城市辖区辖县的管理；宏观方面则指的是城市与其他城市或周边区域的协同管理。

## 第一节　微观——基层治理建设强化

### 一、社区建设及其完善

#### （一）社区概念与社区的管理模式

“社区”一词源于拉丁语，意思是共同的东西和亲密的伙伴关系。20 世纪 30 年代初，费孝通先生在翻译德国社会学家滕尼斯的一本著作（*Community and Society*）时，从英文单词“Community”翻译过来的，后来被许多学者开始引用，并逐渐流传开来。“社区”一词最初是由德国的社会学家滕尼斯应用到社会学的研究中，因与区域相联系，所以社区有了地域的含义，意在强调这种社会群体生活是建立在一定地理区域之内的。

札记

无论是对于一个社区本身或对于整个社会来说，社区都有重要的意义。整个社会是由一个个或大或小的社区所组成的。任何一个社区就是一个规模不等的具体的小社会，是整个大社会的不同程度的缩影。从一定意义上说，社区研究是研究整个社会的起点。同整个大社会相比，社区则显得具体可感，易于把握。一般地说，社会的一切活动都是在一个个具体的社区里进行的。整个社会普遍存在的一些现象必然会在各个社区里有所表现。社区是社会各项事务的具体化。通过对社区研究，人们还可以了解某一社区的地方特点，因地制宜地进行改革和建设。

中华人民共和国成立以后，以街道办事处和居民委员会为基本组织形式的我国城市基层社区组织模式得以确立。1954 年 12 月，全国人大一届四次会议通过了《城市街道办事处组织条例》和《城市居民委员会组织条例》，第一次用法律的形式确定了我国城市街道办事处和居民委员会的性质、地位和作用。这两个条例实施后，各城市依法对街道办事处、居民委员会组织进行了整顿。至 1956 年，全国各地相继完成了街道办事处、居民委员会两级组织的组建工作，我国城市社区的基本组织——街道办事处和居民委员会，从此正式地、全面地形成，成为我国城市社会管理体制的一个有机组成部分。城市社区在长期发展中由于经济、政治等因素的影响形成了多样的管理模式，主要包括单位制管理模式、政府主导型管理模式、市场主导性管理模式和社区自治型管理模式。

1. 单位制社区管理模式

单位制管理模式也称为企业办社会模式。这种模式是指在政府有关部门的指导和参与下，由单位企业直接或间接对社区内的经济、社会事务和市政的方面进行管理，单位企业对社区内各种设施，如房产、学校、娱乐等基础性设施享有所有权，而这种模式主要存在于中国计划经济时代。这种体制模式具备以下特点：第一，社区内的居民具有双重身份，他们不仅是单位职工，又是社区居民；第二，单位把社区内的各项建设当作是单位给予职工的福利，社区内的各项配套设施建设都比较完善；第三，由于社区的居民大多都是单位企业内的职工，容易形成稳定的社区共同意识。

2. 政府主导型社区管理模式

政府主导型社区管理模式是以政府为核心的社区管理体制，实质上

札记

是为强化基层政府的行政职能。主要是以街道办事处为办事主体，对社区的治安、社区环境、社区道路管理、社区文化教育、公共事务、社会事务、社会福利等方面进行全方位的管理，而居委会、中介组织、社会团体等各种社区主体则在政府部门的领导下共同参与。社区管理完全由政府行政机构自上而下地推进，实行垂直式管理，使政治、经济资源能在政府部门的统一整合下得到最大的发挥。

3. 市场主导型社区管理模式

市场主导型社区管理模式是在城市综合开发的基础上建立起来的一种经营性的社区管理模式。这种社区管理模式因引进了物业管理公司，因此又被称为“物业管理模式”。该模式主要包括以下内容：第一，社区内的物业管理公司在政府部门的引导下，依照法规、合同，统一对社区内的各类房屋建筑、配套设施和公共场地进行管理。第二，在社区管理中，通过签订承包责任书，明确社区管理人员的职责；第三，社区的行政管理职能由街道办事处享有，而物业管理公司则负责配合街道办事处社区行政事务的管理。市场主导型社区管理模式也有一定优点：第一，物业管理公司的地位明确，权责利相统一；第二，减轻了政府投资建设的负担，并增加了社区的经费来源，使社区居民对公共基础设施的满意度提高；第三，社区内产业多元化。但目前这一模式也存在很多不足，常常忽视社会效益，不能覆盖社区中的社会管理和行政管理，仅仅立足在满足社区居民生活方面的需求，容易造成“一手硬、一手软”的现象。

4. 社区自治型管理模式

社区自治型管理模式是一个以社区居委会为核心的管理模式。它通过联合社会与社区内其他各组织，共同参与社区事务管理，真正实行社区居民民主自治管理。该管理模式与中国民主政治发展方向一致，它通过广泛动员社区居民参与社区事务管理，让社区居民能参与管理自己的事务，使他们真正成为社区的主人。社区内各种主体广泛的参与到社区管理中，形成良好的自治环境，不仅有利于社区居民社区认同感、归属感的形成，有利于提高社区居民的生活质量，更有利于政府转变职能，减轻政府的负担。此外，社区居民积极参与社区事务，有利于居民的各种利益落到实处，使社区成为为社区居民办事的组织。另外，社区居民自治还是成本较低的一种管理，能有效的弥补公共资源的不足；同时，

札记

对国家来说，社区居民自治有利于推进基层的民主建设，有利于增强公民政治参与的积极性。因此，中国政府完善法律法规，并积极引导社区各主体参与社区事务，以真正实现社区自治。

在长期发展中，我国社区管理体制也逐渐变化。传统的依托国有企业、事业单位的单位制设社区管理体制弱化，单位承担的社会职能向社区转移，政府与社会的关系发生变化，大量的社会组织开始产生并发挥重要的作用，政府与社区的关系由领导控制变成指导、协调与合作，城市街道办事处作为政府的派出机关与政府组织结合在一起。同时，社区组织成为城市基层社会组织的主体；依托社区与居民委员会，社区自治的形式开始逐渐成为社区治理的主要方向。

### (二)完善社区治理的新趋势

完善基层社会治理是实现我国治理体系和治理能力现代化的重要手段。党的二十大报告指出，要在社会坚持和发展新时代“枫桥经验”，完善网格化管理、精细化服务、信息化支撑的基层治理平台，健全城乡社区治理体系，及时把矛盾纠纷化解在基层、化解在萌芽状态。作为城市治理的基本单元，这体现了城市社区治理发展的新趋势。

充分发挥基层党组织作用。我国充分发挥基层党组织在社区的领导核心作用，加强社区党组织对社区各类组织和各项工作的领导，确保党的路线方针政策在社区得到全面贯彻落实；推进社区与街道单位的共建互补，深入拓展区域化管理；扩大城市新型领域的党建工作覆盖；推动管理和服务力量下沉，引导基层党组织强化政治功能，持续推进党的基层组织在社区治理中广泛实行群众自我管理、自我服务、自我教育和自我监督，拓宽人民群众反映意见和建议的渠道，推进基层民主制度化和规范化、程序化。基层党建的加强，使党的领导通过基层党组织和社区党员的作用下沉到社区直至每一个民众，填补了政府力量在街道之下的“空白”，进而使政策更好地传达、组织和落实。

社区基层群众自治组织的基础作用得到完善。中国共产党十九大报告指出，加强社区治理体系建设，推动社区治理体系建设，发挥社会组织作用，实现政府治理和社会调节、居民自治的良性互动；十九届四中全会公报指出，健全社区管理和服务机制，推动社会治理和服务重心向基层下移，把更多资源下沉到基层，更好提供精准化、精细化服务。促

札记

进基层群众组织与网格化服务管理的有效衔接，增强基层群众性自治组织开展社区协商、服务社区居民的能力。建立健全居务监督委员会，推进居务公开和民主管理。健全全过程人民民主制度体系，丰富各层级民主形式，把人民当家作主具体现实体现到国家政治生活和社会生活各方面。

完善基层政府、社区、社会组织的协同治理作用。按照条块结合、以块为主的原则，制定区县职能部门、街道办事处在社区治理方面的权责清单；依法厘清街道办事处和基层群众性自治组织权责边界，明确承担的社区工作事项清单以及协助政府的社区工作事项清单；上述社区工作事项之外的其他事项，街道办事处可通过向基层群众性自治组织等购买服务方式提供。建立街道办事处(乡镇政府)和社区组织履职履约双向评价机制。基层政府要切实履行城乡社区治理主导职责，加强对城乡社区治理的政策支持、财力物力保障和能力建设指导，加强对基层群众性自治组织建设的指导规范，不断提高依法指导城乡社区治理的能力和水平。大力发展在城乡社区开展纠纷调解、健康养老、教育培训、公益慈善、防灾减灾、文体娱乐、邻里互助、居民融入及农村生产技术服务等活动的社区社会组织和其他社会组织。推进社区、社会组织、社会工作“三社联动”，完善社区组织发现居民需求、统筹设计服务项目、支持社会组织承接、引导专业社会工作团队参与的工作体系。鼓励和支持建立社区老年协会，搭建老年人参与社区治理的平台。增强农村集体经济组织支持农村社区建设能力。积极引导驻社区机关企事业单位、其他社会力量和市场主体参与社区治理。

社区治理水平的提升。社区居民参与能力得到增强，民众养成协商意识、掌握协商方法、提升协商能力，拓展流动人口有序参与居住地社区治理渠道，促进流动人口的社区融入。社区服务供给能力得到增强，城乡社区公共服务体系加强，创新社区公共服务和社区医疗卫生服务能力和水平，探索建立社区公共空间综合利用机制，鼓励和引导各类市场主体参与社区服务业。强化社区的文化引领能力，以培育和践行社会主义核心价值观为根本，弘扬中华优秀传统文化积极发展社区教育，推进学习型社区建设。增强社区依法办事能力、提升社区预防矛盾化解能力，并增强社区信息化应用能力。

札记

## 二、网格化管理

### (一)网格化管理的概念

网格化管理是一种行政管理改革，依托统一的城市管理以及数字化的平台，将城市管理辖区按照一定的标准划分成为单元网格。通过加强对单元网格的部件和事件巡查，建立一种监督和处置互相分离的形式。网格化概念来源于“地理网格”。地理网格是指在现实世界中城市地形地貌分布和生产生活布局。城市的地理网络为城市功能分区和发展布局提供地理基础，各种地理网格上也存在对应的城市功能区。促使网格从地理学概念向城市管理方面转换来源于英国哲学家波普尔(Popper)提出的“三个世界”理论。波普尔认为，现实由“三个世界”组成：第一世界(世界1)属于物理领域，是课题与物理状态、事件和力所构成的物质的世界；第二世界(世界2)属于主观意识领域，是有意识和无意识经历的心理事件所构成的心理的世界；第三世界(世界3)属于客观知识领域，是人类心灵的客观产物抽象对象的世界。对此，地理网格属于物理领域的具体对象，网格空间理论就是把世界1的管理网络经由人类的思维活动转化为世界3的管理网络，人类的客观知识产品，并在世界1的管理过程得以还原和落地。管理网格作为客观知识领域，是人类心灵的客观产物的抽象对象世界，也是世界2人类部分的深思熟虑的产物，这些产物的表现习惯是也是世界1的载体。就此地理网格转向为管理网格并被利用到城市管理实践中。

从城市管理者看来，根据不同的管辖权力，世界1的地理网格分解成为不同的管理网格，实施“分而治之”的管理。基于此将管理网格分为行政网格、管制网格和工作网格。行政网格是指按照一定原则和程序在城市区域地理网格的基础上划分为不同的层级单元，分层设置不同级别的政府部门，进而方便其履行行政管理职能。管治网格就是负责城市某一方面或者某些方面的行政事务的城市政府职能部门或者参与城市公共管理的其他非政府组织所管理或者服务的负责区域，管制网格的范围与政府行政层级和部门权责相关，不同层级、部门的管制网络在同一个地理网格实现了管理空间的重叠。工作网格体现为城市政府职能部门工作人员在管理区域上的责任分割，就是在管治网络的基础上精细划分不

札记

同人员的管理责任区域，对管理对象实行精确管理，为服务对象提供精准服务，它是打破部门大锅饭式管理的有效工具。

### （二）网格化管理的实践与发展动因

网格化管理兴起于城市居住区管理，特点是对居住区的精细化管理。在中国的实践最早来源于北京市东城区在 2004 年提出的一种新的数字化城市管理模式。首先运用网络地图技术将某一区域划分成若干网格单元，作为最小的管理和服务单位。东城区按照“市辖区代码—大类代码—小类代码—部件名称—归属部—问题位置—所在网格”进行编码。而后，又衍生了上海模式、舟山模式、许昌模式等不同的网格化管理发展形态。

科技发展无疑是网格化管理发展的基础。城市现代化的发展，由于信息技术的应用，尤其是地理信息系统、无线通信等信息技术和设备的应用，城市管理空间的精细化、管理对象的数字化以及城市管理信息的采集与传输奠定了基础。此外，包括物联网、云计算、大数据等当今前沿的信息科技技术综合运用，综合运用“掌上网格”无限传输、系统数据存储、系统网络安全等当今科技成果，使得网格化发展向着更加全面、丰富、创新的方向发展。

对社会服务效率提升的需求是促成网格化管理发展的重要原因，也是网格化管理的目标，网格化管理模式实现了以城市管理部件“物”为主体向网格内精细服务以“人”为主体的动态变化，将社会服务与网格化管理有机结合起来，网格化管理以网格为基本的服务单元，通过对低于网格进行不同的力量配备为普通社会居民、社区特殊人群和流动人口提供全方位、多层次的社区服务，确保每户居民都在管理服务网格之中。

网格化管理通过各种社区力量的广泛动员为广大社区居民提供了更多更好的参与、管理社区和社区事务的平台，促进和推动了社区治理理念的转变，为基层民主发展创新提供了良好地示范效益。网格化管理为基础的社区建设正在逐步摆脱传统一元化的社会管理体制面对新型社区发展所表现出的不适应性，开始吸纳更多的城市管理主体，注重民意的表达与回应，以民主的方式动员社会力量一起参加社会服务管理。

### (三)推进城市网格化管理

近年来，加强城市网格化管理已成为改进社会治理方式的重要环节。作为完善行政体制改革的需要，要改进社会治理方式，创新社会治理体制，以网格化管理、社会化服务为方向，健全基层综合服务管理平台。

城市网格化管理是一种革命和创新。第一，它将过去被动应对问题的管理模式转变为主动发现问题和解决问题；第二，它使管理手段数字化，这主要体现在管理对象、过程和评价的数字化上，保证管理的敏捷、精确和高效；第三，它是科学封闭的管理机制，不仅具有一整套规范统一的管理标准和流程，而且发现、立案、派遣、结案四个步骤形成一个闭环，从而提升管理的能力和水平。正是因为这些功能，可以将过去传统、被动、定性和分散的管理，转变为今天现代、主动、定量和系统的管理。简单地讲，城市网格化管理是运用数字化、信息化手段，以街道、社区、网格为区域范围，以事件为管理内容，以处置单位为责任人，通过城市网格化管理信息平台，实现市区联动、资源共享的一种城市管理新模式。

但是，全面推行网格化管理并非是一个一劳永逸的方案。由于网格化管理会对公民的全部信息有所掌握，因此在保证社会秩序的同时如何保证公民生活的多样性和自由也是网格化管理必须要考虑的问题。在建设网格化管理中，要把管理与公民社会的建设结合起来，不断提高和扩大尤其是基层的自治性管理，变政府管理为自我管理，网格化管理不是要强化政府的管理，而是要促使市民社会的成熟。同时，推进网格化管理还要同推进公共服务的市场化结合在一起，政府要通过网格化的管理充分运用社会组织包括各类组织来向社会提供服务，并在一些竞争性服务领域使政府的运作具有竞争力。网格化管理也要同人文关怀结合在一起，以网格化管理使用的信息技术保护人的基本权利，避免成为一种技术之上的冷冰冰的技术理性主义。

## 三、基层党建引领

### (一)基层党建引领——基层治理的有效途径

随着城镇化进程的加速，大量流动人口进入城市。新时代呼唤新型

札记

城镇化的高质量发展转型，同时，人民对美好生活的向往和高质量服务的诉求，也对城市基层社会治理和公共服务创新提出了新挑战。在中国的政治制度下，基层社会的主体是党建引领的多元力量，其目标是满足人民群众日益增加的公共服务需求，通过抓党建来促进服务，把党的优势转化为服务优势。通过基层党组织统筹各方、总揽全局的引领作用将基层党建、社会治理和服务供给有效衔接起来，提升城市基层社会治理水平。

自党的十八大以来，为了完善基层治理、提高党建工作的覆盖性，中共中央于2014年发布了《关于加强基层服务型党组织建设的意见》，提出建设基层服务型党组织，坚持服务改革、服务发展、服务民生、服务群众、服务党员，以服务型党组织建设引领基层党建工作，使服务成为基层党组织建设的主题，通过强化服务功能、健全组织体系、建设骨干队伍、创新服务载体和构建服务格局达到基层党组织具有坚强有力的领导班子、本领过硬的骨干队伍、功能实用的服务场所、形式多样的服务载体、健全完善的服务机制和群众满意的服务业绩。2017年，中共中央、国务院印发《关于加强和完善城乡社区治理的意见》提出“把加强基层党的建设、巩固党的执政基础作为贯穿社会治理和基层建设的主线，以改革创新精神探索加强基层党的建设引领社会治理的路径”。2019年5月，中共中央办公厅印发了《关于加强和改进城市基层党的建设工作的意见》，提出“要加强和改进城市基层党建，以街道社区党组织为核心，有机联结单位、行业及各领域党组织，实现组织共建、资源共享、机制衔接、功能优化，不断强化系统建设和整体建设，形成党建引领基层社会治理创新的新格局”。2021年中共中央、国务院印发《关于基层治理体系和治理能力现代化建设的意见》指出“把抓基层、打基础作为长远之计和固本之举，把基层党组织建设成为领导基层治理的坚强战斗堡垒，使党建引领基层治理的作用得到强化和巩固”。2022年党的二十大报告进一步指出，坚持大抓基层的鲜明导向，抓党建促乡村振兴，加强城市社区党建工作，推进以党建引领基层治理，把基层党组织建设成为有效实现党的领导的坚强战斗堡垒，进而在基层角度进一步坚持中国式现代化的本质要求。

## （二）基层党建引领的体现

1. 社区党组织建设

社区基层党组织作为完善基层党建引领的中心部分，在基层治理中起到了协调动员各主体参与、整合联络各类资源到位的关键作用，逐渐形成了以社区党组织为中心，动员社区服务中心、自治团体、社会组织、住区单位在内的多方主题参与社区的治理与服务，在这种格局下，基层治理能够实现党组织领导下的政府管理与自我管理相结合，政府提供服务与居民自我服务相衔接，形成定位清晰、功能互补、资源互联、共治共享的治理结构，推动基层社会治理更具成效。

在社区党组织发挥政治领导核心的前提下，社区延伸党组织的服务功能，坚持民有所呼、我有所应，创新工作方法，推动基层党建服务能力的提升、服务功能的强化，将基层党组织建设成为服务型党组织。具体来说：一是要适应新时代的党建工作形势，推进基层队伍的建设，开展党员示范等活动，将基层党组织建成坚实的战斗堡垒；二是实现党建的互联互动，发挥基层党组织系统服务的功能，打破各党组织体制、级别的壁垒，推动资源整合、条块整合，丰富为群众服务的资源。

在社区完善基层党建引领的要求下，各地党建服务中心和党群服务中心围绕“凝聚党心，服务群众”的宗旨建立，发挥党建的政治优势和组织优势，将服务资源汇聚到基层。党群服务中心的建立，为社区提供了宣传教育平台，充分发挥对社区党员群众的宣传作用和教育培训作用。同时，党群服务中心也是社区资源整合平台，党建服务中心推动区域化党建工作搭建平台，为多元协同社会治理提供载体；推动居民自治，通过群团工作站的形式发挥群团组织联系党群的桥梁作用。党群服务中心的建立一方面为社区基层党组织联系群众、服务群众、宣传群众、教育群众搭建平台；另一方面为整合区域党建资源、管理教育党员提供载体。

2. 党建融入网格管理，构建“红色网格”

“红色网格”是一些城市近年来推进党组织网格化管理、落实党员网格责任制以及提高“基层党建+社会治理”水平的一种实践探索。具体来讲，就是在已有网格化管理的基础上，把基层党组织和党员纳入“网

札记

格化”管理的一种党建模式，确保“每个网格都有党组织、每名党员都在网格中”，常态化开展基层的民生服务、矛盾调处、隐患排查等工作，形成以“小网格推动大党建、带动大治理”的工作格局。同时，在发挥基层党组织的核心引领作用基础上，通过党建带群建、建立街道大工委、社区大党委、区域党建联盟等，引导各类基层自治组织、群团、驻社区单位等在网格中发挥作用。具体做法是首先将街道分成若干网格，每个网格建立党支部，并明确每个网格党支部的职能，建立网格党支部任务清单制度；建立责任网格，在网格内配备网格指导员、网格长、专职网格员之外配备若干红色网格员；运行机制上按照就亲、就近、就便原则，每名红色网格员联系5~10名群众，形成网状而突出党支部和党员的“红色网格”结构和运行机制。

3. 基层党建与居民自治的结合

基层党建引领要在社区党组织的领导下同基层群众自治组织结合，使基层群众组织在党的领导下更好的为群众服务。近年来，许多地方以建设基层服务型党组织为主线，以服务群众为目的，强化街道、社区党组织对居民委员会、业主委员会的组建、履职的指导和监督，推进居民自治组织的党组织建设，推动党的基层组织纵向到底互联互通等活动、横向到边的共建共享共用，建设“红色居委会”“红色业委会”，不断完善基层社会治理体系，整体提升基层社会治理水平。

首先，建立居(业)委员会党组织，街道党工委和社区党组织及时督导帮助居(业)委会组建党组织，其中，根据党员关系在社区中的数量组建对应的党支部或联合党支部；实行“双向进入、交叉任职”，街道、社区党组织结合实际，推荐符合条件的社区党员，对社区事务熟悉的党员参与居(业)委会竞选和任职；充分发挥居(业)委会党组织作用，加大宣传服务力度，利用各种活动，积极宣传党的路线方针政策，把上级党组织的决定和决议落实到居民身边，积极发挥党员先锋模范作用，提升居(业)委会的凝聚力、战斗力和号召力。形成以街道、社区党组织为核心，社区居委会、业委会、物业服务企业“三方联动”的基层社会治理新格局。

4. 党员干部下沉

党员干部下沉，是社区基层治理的重要举措，是完善基层社区治理机制的关键，也是党和国家打通基层“最后一公里”的可靠举措。具体来说，就是党政机关、事业单位的党员临时“下沉”到单位所在社区或居住地所在社区提供帮助和服务工作。下沉社区的党员干部与社区居民、社区服务组织和社区志愿者，一同构成了合作、发展、共治的社区治理模式，为完善社区治理起到了重要作用。

党员干部下沉完善了社区治理尤其是应急状态下人员缺少的难题，目前这一举措正在走向制度化和法制化，2020 年，湖北省出台《关于推进机关企事业单位党员干部下沉社区工作常态化长效化的意见(试行)》，促进下沉党员真正融入日常、做在经常、干在平常，做实常态化，实现长效化。

## 第二节　中观——城市新区出现与建设

一般来说，直辖市或设区的地级市的管辖范围涵盖下辖的区县。随着国家经济发展、城市发展的升级以及各地发展战略的变化，一些城市在传统行政区(县)之外形成了城市新区。这些城市新区有的是由国家为主体设立，有的是由各地为主体设立。在职能上，这些新区在经济、文化、生态治理等领域采取同其他地区不同的政策；在同上级政府关系上，有些新区的管理人员由上级政府派出，相比其他城市行政区拥有不同的组织人事关系。新区的发展和运行具有其独特性，目前已经成为市政中观层面出现的新态势。

### 一、城市新区的含义与组成

广义的新区，顾名思义就是城市新建的区域。城市新区是指位于大城市边缘地区，受中心城市辐射较强的区域，是城市建设中变化最快、最活跃的地区。广义的新区包括中国改革开放以来建立的经济技术开发区、高新技术产业开发区、保税区、国家旅游度假区、边境经济合作区、出口加工区、新区等新建的区域。狭义的新区是指在城市未开发或者开发不充分且具有开发潜力的地区以及开发区发展到一定程度需要转型的区域，由县区级以上政府以新的城市发展理念组织开发的城市化快速发展的综合区域。按照新区设立的起点可以分为开发区转换型和新区初设型。前者是指前期以开发区或高新区的形式进行开发，发展到一定程度后对开发区进行整合组成新区，这种类型的新区实际是“产业区”

札记

发展到“综合开发区域”的形式。新区与开发区形成区位上的包含与被包含的关系，在管理上形成综合协调的关系，在发展中共同享受各种优惠政策招商引资、税收优惠等。这种类型是在具有开发区的城市，且开发区发展比较成熟的地区，全国新区大部分属于这种类型。后者是从一开始设立就是按照新区的理念来建立的，大多是在新世纪以来设立的城市新区，借鉴其他城市新区的发展经验，综合了开发区与城区的功能，同时又注重现代城市的发展理念。

从广义上的新区来看，截至 2017 年上半年，中国有 7 个经济特区、19 个国家级新区、11 个自贸试验区、219 家国家级经济技术开发区、156 家国家级高新技术产业开发区、12 个国家综合配套改革试验区、5 个国家级金融综合改革试验区。各类国家级开发区总数共有 429 个。

(1)国家级经济特区(7 个)。(见表 9-1)

表 9-1 **国家级经济特区**

| 序号 | 经济特区名称 | 所在地 | 批准时间 |
|---|---|---|---|
| 1 | 深圳经济特区 | 广东 | 1980 年 8 月 |
| 2 | 珠海经济特区 | 广东 | 1980 年 8 月 |
| 3 | 厦门经济特区 | 福建 | 1980 年 10 月 |
| 4 | 汕头经济特区 | 广东 | 1981 年 10 月 |
| 5 | 海南经济特区 | 海南 | 1988 年 4 月 |
| 6 | 喀什经济特区 | 新疆 | 2010 年 5 月 |
| 7 | 霍尔果斯经济特区 | 新疆 | 2014 年 6 月 |

(2)国家级新区(19 个)。

国家级新区，是由国务院批准设立，承担国家重大发展和改革开放战略任务的综合功能区，在各地经济发展中起着重要的风向标作用。截至目前，全国共有国家级新区 19 个，其中 8 个在东部，2 个在中部，6 个在西部，3 个在东北地区。另有武汉长江新区、合肥滨湖新区、郑州郑东新区、南宁五象新区、乌鲁木齐新区、沈阳沈北新区、石家庄正定

新区、唐山曹妃甸新区和杭州钱塘新区已经提出要打造国家级新区的规划。(见表 9-2)

札记

表 9-2　　国家级新区

| 序号 | 新区名称 | 获批时间 | 主体城市 |
|---|---|---|---|
| 1 | 浦东新区 | 1992 年 10 月 11 日 | 上海 |
| 2 | 滨海新区 | 2006 年 05 月 26 日 | 天津 |
| 3 | 两江新区 | 2010 年 05 月 05 日 | 重庆 |
| 4 | 舟山群岛新区 | 2011 年 06 月 30 日 | 浙江舟山 |
| 5 | 兰州新区 | 2012 年 08 月 20 日 | 甘肃兰州 |
| 6 | 南沙新区 | 2012 年 09 月 06 日 | 广东广州 |
| 7 | 西咸新区 | 2014 年 01 月 06 日 | 陕西西安、咸阳 |
| 8 | 贵安新区 | 2014 年 01 月 06 日 | 贵州贵阳、安顺 |
| 9 | 西海岸新区 | 2014 年 06 月 03 日 | 山东青岛 |
| 10 | 金普新区 | 2014 年 06 月 23 日 | 辽宁大连 |
| 11 | 天府新区 | 2014 年 10 月 02 日 | 四川成都、眉山 |
| 12 | 湘江新区 | 2015 年 04 月 08 日 | 湖南长沙 |
| 13 | 江北新区 | 2015 年 06 月 27 日 | 江苏南京 |
| 14 | 福州新区 | 2015 年 08 月 30 日 | 福建福州 |
| 15 | 滇中新区 | 2015 年 09 月 07 日 | 云南昆明 |
| 16 | 哈尔滨新区 | 2015 年 12 月 16 日 | 黑龙江哈尔滨 |
| 17 | 长春新区 | 2016 年 02 月 03 日 | 吉林长春 |
| 18 | 赣江新区 | 2016 年 6 月 14 日 | 江西南昌、九江 |
| 19 | 雄安新区 | 2017 年 4 月 1 日 | 河北保定 |

(3) 自由贸易试验区(21 个)。

实质上是采取自由港政策的关税隔离区。加快实施自由贸易区战略是中国新一轮对外开放的重要内容。(见表 9-3)

札记

表 9-3 自由贸易试验区

| 序号 | 自贸区名称 | 所在地 | 首次获批时间 | 分布片区 |
|---|---|---|---|---|
| 1 | 中国(上海)自由贸易试验区 | 上海 | 2013 年 9 月 | 上海外高桥保税区、上海外高桥保税物流园区、洋山保税港区、浦东机场综合保税区、陆家嘴金融片区、金桥开发片区、张江高科技片区、临港新片区 |
| 2 | 中国(广东)自由贸易试验区 | 广东 | 2015 年 4 月 | 广州南沙新区片区、深圳前海蛇口片区、珠海横琴新区片区 |
| 3 | 中国(天津)自由贸易试验区 | 天津 | 2015 年 4 月 | 天津港片区、天津机场片区、滨海新区中心商务片区 |
| 4 | 中国(福建)自由贸易试验区 | 福建 | 2015 年 4 月 | 平潭片区、厦门片区、福州片区 |
| 5 | 中国(河南)自由贸易试验区 | 河南 | 2017 年 3 月 | 郑州片区、开封片区、洛阳片区 |
| 6 | 中国(湖北)自由贸易试验区 | 湖北 | 2017 年 3 月 | 武汉片区、襄阳片区、宜昌片区 |
| 7 | 中国(辽宁)自由贸易试验区 | 辽宁 | 2017 年 3 月 | 大连片区、沈阳片区、营口片区 |
| 8 | 中国(四川)自由贸易试验区 | 四川 | 2017 年 3 月 | 成都天府新区片区、成都青白江铁炉港片区、川南临港片区 |
| 9 | 中国(重庆)自由贸易试验区 | 重庆 | 2017 年 3 月 | 两江片区、西永片区、果园港片区 |

札记

续表

| 序号 | 自贸区名称 | 所在地 | 首次获批时间 | 分布片区 |
|---|---|---|---|---|
| 10 | 中国(浙江)自由贸易试验区 | 浙江 | 2017 年 3 月 | 舟山离岛片区、舟山岛北部片区、舟山岛南部片区、宁波片区、杭州片区、金义片区 |
| 11 | 中国(陕西)自由贸易试验区 | 陕西 | 2017 年 3 月 | 中心片区、西安国际港务区片区、杨凌示范区片区 |
| 12 | 中国(海南)自由贸易试验区 | 海南 | 2018 年 10 月 | 全岛 |
| 13 | 中国(山东)自由贸易试验区 | 山东 | 2019 年 8 月 | 济南片区、青岛片区、烟台片区 |
| 14 | 中国(江苏)自由贸易试验区 | 江苏 | 2019 年 8 月 | 南京片区、苏州片区、连云港片区 |
| 15 | 中国(广西)自由贸易试验区 | 广西 | 2019 年 8 月 | 南宁片区、钦州港片区、崇左片区 |
| 16 | 中国(河北)自由贸易试验区 | 河北 | 2019 年 8 月 | 雄安片区、正定片区、曹妃甸片区、大型机场片区 |
| 17 | 中国(云南)自由贸易试验区 | 云南 | 2019 年 8 月 | 昆明片区、红河片区、德宏片区 |
| 18 | 中国(黑龙江)自由贸易试验区 | 黑龙江 | 2019 年 8 月 | 哈尔滨片区、绥芬河片区、黑河片区 |
| 19 | 中国(北京)自由贸易试验区 | 北京 | 2020 年 9 月 | 科技创新片区、国际商务服务片区、高端产业片区 |
| 20 | 中国(湖南)自由贸易试验区 | 湖南 | 2020 年 9 月 | 长沙片区、岳阳片区、郴州片区 |
| 21 | 中国(安徽)自由贸易试验区 | 安徽 | 2020 年 9 月 | 合肥片区、芜湖片区、蚌埠片区 |

札记

(4)国家级经济技术开发区(232个)。

经济技术开发区是中国大陆为实行改革开放政策而设立的现代化工业、产业园区，主要解决中国大陆长期存在的审批手续繁杂、机构叠床架屋等制约经济社会发展的体制问题。国家级经济技术开发区是由国务院批准成立的经济技术开发区，在中国现存经济技术开发区中居于最高地位。截至2021年，全国共有国家级经济技术开发区232个，内地每个省区均有分布，其中江苏省最多，有27个，其次是浙江省22个，山东省16个。

(5)国家综合配套改革试验区(12个)。

国家综合配套改革试验区的设立是中国在经济社会发展的新阶段，在科学发展观的指导下，为促进地方经济社会发展而推出的一项新的举措。它是中国改革开放后继深圳等第一批经济特区后建立的第二批经济特区，亦即中国的“新特区”。国务院已经先后批准了12个国家综合配套改革的试验区。

(6)省级开发区概况。

本书所述的新区，有的新区是直接通过国家高级规划所设置，有的新区则是通过省级甚至省级政府对市一级的新区进行“升级”所设置的。本书所述的省级开发区指省级经济开发区、工业园区和高新技术产业园区，而国家级开发区则主要包括国家级经济技术开发区和高新技术产业开发区。山东、江苏和浙江是三个开发区最多的省份，其中江苏变化最为明显。对比省级和国家级开发区的两个名单可以看出，从省级开发区名录中“消失”的园区并没有真正消失，而是在不同的年份里“升级”成了国家级开发区。

## 二、新区发展现状

### (一)城市规划建设数目增多

国家发改委城市和小城镇改革发展中心课题组利用网络，对全国除直辖市之外27个省(自治区)的286个地级市和368个县级市的新城新区规划建设情况进行了摸查，检索了政府工作报告、文件、规划和新闻报道等，发现在省会城市和计划单列市中，31个城市设立了新城新区，占96.9%，共设立新城新区122个，平均每个城市接近4个。其中，沈阳规划建设了14个新城，杭州规划建设了11个新城。在除省会城市和计划单列市以外的254个地级城市中，有227个城市规划建设了新城新区或者提出了新城新区概念，占89.4%；其中涉及397个新城新区，平均每个城市1.7个。在368个县级市中，有186个城市规划建设了新城新区或者提出了新城新区概念，占50.5%，规划建设了218个新城新区。在除全国直辖市之外的654个城市中，规划建设新城新区或者提出了新城新区概念的城市共有444个，占67.9%；共提出了737个新城新区。

（二）国家级新城新区总量增多

目前由国务院批准设立的国家级新区共有20个，国家级新区的不断设立，对带动区域经济发展、推动各项改革措施的落实，发挥了中央的作用。在其影响下，各地纷纷试图把本地的新区纳入国家战略，也在一定程度上带起新一轮的新城新区热潮，新城新区的建设问题也成为市政管理研究的重点。

（三）新城新区规划用地规模普遍较大

在省会城市、计划单列市和地级城市规划的519个新城新区中，有478个新城新区公布了规划区面积，规划区面积总和为72 803平方公里。有193个新城新区公布了规划建设用地面积，总量达11 654平方公里，平均每个新城新区规划建设用地面积为60.4平方公里。如果按照新城新区公布规划建设用地面积的平均规模推算，519个地级以上城市的新城新区规划建设用地面积总量将达31 339平方公里，与现有地级城市建成区面积基本相当。在县级城市规划的新城新区中，有151个公布了规划区面积，规划区面积总和为10 649平方公里。有43个新城新区公布了规划建设用地面积，总量达1 318平方公里，平均每个新城新区规划建设用地面积为30.7平方公里。而根据《中国城市建设统计年鉴》数据，2013年中国县级市建成区的平均规模为26.7平方公里，县级市规划的新城新区平均用地规模已经超过当前县级市的平均水平，相当于是再造一个新城市。

札记

### (四)新城新区类型多，运行体制相对灵活

各地新城新区发展和名头是多种多样的，诸如产业新城、卫星城、科教新城、大学城、政务新城、空港新城、高铁新城、港口新城、生态新城、低碳新城、智慧新城等等多种类型。在这些新城新区发展的过程中，在其主要功能的带动下，其他各项功能配套也在不断完善。各级政府、企业、市民及有关机构，在新城新区的规划、建设、运营管理过程中，扮演了不同的角色，实现了多样的运行机制。

(1)规划方面，一般由掌握土地出让权的城市政府主导，不管是产业发展的目标、人口容量的目标，还是基础设施和市政公共服务的配套等方面，都是各级政府国民经济和社会发展规划、城市总体规划的重要内容。但在涉及企业等相关利益主体的规划中，企业的参与越来越重要与常见。

(2)投资建设方面，政府投资新城新区市政基础设施建设进行招商引资建设是大多数新城新区的基本模式，包括“七通一平”等，近段时间也出现企业参与到整个新城新区的基础建设、招商引资、管理运营上的新模式。

(3)运营管理方面，部分新城新区隶属于原来的城市辖区，各方面社会管理由其区域所在行政区负责；部分新城新区成立了管理委员会，具有部分经济社会的管理权限；部分新城新区成为独立的行政区。在一些新出现的企业为主导的新城新区，部分管理职能由企业参与。

## 三、新区发展新模式

### (一)雄安新区模式

2017年4月1日，中共中央、国务院印发通知，决定设立河北雄安新区。雄安新区是继深圳经济特区和上海浦东新区之后又一具有全国意义的新区，也是继规划建设北京城市副中心后又一京津冀协同发展的历史性战略选择。

首先，确定建设用地供给“紧缩型”大政方针，在“源”和“流”两方面协同治理。新区建设用地是治理房地产乱象的主要杠杆之一。与一般城市的策略，主要是提高土地供给量或在购房数量、面积、信贷上设限

札记

不同，由于雄安新区的战略定位及其客观上形成的巨大市场需求，要想通过投放更多的土地来抑制房地产炒作，可以说基本上是不现实的。因此在新区建设用地上应确立“紧缩型”的大政方针，土地供给主要根据国家战略的实际需要，并以尽可能压缩市场自由交易为指针，从“源头”上做好顶层设计，限制并在初期杜绝土地的市场化。同时在“流”的方面或微观市场上，尽可能考虑借助购房政策、户籍与积分制甚至是房地产税等多种手段，把炒房者的利润压到得不偿失的地步，同时减少政府的治理投入。其次，研究出台《雄安新区土地和房地产管理条例》，为扭转房地产城市化做出示范。利用雄安新区的高规格及特殊性，在吸收中国城市建设房地产化经验教训的基础上，充分发挥国家和政府在土地、财税、投资、交易、立法等方面的综合优势，研究、制定《雄安新区建设期间土地和房地产管理条例》，划定居住、投资、开发、建设的红线，把目前政府封盘举措制度化和长期化。甚至可以出台更为严格的限制买卖的各种条件(如延长时、提高税收等)，严防“开闸”之后的“放水”现象。

### (二)深圳光明新区模式

新区一方面具有“行政和社会事务管理”等政府职能，带有行政区特点，另一方面又有“招商引资、产业布局”等职能，带有功能区的特点。所以它兼具行政区和功能区两大特征。由于新区体制是一个开创性的体制，往行政区方向发展，就会成为行政区，往功能区发展，就成为功能区。《深圳市综合配套改革总体方案》(以下简称《总体方案》)及时为新区的发展指明了方向。《总体方案》在“探索城市行政区划及管理体制改革”中指出：“适当调整行政区划，推进行政层级改革试点，缩短管理链条，提高行政效率，实现一级政府三级管理，创新现代城市管理模式，提高城市精细化管理水平。按照深圳市人民政府2007年第171号令，光明新区设立了新区管理委员会和作为市委派出机关的中共深圳市光明新区工作委员会，二者合署办公，管辖公明、光明两个街道。

首先，它创造了一种既不同于行政区，也不同于高新区和大工业区等功能区的管理体制，是深圳市在城市管理体制方面开创的一种新体制。它兼具开发区和行政区的职能，其目的在于构建一个适应区域协调发展的新体制。新区体制主要体现了“三变”和“两不变”。“三变”指的

札记

是由单一的产业项目管理向经济社会发展一体化管理转变；由推动产业发展向综合统筹方面转变；由建设产业园区向城市新城转变。“两不变”指的是政治架构不变，人大、政协、检察院、法院工作继续由所在区负责；行政区划不变，新区仍然在原所在区的版图内，经济指标归原所在区统计。

其次，内部机构显示出高度的综合性。光明新区管委会 2007 年成立之初下设“六办两中心”，即管委会办公室、纪检监察办公室、人力资源办公室、经济发展办公室、社会事务办公室、城市建设和管理办公室；机关、后勤服务中心，土地开发中心。实际上进行社会、经济管理的机构只剩下三个，即经济发展办公室、社会事务办公室和城市建设和管理办公室。运行一年多后改“办”为“局”，机构上增设了“三局一大队一中心”，即管委会下设十局(办、大队)三中心。2012 年增设了“一委一办”，即社工委、新城开发建设办公室。2014 年增设了“一办一中心”，即应急管理办公室、公共资源交易中心。2016 年增设了“两局一办一部”，即政法办、群团工作部、文体教育局、环境保护和水务局。目前，管委会共设 15 个党政部门和 5 个直属事业单位。新区不同于一般开发区，也不是纯粹的行政区，而是融行政区和功能区于一体的全新体制。新区全面负责辖区内的经济发展、城市建设和管理、社会事务管理。与一级政府相比，新区作为派出机关，没有系统地设立党委、人大、政协等机构，而着重于行政性功能机构的设立，它既起到了机构精简的效用，又能发挥行政管理的功能，建立了城市管理新体制和高度综合性的大部门体制。同时，光明新区不断深化体制机制创新，着力完善“大部门、大综合”管理体制。在管理体制上大胆突破，推进实施扁平化、精细化、网格化和错位管理。正是这种“实验室”般的“先行先试”留下的正反两方面的经验教训，为全市的行政体制改革积累了宝贵的经验，提供了有益的思路，为后来者取得更大的成功做好了铺垫。

最后，《深圳市综合配套改革总体方案》提出，深圳将深化行政管理体制改革，率先建成公共服务型政府。这意味着政府未来将向社会组织下放更多职能，对原有的“市——区——街道——社区工作站”的管理层级进行改革，改为“市——功能区——社区服务机构”的“一级政府三级管理”模式。深圳目前实行的是市政府——区政府——街道办事处——社区工作站“二级政府、三级管理、四级网络”的管理模式，行政层级多，链条长，不利于市政府各项政策在特区外的落实推进。新区的成立担负着创新现代城市管理模式的历史使命，新区管理委员会(党工委)作为市委、市政府的派出机关，全面履行“功能区”的管理权限，全面实施行政管理体制改革、减少行政层级，变目前通行的“两级政府、四级管理”为“一级政府、三级管理”，减少了基层管理层级，推行扁平化，精细化管理。

## 第三节　宏观——城乡一体化与乡村振兴

当前，城市和农村的区分已越来越小，在城市的发展中，城市经济向外扩张带动农村经济发展，城市和农村的互补倾向已十分明显。因此，对于市政的分析不能仅对城市进行了解，应该将市政的范围从城市扩展到该地区的城市和农村地区，将市政运用到实现本地区城市区域和农村区域一体化的发展中来，并用城市的发展经验助推农村实现乡村振兴，进而在城乡一体化及城乡融合发展的背景下探讨市政管理的内容。

### 一、城乡一体化发展

城乡一体化是随着生产力的发展而促进城乡居民生产方式、生活方式和居住方式变化的过程，使城乡人口、技术、资本、资源等要素相互融合，互为资源，互为市场，互相服务，逐步达到城乡之间在经济、社会、文化、生态、空间、政策(制度)上协调发展的过程。

城乡一体化，是一项重大而深刻的社会变革。不仅是思想观念的更新，也是政策措施的变化；不仅是发展思路和增长方式的转变，也是产业布局和利益关系的调整；不仅是体制和机制的创新，也是领导方式和工作方法的改进。

自改革开放以来，中国经济获得了30多年的持续高速增长，创造了“中国的奇迹”。1979—2011年，中国实现GDP年均增长9.9%，其中，1991—2011年年均增长10.4%，呈现出高速增长的态势。伴随中国经济的持续高速增长，中国经济综合实力明显增强，发展水平显著提高，人民生活条件大幅改善。

从城镇化阶段看，2011年，中国城镇化率超过50%，2014年达到54.8%，已经稳定进入城镇化中期快速推进的减速阶段，未来重点是推

札记

动城镇化战略转型，全面提升城镇化质量。从 2012 年起，中国经济开始进入以“增速减缓、结构优化、动力多元、质量提升”为基本特征的新常态。中国经济新常态的主要特征是“从高速增长转为中高速增长”“经济结构不断优化升级”“从要素驱动、投资驱动转向创新驱动”。在新常态下，2012—2014 年，中国经济平均增速已从过去的 10%以上下降到 7.6%，2015 年又下降到 6.9%。城乡一体化是经济社会发展到一定阶段的产物。加快推进城乡一体化，既是“稳增长、调结构、转方式、惠民生、提质量”的重要抓手，也是解决“三农”问题的根本途径。

(一)经济新常态下城镇化发展趋势

1. 城镇化增速和农民市民化意愿下降

自 2011 年城镇化率越过 50%的拐点之后，中国城镇化的推进速度已经逐步减缓，呈现出减速的趋势。2001—2005 年，中国城镇化率年均提高 1.35 个百分点，2006—2010 年为 1.39 个百分点，而 2011—2014 年已下降到 1.21 个百分点。尤其是经济较发达的东部地区，城镇化速度由 2006—2010 年的 1.58 个百分点下降到 2011—2014 年的 0.98 个百分点。然而，由于发展阶段的差异，中西部地区城镇化目前仍处于加速之中。预计在 2030 年之前，中国城镇化速度将进一步下降到 0.8~1.0 个百分点。当前中国城镇化已经进入一个重要的战略转型期，未来城镇化速度将逐步放慢，由加速推进向减速推进转变，由速度型向质量型转变。

值得注意的是，近年来随着城乡一体化的快速推进，农业转移人口的市民化意愿已出现下降的趋势。根据有关统计部门的调查，2014 年，除常州、郑州外，许多地区农业转移人口的市民化意愿较低，通常只有 30%~50%。希望落户城镇的农民工比例，广东中山只有 41.5%，哈尔滨为 40.8%，烟台为 41.1%，涪陵为 34.5%，鄂尔多斯为 51.6%，广安为 45.6%，陕西为 46.2%。在悬殊的城乡福利差异的吸引下，过去农民强烈希望进城，却因城乡二元户籍、社会保障等体制和政策障碍而进不来；现在，全国各地除少数特大城市外大都取消了农业户口和非农业户口的区分，实行城乡统一的户籍登记制度，尤其是中小城市大都放开了户籍，积极倡导农民进城落户，但农民却不太愿意进城，市民化意愿下降。之所以会出现这种转变，主要是由于随着中央明确赋予农民更多的财产权利以及农村公共服务水平提高，农民预期能够享受更多的利益，其居住选择的机会在增多，观念也在发生变化。农民市民化意愿下降将促使城镇化减速，并对城镇化格局产生重要影响。

2. 城乡收入差距逐渐缩小

目前，中国城乡居民收入差距仍然处于高位，远高于改革开放以来1983年的最低水平，更远高于各发达国家的水平。即使按人均可支配收入计算，2014年，全国城乡居民收入比也达到2.75。然而，可以肯定的是，随着中国经济进入新常态，近年来这种城乡收入差距缩小将成为一种长期的稳定趋势，而并非像前两次那样只是一种短期波动。可以说，目前中国已经进入城乡收入差距持续缩小的时期。显然，这种转变是与中国经济发展的阶段性特征紧密联系在一起的。首先，随着工业化进入后期阶段，以城市为导向的工业对经济增长的驱动力已经趋于下降，而小城镇和农村地区日益显现的巨大潜力，为新常态下经济的持续中高速增长开辟了新的空间。其次，目前中国城镇常住人口规模已经超过农村，近年来大规模农业转移人口向城市迁移，既为农业适度规模经营创造了有利条件，也成为促进农民增收的重要途径。最后，随着发展水平的提高和经济实力的增强，政府有能力将更多的公共资源投向“三农”领域，促进农业增效、农民增收和农村繁荣。在新常态发展阶段，城乡收入差距的持续缩小已经成为确保经济长期中高速增长的重要前提条件。

3. 政策从城市偏向转向农村偏向

从工业化战略看，随着工业化水平的提高，各国政策大多经历了从“农业支持工业、农村服务城市”的城市偏向到“工业反哺农业、城市支持农村”的农村偏向的转变。2004年，中央就提出中国已经进入“以工补农、以城带乡”的发展阶段，并逐年加大了对“三农”的支持力度。自此以后，中央连续发布19个“一号文件”聚焦“三农”，强调“三农”问题的重要地位，2017年乡村振兴战略提出，并在多项党和国家指导意见和多年的“一号文件”中被强调。

### （二）城乡一体化面临的挑战

1. 农民增收和市民化难度增加

农民增收是缩小城乡收入差距的关键。长期以来，中国城乡居民收

札记

入增长呈现出“城高乡低”的不平衡增长格局。在新常态下，进入城镇务工的农民工较大部分将逐步转变为市民，成为城镇居民的一部分，而经济增速减缓和资本对劳动力的替代将导致城镇对农民工的需求增长趋缓，由此影响到农民的非农就业机会，这样工资性收入和转移净收入对农民增收的贡献将趋于下降，农民增收将更多地依靠家庭经营收入和财产净收入。从农民家庭经营收入看，随着工资、土地租金、农资等要素成本的不断上涨，以及农产品价格“天花板”效应凸显，农产品价格上涨和盈利的空间都日益受到限制。在这种情况下，农民增收的难度将日益加大。

同时，新常态下农民工市民化和融入城市的难度也将逐步加大。一方面，当前需要市民化的农民工规模大，市民化程度低、成本高、难度大。2014 年，中国户籍人口城镇化率为 36.6%，比常住人口城镇化率低 18.2 个百分点，这表明全国城镇常住人口中尚有 2.48 亿农业户籍人口未完全实现市民化。这些农业转移人口的市民化程度 2011 年只有 40%左右。据估算，全国农业转移人口实现市民化的人均公共成本平均约为 13 万元，其中需要在短期内集中投入的约 2.6 万元。这样需要短期内集中投入总量将达到 3.3 万亿元。另一方面，新常态发展阶段，经济增速减缓将使就业压力加大，并对农民工就业产生重要影响。很明显，农民工就业难题破解和全面融入城市将是一个长期的艰巨过程。

2.“空心村”的出现

近年来，随着城镇化的快速推进，农村人口老龄化、村庄“空心化”、农业劳动力质量退化、农村“三留守”和环境污染等问题日渐突出。(1)人口老龄化。由于大量农村青壮年劳动力到城市打工和安家落户，一些老人留守在农村，导致农村人口老龄化现象严重。(2)村庄“空心化”。随着城镇化的快速推进，农村人口大批向城镇迁移，使许多村庄人去房空，形成“空心村”。许多地方农村房屋闲置率已接近 40%。(3)农业劳动力质量退化。大量农村青壮年劳动力外出务工经商，脱离了农业生产活动，留在农村的大多是老人、妇女和儿童，农业劳动力质量退化严重。(4)“三留守”群体庞大。中国农村留守老人和留守妇女均已接近 5000 万人，留守儿童按第六次全国人口普查数据推算，则达到 6102.55 万人，占农村全部儿童的 37.7%。“三留守”问题已经成为当前农村突出的社会问题。(5)环境污染日趋严重。由于环卫设施严重落后，农村生活垃圾和污水处理率较低，加上过量使用化肥、农药和大量使用农用地膜，农村环境污染日趋严重。如何加强对“空心村”的综合治理，促进城市与农村共同繁荣，已经成为新常态下推进城乡一体化面临的严峻挑战。

3. 资源配置亟待城乡均衡

近年来，随着新农村建设和城乡一体化的快速推进，各级财政加大了农村公用设施和公共服务投入，农村公共投资的增速明显高于城市公共投资。然而，从人均占有资源看，由于原有基数较低，目前农村地区人均公共投资仍然低于城市，有的甚至相差很大。例如，在医疗卫生方面，目前中国医疗卫生资源的80%左右集中在城市，尤其是先进的医疗技术、设备和优秀人才高度集中在城市大医院，而农村医疗卫生设施落后，医疗技术人才缺乏，且普遍存在年龄老化、专业水平低的情况。

在新常态下，公共资源配置需要继续坚持向农村倾斜，依靠增量调整，促进存量相对均衡。这里所讲的城乡公共资源均衡配置只是一种相对均衡而不是绝对均衡。一方面，随着城镇化的快速推进，农村常住人口将逐渐减少，农村基础设施和公共服务建设需要考虑到人口迁移因素，公共服务设施布局要与未来城乡人口分布格局相适应；另一方面，有相当部分农村人口虽然居住在农村，却在城市进行公共服务消费，尤其是教育文化、医疗卫生等方面的公共服务，因而农村基础设施和公共服务建设还应考虑到农村居民在城市消费的情况。

### (三)推动城乡一体化的举措

1. 推动“村改居”进程

对“村改居”比较直观的理解就是居民由原来的农村户口改为城市户口，村委会改为居委会或社区委员会，即通常所说的“农转非”。具体来说，“村改居”就是在原有传统自然村村委会的基础上，通过改建基层组织、变更村民身份、股份化运作原有村集体资产等一系列工作，将村委会转变为社区委员会或居民委会，从而实现“村改居”后的服务公共化、资产股份化、就业非农化、居住城区化、福利社保化等预期目标。

札记

推动“村改居”，要明确主体角色定位。“村改居”社区的治理主体主要包括主要的政府机构——街道办、主要的自治组织——社区居委会、社区党组织、社区业主委员会、各类社会组织、其他社区成员等。“要提高治理效率必须使各个治理主体合作治理，形成从街道办到社区居民相互合作的良性互动机制”。

要构建主体间互动关系。在社区多元化治理主体中，国内有部分学者称其中三个为社区发展的“三股力量”，即社区居民委员会、小区业主委员会、小区物业公司，前两者是“村改居”社区治理的核心主体，物业公司受业主委员会委托提供合同内规定的社区服务，属于一种契约关系，但是这种契约式的服务关系会受到信息不对称等很多因素的影响，产生关系性冲突，这时社区居委会就需要发挥协调作用，化解二者之间的矛盾冲突。此外，居委会、居民代表大会和街道办之间也要实现良性互动，“村改居”社区的居民代表大会每 3 年进行一次换届选举产生新一届社区居委会，居委会由居民代表大产生，而作为上级指导机构的街道办事处对二者的工作进行指导，并提供必要的人力、资源等支持。社区党组织、居民代表大会、居委会、社会组织、企业、居民都应该是社区多元化监督体系的监督主体，要充分发挥社区党组织的领导核心作用；社区居民代表大会要合理使用其对社区提案的决定权，公开公正评议居委会工作；辖区企业和居民要积极参与民主监督，并与其他监督主体密切配合，逐渐完善“村改居”社区的多元监督机制。同时要不断拓宽社区居民参与治理的渠道和方式。

2. 建立城乡统一的社会治理体系

按照全域规划、全域管理、城乡同治的思路，把各级政府部门的管理职能由城镇向农村延伸和覆盖，尤其要把规划、土地、交通、通信、科教、文化、环卫、防疫、城管、水务、安全、消防等经济社会管理和公共服务职能由城镇向农村延伸，实行统一规划、统一建设、统一保护和统一管理，制定覆盖城乡的统一政策，推动形成权责一致、分工合理、决策科学、执行顺畅、监督有力的城乡一体的行政管理体制。今后凡新出台的政策，除与土地承包、集体经济、农业生产、城镇建设等直接相关的外，均应取消城镇与农村的区分，实行统一标准、统一政策、统一管理、统一服务。

札记

## 二、乡村振兴

乡村振兴战略是在党的十九大报告中提出的战略。十九大报告指出，农业农村农民问题是关系国计民生的根本性问题，必须始终把解决好“三农”问题作为全党工作的重中之重，实施乡村振兴战略。

2017 年 12 月，中央农村工作会议首次提出走中国特色社会主义乡村振兴道路，让农业成为有奔头的产业，让农民成为有吸引力的职业，让农村成为安居乐业的美丽家园。中共中央、国务院连续发布中央一号文件，对新发展阶段优先发展农业农村、全面推进乡村振兴作出总体部署，为做好当前和今后一个时期“三农”工作指明了方向。2018 年 3 月，《政府工作报告》中提出大力实施乡村振兴战略。同年 5 月 31 日，中共中央政治局召开会议，审议《国家乡村振兴战略规划(2018—2022 年)》。2018 年 9 月，中共中央、国务院印发了《乡村振兴战略规划(2018—2022 年)》，并发出通知，要求各地区各部门结合实际认真贯彻落实。2021 年 2 月 25 日，国务院直属机构国家乡村振兴局正式挂牌，2021 年 3 月，中共中央、国务院发布了《关于实现巩固拓展脱贫攻坚成果同乡村振兴有效衔接的意见》，提出重点工作。2022 年 2 月 22 日中共中央、国务院发布《关于做好 2022 年全面推进乡村振兴重点工作的意见》，推动乡村振兴取得新进展。

中央农村工作会议明确乡村振兴战略的目标任务：到 2020 年，乡村振兴取得重要进展，制度框架和政策体系基本形成；到 2035 年，乡村振兴取得决定性进展，农业农村现代化基本实现；到 2050 年，乡村全面振兴，农业强、农村美、农民富全面实现。2022 年，党的二十大报告进一步指出，加快建设农业强国，扎实推动乡村产业、人才、文化、生态、组织振兴，并在粮食安全、农业科技、乡村特色产业、乡村基础设施和公共服务、农村土地制度等方面进行进一步安排。

### (一)乡村振兴的意义与举措

乡村是具有自然、社会、经济特征的地域综合体，兼具生产、生活、生态、文化等多重功能，与城镇互促互进、共生共存，共同构成人类活动的主要空间。乡村兴则国家兴，乡村衰则国家衰。我国人民日益增长的美好生活需要和不平衡不充分的发展之间的矛盾在乡村最为突

札记

出，我国仍处于并将长期处于社会主义初级阶段，它的特征很大程度上表现在乡村。全面建成小康社会和全面建设社会主义现代化强国，最艰巨最繁重的任务在农村，最广泛最深厚的基础在农村，最大的潜力和后劲也在农村。实施乡村振兴战略，是解决新时代我国社会主要矛盾、实现“两个一百年”奋斗目标和中华民族伟大复兴中国梦的必然要求，具有重大现实意义和深远历史意义。实施乡村振兴战略是建设现代化经济体系的重要基础；是建设美丽中国的关键举措；是传承中华优秀传统文化的有效途径；是健全现代社会治理格局的固本之策，也是实现全体人民共同富裕的必然选择。

根源上看，实现乡村振兴，必须要重塑城乡关系，实现城乡融合发展；需要巩固和完善农村的基本经营制度，实现共同富裕；深化农业供给侧结构性改革，实现质量兴农；需要坚持人与自然和谐共生，实现乡村的绿色发展；需要传承发展提升农耕文明，实现乡村文化兴盛；创新乡村治理体系，实现乡村善治。具体来说，根据2021年通过的《中华人民共和国乡村振兴法》的要求，需要建立乡村振兴考核评价制度、工作年度报告制度和监督检查制度；实行永久基本农田保护制度；建立健全有利于农民收入稳定增长的机制；健全乡村人才工作体制机制；健全重要生态系统保护制度和生态保护补偿机制；建立健全农村住房建设质量安全管理制度；分类推进村庄建设，严禁违背农民意愿、违反法定程序撤并村庄。2022年中央一号文件进一步补充了推动实现乡村振兴的工作，指出要守好保障国家粮食安全和不发生规模性返贫的两条底线，充分发挥农村基层党组织的领导作用，扎实有效做好乡村发展、乡村建设、乡村治理重点工作。

### （二）乡村振兴与新型城镇化

#### 1. 城市发展助推乡村振兴实现

长期以来，城市化的长期发展使得人员、资金、要素由农村流向城市的单方向流动，造成了乡村生产要素数量缺乏和质量低下。具体来说，作为乡村发展的主体的农民受教育程度较城市普遍偏低，主要以初中学历为主，影响了农村经济发展升级的进程。另外，农村土地要素配置存在资源错配的情况，一些地区由于大量农民迁往城市出现了土地撂荒的现象，虽然国家早就提出“鼓励土地逐步向种田能手集中”，但是土地流转比例依然很低，并没有实现有经营能力的种植农户获得更多的土地最优要素配置情况，当前农户土地要素的配置扭曲程度也在不断增加。此外，农村资金要素呈现净向外流出的情况，虽然从 2004 年开始随着农业补贴价格政策和价格支持政策的出台，国家支持“三农”工作的资金逐渐加大，但是农村的资产、资源、资金的存量仍然不足，全国农村的经济收入主要以财政扶持为主，盈利能力不高，加之城市化带来的资金、产品、资源向城市转移的倾向，加剧了农村资金要素的困难。

当前，我国城市化高水平发展，长期以来城市化的发展经验及其长期积攒的要素为乡村振兴提供了良好的借鉴作用，逐渐成为乡村振兴的重要动力机制。具体来说，要坚持城乡融合发展，畅通城乡间的要素流动，需要以破除城乡二元体制机制弊端为出发点，以完善产权制度和农村要素市场化配置为重点，打通人、地、钱等关键环节的城乡要素流动不畅的难题；人才方面需要鼓励支持人才下乡，解决当前农村人才素质低下的问题。土地方面鼓励支持集体建设用地跨区域流动，解决当前农村土地要素错配的问题。资本方面要在防范风险的前提下鼓励支持工商资本进入农业农村，解决当前农村资金外流和农村集体经济“造血”内生动力不足的问题。

2. 乡村振兴助推城市高水平发展

乡村振兴的提出与发展也为当前城市发展提供了更多基于人口、土地、资本等方面开发出新的机遇，通过要素流动、产业结构调整和城乡统一布局，推动了我国的新型城镇化的发展。

乡村振兴为城市发展和我国新型城镇化建设开发了新一轮“人口红利”，新型城镇化的核心是人，新型城镇化的发展离不开高素质人才的有效供给。当前我国城市劳动力市场的劳动力供给与需求不匹配的矛盾较突出，劳动年龄人口开始减少，城市制造业服务业劳动力成本的上升压缩了利润空间，与此同时，近年来城市劳动力参与率的降低也客观上要求农村劳动力进入城市就业市场。乡村人才振兴为新型城镇化开发新一轮“人口红利”提供了机遇。新一轮“人口红利”的开发重在人口质量的开发，逐步实现从原先的“人口红利”向“人才红利”转变。乡村振兴战略的实施通过职业技能培训等措施，极大地提升了农村转移劳动力的素质，有助于增强城市劳动力市场的供给质量，提升劳动参与率。乡村

札记

振兴战略正是开发新一轮“人口红利”、跳出“中等收入陷阱”的重要制度创新。

乡村振兴为新型城镇化提供了“土地红利”，乡村振兴战略通过深化土地制度改革，尤其是逐步打通“三块地”制度(指农村土地征收、集体经营性建设用地入市、宅基地制度改革)，破解城乡供给不匹配的矛盾，为城市发展提供“土地红利”。农村集体经营性建设用地入市优化了城乡土地要素的配置，解决了城市土地资源紧缺的问题，有利于消除城市规模扩张与农村集体土地之间的矛盾，为新型城镇化的发展提供土地要素。未来，随着农村集体经营性建设用地入市的不断推进，农村土地制度的深化改革将进一步激发新型城镇化的经济活力。

另外，伴随乡村振兴战略，一些新业态、新产业得以产生。例如，特色小镇、田园综合体、观光农业、体验农业、智慧农业等，既是对原先产业链的延伸，也是对原先产业链的进一步拓展，具有较高的投资收益率。新产业的兴起推动城市的企业进入农村从事新的产业、业态的开发，既实现了农村一二三产业的深度融合，又实现了城市制造业的转型升级，为新型城镇化的发展提供了“资本红利”。此外，乡村振兴战略的整体布局也有助于推进城乡统一规划，有效解决新型城镇化发展进程中城镇空间分布不合理、产业布局与资源承载力不匹配的难题，是新型城镇化建设的重点和难点。实现城乡统一规划，有助于实现城乡之间的产业发展互补互促、基础设施互联互通、公共服务均等共享的良好局面。

### (三)推动乡村振兴和新型城镇化融合发展

新型城镇化和乡村振兴战略是城乡融合发展的“两翼”，两大战略联动是中国推进城乡融合发展的必由之路。城乡融合发展表征的是城乡共生共荣的高质量城乡关系，它是城乡二元结构转化的理想状态。从城乡融合发展的视角出发，新型城镇化和乡村振兴是中央立足解决城乡发展不平衡不充分问题、破解城乡双重二元结构而提出的两大战略。尽管两大战略提出的时间节点不同，侧重领域有异，但实现城乡融合发展是新型城镇化和乡村振兴战略的共同目标，并且两大战略对于城乡融合发展缺一不可。新型城镇化与乡村振兴战略联动，需要全方位统筹对接城镇和乡村发展，从经济、政治、文化、社会和生态文明建设五大领域同步推进，形成工农互促、城乡互补、全面融合、共同繁荣的新型工农城乡关系。

实现乡村振兴与新型城镇化融合，需要以现代产业发展联动对接"高效城镇化"和"乡村产业兴旺"。城乡之间存在密切的要素及产业联系，应充分发挥市场机制在城乡要素配置中的决定性作用，以城乡生产要素互通和现代产业发展联动实现"高效城镇化"与"乡村产业兴旺"之间的有机衔接。一方面，充分发挥中心城市的产业集聚和规模经济效应，提高城乡要素配置效率。中心城市同周边的中小城市、小城镇和乡村之间，应依据各自的比较优势协调产业布局，使城乡生产要素在市场机制引导下实现自由流动和优化配置。通过充分发挥中心城市的产业集聚和规模经济效应，可以在要素流动、产业集聚、高效发展的过程中，为农业劳动力转移提供充足的就业岗位。另一方面，加快农业现代化进程，促进乡村产业兴旺。在农业劳动力转移就业并实现市民化的基础上，积极探索农业转移人员的农地承包权退出机制和农地经营权流转机制，发展多种形式的农业适度规模经营，吸引城镇工商资本流向现代农业，在城乡要素互通和产业互动的过程中加快推进农业现代化。

实现乡村振兴与新型城镇化的融合，需要以生态文明建设联动对接"绿色城镇化"和"乡村生态宜居"。城市与乡村是优美生态环境的共同责任主体和受益主体，应通过生态文明建设联动对接"绿色城镇化"与"乡村生态宜居"，使城乡居民共建共享优美生态环境。一方面，提高新型城镇化进程中的绿色发展水平，严禁城镇污染乡村。在新型城镇化过程中同步推进新型工业化，提高能源和资源利用效率，大力发展循环经济和绿色产业，推广绿色生活方式和消费模式，从源头上加强城镇污染治理，严格禁止城镇工业污染物及生活垃圾危害乡村。另一方面，改善乡村生态环境，把"绿水青山"转化为"金山银山"。积极把生态环境优势转变为经济优势，在改善农村生态环境的基础上为城乡居民提供优质的绿色农产品和生态旅游服务，实现生活富与生态美的统一。

实现乡村振兴与新型城镇化的融合，要以公共服务供给联动对接"包容城镇化"和"乡村生活富裕"。一方面，有序推进农业专业人口市民化，提高城镇发展的包容性。大城市户籍制度改革滞后所导致的农业转移人口市民化问题，既有损效率又违背公平，解决这一问题不仅要理

札记

顺中央与地方政府、人口迁出地与人口流入地政府之间的责任义务及财权事权关系，而且要从晋升激励角度推动大城市的政府部门为解决农业转移人口市民化问题而竞争，激励地方政府通过加强城市基本公共服务供给来提升城镇发展的包容性。另一方面，以新型农村社区为载体推动城镇基础设施和公共服务向农村延伸，实现城乡基本公共服务均等化。为城乡居民提供大致均等、优质可及的基本公共服务是政府的基本职能，也是城乡居民共享现代化成果、实现共同富裕的重要内容。应进一步推动城乡基础设施互联互通，尽快实现基础教育、医疗卫生、社会保障等基本公共服务供给标准的城乡统一，持续改善新型农村社区的人居环境，使乡村居民在收入水平不断提高的同时享受更高质量的现代化成果。

实现乡村振兴与新型城镇化的融合，需要对接城乡两个“治理”的有效性。一方面，重视城乡社会治理的同质性，加快城乡社会治理一体化改革。随着农业农村现代化转型，乡村人口大规模转移到城镇就业和生活，乡村产业分工日益细化，乡村的聚居模式日益转变为新型农村社区。另一方面，应充分尊重不同地域乡村发展水平的差异性和乡村社会治理的特殊性，积极发挥村民自治、村规民约、新乡贤道德教化等非正式机制在乡村社会治理中的重要作用，促进乡村社会和谐有序。

## 案例

### 湖北党员干部下沉社区——做实常态化　实现长效化

社区工作极端重要，社区工作极不容易。2020年6月起，湖北省全省104万余名党员干部下沉社区，深度参与社区治理，以实际行动夯实社会治理基层基础。经过大半年的实践摸索，湖北省委组织部出台《关于推进机关企事业单位党员干部下沉社区工作常态化长效化的意见(试行)》(以下简称《意见》)，推动各方积极履职，促进下沉党员真正融入日常、做在经常、干在平常，做实常态化，实现长效化。

**强化下沉意识——靠前服务，干在一线**

×××是湖北推行机关企事业单位党组织和党员干部下沉社区工作后，武汉市水果湖街张家湾社区迎来的第一位居住地党员。厅级干部这么积极主动，让社区书记颇为感动。随后，×××在所在楼栋楼栋长的安排下，每月参加清洁家园、治安巡逻、普法宣传、民意调查等社区工作，和大家干在一起，齐心协力守护美好家园。

2020年12月，社区向×××定向派单，邀请他担任社区"党员下沉故事、我身边的好人"征文比赛评选组监督员，对3000多篇参赛稿件的筛选评奖全程把关。×××欣然接受，利用休息时间认真履职。当月26日，在社区举办的2020年度表彰会上，×××上台介绍征文比赛情况，证实比赛结果真实有效。

《意见》规定，党员干部下沉社区，必须强化下沉意识。不管是什么身份的干部，下沉社区的时候就是社区工作人员；不管原来做什么工作，下沉到社区干的就是社区工作。同×××一样，一批批党员领导干部下沉社区，以普通党员的身份参与到社区的各项工作中，积极发挥行业所学、个人所长，听从社区安排、主动靠前服务。有人给社区群众讲党课，有人及时化解矛盾纠纷，有人结对帮扶困难家庭……下沉党员的付出，社区群众看在眼里、记在心里。

党员干部下沉社区，下得去、沉得住是基础，干得好是关键。下，就要有下的样子，要靠前服务，不能背着手干活；沉，就要沉下心来，沉到具体事情上去，不能挑肥拣瘦、拈轻怕重。要以干得好为目标，深度参与社区治理，在下沉工作中走在前头、作出表率。

**做实"三单"服务模式——有呼必应，无事不扰**

头笔社区是村改居社区，许多居民因为年龄大，不会上机操作，没领摩托车驾照。宜都市公安局交警大队是下沉联系头笔社区的牵头单位，交警大队大队长肖军担任社区大党委副书记。

居民提出办证需求，社区派单给交警大队，肖军接单后，先后4次到社区就前期居民信息摸底、考试流程宣传、制作纸质试卷代替上机操作等进行协调服务，并为他们联系集体体检单位，推动考试顺利进行。举办这次特殊的考试，源于"群众点单、社区派单、单位接单"。

完成"双报到"只是开始，如何做实常态化长效化？有呼必应，

札记

无事不扰。社区派单时，单位(党员)接单；社区不派单，单位(党员)干好本职工作。

《意见》规定，下沉党员干部因特殊原因不能接单，应当向社区党组织书面说明情况。社区党组织可以根据下沉党员干部特长优势，推动下沉党员干部自愿组建服务团队，自主开展服务群众活动。如今，不少社区的下沉党员干部不再“抢单”，而是“自设服务菜单”，不断探索“组团式”“任职式”“才艺式”服务模式。

下沉工作开展得顺不顺，工作机制至关重要。“有呼必应，无事不扰”的工作原则，“群众点单、社区派单、单位(党员)接单”的服务模式，以“公转”带动“自转”，既为社区松绑，也为下沉党员减负，真正激发党员干部的内生动力，提升下沉工作的质量效果，把好事办好。

**推行平战转换制度——平时融入社区，战时冲锋在前**

《意见》规定，立足平时，着眼战时，建立下沉党员干部平时融入社区、联系群众、发挥作用，战时快速响应、冲锋在前、应急处突的平战转换机制。

经过疫情大考后，湖北各地积极摸索推进平战转换机制，最大程度用好下沉党员力量。

武汉市青山区青和居社区，党员常态化下沉后，组建了消防、治安、水电气、自然灾害、公共卫生 5 支应急工作队，把下沉党员编入应急工作队，平时做好常态化服务，遇到急难险重任务时，在工作队队长指挥下，全力参战。前不久，消防应急小分队连夜抢修电梯，方便老年人上下楼。

襄阳市襄州区腾飞社区，下沉党员持续推进疫情时期开辟的线上视频“腾飞夜话”活动，邀请职能部门负责人参与线上讨论，解决居民反映最多的问题。前不久，在“腾飞夜话”推动下，辖区解决拖了 6 年的不动产权证问题，300 多位业主陆续拿到不动产权证。

“平战转换”的治理机制，是基层治理体系的一大优势。要应急谋远，把抗疫精神财富转化为社会治理现代化的强大力量，通过制度设计、实践锻炼，提高下沉党员防风险、解难题、打硬战的能力，达到“平时战备队、战时尖刀班”效果。

**课后思考：**

札记

1. 党员干部下沉如何优化社区管理和城市治理？

2. 如何使党员干部下沉这一手段常态化，《意见》能提供什么样的借鉴？

# 第三篇　市政事务篇

# 第十章　城市规划管理

随着城市化进程的加速，建立和健全符合科学发展规律的城市规划，日益显示出举足轻重的作用，不仅反映了城市建设的需求和方向，界定了城乡活动运转空间的经济体制，而且引领城市的发展和转型，对城市的战略性发展和实施性开发进行规划、编制、实施与控制，权威性地行使了国家与地方政府的法定职能。因此，对城市进行规划管理实质上是关于城市未来发展方向的宏观预测，为的是使城市发展的约束因素与互利因素相互达到平衡，以保障城市的良性发展。和其他领域的改革一样，城市规划管理是一个巨大的系统工程。

## 第一节　城市规划管理的基本内容

### 一、城市规划管理的内涵、性质、特征、作用

#### (一)城市规划管理的内涵

城市规划是对一定时期内城市的经济和社会发展、土地利用、空间布局以及各项建设的综合部署、具体安排和实施管理，其核心内容是土地使用的配置、城市空间的组合、交通运输网络的架构、城市政策的设计与实施，确保城市建成环境能够满足经济和社会发展的空间需求，保障社会各方的合法权益。

城市规划管理是城市规划编制、审批和实施等管理工作的统称。从城市发展战略角度而言，是对城市经济、社会、环境的发展所作的全局性、长远性规划的开发和管理。城市规划管理具有三层开发控制的管理体系。一是通则式规划管理，主要特征是开发控制规划的各项规定比较

札记

具体，作为规划管理的唯一依据，规划人员在审理开发申请个案时，几乎不享有自由裁量权，具有确定性和客观性的优点，但在灵活性和适应性方面较欠缺，如美国的区划制度。二是个案式规划管理，主要特征是开发控制规划的各项规定比较原则，规划人员在审理开发申请个案时享有较大的自由裁量权，具有灵活性和适应性的优点，但在确定性和客观性方面较欠缺，如英国的审批制度。三是综合型规划管理，包括：第一层面是针对整个城市发展地区，制定一般的开发控制要求，进行通则式管理，以提高工作效率；第二层面是划定城市中的各类重点地区(如城市中心地区、景观重要地区、历史保护地区和生态敏感地区)，附加特别的开发控制要求。采取个案评审方式，进行个案式管理，以强化精细程度。

(二)城市规划管理的性质

城市规划管理的性质就是对相应城市进行定位规划全过程的管理，是对城市规划这一政府规范城市发展、建设的正式文件的执行过程中的运行性、强制性、科学性的管理。

1. 规划管理的运行性

城市规划管理是政府所依法制定的规范城市发展和建设的法规性规划文件的管理，体现一个城市在一定时期内经济和社会发展、资源保护利用、各项建设时序和空间布局综合部署的城市发展战略，是对城市发展和建设规划进行管理的运行法则。运行性是城市规划管理的根本性属性。

2. 规划管理的强制性

城市规划管理是经城市政府依照法律的要求进行编制，并经具有法定审批权的国家机关依照法律规定的原则和程序进行审批的管理。从整体上看，城市规划管理具有法律规定的强制性，在实施过程中若要对城市规划进行调整，也属于“重大变更”，必须由城市政府依法提出修订案，并“须经同级人民代表大会或者其常务委员会审查同意后报原批准机关审批”。

3. 规划管理的科学性

城市规划管理的规划内容必须科学，包括确定城市的性质、发展方向和目标、人口和用地规模、环境容量和环境保护措施、功能分区和用地结构、基础设施和公共服务设施布局、防灾减灾和综合交通体系、自然资源的评价和开发、文化遗产的保护、各项建设空间布局和时序布局等。管理的方式方法要博采众议，尊重专家和专业人员的意见，要保证城市规划全部内容都符合科学原理，符合城市的客观现实和发展需要，符合广大市民的根本利益。

### (三)城市规划管理的特征

1. 服务性和制约性的协调职能

城市规划管理的过程是地方政府实施规划的系统过程，体现地方经济水平和群众意愿的统一规划与分层建设的过程，因此政府必须优先安排基础设施和公共服务设施的建设，严格保护自然资源、生态环境、城乡历史风貌和文物，体现地方特色，创造良好的城乡公共空间和生活环境。在保证城市规划管理服务性的同时，防震减灾、人民防空等需要，必须与地面设施建设相结合，体现城市规划管理中的制约性，促进建设时序、发展方向、空间布局与城市规划的协调。

2. 宏观性与微观性的互补目标

宏观而言，城市规划管理应当依据国民经济和社会发展规划，以建设经济繁荣、社会文明、环境优美的城市为目标，坚持以人为本，综合考虑经济、社会、人口、资源和环境等城市发展要素，统筹城乡发展、区域发展、经济社会发展、人与自然和谐发展、国内发展和对外开放。微观而言，如中心城规划的制定和实施，应当与人口疏解、功能提升、环境改善和景观优化相结合，科学安排公共绿地和公共空间，控制建筑数量和建筑高度。如郊区规划的制定和实施，应当促进城乡协调发展，合理确定郊区城镇布局和规模，引导郊区工业向工业园区集中、人口向城镇集中、土地向规模经营集中。

3. 专业性和综合性的双重因素

城市规划管理中，必须具有建设用地范围和用地规模，基础设施和公共服务设施用地、水源地和水系、基本农田和绿化用地、环境保护、自然和历史文化遗产保护以及防灾减灾等内容，体现了城市管理的专业特征。而城乡规划管理在编制过程中，组织编制机关必须采取论证会、

札记

座谈会等方式征求专业单位和专家的意见，根据意见对城市规划草案予以修改完善，并要求在报送市批前，组织编制机关将城乡规划草案予以公示，最后在报送审批的材料中附具意见采纳情况及理由，表现了规划管理中的综合性因素。

4. 阶段性和长期性的差异协调

城市规划管理既涉及城市系统性的建设项目，也涉及保密工程、军事工程等建设项目；既涉及临时建筑物、构筑物、道路或者管线的建设项目，也涉及城市土地利用、人口分布、产业布局、基础设施和公共服务设施等监督项目。因此城市规划管理可以表现为阶段性特点，也可以表现为长期性特点，在管理的具体内涵上必然随项目的内容和形式实施不同的管理方式，使城市规划中的各个环节得以实现动态的导控，促进城市管理运行的协调。

### (四)城市规划管理的作用

1. 规划编制和实施阶段的指导作用

城市规划管理对投资引导通常通过公共政策的制定、规划的编制和规划信息的管理来实现，即通过总体规划、分区规划、控制性详细规划、专项规划对城市的自然资源进行配置，对自然环境的利用提出要求，对城市基础设施、公共设施建设作出安排，对城市功能进行布局，对城市土地的开发方式(序列、时间、开发强度等)作出规定等。

2. 规划方案和形成过程的审核作用

城市规划管理对现划成果的合法性、建设工程的规划要求，必须在规划中间成果阶段和设计方案阶段预先审核，发现问题，及时修正。例如，投资者已获得某一块土地开发的合法权益时，他人在该块土地上违法进行建设，导致投资者在资金、机会、土地等方面的损失，这时对违法建设的审核查处就是对投资者合法权益的保护和对违法者的惩罚。

3. 规划确立和实施调控的监督作用

城市规划管理中，规划局部机构设置和运转效率、规划管理人员的服务质量优劣、规划单位形象好坏等，都会直接影响城市规划的绩效性，这体现了规划管理的监督机制。例如，规划管理人员的疏忽可

札记

能增加建设项目的成本，增加项目管理的风险，造成严重的监督机制的不到位，是形成和引发建设项目事故的重要原因。

## 二、城市规划管理的理念、原则、目标

### (一)城市规划管理的理念

城市规划管理作为政府积极推进城市现代化的一种有效管理手段，越来越注重自然生态环境和历史人文环境的保护，并广泛运用于城市的生活环境和自然环境的和谐建设中。由于城市规划中的权益受到损害、公众参与权的有限等矛盾，城市规划管理过程中的权力门槛、多头执法等局面，常成为规划管理中亟需讨论和解决的问题，表现出城市规划管理在城市建设环境的开发过程中涉及社会各方的权益，而公众参与是确保城市规划民主性的必要保障，因此，在城市规划法所提供的法定依据和法定程序下，城市规划管理必须遵循如下四种理念：

1. 规划管理的综合理念

成熟的城市规划管理可以维系一个有机城市的独特发展模式，其可控的综合技术特质可以降低城市运营成本，而合理的城市规划编制可以使管理过程充分展示城市功能诸多方面的合理性，可以稳步提高城市规划的管理质量和城市地位。例如，为了土地资源供求平衡，在空间布局方面必须解决好城市与周边地区的关系问题，道路交通必须考虑能提供便利出行、不影响沿街居住环境，公共设施卫生安全方面还要充分考虑残障人员的需求，市政基础设施方面必须强化防灾抗灾预警设计等。

2. 规划管理的政策理念

依法批准的城市发展规划，是城市建设和规划管理的公共政策依据。任何单位和个人都应当遵守经依法批准并公布的城市规划，未经法定程序不得修改，保障了城市发展的经济效率和社会公正。因此，城市规划管理工作实行统一领导、统一规划、统一规范、分级管理，必须严格遵守国家和相关领域的政策需求。

3. 规划管理的特色理念

城市规划管理必须以保证城市形态的特色性为根本目标，诸如城市天际轮廓、城市公共空间、城市街区特色、标志性建筑等，要与具体城

札记

市的社会经济的发展方向、步骤、内容相协调，取得经济效益、社会效益和环境效益的统一，使城市面貌与布局体现城市特色。诸如轻纺工业特色、机械制造特色、科技商贸特色、风景旅游特色、文化名城特色等。

4. 规划管理的和谐理念

城市规划管理体现了社会经济与城市环境的整体协调发展。例如，城乡统筹融合、城市设施系统综合、时空发展有序、区域整体发展等，体现以政策引导城市发展重点，实施城市规划愿景。又如，对城市规划管理中，强化产城融合，推动职住平衡。强化公共交通引导开发，促进形成紧凑型、小尺度、人性化、多功能社区等，表现出其构建和谐的城市空间的意义。

### (二)城市规划管理的原则

1. 法制化原则

对于城市规划区的土地利用和各项建设活动，都要严格依照法律的有关规定进行规划管理。也就是要以经过批准的城市规划和有关的城市规划管理法则为依据。防止和抵制以言代法，以权代法的行为，对一切违背城市规划和有关城市规划管理法则的违法行为，都要依法追究当事人的法律责任。充分运用法制管理手段，是切实搞好城市规划、实施管理工作的根本保证。要做好这一点，各级城市规划行政主管部门要抓紧城市规划法制建设工作，以法律为中心和基本依据，建立健全城市规划行政主管部门履行职能，避免不必要的行政干预。

2. 公开化原则

经过批准的城市规划委公布实施，一经公布，任何单位和个人都无权擅自改变，一切与城市规划有关的土地利用和建设活动都必须按照法律的规定进行。相应的还需要将城市规划管理审批程序、具体办法、工作制度、有关政策和审批结果以及审批工作过程置于社会监督之下，促使城市规划行政主管部门提高工作效率并公正执法，同时使规划管理工作的行政监督检查与社会监督相结合，运用社会管理手段，更加有效地制约和避免各种违反城市规划实施的因素发生。

札记

3. 程序化原则

要使城市规划实施管理遵循城市发展与规划建设的客观规律，就必须按照科学的审批管理程序来进行，也就是在城市规划区内的土地使用和各种建设活动，都必须依照《中华人民共和国城市规划法》的规定，经过申请、审查、征询有关部门意见、报批、核发有关法律性凭证和批后管理等必要的环节来进行，否则就是违法。这样就可以有效地防止审批工作中的随意性，切实制止各种不按科学程序进行审批的越权和滥用职权的行为发生。

4. 协调性原则

包括两方面：一是要依据《中华人民共和国城市规划法》，做好与相关法律的协调，理顺与有关行政主管部门的业务关系，分清职责范围，各司其职，各负其责，避免产生矛盾，避免出现多头管理的不正常现象；二是要明确规定各级城市规划行政主管部门的职能，做到分工合作，协调配合，防止越级和滥用职权审批的现象发生。

### (三)城市规划管理的目标

城市规划管理目标与城市性质密不可分，表现为城市在一定地区、国家以至更大范围内的政治、经济与社会发展中所处的地位和所担负的主要管理职能。

1. 城市规划管理的专业目标

制定并实施城市规划。其宏观管理层面包括市域城镇体系规划管理(城乡统筹与城镇化、城镇体系布局的管理)、都市区城市规模(人口规模、用地规模的管理)、都市区城市布局管理(空间层次、主城空间结构、片区的体系性管理)、组团与功能区(独立城市建设区域、郊区、非建设用地的管理)等。其微观规划层面包括城市交通与道路系统规划管理、城市工程系统规划管理、城乡住区规划管理、城市设计与城市遗产保护的管理等。

2. 城市规划管理的终极目标

城市规划管理目标的实施是一个循序渐进的过程，因此在此过程中，要加强管理目标的内化与外化，促进经济、社会和环境在城市空间上的协调，保障城市健全、可持续发展，维护城市的公共利益，保护城市建设相关方面的合法权益，体现可持续发展的规划管理思想。

札记

## 三、城市规划的职能、基本内容和步骤

### (一)城市规划的职能

城市规划的职能由四部分组成。作为城市规划的基本职能，城市规划在空间上形象地描绘城市或地区发展蓝图的职能。城市规划是对一定时期内城市的经济和社会发展、土地利用、空间布局以及各项建设的综合布局、具体安排和实施管理，重点就是“规划”，要基于城市的发展特点和相关原理向城市描绘其发展蓝图，这是城市规划最基本的特征。

从实施职能看，城市规划为城市建设和城市管理提供可操作的依据。除了表达未来蓝图，城市规划职能还要求这种预想真正被实行。这需要保证其科学性，要确保城市规划真正为城市所需、真正反映并解决城市发展中实际出现的问题，且对本城市的发展具体可行。

城市规划还具有宣传职能。城市规划代表一个城市的未来发展可执行的蓝图，代表了一段时间内一个城市的发展战略、发展方向和资源倾向等信息，可以将其视为城市对其未来发展所向城市内外作出的承诺，可以作为城市宣传的重要内容。

城市规划是政府行政工具之一。城市规划是政府基于现实情况对城市未来进行整体谋划、资源分配的重要职能，城市行政部门对城市未来的各类资源进行投入、调配和整合等都需要专业、有效的城市规划为依据。

### (二)城市规划的基本内容

对城市规划的基本内容，可以通过空间层次和组成部分两个层面进行分析。空间层次指以空间为单位，按照从大到小的不同范围对城市特定空间范围进行规划，而组成部分则是代表城市规划的构成部分，不同层次配套以不同的城市规划，进而实现城市规划的全面覆盖。

1. 城市规划的空间层次

(1)国土及区域规划。国土规划是根据国家社会经济发展的总目标以及区域的自然和社会经济条件，对国土开发、利用、治理和保护而进行的全面规划。区域规划是根据国家经济社会发展总的战略方向和目标，对一定地区范围内的社会经济发展和建设进行总体部署。

(2)城市总体规划。城市总体规划指一定年限内对城市市区、郊区及与城市发展有关的地区各项发展建设的综合部署。

(3)分区规划。分区规划指的是在城市总体规划的基础上，对局部地区的土地利用、人口分布、公共设施、城市基础设施配置等方面所做的进一步安排。

(4)详细规划。详细规划是城市规划区内各项建设的具体安排。控制性详细规划以城市总体规划或分区规划为依据，确定建设地区的土地使用性质、使用强度等控制指标、道路和工程管线控制性位置以及空间环境控制的规划。修建性详细规划是以城市总体规划、分区规划或控制性详细规划为依据，制定用以指导各项建筑和工程设施的设计与施工的规划设计。

2. 组成部分

(1)土地利用规划。一般指对特定区域的土地使用性质、土地利用方式、上盖建筑的修建、保护，以及农业用地的种植和保护等进行规划。

(2)道路交通规划。一般对特定区域城市一般道路、城市公路、主要公路干线、轨道交通、公共交通及公路铁路场站等的选线、选址等的规划。

(3)公园绿地及开敞空间规划。包括对特定区域的各类公园、城市广场、休憩空间等的选址、范围划定、功能确定和修建情况的规划。

(4)城市基础设施规划。对特定区域供电网络、供水网络、通信网络及其场站；对特定区域的安全、文化、交通、民生等领域的公共设施的分布、选址、修建和安装等的规划。

### (三)城市规划的步骤

城市规划是一项系统的、科学的工程，为了完成城市规划工作，需要做好以下方面的工作。

(1)收集和调查基础资料，研究满足城市发展目标的条件和模式；(2)研究城市发展战略，预测发展规模，拟定城市分期建设的技术经济指标；(3)确定城市功能的空间布局，合力选择城市的各项用地，并考虑城市空间的长远发展方向；(4)提出市域城镇体系规划，确定区域性基础设施的规划原则；(5)拟定新区开发和旧城区利用、改造的原则、

札记

步骤和方法；(6)确定城市各项市政设施和工程设施的原则和技术方案；(7)拟定城市基本建设的计划，安排城市各项重要的短期建设项目，为各项工程设计提供依据；(8)根据城市基本建设的计划，安排城市各项重要的短期建设项目，为各项工程设计提供依据；(9)根据建设的需要和可能，提出实施规划的措施和步骤。

## 第二节 城市规划理论的发展

### 一、西方城市规划理论的发展

#### (一)古代城市规划理论的发展

古代西方城市规划理论的发展，也来源于古代城市的形成以及古代西方哲学的发展，古典时期哲学家对世界本源、自然秩序的探索对古典时期的城市规划产生深刻影响。柏拉图的“理想国(城邦)”的形态就是建立在自然秩序的基础上，理想的形态就是“同心圆”模式。希波战争之后，西方古典时期的理性哲学、几何学以及希腊城邦的政治生活深刻影响了城市建设。以几何棋盘式格网及规整的城市中心广场为特征的希波单姆模式城市逐步形成了希腊古典、希腊化以及古罗马时期城市建设的经典模式，他把城市分成圣地、公共活动中心和住宅区，形成了世界上最早的城市功能分区思想，采用方格型道路网络，追求几何图形意义上的和谐有序，体现了当时社会的风貌。古罗马建筑师维特鲁威在《建筑十书》中论述了城市选址、地段划分和广场规模等问题，是世界上最早的城市规划理论的提出者。

中世纪时期，罗马帝国的裂解，再加上封建制度使得中世纪西方国家呈现破碎化状态。由于国家的规模小，人们对自然资源的控制能力弱，使得人们很难去规划一个大的城镇。中世纪城市一部分是在罗马军营的基础上发展而来，一部分是围绕修道院、采邑或城堡发展而来，教堂常常占据着城市的中心位置，控制着城市的整体布局。中世纪的规划不是整齐端正，而常常是不规则的，街道较窄而且弯弯曲曲，城镇通常采用中心放射状路网，并在周边设有环四周的围墙。从城市规划视角看，中世纪城镇呈现另一种风景，中世纪城镇一般是一个自然的增长过

札记

程，而不是由规划师规划而得。

文艺复兴时期，人的主观能动性被充分发挥，城市形态呈现科学性、规范化秩序和几何规则。莫里斯把文艺复兴时期规划设计归结为三要素，包括主要直街、基于格网的街区设计以及诸如广场、市场和场所等围合空间。其中，“主要直街”是文艺复兴时期的一个创新，不仅仅实现了与周边的建筑以及区域线路的连接，更重要的是提高了城市内部地区之间的通行能力。

(二)近现代城市规划理论

随着工业革命的发展，成千上万的乡村人口迁往城市工作和定居，迎来了城市化和城市发展的高速发展时期。随着城市化的发展，城市出现了交通拥挤、环境恶化等“城市病”。为了使城市更加宜居，彼时一些建筑师提出了理想的城市模型，包括花园城、线形城市等概念，具有理论和实践相结合的特点，一方面这些观点包含了一些先进的价值理念，另一方面也有实现价值的具体规划方案。

花园城市的观点在19世纪60年代提出，主张建造大片公园绿地的理念。1859年，美国建筑师欧姆斯特在纽约曼哈顿中心区设计了中央公园，之后他又设计了布法罗、底特律、芝加哥等城市的城市公园系统，这种城市公园打破了市区密集房屋的格局，改善了城市生态环境，同时也起到分隔市区、完善城市空间布局的观念。19世纪80年代，西班牙工程师索里亚・马塔提出“线形城市”观念，城市沿铁路干线建设，并分隔居民区和工厂区，并通过线形城市带动区域内城市社区的联系。

两次世界大战结束之后，现代城市规划是在为应对工业革命、人口集聚导致的公共卫生问题，及其伴生的社会问题的基础上诞生的，诞生的标志性事件是公共卫生运动、田园城市运动，以及城市美化运动。此后，随着汽车时代的来临以及大规模的郊区化运动，现代城市规划逐步从文艺复兴与巴洛克时期的艺术与几何秩序原则转向解决城市功能问题，追求城市社会、经济目标以及城市空间秩序的工具。

盖迪斯提出了从调查、分析，到规划的三段式理性规划过程，并倡导规划的综合性。规划的综合性一方面表现在内容上，即城市规划不仅考虑城市物质环境，而且要考虑城市社会经济、政治、技术等；另一方表现在城市是区域的一部分，要从区域来解析城市。到1960年理性综

札记

合规划模式的提出，该理论逐步在规划理论界达成共识，并深深地融入规划教育。在这个模式中，规划应该像科学一样进行，规划师是一个价值中立的分析家，规划要使用合乎逻辑的程序，规划具有可测量性，可以通过假设检验数据进行验证。理性综合规划模式中的“理性”，即为决策过程的工具理性，通过对城市进行理性的综合分析，确定城市发展的政策目标，制订实现目标的多个方案，然后通过方案比较与选择以确定实现目标的最佳方案；“综合”主要表现为内容的综合性，即空间不仅是涉及城市土地利用，而且与社会、经济、交通等综合因素高度相关。麦克劳林把理性综合规划模式推向了理性的巅峰，提出了基于系统方法的理性规划模式。麦克劳林认为城市规划是对城市这个复杂系统的控制，他以区位论为基础，将系统论与控制论应用于人居环境的规划，通过计算机建模来模拟与预测外在刺激导致的城市空间的演化，以此为基础制订达成规划目标的规划方案。

20 世纪 60 年代美国的民权运动点燃了挑战现状的火种。注意到“价值理性”日益缺失，对理性规划理论的批评日益增加，它们批评理性模式的功利主义，认为所谓“理性决策”仅仅是既得利益者自私地维持既得利益的借口，在城市规划理论上带来了规划范式的转变，在美国，这个时期的规划理论以批判性、多元化而记入规划学科的历史。此时的规划师提出“人民的规划”，强调人民在规划中的参与及拥有权。规划师虽然仍然编制规划，但规划的内容是由居民决定而非规划师决定。同时，这一时期的城市规划者也意识到建设城市不仅需要技术条件，还需要配套的经济政策和社会政策才能实现城市协调发展。典型代表是美国的盛水复兴计划，政府提供贴息贷款，建造公有住房或补贴私人住房，减轻市区税率，吸引企业返回城市投资。

另外，这一时期的城市规划理念还包括重视保护历史纪念物和历史文化遗产的保护。1964 年通过的《保护文物建筑及历史地段的国际宪章》(以下简称《威尼斯宪章》)，提出“保护和修复文物建筑，既要当成历史见证物，也要当成艺术品来保护”。在修复时添加的部分需要与整体保持和谐一致，同时也需要与原来部分相区别。

### (三) 当前城市规划的新理论

20 世纪 80 年代标志着全球进入经济全球化和新自由主义政策时

代，面对主张资本全球性自由流动的保守主义的兴起，学术界对彼时现有体制进行批判，哈贝马斯提出“理性交流理论”认为不应以自私的个人理性为基础，而应该以集体理性代替个人理性。而集体理性则可以通过交流来建立共识、构筑共同的规范。这个观点在城市规划中表现为一种“交流性规划”进而成为规划界的主流，认为“规划由人民来制定”，而不是规划师来规划。规划师的角色是交流的组织者、共识的协调者和沟通的推动者。这一时期，越来越严重的环境问题、资源问题和全球气候变暖问题，使得规划工作进一步扩展到生态保护和人与生态环境当中。

进入21世纪，美国规划界出现了围绕交流性规划的争论，导致现实批判主义等新理论出现，法因斯坦认为如果制约了规划潜在功能等是社会结构而不是规划师自身的工作，那么交流性规划强调改进规划师自身工作将是无用的，交流性规划过于关注规划的过程却忽视了建造一个宜居城市的目标。耶夫塔克认为交流性规划仅仅具有讲述事实的权力，希望依靠不同意见建立共识，无法实现社会改革的目标。对于联络性规划的争论成为当前西方城市规划理论领域的焦点。

## 二、中国城市规划理论

### (一) 古代和近代中国城市规划理论

中国古代城市规划的主导思想包括遵从尊卑秩序的宗法礼制思想、“因天才、就地利”的实用思想以及以“天人感应”为基础的风水思想，其中以“匠人营国”为范式的宗法礼制思想贯穿了中国古代城市规划的各个阶段，影响着中国古代城市的格局、功能分区、街巷等空间形态。“匠人营国”的城市规划详细规定了各个诸侯国的规模、面积、城高、门宽和道路宽度等，其形制不得超过首都。统治者热衷于借助山水对位、地形抬升、象形拟物等方式和形态要素传递给民众，强调政治地位的合法性、正统性。

秦汉时期，通过附会天象、山水等自然要素的交相辉映，将中国古代城市规划的象征体系从平面布局控制，转向空间布局与景观要素相结合。隋唐之后，古代城市规划美学思想逐渐成熟，形成了聚落与山水一体，兼顾礼制与实用性的空间营建范式，能够在构建超大尺度空间秩序

札记

的同时，妥善安排政治、经济、军事的空间需求。至此，崇尚秩序的形式美感、王权为尊的阶级制度等礼制观念都可以在空间形态的塑造中得到具体体现。都城营造往往先通过山水对位、倚高就势、城区划分、道路分级等空间符号把控城市格局，再通过色彩、尺度、数字等标准强化城市空间秩序，最终形成对都城管辖范围内的臣民具有高度政治意义的象征体系。这种象征体系由统治者的主观认知所主导，创造了以尊卑等级为核心的群体认知共识，高度适应了中国古代封建专制统治者的政治诉求，因而能够不受朝代更替的影响，不断传承并愈加完善。

近代，中国城市规划受到城市规划与建设内在者和外在者的共同影响，这一时期的规划反映了外在者介入传统城市规划、内在者主动博采众长主动寻求传统城市现代化转型的发展历程。青岛城市规划是城市规划转型的典例。1898 年《中德胶澳租界条约》及其附属件签订后，德国人开展了青岛的城市建设工程。西方城市规划思想虽然具有外来特征，但因其能够满足社会需求，提高城市建设的效率与实用性，得到了接纳与肯定，为构建中国城市规划体系奠定了坚实基础。这种西方城市规划思想与中国实践经验的相互渗透，形成了全新的城市文化。西方商住一体布局模式与中国传统院落居住模式的融合造就了“里”院式的新生活网络，推动新交往模式诞生。

同时，中国也在发展自己的城市规划。1930 年《广州市工务之实施计划》号召具有西方城市规划学术背景的留学人员归国参与城市建设，以更加主动的姿态促进城市转型。这一时期的广州城市建设以改善基础设施为指导思想，在延续传统城市中轴线的基础上，使城市交通自旧城区向新城区延展，促成了相对自由且具有秩序感的“方格网+环线”的空间布局形式，有效地协调了旧城区与新城区的关系。

### (二) 中华人民共和国成立后的城市规划

计划经济时期，根本任务是优先发展工业、特别是重工业，尽快地从落后的农业国变为先进的工业国。因此，为人民规划即为发展社会生产而规划。1951 年中共中央发出《政治局扩大会议决议要点》，强调在城市建设计划中，应贯彻为生产、为工人阶级服务的观点，使之成为城市建设工作的基本方针。1954 年经中共中央批准建工部召开的全国城市建设会议，明确城市建设为工业化、为生产、为劳动人民服务的方

札记

针，因此，城市规划是“生产计划驱动型”。因国民经济计划以工业建设为主线，生产计划驱动型城市规划亦可称为工业建设驱动型城市规划。具体来看，这一时期的城市规划强调国民经济的计划性和具体化，在空间上落实经济计划；适当满足劳动人民物质文化生活要求，确保劳动力再生产；以工农结合、城乡结合为原则，体现工农商学兵五位一体的原则。

党的十一届三中全会标志进入市场化转型时期。这一时代社会主要矛盾确定为人民日益增长的物质文化需要同落后的社会生产之间的矛盾，根本任务是以经济建设为中心、以改革开放为根本动力、发展社会生产力。然而，随着“为谁生产，生产什么，怎样生产，在哪里生产”责权利的地方化和市场化，计划经济逐步转变为竞争性地方政府驱动的政府主导型市场经济。在这种经济下，城市发展决定于竞争性地方政府在市场竞争中能否获取生产增长的竞争优势。因此，市场化转型时期为发展生产而规划就是为竞争性地方政府生产增长竞争而规划，城市规划可谓增长竞争驱动型。一方面，城市规划成为竞争性地方政府为增长而竞争的综合性基本工具，是这些地方政府在中央领导下按照自己的战略意愿为实现增长而动员、组织和经营城市资源的战略工具。另一方面，城市规划围绕经济增长、利用城市集聚效应为导向。

### (三)新时代中国城市规划理论

进入新时代，社会主要矛盾已经转化为人民日益增长的美好生活需要和发展不平衡不充分之间的矛盾，坚持以人民为中心的发展思想，贯彻创新、协调、绿色、开放、共享的发展理念和生态文明理念，坚持使市场机制在资源配置起决定性作用，更好发挥政府作用，解决发展不平衡不充分问题，成为社会根本要求。我国城镇化率 2018 年达 59.58%，2035 年和 2050 年将分别在 70%以上和 80%左右，因此，中央城市工作会议强调以人为中心的发展思想、人民城市为人民是做好城市工作的出发点和落脚点。

新时代的城市规划立足于为人民生活更美好，党的十八大以来，我国提出城市规划建设管理工作以“让人民生活更美好”为总目标，城市规划需要纠正传统的重经济增长效率轻社会公平正义、重建设轻安全、重开发轻保护的倾向，让城市更加安全、美丽、更加公平正义。党的二

札记

十大报告指出，要坚持人民城市人民建、人民城市为人民，提高城市规划、建设、治理水平，加快转变超大特大城市发展方式。新时代的城市规划以提升地方品质为中心，城市要满足市民美好生活的需要、减少交通和住房等生活成本以增进市民愉悦性、实现高质量发展。因此城市要把创造优良人居环境作为中心目标，努力把城市建设成为人与人、人与自然和谐共处的家园。新时代现代化城市规划方案理论模式以现代化都市圈为主，这既意味着现代化都市圈区域规划，又意味着立足都市圈进行中心城更新、卫星城区和乡村空间的协同规划。

## 第三节　中国城市规划管理

### 一、中国城市规划管理的基本架构

中国的规划管理模式是实行“规划许可”制度。现行的《中华人民共和国城市规划法》中确立“一书两证”制度为规划实施管理的基本制度。规划管理的对象包含用地管理、建筑管理、工程管线管理三大类。规划管理的基本步骤和程序分为核发建设项目选址意见书、核发建设用地规划许可证、核发建设工程规划许可证、监督检查、竣工验收等几个阶段。在规划管理内容中，建设用地的规划管理是最核心的内容，在目前中国城市土地有偿使用和行政划拨并存的情况下，根据土地使用权获得方式和建设规模的不同，规划管理程序和运行模式也不完全相同。在规划管理的决策过程中，一般实行分层次管理、集体研究决定、领导审批的程序。

规划管理机构和人员队伍是规划管理工作的重要保证。经过多年的努力，中国规划管理的组织建设有了很大发展，大多数城市设置了规划管理部门，设置规划局的城市也有相当数量，主要有以下几种设置方式：(1)独设式。单独设立的规划局，和城市建设局或建委等机构平行，是市政府的职能部门；(2)大统式。大建委统辖下的规划局处。即规划局处同市政、建设等管理机构一样，是作为建委下面的部门机构二级局或者归口到建委，接受建委的综合管理和统一部署，一般由建委的副职领导任规划局处的正职领导；(3)合署式。规划与建设合一设置的规划建设局。这类城市中一般不设建委，规划建设局作为政府的职能部

札记

门，统管规划和建设；(4)合并式。规划与土地合并设置的规划土地局，即规划局和土地局一套人马、两块牌子。这种体制主要为了解决实际工作中城市规划部门与土地部门的职能交叉、工作扯皮等矛盾，理顺工作关系，避免多头管理，有利于相关工作的协调和衔接，有利于城乡土地的统一管理，减少扯皮，提高效率；(5)混合式。规划与政府其他管理职能合并设置的机构。例如，深圳市设立“国土规划局”承担城市规划管理、矿产资源管理、土地管理等职能，上海浦东新区设立“综合土地规划局”承担综合计划、城市规划管理、土地管理等职能，其他还有的如规划土地房产局等；(6)伴生式。小城市特别是县城，单独设立规划局的较少，一般是在建设局、建设环保局等机构内设立规划科室，行使规划管理职能，力量较为薄弱。大多数建制镇的规划管理力量相当薄弱，有些建制镇几乎处于空白。目前，不少大中城市设立了区级规划管理机构，市、区两级规划管理机构划定了职责范围和审批权限，但区级机构的管理体制和管理权限方面，各城市之间不完全相同，各城市根据具体情况作了有关规定。

## 二、中国城市规划管理的体制与机制

中国城市规划管理的发展，历经了多年的运行、调停与革新，不断赋予城市以经济区域性战略地位。早在20世纪50年代。中国学习苏联的经验，颁布《城市规划编制办法》；1978年全国城市工作会议，中央发布《关于加强城市建设工作的意见》；1984年国务院颁发《城市规划条例》；1989年12月26日，七届全国人大常委会表决通过《中华人民共和国城市规划法》并正式颁发；1990年4月1日，《中华人民共和国城市规划法》正式施行；1993年6月29日，国务院颁布《村庄和集镇规划建设管理条例》，1993年11月1日起正式施行；2007年10月28日，十届全国人大常委会表决通过《中华人民共和国城乡规划法》并正式颁发，2008年1月1日，《中华人民共和国城乡规划法》正式施行。

### (一)城市规划管理的体制

城市规划管理体制是一种由城市规划管理机构的设置、管理权限的划分、管理方式的确定和管理机制的运用等综合起来的规划管理体系。城市规划管理体制是否合理，是城市规划管理是否充分发挥其功能的首

札记

要条件，也是实现城市规划目标的重要保障。在现阶段，城市规划管理涵盖在城乡规划的统筹管理范畴内。

1. 城市规划管理的组织机构

中国现行的城市规划管理机构体制主要有：(1)内含式体制，即在建委下设二级机构规划处(办)；(2)平行式体制，即设置政府一级组成局或工作局，行政级别同建委；(3)二合一式体制，即规划国土合一。

表 10-1 中国现行城市规划管理机构类型及其特点

| 规划管理机构类型 | 行政隶属关系 | 法律地位 | 管理效果评价 | 城市类型特征 |
|---|---|---|---|---|
| 内含式(规划处、办) | 建委二级机构 | 非一级法人单位受建委委托执法 | 行政地位低；法律地位低；不利规划管理 | 县级市及县居多为此类型 |
| 平行式(规划局) | 政府一级组成局或政府工作局归口建委 | 一级法人单位受市府委托独立执法 | 行政独立；法律主体突出；有利规划管理 | 直辖市、副省级市及省辖市局多为此类型 |
| 二合一式(规土局) | 政府一级组成局 | 一级法人单位受市府委托独立执法 | 行政独立；法律主体明确；联合执法力度大；规划分工强弱不定 | 副省级市局多为此类型 |

2. 城市规划管理的权限职责

按照《中华人民共和国城乡规划法》，城市规划行政主管部门具有规划编制权、规划市批权、规划修改权或调整权、立项参与权、建设用地核定权、用地调整权、建设工程批准权、监督检查权、行政处罚权、复议裁定权。规划法赋予了城市规划管理部门十种管理权限，管理权限的大小与到位与否直接关系到城市规划实施的效果，也关系到城市规划目标的实现。为了实现城市资源的合理和有效利用，城市规划管理必须充分发挥“有形的手”和“无形的手”双重调节作用，实现向指令与指导、

札记

计划与市场、直接与间接、行政与法律、管理与服务等多手段、多层次、多目标综合管理职能的转变。

3. 城市规划管理的基本制度

2008 年颁布的《中华人民共和国城乡规划法》第二条明确规定，“本法所称城乡规划，包括城镇体系规划、城市规划、镇规划、乡规划和村庄规划。城市规划、镇规划分为总体规划和详细规划。详细规划分为控制性详细规划和修建性详细规划。”换言之，城市规划分为两大类，城市总体规划和详细规划。总体规划又分总体规划和分区规划；详细规划又分控制性详细规划和修建性详细规划。而对这些不同层面范畴的规划进行管理就是行使城市规划法制化的管理，体现着城市规划管理对政府工作与城市发展的保障职能。

（1）总体规划管理制度。城市总体规划是指城市人民政府依据国民经济和社会发展规划以及当地的自然环境、资源条件、历史情况、现状特点，统筹兼顾、综合部署。为确定城市的规模和发展方向，实现城市的经济和社会发展目标，合理利用城市土地，协调城市空间布局等所作的一定期限内的综合部署和具体安排。对其进行管理的实质，就是在研究论证城市发展依据和选用适宜的各项城市规划指标的基础上，从城市与区域的有机联系、城市干道系统和空间布局的协调合理等方面着手，结合工程系统和环境保护等方面的因素，对城市总体布局进行多方案的比较，以便就经济效益、社会效益和环境效益作出综合评价，选择符合实际条件的最优方案。

（2）分区规划管理制度。分区规划是对总体规划进行深化，结合不同地区或城镇的现状特点和发展要求，进一步控制和确定不同地段的土地用途、范围和容量，协调城市公用设施和公共设施的建设，并通过对土地使用进行定性定量，确定容积率，及时调整充实居住用地，为编制居住区详细规划提供依据，给综合开发和疏解地区人口创造有利条件。因此分区规划管理，就是对为数众多的开发项目，及时提供各项公共建筑、道路红线和市政公用设施配套的信息和数据，保证各级公共活动中心和道路交通建设同步实施，使城镇各分区综合功能不断完善，城市人口布局合理化。

（3）控制性详细规划管理制度。控制性详细规划管理是指以城市总体规划或分区规划为依据，确定建设地区的土地使用性质和使用强度的

札记

控制指标。道路和工程管线控制性位置以及空间环境控制的规划要求，并运行稳定有序的管理机制，以满足市场经济、城市发展和规划职能发挥的需要。具体包括三类控制性的管理内容：一是微观控制管理。对具体建设工程项目进行调控，主要控制其建筑性质、空间尺寸、空间关系、有关规划指标，建筑色彩、造型的环境要求等；二是中观控制管理。对地区详细规划的审批和成片开发建设规划管理进行调控。主要控制其用地性质、空间布局结构、规划技术指标、环境设计、街道景观等；三是宏观控制管理。对城市总体规划的实施情况，在比较大的地城范围，跟踪监控并予以评价。提出建议并制定相应的方针政策，供城市政府决策，保证城市总体规划的实施。

(4)修建性详细规划管理制度。修建性详细规划管理是指按照城市总体规划、分区规划以及控制性详细规划的指导、控制和要求，以城市中准备实施开发建设的特建地区为对象，对其中的各项物质要素，如建筑物的用途、面积、体型等进行统的空间布局，以使城市规划能从整体上形成技术管理与行政管理相结合、管理机构条线分明、行政执法权力集中的规划管理秩序。

### (二)城市规划管理的机制

城市规划管理因其工作的综合性、复杂性、系统性和周期性，对城市建设环境的影响是全方位和多层次的。

1. 城市规划管理的引导机制

城市规划是政府调控城市空间资源、指导城乡发展与建设、维护社会公平、保障公共安全和公众利益的重要公共政策之一，任何单位和个人都应当遵守经依法批准并公布的城乡规划，服从规划管理，并有权就涉及其利害关系的建设活动是否符合规划的要求向城乡规划主管部门查询。因此对城市规划管理的引导是一种服务。它对投资者的服务主要通过城市规划行政主管部门的服务来体现的。

2. 城市规划管理的调控机制

城市规划管理是政府对经济实行调控的主要手段之一。一方面，城市规划管理可以协调不同利益主体(如政府与投资者、投资者与投资者、投资者与当地居民)之间的利益关系；另一方面，城市规划管理可以控制投资开发方向、结构、空间、速度、节奏，它对投资的调控主要是通

札记

过规划编制、规划政策和规划项目的审批来实现。例如，以商住楼为主体的房地产投资过猛时，可以通过严格限制其他用地性质改为商住楼用地性质、严格控制商住楼用地的开发强度、严格要求商住楼规划设计质量、严格履行审批程序等措施对其抑制。

3. 城市规划管理的反馈机制

城市规划管理通过城市规划监督检查，了解实施管理过程的合理性与科学性，同时在规划审批与规划编制的过程中，将各种渠道的意见或建议反馈规划的审批与编制的最后审定环节中。这样的反馈机制，有助于加强对规划实施情况的快速反应能力、综合分析能力和处理问题的能力，从而提高规划管理决策综合能力。

## 案例

### 新加坡城市规划管理

#### 一、新加坡的规划系统

新加坡在1959年对城市规划进行立法，通过了一部规划法令，建立了一个中央的规划系统来监督新加坡的土地规划，并制定了长期发展规划，即《国家总体规划》。该法令的价值体现在规划控制系统的执行从此有了书面的法律形式，因而获得了合法性。新加坡的规划系统包括两个独立而又相互联系的方面：发展规划和开发控制。

新加坡将土地划分成5个规划区域，并进一步细分为55个规划分区。至1997年底，1985年总体规划的相应部分已被分区的开发指导规划完成了。分区的开发指导规划是以概念规划的原则和政策为依据，以土地的使用和交通的规划作为核心，结合各分区的特定发展条件，从土地用途、改良环境、疏导交通、保护历史、建造开敞的空间体系以及改造旧区等方面制定的开发指导细则。分区的开发指导规划很明显要更加具体，比全岛整体规划更容易操作、有针对性，所以更具指导意义。

1964年，新加坡通过规划法令修正案，经规划部门许可，只要支付相应的开发费就可以变更之前的规划条件，由此带来的土地增值收归国有。由于新加坡土地资源极其匮乏，政府不仅控制法定

札记

的开发，还强制性将大部分土地收归国有。除去公共建设的部分，余下土地通过与开发商制定合约条款，实现批租。概念规划发布于2001年，它展望新加坡将成为在不断全球化的世界中的一个“有活力、有特色、令人愉快”的城市。其核心战略包括：①创造一个更适宜人们生活的城市；在住房类型和区位选择上更加广泛，进一步提升民众生活环境的质量。②创造一个生趣和有魅力的城市；提升场所、地方的广泛选择，提供绿色景观供人欣赏。③创造一个有经济活力的城市；提供更自由的市场，进一步改善交通和运输便捷性。④创造一个有特色的城市；关注和谐，维护和提升地方融合。

## 二、规划实施中的控制系统

### (一)统一整合的日常处理机构

新加坡城市重建局(the Urban Redevelopment Authority，简称URA)，由国家发展部(the Minister for National Development)直接领导，它高度集权，制定决策的开发规划和开发控制的管理。申请规划的步骤是开发商或个人按照申请形式制作开发申请，然后提交URA，由URA的首席规划师裁决申请。

### (二)配套的法律制度，严格的惩罚措施

在新加坡，土地开发是依法控制的。这种控制的法律基础是在1959年通过的《规划法令》，现在应用的是《规划限制法令232》(*the Planning Act Cap 232*)。没有人能在没有规划许可的情况下来开发任何土地，规划许可并不是建筑许可，建筑许可要从建筑与建设局获得。这个体系的基础主要包括：1. 在原则上设定广泛的限定；2. 在特定情况下扩大或者缩小限定；3. 尽量使规划许可应对不同的情况。伴随所有开发都需要获得规划许可，新加坡通过1959年的立法有效地把土地的开发权收归国有，也是从这年起，国家成为决定什么时候、在什么地方进行开发和变更土地用途的主体。在规划申请的过程中有严格的防腐措施。在新加坡的法律中，给予和接受贿赂的双方均属腐败行为，会被判处相同的罚款(最高10万新元)或入狱(最长7年)或者两者皆有，议会成员和公职人员的处罚更加严厉。在规划系统中，规划控制的实施是非常重要的部分。在新加坡，开发控制通过刑事处罚来加强。违反者将被判处最高为20万新元的罚款或者是最长12个月的入狱或

者二者皆有之。

札记

(三)强调公众参与、规范听证制度，发挥专家、社会相关团体的参谋作用

公共部门和私人部门之间的利害相关和合作越来越被人们认为是新加坡下一个发展阶段的重要组成部分。这种认知使公共部门和私人部门在规划实施中进行合作。这改变了过去自上而下的规划途径，带来了更多的执行便利以及提升了两者参与程度。自从20世纪90年代以来一组新的地域性规划，《开发指导规划》取代了1958年的《总体规划》。在制定规划法案时增加了公共咨询的成分，这些规划中的一部分是由私人部门的专家们和开发商来准备制定的。这顺应了鼓励私人部门和普通民众更多参与创造新加坡城市轮廓过程的潮流。在2003年，城市重建局进一步开发了电子咨询网站，在由公众参与的指导原则和政策的草案最终公布之前，以“你的规划”的形式来在网站上发布新的规划，有效地鼓励公众参与规划制定过程。现在，生活的质量和地区融合已成为规划方案的核心理念，其主旨是使规划的途径更加具有合作性。

(四)应用电子政务，提高政府的办事效率

为了应对不断增长的互联网的应用，城市重建局在1997年开发出了一套计算机化的规划申请系统，开发者通过该系统进行规划许可的申请。从1999年开始，该局提升了在互联网基础上的电子申请系统即电子开发申请系统(EDA)。申请者可以通过EDA来提交申请(包括申请的文本文件和CAD图纸)，以便获得在线许可。EDA通过新加坡的ONE broadband network，在重塑建筑业的过程中起到了很大的作用。这是核心网(CORENET)开发的一站式提交申请系统的第一步，其中的建筑和固定资产网络加强了两者的沟通和联系。几乎所有的开发申请都能通过EDA提交。在2000年只有9%的开发申请是通过EDA提交的，而到2004年该比例已提高到99%。其中95%的电子申请是在4周之内得到答复的。电子申请有这样的好处，它改变了获得规划决定的时间限制而且节约了申请时间、人力和资金的成本。在线咨询和决策传递的过程加快了对咨询和规划者的答复。提交申请的资格审查也是在线的。相比传统的纸质申请，电子申请没有过去那种复杂的印刷形式。这种提交电子申

札记

请的系统支持一个快捷的无冲突的填写表格的过程，其中包括了平面图比例、择址范围、社区内开放空间以及开发费的自动核算。电子申请提交系统能够在任何时间包括政府工作之外以及任何有互联网接入的地点来使用。这在很大程度上提高了政府的办事效率。

新加坡是一个国家，同时也是一座几乎达到100%城市化的优秀大城市，其对城市土地使用的规划管理和有效利用是值得我们借鉴的。

**课后思考：**

1. 新加坡城市规划系统的具体构成是什么？
2. 新加坡的城市规划架构对我国有什么启示？

# 第十一章　城市土地与住宅管理

城市附着于土地之上，城市的建设、发展和更新也依靠土地。城市土地在一定的时间和空间范围当中相互联系、相互作用，进而构成了具有一定结构和功能的有机整体。城市的人类活动也深刻影响着这片土地的性质和用途。其中城市住房对于市民的生活影响最深刻，因而成为城市土地发展中最受关注的环节。

## 第一节　城市土地管理

### 一、城市土地管理概念

土地管理是国家的基本职能之一，是国家综合运用行政、经济、法律、技术等手段，为维护土地所有制、调整土地关系、合理组织土地利用而进行的计划、组织、管理、协调、控制等综合性活动，其本质是对土地资源的行政管理。

中华人民共和国成立以来，中国城市土地一般指城市市区内的土地，归国家所有。城市土地管理是城市政府依据国家有关城市土地管理的法律法规，对城市土地的占有、分配、使用而进行的规划、组织、控制和监督等一系列活动。城市土地管理作为协调人地关系，合理组织土地利用的国家措施，在整个城市建设中占据着极其重要的地位。

城市土地管理的目的主要包括：维护城市土地公有制；调整土地关系，提高城市土地利用的经济效益、生态效益和社会效益；实现土地资源的可持续利用。城市土地管理的任务在于维护社会主义土地公有制及土地所有者和使用者的合法权益；保护、开发、合理利用土地；保护周围更低资源；促进经济社会可持续发展。当前，城市管理的主要内容包括城市土地法规和政策的制定、城市地籍管理、城市土地规划和土地用

札记

途的管制、区域内耕地保护、农用地转用和土地征收征用、土地供应和市场管理以及土地执法与监察。

## 二、城市土地管理体制变迁

### (一)城市土地管理体制

1998年，全国人大常委会通过了修订后的《中华人民共和国土地管理法》，规定建设单位使用国家土地，应当以出让等有偿方式取得。至此，中国城市土地的管理运行体制发生了重大变化：一是承认城市土地的商品属性，建立起以招拍挂为主要形式的土地转让制度；二是实行有偿、可转让、有限期使用制度；三是土地资源配置逐步由行政手段向市场手段过渡。

在层次上，我国土地管理机构设置采取垂直统一管理的方式，在中央成立国土资源部，下设国土资源厅、局等，由上至下统一管理：事关国家利益、社会稳定和民族发展的土地管理应由中央和省级政府专有，主要包括土地利用总体规划的编制审批权、农用地转用审批权等；土地登记发证权、土地行政复议处理权、区域内土地利用总体规划编制权、开发荒地等的批准权等权限可由城市(不包括县级市)的土地管理部门执行。

从横向上看，国家国土资源部设14个职能司(厅、局)，其中有六个职能司(厅、局)与土地管理直接相关，主要分为政策法规司、规划司、耕地保护司、地籍管理司、执法监察司等。

### (二)城市土地资源管理的问题及解决方案

当前城市在土地管理和土地可持续利用中存在以下问题。

一是城市建设和开发的无序扩张，一些地方不注意土地的集约利用，盲目依靠外延扩张的方式推进城市建设，不切实际建设宽马路、大广场，占用大量土地，降低了土地实际的利用效率，一些城市在建设中不注意科学地利用土地，过度修建开发区、工业园区、科技园区等，纷纷展开“圈地运动”，形成过度投资。这些城市的土地资源利用现象不仅导致了土地资源的浪费，还导致了房地产市场过热，不利于控制固定投资的过快增长。

札记

二是城市土地资源占用国家耕地问题突出，严重影响国家粮食安全。即便国家采取措施严守耕地红线，但是各个城市利用土地新上马的项目数量仍然处于高位，导致城市外围区域大量的农村土地被占用，耕地面积减少，粮食播种面积下降，导致一些地区粮食产量和人均粮食种植面积减少，使粮食安全出现隐患。

三是城市对土地的不合理管理和使用导致土地资源质量退化和生态破坏，在城市地区主要表现为土地资源污染，一些地区在工业发展中不注意对城市地表土地资源的保护，导致垃圾严重污染城市土地，破坏土地质量，甚至危害人体健康。目前对于防止城市土地污染的相关法律法规缺乏，城市用地土壤环境体系仍未建立，污染防治还不完善。

城市发展离不开城市的土地资源，为了更好地维护城市土地资源，要加强土地管理、促进土地可持续利用与保护。

一是要转变经济增长方式和土地利用方式，调整产业结构。转变经济增长方式，优化土地利用结构，由技术密集产业向资源集约型的产业转化，大力发展城市第三产业，鼓励发展各种土地节约型及家属和项目，提高土地的利用集约度和效益。另一方面要正确引导城市化进程，提高土地的集约度。要确定土地利用总体规划的主导地位；控制建设用地，提高土地集约利用水平；挖掘城市土地潜力，提高利用与产出率。

二是要加强土地使用方式的管理，以城市基本农田保护为重点，实施弹性耕地总量动态平衡政策；根据动态规划严格审批城市用地，对改变用途的耕地加强批后监管，坚决纠正、收回不合格的用地，对不切实际的“面子工程”不予批准使用；全面实施国土资源管理听证制度，国土资源主管部门要实施执法为民的原则，全民推进国土资源管理依法行政。

三是要加强对土地资源的质量保护，减少因质量下降导致的资源流失。要加强对城市土地资源的生态环境保护，在垃圾倾倒、污染物排放中要予以重视，对土地的环境影响要进行前期的科学论证。

## 第二节　城市住宅管理

### 一、城市住宅管理的概念

住宅(Residence Dwelling)是指专供居住的房屋，包括别墅、公寓、

札记

职工家属宿舍和集体宿舍、职工单身宿舍和学生宿舍等。城市住宅则特指位于城市专供居住的房屋，其广义概念包括在城市区域所有用于居住的房屋，包括私人住房，也包括具有公共性质的集体宿舍、职工宿舍与学生宿舍。而狭义的住宅概念则强调私人住房。

城市住宅既是私人物品，但同时又具备准公共物品的属性。城市住宅的建设需要占用土地，建筑物还影响到周围的环境，如空气质量、城市绿化、市政设施、交通道路等，而这些被直接影响到的都是公共物品。因此，从某种意义上来说，城市住宅可以被视为准公共物品。因此，中国和许多其他国家一样，住房市场化和社会保障共存使得住房市场呈现出市场化、半市场化和非市场化相结合的状态，根据住房市场固有的特性，无论哪一种状态都需要政府干预与管理。

建立城市住房保障制度，完善住房保障法律体系，是保障公民住房保障权的重要途径，这不仅关系到公民的基本人权的实现，而且关系到国家稳定发展，经济持续进步的重要问题。

1949 年后，中国城市住房保障制度的演变可分两个历史时期，即从中华人民共和国成立到住房体制改革前的时期和住房体制改革后到现在这两个大时期。在前一时期，又可分为两个小的时期，即中华人民共和国成立后的住房多元结构时期到福利分房制度确立之前，即 1949 年到 1956 年，和福利分房制度确立后到中国住房制度改革前，即 1957 年到 70 年代末。而在后一个大的时期中也可以划分为两个时期，即住房制度改革后到住房货币化制度建立以前，在这一段时间里主要实行的是住房市场化制度，即从 70 年代末到 1997 年，另一时期是从住房货币化制度建立至今，即从 1998 年以后以及住房货币化制度建立。

## 二、西方国家住房保障制度

### (一) 美国住房保障制度

美国的住房模式具有典型的“大市场小政府”的特征，政府职责仅限于帮助那些无力支付私人房租的低收入家庭和老年人，解决他们的住房难题。在美国的保障性住房体系中，影响最大的是公共住房。一是帮助低收入家庭租房的政策。1934 年经济大萧条后，美国制定了最早的住房法案《临时住房法案》，1937 年，该法案进一步补充为《公共住房法》，决定由中央政府出资，由地方政府建造公共住房供低收入家庭租用。自1964年起，政府通过优惠政策鼓励开发商建造供低收入者租用住房。从1964年到1980年，政府以提供低息贷款的方法，共资助开发商建造此类住房约160万套。自1973年起，政府开始把分散低收入者住房、改善社区质量纳入住房政策，提出以帮助“需求方”(住户)为中心的政策。二是鼓励中低收入家庭购房的政策。政府通过全国房屋贷款联盟和全国住房贷款协会两大机构，向全美各类银行、信贷机构提供贷款和贷款担保，鼓励这些贷款机构向包括中低收入家庭在内的住户提供房屋贷款，政府则以发行债券的方式从资金市场上筹款，作为贷款金额的来源。

美国住房保障制度的特点：一是通过立法保障住房措施的落实。美国政府以立法形式对公共住房等住房保障作了明确的规定，先后颁布了《住房法》《国民住宅法》《住房与城市发展法》等法规。美国政府有专门的立法机构，各项措施都通过立法保障来落实和实施。二是控租与补贴并重。控租是通过立法对公共住房的租金加以限制。美国的控租主要由地方政府以立法形式作出规定，并通过投票方式进行表决。在补贴方面，美国低收入家庭的租金补贴先后运用了四种形式：砖头补贴、房东补贴、住房券和现金补贴。

### (二)新加坡住房保障制度

新加坡是东南亚地区成功解决国民住房问题的典型代表，也是世界上公认的有效解决住房问题的国家之一，在住房保障制度方面很有特色。首先，新加坡政府制定有关投资建设住房的长远规划，通常情况下新加坡以五年为周期制定住房计划。为确保住房建设计划的顺利实施，政府除了专门划拨国有土地或适量征用私人土地，供房屋发展局建设住房，为降低建房的财务成本，政府还通过低息贷款方式向房屋发展局提供资金支持。另外新加坡实行住房公积金制度。从1950年开始，新加坡全面推行中央公积金制度，为住房建设提供筹资支持；1968年提出“居者有其屋”的计划，从出租廉租房为主向出售廉租屋过渡。

从特点上看，一是公积金制度的社会经济地位异常突出。新加坡中央公积金制度建立于1955年，是根据新加坡《中央公积金法》建立的强制性储蓄制度。公积金制度帮助新加坡成为东南亚地区解决住宅问题的

札记

成功典范。二是典型的“小市场大政府”模式，政府承担主责任。新加坡政府通过房屋发展局(简称房屋局)直接负责公共住房的建设和管理，政府在住房问题上给予的大力支持与资助，主要体现在对房屋发展局的支持和帮助方面。房屋发展局是新加坡国家发展部下属的法定机构，是新加坡最大的房屋发展商和公共住房管理机构，政府在资金和土地方面给予了它大力支持和资助。

## 三、中国改革开放前住房保障制度

### (一)中华人民共和国成立后的住房多元结构时期

1949—1956年，中国经历了社会主义改造时期。在这一时期，住房的所有权各不相同，有的是公有的，有的是私人继承的财产属于私有的，呈现出房屋所有权社会主义全民所有、集体所有和公民私人所有并存的局面。

### (二)福利住房制度时期

1957年到70年代末，这一时期城市居民的住房主要以由国家统一建设，统一分配的方式供给。福利住房制度有效地解决了城市居民的住房问题，使新中国成立之初资源有限的情况下，人们的生存问题得以保障，保证了社会的稳定。在当时，这种福利住房制度下的住房供给模式，并没有明确地表明具有住房保障的性质，但其切实解决了城市居民的紧要问题，可以说是一种实实在在的城市住房保障制度。

## 四、中国改革开放后住房保障制度

由于在80年代初关于住房属性的大讨论澄清了住房的属性，使人们认识到住房的双重属性——福利性和商品性，因此，中国积极进行了住房制度的改革，变革以往的福利住房制度，实行住房制度市场化改革，承认市场经济下价值规律的作用，将住宅业作为国民经济持续增长的支柱产业，作为国民经济发展新的增长点。从实行住房制度改革政策后，中国的住房政策发生了显著变化，推行住房市场化制度后，城市住房保障制度突飞猛进，取得了很大的进步，有了真正意义上的城市住房保障制度的出现。从1994年住房公积金制度在全国城镇全面实行到住房货币化制度下诞生的经济适用房制度和廉租住房制度，中国先后建立并不断完善了廉租住房制度、经济适用房制度、住房公积金制度。目前，城市住房保障制度主要由这三部分构成，三种制度针对不同的保障对象，实行不同的保障标准，以实现公民的住房保障权。

### (一)廉租房制度

它是由政府提供的、面向城市低收入家庭的社会保障性住房。廉租房的建造标准以满足家庭基本居住需要为原则；其建造的数量要视城市最低收入家庭的数量来确定，通常供给数量适当少于需求数量，使申请入住廉租房的家庭有一个合理的轮候期；其租金标准通常远远低于市场租金，且该租金水平受政府的严格控制；廉租房不允许进入二手房市场，也绝对禁止转租。中国政府于1998年提出建立廉租房制度的构想，并于1999年4月22日颁布了《城镇廉租住房管理办法》。建设部、财政部等五部委于2003年对《城镇廉租住房管理办法》进行了修改，于2003年11月15日颁布了《城镇最低收入家庭住房管理办法》(2004年3月1日起执行)，要求向最低收入群体提供租金低廉的廉租住房。此后，中国政府积极推进廉租住房制度建设，不断完善廉租住房保障政策。对按政府规定价格出租的公有住房和廉租住房，暂免征收房产税、营业税。

### (二)经济适用房制度

经济适用住房是指政府提供政策优惠，限定套型面积和销售价格，按照合理标准建设，面向城市低收入住房困难家庭供应，具有保障性质的政策性住房。中国经济适用房政策形成于20世纪90年代，可以追溯到1991年6月，国务院在《关于继续积极稳妥地进行城镇住房制度改革的通知》中提出了“大力发展经济适用的商品住房，优先解决无房户和住房困难户的住房问题”，从国家政策上对经济适用住房的建设做了初步定位。1994年7月18日《国务院关于深化城镇住房制度改革的决定》(国发〔1994〕43号)要求“各地人民政府要十分重视经济适用住房的开发建设，加强解决中低收入家庭的住房问题。经济适用住房建设用地，经批准原则上采取行政划拨方式供应。对经济适用住房建设项目，要在计划、规划、拆迁、税费等方面予以政策扶持。各级建设行政主管部门

札记

要切实组织好经济适用住房建设的实施工作。金融单位在信贷等方面应予以支持。房地产开发公司每年的建房总量中，经济适用住房要占20%以上”。同年，建设部发布了《城镇经济适用住房建设管理办法》，建立以中低收入家庭为对象，具有社会保障性质的经济适用住房供应体系，加强对经济适用住房的建设管理。其后，国务院于1995年1月发布了《国家安居工程实施方案》，并在1998年颁发了《国务院关于进一步深化城镇住房制度改革加快住房建设的通知》(即国发〔1998〕23号)，确立了购买经济适用住房的申请、审批制度。在该《通知》中，中央政府明确提出了中国住房政策的总体目标，即不同收入家庭实行不同的住房供应政策。最低收入家庭租赁由政府或单位提供的廉租住房；中低收入家庭购买经济适用住房；高收入家庭购买、租赁市场价商品住房。这是中国政府关于经济适用房制度的第一次系统性规定。国家建设部在2002年12月公布了《经济适用住房价格管理办法》，在其中对经济适用房的概念作了界定，“纳入政府经济适用住房建设计划，建设用地行政划拨，享受政府经济适用房具有经济性和适用性的特点。经济性是指住宅价格比商品房市场价格低，适应中低收入家庭的承受能力；适用性是指在住房设计及其建筑标准上强调住房的使用效果。其低价格是通过土地划拨供应、免除有关税费、规定开发商的利润上限等措施来实现的。经济适用房政策实施以来，对启动内需、平抑房价以及完善住房供应体系，均发挥了显著的作用。

(三)住房公积金制度

住房公积金制度是一种强制性的住房储蓄制度，职工及单位都必须按职工工资的一定比例向职工的公积金账户存款，增加职工的住房资金积累。其保障性，首先体现在增强了职工住房的自我保障能力，通过住房公积金若干年的积累，职工的住房有效需求能力将在较大程度上得到加强；其次，在资金的使用上，公积金管理机构用归集的资金向公积金缴存者提供利率优惠的购房融资，在减轻居民还贷压力的同时增强了中低收入居民的购房能力，有利于保障中低收入居民的基本住房需求。

中国最先施行住房公积金制度的地区是上海市，20世纪90年代初，上海市结合中国具体的国情，学习并借鉴新加坡成功的住房公积金制度的经验，开始了中国首次住房公积金制度试点工作。随后，在北京、天津、武汉和南京陆续施行了住房公积金制度。1994 年，住房公积金制度在城镇全面推行。1999 年，国家颁布《住房公积金管理条例》，并于 2002 年重新发布，使住房公积金制度逐步纳入法制化和规范化轨道。目前，中国已基本建立起住房公积金管理委员会决策、住房公积金管理中心运作、银行专户存储、财政监督的管理体制。住房公积金按规定可以享受列入企业成本、免交个人所得税等税收政策，存贷款利率实行低进低出原则，以体现政策优惠，为改善居民家庭住房条件发挥了重要作用。

## 五、中国住房制度的改革

关注和解决民众的住房问题是政府的重要职能。因此，为满足群众基本住房需求，实现全体人民住有所居的根本目标，进行了一系列住房制度的改革。

### (一)住房制度改革的主要任务

当前住房制度改革的主要任务是“以满足新市民住房需求为主要出发点”“加快建立多主体供给、多渠道保障、租购并举的住房制度”，构建“以市场为主满足多层次需求、以政府为主提供基本保障”的住房供应体系。首要着力点在于满足新市民住房需求。当前，在中国一些人口净流入的大中城市里，以新就业人群和外来务工人员等为代表的新市民人数多、规模大，住房困难问题较为突出。如何解决新市民群体的住房困难问题，让目前还没有住房的城市常住人口能够买得起或租得起住房、拥有体面的居住条件，既是中国推动住房制度改革的主要原因，也是住房制度改革的首要着力点。以满足新市民住房需求为主要出发点来推进住房制度改革，需要摆脱单纯就住房领域来讨论改革的局限，将新型城镇化、财政、土地、社会保障、户籍制度等领域的改革与住房制度改革统筹起来，通盘考虑，协调推进。

核心任务在于建立多主体供给、多渠道保障、租购并举的住房制度。即按照供给侧结构性改革的总体思路，加快完善住房保障和供应体系，建立新型住房制度。“多主体供给”，是新型住房制度在住房供给主体方面的基本要求，就是要打破以房地产企业为市场单一供应者、为

札记

商品房销售主体的传统住房供应体系，鼓励市场供应主体的多元化，同时大力发展住房租赁市场，允许和引导越来越多的诸如住房租赁企业、非营利机构、农村集体组织、机构投资者以及个人等新兴主体在符合法律法规的条件下参与到住房供应体系中来。“多渠道保障”，就是要通过金融、土地、财税、投资、立法等各个层面的改革对住房供应渠道进行多种探索，增强住房保障实现方式的多样性和灵活性，从而真正建立起“高端有市场，中端有支持，低端有保障”的多层次住房供应体系。“租购并举”，是实现多主体供给、多渠道保障的一个重要思路，也是许多市场经济国家住房制度的常态。具体来讲，租购并举，就是要以满足居民多层次的居住需求为出发点，在限制炒房、支持合理自住购房的同时，从供给侧推动住房市场长效机制建设，打破“重售轻租”的市场结构以及“购”热“租”弱的需求结构，消除对住房租赁消费的制度性歧视；大力培育和发展住房租赁特别是长期租赁市场，保护租赁利益相关方合法权益，支持专业化、机构化住房租赁企业发展，加快形成供应主体多元、经营服务规范、租赁关系稳定的住房租赁市场体系，为居民营造出可以自由选择租赁或购买住房的市场环境。

住房制度改革关键环节在于构建市场配置与政府保障相结合的住房供应体系。即构建“以市场为主满足多层次需求、以政府为主提供基本保障”的住房供应体系。这厘清了市场配置和政府保障在住房供应体系中的边界和作用：一方面，坚持市场化改革方向，充分激发市场活力，主要通过市场的手段满足居民多层次住房需求；另一方面，强化各级政府住房保障职责，针对因劳动技能不适应、就业不充分、收入水平低等原因而面临住房困难的群体“补好位”，为他们提供基本住房保障。

### (二)推进住有所居的民生工程

加快推进住房保障和供应体系建设。这是满足群众基本住房需求、实现全体人民住有所居目标的重要任务，是促进社会公平正义、保证人民群众共享改革发展成果的必然要求。应把握好以下几个基本点：一是政府必须补好市场之缺位，以自身为主为困难群众提供基本住房保障；二是重点发展包含廉租住房的公共租赁住房，加快实施各类棚户区和危房改造；三是在建设保障性住房和进行棚户区改造的过程中，要注意

“尽力而为”和“量力而行”相结合，努力满足保障对象的基本住房需求；四是完善土地、财政、金融等住房支持政策，探索非营利机构参与保障性住房建设运营管理；五是加强保障性住房管理，在准入、使用、退出等方面建立规范机制，实现公共资源公平善用。

加快发展和规范住房租赁市场，是深化住房改革的重要内容，也是实现住有所居的重要途径。当前，中国住房租赁市场以中介租赁和个人出租为主，租赁为主的大规模开发项目很少，缺乏专业化的住房租赁机构经营者。发展住房租赁市场，除了要继续发展中介租赁业务、支持和规范个人出租住房外，还需要通过政策扶持，培育和发展专业化住房租赁企业、鼓励房地产开发企业、规范住房租赁中介机构等开展新建住房租赁业务。发展住房租赁市场，要以满足新市民住房需求为主要出发点、加强立法规范租赁市场的工作。

要促进房地产市场平稳健康发展。房地产行业关联度高、带动力强，是经济发展的基础性、先导性、支柱性产业之一，在整个国民经济中的地位和作用十分重要。要坚持房住不炒的定位，综合运用金融、财税、土地、市场监管等手段，加快形成“符合国情、适应市场规律”“短期和长期相结合”的长效机制和基础性制度安排，既抑制房地产泡沫，又防止出现大起大落。

## 第三节　城市旧城改造

### 一、旧城改造的概念

旧城改造是对城区道路、路网、水电、通信，局部或整体地、有步骤地改造和更新老城市的全部物质生活环境，并根本改善其消防、出行、生产、劳动、生活、服务和休息等条件。既反映城市的发展过程，城市空间规划组织以及建筑和社会福利设施的完善过程；又表示物质成果，反映当时的建筑和福利设施状况。旧城改造是个不间断的过程，取决于城市的发展方向和速度。

城市旧城改造包括如下方面的内容：一是改造城市规划结构，在其行政界限范围内，实行合理的用地分区和城市用地的规划分区；二是改善城市环境，通过采取综合的相互联系的措施来净化大气和水体，减轻

札记

噪声污染，绿化并整顿开阔空间的利用状况等；三是更新、调整城市工业布局；四是更新或完善城市道路系统；五是改善城市居住环境并组织大规模的公共服务设施建设，把旧街坊改造成完整的居住区。

近年来，我国经济社会发展迅速，城市化持续在高位水平发展，随之而来的是城市土地的扩张和更新，城市的旧城改造成为城市土地管理中的热点问题。同其他土地使用的问题有所不同，旧城改造更为全面与综合，是城市大片土地的重新规划和设计，代表着城市土地使用用途和产权的更替。

## 二、旧城改造的策略方案

### (一)城市中心区

通常一个城市的发展大多围绕中心城区展开，城市中心承载着城市功能与活动的主要部分。在城市经济发展的推动下，其市政配套和功能结构一直处于更新与再开发之中，所以城市中心往往成为旧城改造的重点区域。中心旧城区内通信、供水供电等基础设施非常完备，学校、医院、金融和商店等配套设施也相对集中，并且城市中心区拥有核心区位与交通枢纽优势。但城市中心区改造存在的一系列矛盾，诸如商业活动减少、居住环境恶化以及周末和夜晚成为死城等，是开发企业无法回避的难题。由于拆迁成本与容积率的要求，城市中心改造需要边际利润更高的商业项目，但开发企业不能一味地追求经济效益，对承接大面积旧城改造的企业而言，需要注意改造区域内的功能调节。

高端商业——休闲购物是除居住功能之外最能吸引人气的功能结构，但是私家车的增多，郊区地产以其较低密度居住环境，日渐成熟的内外配套，正不断吸纳从旧城中心迁出的居民，市中心改造的商业要同郊区购物中心直面竞争，就不能再沿用同质的商业产品。从国外城市的经验来看，高端商业从事最好的商业形态，在保证边际收益的同时又能带动整个片区的住宅品质。

步行系统——很多情况下，旧城自带的商业项目已经拥有固定的购物客群，但是其往往同时担负着城市干道的职责，加上传统设施营业场所腹地过于狭窄，容易造成商业流与人流混杂。但是，如果简单加以拓宽，将造成较大规模的拆迁，使开发成本剧增。因此，建议在旧城内的商业项目添加步行系统，如步行街与天桥系统，改变人车混杂的交通危险性，并增强购物的舒适性，通过网络把与平行的零售和服务设施连接起来。

### (二)历史文化区

每个城市都有自己的历史文化遗址，比如北京的四合院、西安的钟鼓楼等。城市历代古城建筑真实地记录了城市个性的发展和演进，是城市不可再生的宝贵资源，也是城市底蕴和魅力所在，更是城市竞争优势的关键因素之一。然而早先的开发改造规划由于对其风貌保护不够重视，导致城市历史濒临绝迹。例如在旧城改造的实施过程中，许多古城门和城墙因为被定位于阻碍城市交通发展而遭到拆除。或者为了单纯的经济效益而盲目改建，例如大量私家园林被改造成高级招待所。对城市古建筑、历史街区进行的大拆大建，其实质无异于杀鸡取卵，损害的不单是开发企业的长期利润，更是一个城区的人气与商业竞争力。

### (三)居住区

位于城市中间圈层的城市居住区是城市早期规划的产物，由于历史原因，居住区内集中了居住、商业、工业、市政设施等多种类型，道路狭窄、建筑密集，区域内人口购买层次低，无法承担改造成本。如果进行开发的话，相关开发商需要对道路进行拓宽或翻修，增设公共配套设施，使得改造费用增加，加之一些地区较为偏僻，市场运作空间小。一般房地产商对于这些区域通常避而远之，但是政府为了实现统一的旧城改造，通常将居住区与区位更好的土地合并卖出，成片改造，故城市改造必然遇到对居住区的改造，对于提升改造地区的状态提出要求，房地产开发企业也要顾及到混合区对其单体项目的影响。

### (四)工业区

在每个城市的发展过程中，工业企业的布局因为城市规模增大、城市功能调整而变得不再合理。从国外工业化城市发展的历史来看，几乎都经历过工业厂房的调整改造。由于工业区产权结构与建筑结构简单，且容积率较低，拆迁量相对住宅片区要小很多。此外工业区供电、供气、给排水设施的容量优于普通住宅，所以工业区改造往往免除大规模

札记

的市政投入。但值得注意的是，这些工业聚集区改造不是简单的厂房拆除和产业置换，而是牵涉到更深层次的产业设计与厂房再利用。特别是牵扯当地支柱型工业企业的改造，由于该工业区攸关整个城市的发展，必须慎重。在具体更新进程中，工业集聚区的改造一般又可以分为小型工业区的产业置换、混合工业区的渐进改造和大型工业区的产业升级。同时，对于已经转移出的重污染工厂，也可以对原厂址进行更加综合的利用，可以变原有的工业用地为商业和文娱产业用地，在保留城市工业文化的同时满足市民更多元的购物休闲需要。例如，北京市将原首都钢铁集团旧址改造为集运动休闲、文化娱乐、商业购物为一体的综合性街区。

## 案例

### 推进城市更新行动——打开城市高质量发展新空间

从前脏乱差的老街围墙，转眼间变成了靓丽的“手绘墙”；曾经道路拥挤、停车困难的老旧商圈，兴建起一大片智能停车场；过去绿化面积小、缺乏公共活动空间的居民区，开辟出一个个“口袋公园”……如今，很多人发现，自己生活的城市正在变得更加美丽宜居。这些成果，离不开近年来中国持续推进城市更新行动。

近年来，各地将继续积极推进城市有机更新，加快老旧街区改造，为城市高质量发展打开新空间。

**“让城市成为美好生活的空间载体”**

在河南省郑州市，人们发现路面上悄然多了一些“智慧井盖”。当其被掀起一定角度时，会自动报警；并能实时监测井下液位，通过物联网及时发出预警信息，避免出现井下污水外溢等问题，时刻保障市民的“脚下安全”。

在北京市朝阳区，提升改造后的芍药居三社区，营造出一片全新的公共活动空间：一边布置着秋千、跷跷板、滑梯等儿童娱乐设施，另一边安装了各类健身器械和座椅，让老老小小都能在此得到放松。

这一幕幕与百姓生活幸福感密切相关的画面，都得益于城市更新行动。

札记

当前，中国城市发展已经进入城市更新的重要时期，由过去大规模的增量建设，向存量的提质改造和增量的结构调整并重转变；从解决“有没有”的问题，向解决“好不好”的问题转变。住房和城乡建设部总经济师杨保军指出：“进入新发展阶段，城市建设必须主动适应变化，让城市成为人民群众美好生活的空间载体。”

日前，在2023年全国住房和城乡建设工作会议上，住房和城乡建设部部长倪虹表示，今年将以实施城市更新行动为抓手，着力打造宜居、韧性、智慧城市。聚焦居民所思所想所盼所急，持续在解决突出民生难题、创造高品质生活上下更大力气花更大工夫。

据悉，今年全国将新开工改造城镇老旧小区5.3万个以上，新开工城市燃气管道等老化更新改造10万千米以上，改造建设雨水管网1.5万千米以上，因地制宜推进地下综合管廊建设等。

**“城市体检是城市更新的重要前提”**

正如人想知道身体哪里出了问题需要进行体检一样，城市进行升级改造前，也需要进行城市体检，以便有针对性地解决问题。

比如管网失修、积水内涝，是不少老旧小区的“老大难”问题。过去，湖南省岳阳市瑶塘坡社区的网格员就经常收到居民上报，说小区内某条下水管道又破裂了，污水横流，大家出行都无从下脚。随着当地推进城市更新行动，难题开始得到彻底解决。今年元旦刚过，隆隆的作业机器就开进瑶塘坡社区，挖掘机和清运车辆来回穿梭，进行排水管道工程施工。针对瑶塘坡社区在排水方面存在的短板，项目施工团队结合前期走访调研，为该片区新建了排水管道，并接入岳阳市冷水铺路的雨污分流管道，确保暴雨期间的雨水和污水有足够口径的管道排放。

在一些传统商圈、老旧街区，“停车难”问题困扰着很多群众。去年9月，山东省青岛市龙山人防停车场投入运营。该停车场改造自建于上世纪80年代的龙山地下商业街。在经过重新设计，更新了排水、电气、通风等基础设施后，共规划出地下停车位256个，为周边游客和居民提供了便利。

城市体检就是要找出这些群众反映强烈的难点、堵点、痛点问题，查找影响城市可持续发展的短板弱项，坚持问题导向、结果导向，向群众身边延伸。“城市体检是城市更新的重要前提。”倪虹表

札记

示，在推进城市更新的过程中，城市体检发现的问题，就是城市更新的重点；城市体检的结果，就是城市规划、设计、建设、管理的依据。“人民城市人民建，人民城市为人民。群众需要什么、期待什么、操心什么，我们就要着重抓什么，让老百姓有实实在在获得感。”

今年，全国将在设区的城市全面开展城市体检。找出小区在养老、托育、停车、充电、活动场地等方面存在的问题，有针对性地实施更新改造。开展完整社区试点，以体检成果为基础，补齐设施和服务短板，打造一批完整社区样板。

**“整个城市都是一个大公园”**

实施城市生态修复和功能完善工程是城市更新行动的重要任务之一。杨保军指出，“好的城市是人工环境与自然环境的和谐统一”。如今，不少地方已通过城市更新行动，逐渐实现“整个城市都是一个大公园”的目标。

今年初，湖北省武汉市江岸区汉广海棠公园在升级改造后，正式向市民开放。沿着蜿蜒的步道慢慢前行，倾听小鸟的鸣叫，欣赏林间的绿意，成为当地不少居民的乐趣所在。

“近年来，周边小区入住人数大幅增加，这里原有的一小片绿地开始难以满足附近9个小区居民的休闲需求。”江岸区园林局规划发展科相关负责人介绍，此次提升改造为公园改良了土壤、整理了地形、优化了植物。目前，新栽种的800余株海棠已经扎根，只待花季到来。此外，公园还划分出不同的功能区，南边可供休闲散步，北边能够进行运动娱乐，满足了居民各类需求。

据了解，近3年，武汉市结合消减公园绿地服务盲区、改造老旧小区、建设城市亮点片区、提升城市功能品质等措施，平均每年建设100个左右“口袋公园”，公园绿地服务半径覆盖率不断提升。不仅是武汉，近年来，全国许多城市人居环境显著改善。数据显现，2022年，各地建成群众身边的“口袋公园”3520个。今年，全国预计新增和提升城市绿地2万公顷，建设“口袋公园”3800个、绿道4000千米。

城市更新行动还包含另一项任务，加强历史文化保护、塑造城市风貌。

札记

“瞧这个关羽的卡通画像，真可爱!”最近，住在陕西省汉中市汉台区中山街道花苑小区的居民发现，自家小区外的围墙上，新添了20多个卡通版三国人物手绘画像，生动有趣。一面“手绘墙”，既让老旧街区“旧貌换新颜”，又为城市增添了几分文化韵味。

再看嘉陵江畔，一栋栋老旧厂房正焕发生机。位于重庆市沙坪坝区的鸽牌电缆厂老旧厂房，曾废弃了10多年。经过近年来的改造，这里已蜕变成总建筑面积约2万平方米、富有“地域特色、科技含量、经济效益、人文情怀”的重庆大学设计创意产业园，吸引了10余家知名设计、文创类企业入驻。

住房和城乡建设部表示，今年将坚持“留改拆”并举、以保留利用提升为主，推动有特色、有历史记忆的厂房、商场、办公楼等既有建筑的有机更新和复合利用。实施老旧商业区、步行街、老旧厂区等老旧街区更新改造，推动街区功能转换、产业转型、活力提升，打造一批精品街道、创意园区、城市客厅等活力街区。

**问题：**

1. 试概括现阶段城市更新包含哪些主要工作。

2. 结合案例，总结城市更新及其相关规划的原则、基础与条件。

# 第十二章 城市基础设施管理

城市基础设施是城市赖以生存和发展的基本条件，它不仅影响市民的生活水平和城市财量，而且反映了城市建设和发展的现代化程度。良好的城市依赖于健全的城市基础设施财政支出和完善的公用事业管理。基础设施的内涵和内容是什么？城市基础设施具有哪些特性和作用？城市基础设施管理的目标和原则是什么？这是本章学习的基础。

## 第一节 城市基础设施概述

### 一、城市基础设施的定义、分类与特征

#### (一)城市基础设施的定义

城市基础设施状况是城市发展水平和文明程度的重要支撑，是城市经济和社会协调发展的物质条件，随着城市人口不断增加，对城市基础设施需求也不断增加。城市基础设施广义上包括社会性基础设施和工程性基础设施两大类。在中国，城市基础设施一般是指工程性基础设施，也即狭义的城市基础设施。狭义的城市基础设施从用途上分，包括城市能源供应设施、道路交通设施、邮电通信设施、供水排水设施、环境卫生设施、防灾工程设施等。城市与乡村在实体工程上的重大区别之一就是城市具有比较完备的基础设施工程，其中交通、通信、供电、供水、供气、输油等工程系统又被称为城市生命线工程，更凸显了其重要性。

#### (二)城市基础设施的分类

1. 按市场结构划分，分为自然垄断服务和竞争性服务

自然垄断表示企业有一直下降的平均成本和边际成本曲线，它表明

持续的规模收益递增。城市供排水、燃气、供热等具有地下管网系统，网络的使用者越多，固定成本分摊在每一个用户身上就越少，规模经济就越明显，其自然垄断特性就越明显。城市地下管网具有自然垄断特性，并不意味着通过管网提供的其他服务也具有自然垄断的性质。例如，供水管网是自然垄断的，但制水厂是具有竞争性的。对于自然垄断服务，一方面由政府直接投资，另一方面在政府的监管下由私人企业经营。对于后者，政府必须通过市场准入、价格监管等多项措施，防止企业滥用其垄断地位，损害公众的权益。

2. 按消费特征划分，分为纯公共产品和准公共产品

根据公共经济学理论，公共产品具有两个特征：一是具有消费上的非竞争性；二是具有消费上的非排他性。公共产品可分为纯公共产品和准公共产品。在消费上具有完全非竞争性和非排他性的产品称为纯公共产品。具有不充分的非竞争性和非排他性的产品称为准公共产品。准公共产品介于纯公共产品和私人产品之间。城市公用事业所提供的产品和服务都具有为公众共同使用和共同消费的特征，但因其“公共”的程度不同，一部分城市公用设施属于纯公共产品的范畴，例如，城市公共绿地、湿地等生态建设系统、公共场所的保洁系统等；另一部分城市公用设施属于准公共产品，例如，供水、燃气、城市交通、公园、垃圾处理、污水处理等。

3. 按是否赢利划分，分为经营性设施和非经营性设施

根据发达国家的经验，某种公共产品的消费具有排他性，作为消费者，就可以通过市场交换方式取得产品的消费权，例如，城市供水、污水处理、垃圾处理、燃气以及供热等，应属于经营性设施。经营性设施的投资、建设、经营在政府的有效监管下，完全可以由企业提供，例如，城市道路、路灯、园林绿化、环境卫生等，公益性很强的市政服务设施无法准确地界定使用者，属于非经营性设施。对于非经营性设施需要政府投资，具体管理可以委托企业以及个人。

4. 按功能性质分，分为能源供应、供水排水、交通运输、邮电通信、环保环卫及防卫防灾设施

城市基础设施是一个系统工程，按具体内容划分，它主要包括六大类，这六个分系统既互相独立又密切配合，共同保障城市生产与生活的正常运行。

札记

(1)城市能源供应设施。主要包括城市电力生产和输送系统，城市煤气、天然气、汽油、柴油、液化气生产与供应系统，城市热力生产与供暖管网系统。

(2)城市供水排水设施。主要包括城市水资源开发与管理系统，自来水生产与供水管网系统，雨水排放系统，污水排放与处理系统，城市中水利用系统。

(3)城市交通运输设施。分为对外交通设施与内部交通设施。前者包括铁路、机场、港口、公路和高速公路等。后者包括道路、桥梁、隧道、地铁、高架、轻轨、停车场、交通信号设施等。

(4)城市通信设施。主要包括城市邮政、电报系统、通信基站、固定电话网络系统、移动电话网络系统、互联网系统、有线电视网络系统、广播网络系统等。

(5)城市环保环卫设施。主要包括城市园林、绿化带、垃圾收集与处理、道路清扫、环境监测、污染治理等物质设施。

(6)城市防卫防灾设施。主要包括城市消防、防洪、防汛、防震、防风、防沙尘、防雪、防空、防地面沉降等物质设施。

### (三)城市基础设施的特征

1. 公用性和公益性

城市基础设施是全体市民共同享用的集体消费品，各种经济和社会活动都离不开基础设施。有些城市基础设施具有福利性质，如市政工程设施被生产出来以后，就不能排除任何人对它不付代价的消费。公用事业设施虽然实行使用者付费，但仍具有很强的公共性。只要交纳了一定的服务费，任何人都可以非竞争性地获得公用事业服务。城市基础设施建设，尤其是市政工程设施，难以获得直接的经济回报。但基础设施的“外部性”和“公益性”很强，企业和个人可以从中获取巨大收益。城市基础设施建设的社会效益远高于其他产业部门，而资金收益率却可能低于其他产业部门。由于社会效益显著，政府不应把基础设施产业作为税收的主要来源。

2. 自然垄断性

有些城市基础设施行业具有天然的垄断性，只能由一家企业进行经营，不适宜由两家以上企业同时进入。自然垄断性的根源在于，这些行

札记

业需要进行大规模的管道或网络建设，初始投资规模巨大，具有规模经济效应，生产规模越大，单位产品的成本就越小。因此，由一个企业大规模生产，比由几个企业同时生产能够更有效利用资源。城市水电煤气、地铁、电信等基础设施，都具有自然垄断特性。如果两家或两家以上的企业进入，不仅浪费资源，而且每个企业的网络系统都不能充分利用。例如，城市不可能让两家自来水公司同时给一个社区供水。

3. 成本沉淀性

城市基础设施建设的初期投入大，道路、机场、港口等交通设施，给排水管道设施、电信网络铺设等，都需要投入巨额资金。一些大型城市基础设施投资，动辄就要上亿元，甚至几十亿、上百亿元。例如，修建一千米地铁需投资几亿元人民币。而且这些资金一经投入就会沉淀下来，无法周转为其他项目所用。基础设施部门的运营也需要巨大成本。有些基础设施运营没有直接经济收入，全靠政府财政补贴，如道路、路灯、防洪、防震、公共绿地等。有些基础设施运营收不抵支，需要财政提供补贴，如城市公园、交通信号设施等；有些基础设施可以实行使用者付费，如水电煤气等部门，但巨额投资成本需要较长时期才能收回。

4. 超前性和系统性

城市基础设施一经投产就会长期发挥作用，并对城市未来发展产生路径依赖。基础设施建设应当具有超前性。从建设次序安排看，要根据“先地下、后地上”的原则，基础设施比生产设施和生活设施提前建设，确保基础设施与生产和生活设施同时交付使用。从建设空间安排看，城市规划要为基础设施建设留有余地，以适应产业升级和人口规模扩展的需要。城市基础设施是一个大系统，不同类别的基础设施之间具有相互依存性。城市基础设施规划和建设，需要保持不同类别之间的合理比例关系，避免出现某个基础设施部门落后的“瓶颈”现象。

5. 不可移动性

城市基础设施属于固定性物质设施，它一经建成就具有不可移动性。城市公用事业部门所提供的基础设施服务，一般具有区城性市场的性质。一旦某项公用基础设施建成以后，就只能立足于固定的地理区位向居民提供服务。由于具有不可移动性，为了提高基础设施的宏观效应和利用率，在建设前需要进行项目评估和可行性论证。

札记

## 二、城市基础设施的作用与影响因素

### (一)城市基础设施的作用

1. 城市基础设施是发挥城市多元功能的物质基础

城市基础设施是人流、物流、信息流、能源流的载体，是保证城市经济和社会活动正常运行的基础性物质条件。城市具有生产中心、居住中心、商业中心、金融中心、交通中心、信息中心、文化中心等多元功能。城市生存与发展离不开能源供给、供水排水、交通运输、邮电通信、环卫环保、消防减灾等基础设施的支撑。基础设施越发达，城市功能就会越完备，城市对外的辐射半径也就越大。

2. 城市基础设施是形成经济集聚效应的重要保障

在城市的特定地域空间内，各种基础设施互相配套，能够降低生产和交易成本，提高经济活动的效率和效益。有研究提出，城市基础设施每增加1%的投资，生产成本可以降低0.129%。正是由于基础设施能够带来额外收益，它将各种生产要素和经济活动吸引到城市中。城市的生产要素高度集中，人口和建筑高度密集，经济活动高度集聚。城市基础设施越发达，就能从更加广阔的地理空间内吸引生产要素和劳动力，从而具有更高层次的经济集聚效应。

3. 城市基础设施是提高市民福利水平的物质条件

城市基础设施为市民生活提供了最基本的物质保障。市民生活和福利水平的提高，有赖于基础设施条件的改善。高速公路、机场、大型码头、移动通信、卫星信号接收等现代基础设施，极大地提高了单位时间内人流、物流、信息流的位移速度与效率，为市民享受现代生活提供了有利条件。地铁、轻轨、立交桥和立体交通，极大地改善了城市交通状况，提高了市民出行速度，减少了交通堵塞问题，节约了出行时间，扩大了市民活动半径和交往范围。互联网络和可视电话，使市民享受到了现代科技带来的乐趣。

4. 城市基础设施是实现正外部效应的重要手段

城市基础设施不仅能为城市经济发展和市民生活提供必要的物质保障，也是提高城市环境效益和社会效益的重要手段，可以增强城市运行的正外部效应。园林绿化、公共绿地、文化广场、道路交通和环境保护等基础设施，打造了优质的城市公共空间，具有改善人居环境、减少城市污染、维护生态平衡、提高生活质量的作用。城市防火、防灾、防震、防洪以及社会治安等设施，能够预防和减少城市灾害，为城市运行提供公共安全保障。

### (二)基础设施供给的影响因素

基础设施供给受制于一定的经济和制度条件。具体而言，影响城市基础设施供给的因素主要有：

1. 城市经济发展水平

城市基础设施建设具有投资规模大、资金回收周期长的特点，资金一旦投入就难以转为其他用途。城市经济状况是影响基础设施建设最重要的因素。一般而言，城市经济发展水平越高，基础设施供给水平也越高。城市经济状况越发达，基础设施建设也会越先进。改革开放以来，我国城市经济发展速度较快，基础设施建设也取得了显著成效，供水、供电、供气、供热、道路、桥梁、电信、机场等基础设施状况发生了很大变化。

2. 城市政府职能定位

城市政府财政投入领域的比例决定了基础设施等公共产品的供给水平。

3. 基础设施投融资体制

城市基础设施投融资存在财政投入、公私合作和完全市场化等多种形式。有些基础设施具有纯公共产品属性，如城市道路、广场、公园、路灯、交通信号灯等，只能由公共财政进行投资。有些基础设施具有俱乐部产品属性，可以部分或全部引入市场机制，吸引私人部门投资。目前，我国城市基础设施建设资金主要来自财政投入以及政府担保的银行贷款。城市发展对基础设施的需求之间的矛盾，已经成为制约基础设施发展的一大障碍。提高城市基础设施的供给水平，需要改革投融资体制，扩大资本市场和民间资本的作用。

## 三、城市基础设施的供给与运营

### (一)城市基础设施的供给方式

根据政府发挥作用的不同，可以把城市基础设施的供给方式分为以

札记

下几类：

1. 政府直接生产

有些城市基础设施具有纯公共产品属性，其建设和运营完全依靠财政投入，例如，城市街道清扫、绿化、道路、公园、路灯、交通提示牌等。这些基础设施可以由政府直接生产，通过组建专业化的公共企业负责建设和运营。

2. 政府间协议

即在城市化区域内，地方政府之间通过签订协议，一个地方政府委托另一个地方政府提供基础设施。发达国家由于实行城市自治，在大都市地区存在着多个地方政府，对一些具有规模经济效应的基础设施建设，地方政府之间常常通过签订协议的形式，委托某些机构统一提供基础设施。例如，一个城市政府委托另一个地方政府提供图书馆、监狱、戒毒服务。地方政府的不同机构之间，也可以通过机构间签订协议的方式，更有效地提供基础设施及其服务。

3. 合同外包

即城市政府负责提供基础设施，但并不亲自生产，而是通过合同的形式委托私人部门、非营利组织等机构负责生产。合同外包将市场机制引入了基础设施建设领域，它通过投标者的竞争和履约行为，将原先政府垄断的基础设施生产提供权转让给私人部门和非营利组织，这些机构必须在合同规定的框架内行使权利和履行义务。

4. 特许经营

即在城市政府的监管下，由私人部门通过投标取得在一定时间内的特许经营权，专门经营某些城市基础设施及其服务。这种方式被广泛应用于城市电力、电信、供水、供气、污水处理等基础设施领域。由于实行特许经营，政府对私人企业具有许多规范性约束，企业必须保证基础设施和服务质量，并且对价格和利润水平也有约束性规定。特许经营可以看作是对按照约定的条件提供基础设施的企业的一种奖赏。

5. 政府补助

有些基础设施难以通过市场机制实现运营循环，政府财政需要给予一定补贴。例如，城市公园、垃圾堆埋场、污水处理厂等。针对基础设施的不同属性，可分别采取不同的政府补贴手段。有些基础设施可通过无偿使用土地给予补贴，如污水处理厂，有些可实行市场经营为主、政府补贴为辅的模式，如城市公共交通，有些则要实行政府补贴为主、市场经营为辅的模式，如城市公园。

6. 政府参股

政府参股是指城市财政投入部分资金，或者以土地入股等形式，与私人部门合作建设和运营基础设施项目。由于财政能力不足，为了提高基础设施的供给水平，一些城市政府通过股份合作制方式建设基础设施。

7. 自由市场

即在城市政府基本不介入的情况下，由私人部门自行安排某些基础设施供给。尽管自由市场也需要政府制定一定的标准并进行规制，但政府并不直接介入这些基础设施投资、建设和运营过程。一小型城市基础设施，如供水、供暖、休闲设施等，可通过自由市场进行供给。

### （二）城市基础设施的运行方式

在市场经济体制下，城市基础设施的运行方式具有多样性。不仅公共部门可广泛参与基础设施的建设和运行，私人部门也广泛参与基础设施的建设和运行。概括来讲，城市基础设施的运行方式主要有以下三种类型：

1. 公办公营

即由政府直接投资和经营城市基础设施。这类基础设施的公益性最强，有的没有直接的利润回报。但它们涉及每个市民的切身利益，正外部效应显著。例如，我国城市的道路、桥梁、路灯、绿化、消防、公园等基础设施，普遍实行公办公营模式。在这种模式下，政府拥有全部产权，通常按照现代企业制度，组建专业化公司进行运营。这些基础设施运营公司，具有准官方性质，董事会成员全部或大部分由政府委任。这类公司通常享有特许经营权，容易得到政策优惠和照顾。

2. 公私合作

公私合作是指政府以参股入股、财政补助、优惠政策等方式，与私人部门建立合作关系，联合提供城市基础设施及其服务。公共部门和私人部门的合作，既发挥了公共部门的规划和规制优势，又发挥了私人部门在管理、技术和资金上的优势，可以更好地满足社会对基础设施及其服务的需求。公私合作借助一定的社会资源提高基础设施的生产能力，

札记

并通过价格机制显示真实需求，有利于提高城市基础设施的供给效率。那些由政府直接投资的基础设施项目，也可以实行公私合作，即政府以业主的身份委托私人部门负责日常运营。

3. 私人经营

即政府以公开招标、特许经营或开放竞争等方式，吸引私人部门直接投资于基础设施建设领域，由民营企业负责基础设施项目的投资、生产和运营。私人企业可通过使用者付费机制实现投资回报。在私人经营模式下，基础设施项目和服务的收费标准，由市场供求关系调节。政府通常要在市场准入、产品质量、服务价格等方面进行规制。一般而言，私人企业的运营效率普遍要高于公共企业。20 世纪 80 年代以来，在全球范围内兴起的新公共管理运动，就是以公共产品和服务生产的民营化为基本发展趋势。

### （三）城市基础设施运营的资金来源

1. 财政预算

即通过一般性税收为基础设施建设筹集资金，利用财政资金进行基础设施建设。在计划经济时代，财政预算曾是我国城市基础设施建设的最主要资金来源。随着市场经济的发展，政府的财政预算内资金在城市基础设施投资中所占的比重逐年减少。单纯依靠财政预算已经无法满足基础设施建设的投资需求。

2. 银行贷款

在基础设施多元化投资体制下，不仅私营企业可通过银行融资，公营部门也可通过银行贷款。公营部门贷款以政府信用为基础，主要表现为政府借款、财政担保，或者以政府所有的城市土地等公共资源做担保。

3. 市政债券

市政债券，也是筹集城市基础设施建设资金的一种有效方式。在发达国家，发行市政债券已经成为城市基础设施建设的重要融资途径。在美国，市政债券是最主要的城市基础设施融资手段，其发展历史很长。近年来，美国每年都要发行几千亿美元的市政债券，占美国债券市场的15%左右。发行市政债券所获资金投资的项目涉及城市道路、港口、机场、供水、污水处理、电力、天然气等基础设施领域。对于一些收益不足以偿还债务的建设项目，如文化中心、会展中心、路灯系统等，城市

札记

政府则通过特定的销售税、财产税等结合起来偿债。

4. 城市经营

即通过对城市政府所掌握的这些公共资源进行市场化运作，以获取一定的收入进行基础设施建设。城市政府可通过国有土地出让和批租、出租车牌照拍卖、户外广告拍卖等方式筹集基础设施建设资金。在我国，城市土地是国有土地，是城市政府可以支配的重要稀缺资源。在土地出让和批租中，城市政府可获取丰厚利益。但城市经营有可能损害市民利益，需要依法进行规范化管理。

5. 使用者付费

即消费者在获得基础设施和服务的同时，需要缴纳一定数量的费用。有些城市基础设施及其服务，可通过收费方式筹集建设资金，实行不消费不付费、多消费多付费。例如，城市水电煤气、垃圾收集和处理、机场建设等，可通过“使用者付费”方式筹集资金。西方国家的城市基础设施建设，除道路、广场、公园、图书馆等少数设施之外，大多实行使用者付费制度。

6. 民间资本

即按照“谁投资、谁受益、谁承担风险”的原则，支持、鼓励和吸引民间资本参与基础设施建设和运营。城市政府可利用优势项目，吸引私人资本(包括内资和外资)投资基础设施。当前，我国有些城市在基础设施建设中，对民间资本进入还存在一些政策限制，需要在政策上降低行业进入门槛，支持民营资本参与基础设施开发。

## 第二节　城市基础设施管理的内容

### 一、城市给排水设施管理

#### (一)城市供水设施管理

1. 城市供水系统的任务、构成与功能

城市供水包括生活用水、工业用水以及城市消防、环境卫生、园林绿化等公共用水。城市供水的基本任务就是根据“开源和节流并重”的方针，保证经济合理和安全可靠地供应城市的生活用水、生产用水及公

札记

共用水。

城市供水系统由以下四部分组成：

(1)取水工程。主要有取水构筑物、一级泵站等。是从地表的河、湖、水库或地下的井、泉等水源，由水泵提出城市所需的原水。

(2)输水工程。主要有输水干管和渠道，是将取得的原水输送至净水厂进行净化处理。

(3)净水工程。主要包括净水厂的混凝土沉淀池、过滤池、消毒设备等。

(4)配水工程。主要有二级泵站、水塔、配水管网等，是将净化后的清水分配到各个用户的系统。

2. 城市供水的要求及目前存在的问题

城市经济、社会发展对城市供水提出了如下基本要求：

(1)水量够。随着城市生产的发展、人口的增长和人民生活水平的提高，城市用水量将逐年增加，城市供水应千方百计保证生活及生产用水的正常需要。如出现水量不足，供水能力低于用水的需要，应当采取措施，挖掘供水设施潜力，增加供水能力，缩小供需矛盾。

(2)水质好。供水水质关系到城市广大人民身体健康和工业产品的质量，因此，要抓好水质净化工艺工作和做好水质卫生的检验监督，确保供水水质等达到国家颁布的有关卫生标准。

(3)水压足。根据房屋建筑层高，合理规定城市供水服务压力标准，保证供水管网的水压达到规定的要求。在通常情况下，服务压力标准是：一层楼房为 1000 克每平方厘米；二层楼房为 1200 克每平方厘米；三层以上，每增加一层相应增加 400 克每平方厘米水压。

(4)安全方便。保证昼夜 24 小时不间断地供水，并不断改善用户的取水条件。

当前，我国城市供水不适应城市经济社会发展的要求，普遍存在着以下几个主要问题：

(1)各地城市供水能力普遍不足，与城市高峰需水量相差更远，水压偏低，供需矛盾相当尖锐。不少城市用水高峰季节，经常出现大范围水压不够、水量不足的问题，给居民生活带来困难。由于缺水，工厂停产、限产，给国民经济造成不必要的损失。

(2)随着工业和城市的发展，“三废”排放量不断增加，治理污染和

札记

保护水源的措施跟不上，造成供水成本上升和水质下降，影响产品的质量和人们健康。

(3)在管理上重水厂建设，轻管网配套，导致不少城市管网能力低于水厂供水能力，人为扩大了无压、无水区域，加剧了供需矛盾。

3. 当前城市供水管理要抓好的主要环节

(1)对城市供水要逐渐实施统一建设和统一经营管理。在工业和人口集中的城市，各自建设自备水源，投资效益差，设备利用率低，管理不完善，不利于水资源的合理开发利用。因此，在管理上集中发展城市供水设施，实行统一建设，统一管理。

(2)通过行政、经济和法律手段，加强计划用水和节约用水。把供水管理、计划用水和节约用水紧密结合，充分运用价值规律调节用水，合理调整和规定水价。工业用水要按不同行业规定用水定额和规定重复利用率，制订用水定量和用水计划，按计划供水。计划内用水按规定价格收费，超计划用水累进加价收费。

(3)确保设备完好，提高服务质量。

### (二)城市排水设施管理

1. 城市排水设施的基本任务与存在的问题

城市排水设施包括污水和雨水管道、泵站及污水处理厂等。及时、合理、经济、安全地排除和处理城市生产和生活产生的污水与排除大气的降水，保证人民身体健康和生产、生活的正常进行，防止水体污染、是城市排水设施的基本任务。

当前，由于城市建设维护资金不足，城市排水设施存在以下几个主要问题：一是下水道普及率低，许多地区没有完善的下水管网；二是污水处理能力低，城市排放的污水未经完全处理就直接排入江、河、湖，污染了地表和地下水源；三是现有设施失修失养。所以，要结合经济体制改革，搞好排水设施的有偿使用问题。排水设施建设要实行受益者分担建设费用，排放工业污水和生活污水要实行收费制度，以弥补建设和维护资金的不足，加快城市排水事业的发展。

2. 城市排水设施管理的主要工作内容

(1)做好接入城市排水管网户线的管理。各单位生活污水和工业污水凡需要排入城市排水管网者，应根据国家颁布的《市政工程设施管理

札记

条例》的规定，向市政管理部门提出申请，经批准后按有关技术要求接入管网。

(2)对排入城市污水管网的工业废水进行经常性检查与监测。许多工业污水不仅可能腐蚀和损坏排水管网及污水处理厂的设施，还威胁着下水道疏通工人和城市居民的身体健康和生命安全，因此，工业污水在排放之前，必须进行无害化处理。市政管理部门与环保部门应根据国家颁布的《工业“三废”排放试行标准》的规定，进行检查和监测，对未达到排放标准者，不准接入城市排水系统，并限期治理解决。

(3)加强对排水管网的日常维护。排水系统上设置的闸门要有专人负责管理，抽排泵站的机器设备要经常检修并保持完好状态，严禁向排水沟渠、检查井、雨水口内倾倒垃圾和渣土，下水管道要做到定期疏掏，保证排水畅通无阻。

(4)对排入污水处理厂的污水要进行监测。污水处理厂要加强水质分析化验，随时掌握污水进厂及出厂水质的情况，保证设备完好和不间断地正常运转。

(5)建立和健全排水设施技术档案管理制度。做好各项排水工程的原始资料和原始纪录的登记保管工作，配备专人管理资料档案。

## 二、城市能源系统的管理

### (一)概念

能源是社会发展的物质基础，它关系经济的发展和人民生活条件的改善。现代城市，能源是重要的基础设施，是现代生产的主要动力来源。现代化生产所有过程几乎与能源的消费同时进行。城市现代化越高，对能源的依赖度越大。广义的能源管理，是指对能源生产过程的管理和消费过程的管理。狭义上的能源管理是指对能源消费过程的计划、组织、控制和监督等一系列工作。能源管理，分为宏观管理与微观管理。政府及有关部门对能源的开发，生产和消费的全过程进行计划、组织、调控和监督的社会职能，是能源宏观管理；企业对能源供给与消费的全过程进行管理，是能源微观管理。

札记

(二)能源管理的内容

1. 城市煤气管理

燃料分为固体燃料(煤炭、柴草)、液体燃料(石油)、气体燃料(天然气、人工煤气)。城市煤气属于气体燃料，包括天然气、煤制气、油制气和液化石油气等。城市煤气是城市能源的重要组成部分，属于城市的基础设施。城市煤气化是城市现代化的重要标志之一，是实现城市经济社会现代化不可缺少的条件。

2. 城市石油资源管理

自20世纪50年代起，在能源消耗总量中，油气始终占据首位，引起了生产方式的革命，创造了空前文明成果，使世界进入了“石油时代”。石油供应关系到国家经济和军事保障，影响到发展战略；与其他矿产资源相比，石油带有更多的战略物资的色彩，一些国家甚至依靠石油价格实现自身的政治和经济需求。随着时代发展，石油资源管理出现新的问题，主要包括石油储量不足、石油经济结构失衡、对生态环境破坏严重，因此实现石油来源多样化、提高能源效率、调整产业结构和发展石油储备成为当前发展石油资源的新议题。

3. 城市供电管理

城市电源是城市供电工程系统的主体，分发电厂和变电所两种基础类型。发电厂有火力发电厂和水力发电站。此外，风力、潮汐、太阳能、地热、原子能、核能发电厂也可作为城市电源并入电网。电源的选择和分布，关系着城市供电可靠性和经济合理性。一个城市选择何种发电厂作为电源，应根据地区的资源条件，因地制宜采用。

4. 城市新能源管理

根据1981年联合国新能源及可再生能源会议的定义，联合国开发计划署(UNDP)把新能源分为以下三大类：大中型水电；新可再生能源，包括小水电、太阳能、风能、现代生物质能、地热能、海洋能(潮汐能)；穿透生物质能。随着研究的深入，对新能源现在也有各种各样不同的定义，例如“绿色能源、可再生能源、低碳能源”等，其含义不尽相同。综合来看，新能源不仅包括具有可替代性和可再生性的能源，如太阳能、风能、水能等，还应该包含具有技术可创新性、新、低碳、无污染特点的能源，如碳捕捉、碳封存、智能电网等。

札记

新能源是相对传统能源而言的，一般地说，常规能源是指技术上比较成熟且已被大规模利用的能源，而新能源通常是指尚未大规模利用、正在积极研究开发的能源。新能源产业作为战略性新兴产业仍处于产业的培育和发展阶段，新能源产业的发展程度因所处领域和区域的不同而存在一定差别性。加强城市新能源管理对提高城市的核心竞争力和可持续发展能力具有重要意义。

(三)中国能源管理体制

1. 国家能源管理机构的战略目标

我国设立国家能源管理机构，应当根据我国国情，综合考虑能源安全、经济效率以及环境可持续这三个战略目标。对现有的国家能源管理体制的改革，既要立足于解决能源领域的最紧迫问题，又应当确立一整套解决我国能源领域根本问题的制度框架。目前，我国能源管理机构为国家能源局，于 2008 年成立，为国家发展和改革委员会所管理的国家局。

根据我国国情，国家能源管理包含如下战略目标：

(1)能源安全目标：能源供应的可靠性。尽管我国的能源自给率不低，但是我国石油的对外依存度持续上升，国际能源机构(IEA)预测，2030 年我国石油进口依存度将达到 77%。因此，能源安全是我国能源战略的首要目标。

(2)经济效率目标：能源市场效率和能源利用效率。我国能源消费规模的庞大，一方面是由经济发展的客观需求造成的；另一方面，是由于我国粗放式经济增长方式、高能耗的重化工业在产业结构中的比重过高以及为了追求成本竞争优势、长期制定并维持被低估的能源资源价格致使能源消费部门习惯并依赖于低价格能源供应，能源节约的意识不足以及提高能效的投入不足等造成的。因此，需要改革能源市场的价格形成机制，按照国内市场供需确立能源价格，并对能源生产企业进行有效的政府规制，理顺国内能源市场的竞争秩序，建立竞争高效的能源市场，同时，通过研发及各种政策手段提高能源利用效率。经济效率目标是我国能源管理体制改革成败的关键，它有助于从根本上缓解我国能源安全和环境压力。

(3)环境可持续目标：减少污染物排放、降低二氧化碳排放、发展

札记

新能源、确保核安全。煤炭在我国能源消费中占的比例很高，使环境承载力面临严峻考验；从国际经验来看，虽然各国大多设有专门的环境管理机构，但上述四个子目标都是能源管理机构的必不可少的重要职责。环境可持续目标是能源战略面临的最主要的制约条件。

2. 国家级能源管理机构的职能

我国的国家级能源管理机构在管理的产业领域上，借鉴国际通用的模式，对煤炭、石油石化、天然气、电力、核能、可再生能源等进行统一管理。虽然我国能源局也下设了综合处、国际合作处、电力处、可再生能源处、石油天然气处、煤炭处、石油储备办、信息政策处等部门，但由于级别不高，其协调统筹全国能源管理的职能受到很大制约，尤其是协调、管理大的能源企业和各地方的能源部门，难以发挥应有的功能，难以实现降低能耗、改善环境的目标。因此，应当应加强国家能源局的职能，使其在协调、统筹全国能源产业上发挥更大的作用。

在管理职能上，首要的、核心的职能是能源战略和政策、市场规制，应通盘考虑，研究和制定我国能源产业的整体长期发展战略以及各个能源领域的发展战略和政策，除此以外，还应当考虑信息管理、科技管理、能源战略储备等职能。信息管理是制定能源政策的基础，也是指导能源企业生产决策和一般企业能源消费管理的基础。能源领域的投资一般具有数额大、周期长的特点，需要权威的市场数据的分析和预测服务。

### （三）我国能源管理的主要问题和解决方案

1. 能源管理的问题

(1) 城市能源建设落后于城市经济、社会的发展。

(2) 煤炭消费量大，城市环境质量恶化。

(3) 能源利用效率低，浪费严重，经济效益差。

(4) 能源发展缺乏规划，管理混乱。

2. 加强城市能源管理的途径

(1) 以节能为重点开展能源管理工作

在能源管理上，我国实行开发和节约并重的方针。从长远来看，生

札记

产力发展和科技的进步，必然会不断开辟和扩大新的能源使用领域，在近期必须把节能放在首位。城市是使用能源的大户，更应当以节能为重点开展能源管理工作。

(2)建立和健全能源管理机构

各种能源之间存在着彼此转换和相互替代的关系，因此，整个能源管理工作实际上是一个不可分割的有机体。能源管理工作必须进行统筹考虑和综合分析，否则就会出现顾此失彼，不仅不能降低城市能源的综合消耗，反而可能造成比例关系失调的后果，所以在能源管理上迫切需要建立统一的能源管理机构。

(3)建立和健全各种能源管理制度

要对能源的分配使用实行定额供应，定期核销制度，要制定合理的定额标准，严格执行能源消耗定额。同时要加强能源使用管理制度，把节能作为考核企业的重要内容。

从世界能源发展动向看，以石油为主要能源的状况短期不会改变。因此，能源战略重点放在寻找新的石油资源上，加强海上油田勘探，研究新的采油技术，与产油国合作开发，多路进口解决石油的稳定供应。同时，扩大煤炭生产能力，提高煤炭利用技术；推进核能开发，积极发展新能源；开展节能活动，降低能源消耗。

## 三、城市交通运输管理

### (一)城市交通运输的含义、基本形式与作用

#### 1. 城市交通运输的含义

交通运输是指人和物在空间上的流动和位移，这种移动需要借助一定的交通工具和交通设施。城市交通由对外交通系统和内部交通系统所组成。城市对外交通系统是城市与外界进行物质和能量交换的联系系统，它包括铁路、公路、航空、水运等交通方式。对外交通设施主要有航空港、铁路客站和货站、铁道线路及配套设施、公路客站和货站、各级公路通道、水运码头及航线配套设施等。城市内部交通系统是实现人和物在城市内部不同区域的空间位移的联系系统。它由交通动力系统、交通工具系统、交通道路系统、交通枢纽系统和交通管理系统五个部分

组成。

2. 城市交通系统的基本形式

城市内部交通系统的典型特征表现为道路网络化。纵观世界各国城市道路系统，主要存在以下几种基本形式：

(1)棋盘式。这种道路系统的特点是方向感强，有利于城市功能布局和建设，缺点是增加了对角线之间的交通成本和时间。

(2)放射式。这种道路系统在规划时先确定市中心，然后围绕市中心建设放射形道路网络。其优点是便于中心与腹地的联系，缺点是方向感难以把握，城市建筑合理布局具有一定难度。

(3)环状式。这种道路系统以市中心为圆心，实行多层同心圆布局。其优点是利于交通畅通，缺点是市中心交通容易拥挤。

(4)自由式。这种道路系统依城市地形自然而定，坚持因地制宜。

(5)多中心组团式。这种道路布局具有多个中心，各中心之间通过地铁、轻轨和高速公路等进行连接，美国洛杉矶的道路系统就是如此。

3. 城市交通运输的作用

城市交通运输对经济社会发展的推动作用，主要表现在：

(1)交通运输能力与发展速度制约城市建设规模与发展速度。

城市建设和发展的规模越大，所需的物质和能量也就越多。交通运输能力直接制约着城市发展的潜力和后劲。由于铁路建设和交通运输的发展，一些处于新建交通枢纽地位的城镇，如石家庄、郑州、怀化、蚌埠、柳州、株洲等，迅速发展成为大中城市。近年来，由于高速公路和铁路的建设、民用航空的开通，一些原来比较落后的沿海地区，如温州、烟台、盐城、佛山等城市，也迅速脱颖而出。

(2)交通运输是保障和促进城市物质生产活动的重要条件。

物质生产是城市最基本的经济活动，物质生产所需要的原材料、机器设备、能源和劳动力，都要通过交通系统运到城里来；工业生产的产品又要通过交通系统运送到城市和乡村中去销售。并且城市生产活动是多部门、多层次通过专业化分工完成的，交通运输发挥着重要的沟通联络作用，一旦交通受阻就无法继续保障生产、交换、分配、消费的循环链条。

(3)交通运输是保障市民生活的必要手段。

城市居民的上班上学、出行购物、旅游观光、探亲访友，以及各种

札记

社交和文体活动，都要依托于既定的道路交通系统。在现代社会，人们对交通的快速、安全和舒适性要求越来越高。快速便捷的交通系统可以节约出行时间，为市民提供更多的休息和学习时间，相反，如果城市交通堵塞严重，上下班时间过长，市民就会怨声载道，对城市的亲近感就会下降。

(4)交通运输是扩大城市辐射力和吸引力的重要途径。

城市不是孤立存在的，它与周边地区具有相互依存的关系。农村为城市提供工业原料，提供产品市场，又是城市的“米袋子”和“菜篮子”基地。城市与乡村以及城镇之间的劳动都需要通过交通运输系统发挥作用。

### (二)我国城市交通运输的主要进展

随着城市化的突进，我国城市交通运输日益进步，交通事业取得了历史性的成就、发生了历史性变革，建成了全球最大的高速铁路网、高速公路网、世界级港口群，缩短了城乡之间、城市与城市之间、国内和国际城市的距离，成为了名副其实的交通大国，正在加快建设交通强国。

城市综合立体交通网络加快构建，有效支撑国家重大战略实施。我国已实现了交通基础设施加速成网，基本形成以“十纵十横”综合运输大通道为主骨架、内畅外通的综合立体交通网络，为国民经济持续健康发展提供了强有力支撑。截至2020年底，我国铁路、公路、内河航道通航、民航航线的里程分别达到14.6万千米、519.8万千米、12.8万千米、942.63万千米。其中，高速铁路、高速公路里程分别达到3.8万千米、16.1万千米，万吨级及以上泊位2592个。城市轨道交通高速发展，截至2020年，全国共有47个城市开通城市轨道交通，运行线路总里程7978.19千米，便利了城市的通勤需求。上海虹桥、北京大兴等一批现代化综合交通枢纽项目建成投运，京津冀、长三角等交通一体化取得明显进展，长江经济带综合立体交通走廊建设、粤港澳大湾区交通互联互通稳步推进，为优化城市区域经济布局、促进城市区域协调发展奠定了坚实基础。

城市交通运输服务能力大幅提升，人民群众获得感明显增强。以道路运输为基础，高铁、民航快速发展的出行服务体系不断完善，高铁旅客发送量达23.6亿人次，民航航班正常率连续3年超过80%，城市轨道交通日均客流超过4800万人次，公交运营线路长度达148万千米，公交专用道超过1.6万千米。货物流通更加经济高效，取消高速公路省界收费站，大宗物资“公转铁”“公转水”深入推进，铁水联运、公铁联运、空铁联运、江海联运等运输组织模式创新发展。

城市交通运输创新能力显著提升，发展质量持续改善。党领导交通运输坚持创新引领，实现了交通运输科技水平从跟踪追赶为主，进入跟跑、并跑、领跑“三跑并行”的新阶段，为我国经济发展增添了新动能。港珠澳大桥、北京大兴国际机场、京张高铁、上海洋山港自动化码头等一批超大型交通工程建成投运，复兴号系列动车组、C919大型客机等大国重器亮相舞台，跨海桥隧、深水航道、自动化码头等成套技术跻身世界前列。北斗系统、无人机、智能船舶、智能网联汽车、无人机加快应用，共享单车、网约车、网络货运等新业态新模式蓬勃发展，新能源汽车占全球总量一半以上。

### （三）城市交通运输存在的问题

目前，随着我国市场经济发展水平的提高和经济发展程度的加深，我国交通运输行业存在的问题也逐步出现，制约我国城市交通运输的发展，具体表现在以下几个方面：

城市交通运输设施规模仍不能满足经济发展和人民生活水平提升的需要。虽然我国城市交通运输有了十足的发展，但是交通运输规模相对于经济发展的规模仍有差距，难以满足经济发展对交通运输业的不断增长的预期，随着城市居民日益增长的出行通勤质量和便捷度的需求以及居民外出旅游等的需求提升，人们对城市运输的舒适、快捷、安全性的需求大幅增加，但是目前我国城市公共交通系统仍不完善、路网密度需要进一步提升、布局不合理等问题使城市交通无法赶上城市化的发展速度。

区域之间和城乡之间的交通网络需要进一步平衡。我国幅员广阔，但是区域之间和城乡之间的经济发展水平差异较大。地形条件限制，进一步造成了交通运输网络的不平衡，地区之间的供需矛盾没有得到切实解决，城乡之间虽然已经建设一些通勤的市郊铁路和公交系统，但是车辆时刻、发车班次的限制使得城乡之间没有真正形成交通网络的互联。

札记

城市和农村之间、区域与区域之间存在较大的技术和资金壁垒，导致城乡之间、地区之间的发展不平衡。

城市交通网络存在一定安全隐患。随着城市交通运输需求不断增加，单位内旅客和货物通过交通实现转移的次数逐渐增多和转移距离也逐渐增大，因此城市道路、铁路和轨道交通的安全问题也逐步受到重视。在公路、铁路、轨道交通和民航领域出现的安全事故会给市民的生命财产安全造成严重损失。城市交通运输的安全管理工作不到位，安全管理体系不完善，安全管理没有落到实处。另外，客运和货运本身的安全管理工作不到位，相关安全管理工作不过关，从业人员素质不高，工作水平较低，安全意识缺乏，是带来一系列安全隐患的根源。

### （四）城市交通运输管理的思路

1. 加快对外快速交通通道建设

城市快速通道网络是城市社会经济活动集聚和扩散的物质基础。随着城市化、郊区化、都市圈、国际性城市的发展，可以预见，以高速铁路网、高速公路网、空中走廊、港口水运为骨干的城市快速通道网，将对城市经济发展、城市体系内部各城市之间的相互联系和作用产生越来越重要的作用。在城市快速通道网络中，航空运输由于具有高度直达性，可以为旅客提供舒适、快速、方便、安全的服务，在未来城市交通体系中具有重要地位。高速铁路网和普通铁路网相互配合，形成覆盖全面、综合发展、客货兼顾的铁路体系，一方面满足旅客高速高品质出行的需要，另一方面满足了偏远地区的人员和货物流动。高速公路不仅提高了城市的综合运输能力，而且可以促进沿高速公路的中小城镇的迅速崛起。沿江和沿海的港口运输同样是城市对外联络的重要节点。未来城市体系将随着快速通道网络的建设发展，逐步由“中心—腹地”的同心圆型向多中心组合型方向发展，形成多中心的经济网络体系。

2. 完善城市内部交通道路系统和配套设施

城市内部交通道路系统担负着城市内部人流和物流的输送任务。城市内部道路系统分为快速通道网和常规道路网。快速通道网包括高速公路、高架轻轨、地铁、公交专用线等，常规道路网包括公共汽车、小汽车、自行车、步行道路网等。城市内部道路网络建设要实行快慢分流，客货分流，过境与市内分流，机动车与非机动车分流。在建筑和人口密

札记

集的大城市，需要建设快速交通专用道路和立体交通主干道系统。同时，还要建设好火车站、汽车站、机场、码头、主要换乘点等城市交通枢纽。加强城市交通枢纽建设，方便市民换乘交通工具，这样可以节约运输时间，缩短运输距高，降低运输成本，减少交通阻滞。在进行道路系统和交通枢纽建设的同时，还要进行加油站停车场、维修站等相关配套工程建设。

3. 开发新型交通工具和技术设施

城市交通发展长期跟不上客运量需求，其中的重要原因之一是过分倚重于地表交通运输工具。为了满足城市发展对交通的需要，提高交通的方便感、舒适感、快捷感，必须大力开发新型交通工具。要优先发展运力大、污染少、速度快、经济实用、安全舒适的交通工具。对于特大城市来讲，地铁和公交车是公共交通的"两个轮子"，发展地铁的市场潜力巨大。地铁建设投资巨大，需要完善投融资体制。要加快交通技术设施的开发和建设，把先进技术设备引入交通系统。开发 GPS 和智能化的电子交通导航系统，有效引导、调整和指挥城市道路的交通流量。

4. 鼓励民营部门参与城市交通建设和运营

城市道路交通需要大力支持并鼓励包括外资在内的多种所有制经济共同参与建设和运营。当前，一些沿海和发达城市已经开始引进私营部门，利用市场机制提高道路交通运输的生产和运营水平。即使是国有交通运输企业，也要逐步实行企业化、产业化运营。民营企业参与城市公共交通建设需要承担一定的市场风险，政府应当信守合同和协议。鉴于公共交通的公益性，政府应对公交服务的运营指标和票价进行规制。对于那些亏损的公交企业，政府可给予适当的财政补助和政策扶持。这样，有利于缓解城市交通运输的"瓶颈"问题，提高公共交通的服务质量。

5. 提高城市交通的指挥水平

有些城市道路建设投资很大，马路建得很宽阔，但交通仍然拥堵不堪，指挥和管理不善难辞其咎。例如，一些城市的人行道、非机动车道与机动车道的交叉很多，经常出现车人混行现象；一些城市交通管理缺少专门的快速车道，难以有效提高车速。提高城市交通运输指挥管理水平，可行的措施主要有：在城市交通主干线之间开辟分支线路，在拥挤路段可设立单行线；为了减少中心城区交通堵塞问题，鼓励市民优先使

札记

用公共交通工具，可对私人汽车进入市中心繁华路段征收道路拥堵费；在城市重大活动期间，可实行单双号车牌对应单双号日期轮流出行，以减少私人汽车流量；城市中小学和其他人口密集单位，可实行上学、放学、上下班错峰管理，适当错开乘车高峰时段；建立健全城市交通法规，提高市民的交通规则意识和交通安全意识。

6. 优先发展城市公共交通

城市交通拥挤的现状，客观要求优先发展公共交通系统。1995 年建设部发布的《城市道路交通规划设计规范》规定，“大、中城市应优先发展公共交通，逐步取代远距离出行的自行车；小城市应完善市区至郊区的公共交通线路网”，“规划城市人口超过 200 万人的城市，应控制预留设置快速轨道交通的用地”。充分保障城市公共交通是公益性事业这一特点，应实行低票价政策，最大限度吸引客流。但是近年来一些城市出现公共交通规划不合理的现象，导致线路客流惨淡进而产生对资源的浪费，因此必须科学规划和设计线路，提高城市公共交通线路的规划水平、提升城市公共交通工具的利用效率。

## 四、城市通信管理

### (一)通信与通信管理的概念

通信，指人与人或人与自然之间通过某种行为或媒介进行的信息交流与传递，从广义上指需要信息的双方或多方在不违背各自意愿的情况下采用任意方法、任意媒介，将信息从某方准确安全地传送到另方。通信是在人类实践过程中随着社会生产力的发展对传递消息的要求不断提升使得人类文明不断进步。在各种各样的通信方式中，利用“电”来传递消息的通信方法称为电信，这种通信具有迅速、准确、可靠等特点，且几乎不受时间、地点、空间、距离的限制，因而得到了飞速发展和广泛应用；在现今因电波的快捷性使得从远古人类物质交换过程中就结合文化交流与实体经济不断积累进步的实物性通信(邮政通信)被人类理解为制约经济发展的阻碍。

按照传输媒介分类，通信可以分为有线通信(明线通信、电缆通信、光缆通信和光纤通信等)和无限通信(微波通信、短波通信、移动通信、卫星通信等)；按照传输信号分类可以分为模拟信号和数字信号；按照工作频段也可以分为长波通信、中波通信、短波通信和微波通信。

札记

### (二)城市通信设施管理

1. 城市通信系统在国民经济中的地位和作用

电信通信是通过电流和电子设备对信息进行复制和再现来传递信息的部门。电信系统通过四通八达的网路，为城市各个部门和社会各个方面提供通信服务，为人们的政治、经济、文化和科学活动提供信息，把城市的生产、分配、交换、消费各个环节紧密地联系起来。电信系统以它独特的迅速传递信息的功能，加快了社会生产和生活节奏，既为整个社会带来了巨大的效益，又给人民物质和文化生活带来了便利。特别是在科学技术突飞猛进，社会生产力迅速发展的今天，电信通信在国民经济中的地位和作用越来越重要。

关于电信系统所产生的巨大的社会经济效益，国外有关的研究分析和统计资料表明，在交通运输业中，如果采用电信通信来指挥调度，可以提高运输能力 50%，在基建施工上采用电信通信进行指挥，可以提高劳动生产率 15%，在处理公务和洽谈业务方面，充分利用电信通信工具，可以节约交通能源费用 60%，在商业和金融业方面，采用电信通信进行结算和划拨款项，可以大大加速资金周转，增加利息收入，电信通信同样给其他部门带来了巨大的经济效益。

2. 城市电信管理的主要任务

(1)加强电信终端管理。1986 年邮电部发布了《关于进入公用电话网的电话机使用和管理的暂行规定》，为电信终端使用管理提供了法律依据。进网使用通信终端，必须符合国家标准和邮电主管部门的有关规定。

(2)扩大电信业务服务范围。要注意不断提高通信终端质量，改善服务条件，不断扩大业务量。

(3)加强网络建设，不断完善设施。通信业是现代信息产业的重要基础设施，目前我国通信业发展迅速，重要的是要加强网络建设，不断提高设施水平，为城市发展和居民生产、生活提供优质服务。

### (三)我国城市通信管理的发展趋势

作为支撑经济社会发展的战略性、基础性、先导性行业，我国通信

札记

行业近年来实现了跨越式发展。2017 年，5G(第五代移动通信技术)开始在中国使用，并已渗透到经济社会的各行业各领域，成为支撑城市经济社会数字化、网络化、智能化转型的关键新型基础设施。目前，我国通信行业实现了跨越式发展，移动电话基站保持增长，5G 网络建设稳步推进，移动电话用户规模稳中有增，其中 5G 用户规模快速扩大，固定宽带接入用户稳步增长，千兆用户数量占比有明显提升，为经济社会发展提供了强大的新动能。

我国工业互联网发展稳步推进，5G 工业互联网深入发展，相关网络体系建设不断推进，基础电信企业加快外网建设，工业企业推进内网改造升级，五大国家顶级节点建成并稳定运行；平台体系纵深范围不断大，有全国影响力的工业互联网平台已超过 150 家。数据汇聚赋能初见成效，国家工业互联网大数据已覆盖京津冀、长三角、大湾区、成渝经济圈等体系布局；安全体系保障能力不断提升，顶层设计不断完善，威胁检测和信息处理不断强化。5G 加快构建与工业经济深度融合的新型基础设施、应用模式和工业生态，目前已经在电子设备制造、装备制造、钢铁、采矿、电力等行业取得显著成效，在推动我国经济发展中发挥更大作用。

随着我国经济不断发展，数字经济产业的不断延伸，新技术的蓬勃兴起，新的通信技术催生出诸多相关产业，实现世界的互联互通，承载社会大众不断变化的需求。目前，我国十四五规划指出，我国目前重点任务之一是加快数字化发展、建设数字中国。为此需要充分激活数据要素潜能，推进网络强国建设，以数字化转型整体驱动生产方式、生活方式和治理方式变革。

## 第三节 城市基础设施建设

### 一、中国城市基础设施建设的现状

#### (一)城市基础设施建设的成就

改革开放以来，随着城市经济发展和政府财政能力的增强，我国城市基础设施建设取得了显著成效。

札记

1. 城市基础设施的建设规模和供给水平大幅提高

自20世纪80年代以来，我国经济以年均10%以上的速度增长，经济增长率长期保持世界领先地位。随着经济快速发展和城市化水平的不断提高，我国城市基础设施投资总额逐年增加，基础设施整体数量和质量都有了显著改进。20世纪80年代以前，城市居民必须忍受在通信、能源使用、公共交通和出行上的极大不便。而今天，城市基础设施的变化给市民生活带来了巨大变化。城市自来水普及率、城市污水处理率、城市燃气普及率、每万人拥有公交车量、人均拥有道路面积、人均公共绿地面积、每万人拥有公共厕所等各项指标，都有较大幅度的增长。

2. 基础设施在经济发展中的基础性地位得到加强

在计划经济体制下，我国把经济建设项目划分为生产性建设和非生产性建设，认为只有生产性建设才能创造价值。城市基础设施被认为是非生产性建设，基础设施建设投入不足。改革开放以后，城市基础设施投资规模不断扩大，对经济增长的拉动作用日益显著。基础设施已经改变了辅助性的产业地位，它在经济发展中的基础性地位不断加强。基础设施不仅为城市经济社会发展创造了必要条件，其投资建设还对资本、材料设备和劳动力产生直接的市场需求，有力地拉动了城市经济增长。

3. 基础设施领域的市场化改革取得初步进展

进入21世纪以来，中央政府先后出台了促进和引导民间投资、加快发展服务业、加快城市公用事业市场化进程等一系列政策。全国各主要城市纷启动了城市公用事业市场化改革，基本实现了由政府垄断经营向公有制为主体、多种经济成分共同发展的体制转变。目前，在城市基础设施领域，除政府出资经营的国有企业，出现了中外合资、中外合作企业、股份制、股份合作制和民营企业。伴随政企分开、主辅分离的改革步伐，一些政府经营的基础设施企业已经改制，组建形成了专业化的水务、燃气和环卫集团公司。

### （二）城市基础设施建设存在的问题

1. 城市基础设施建设发展很不均衡

自20世纪90年代以来，我国各地区基础设施的投资增长都很显著。它在很大程度上源于财政上中央向地方的分权和地方政府的治理转型。随着财政分权体制的确立，地方政府获得了地方基础设施的投资决

札记

策权，地方建设项目越来越多。有研究发现，在1991年以前，我国基础设施投资中，中央项目的比例一直在50%以上，而到1999年仅占23.5%，这表明基础设施建设的投入已经开始以地方投资为主。由于地方经济发展水平不同，我国东西部地区的情况显著不同。在经济欠发达的西部地区，中央投资项目的比例普遍高于全国水平，而在东南沿海经济发达地区，中央项目的比例不到15%。这种差异意味着，在中央和地方明确划分事权和财权以后，经济发达地区的基础设施建设积极性得到了充分调动。与此相对应，城市自筹资金已经成为基础设施建设资金来源的中坚力量。这样一来，不同地区基础设施建设的不均衡状态也就不足为奇了。

2. 城市基础设施建设总体水平不高

改革开放以来，我国基础设施建设取得了显著成效。在很多城市，基础设施制约经济社会发展的“瓶颈”状态已有相当缓和。但总体上看，城市基础设施建设水平仍有待提高。很多大城市存在交通拥堵、出行不便、垃圾围城、环境污染等问题；一些城市还存在供水紧张、拉闸限电等问题；一些城市基础设施超负荷运行，存在消费“拥挤”现象，与经济社会发展要求不相适应。城市道路、快速通道、清洁能源、垃圾收集和处理、公共绿地、公园和休闲设施、污水处理等基础设施建设，在规模和质量上都还有待改进。

## 二、国外城市基础设施的建设发展

当前，中国正处于城市化快速发展时期，各种生产要素快速向城市集聚，城市人口和用地规模快速增长，对基础设施建设的需求量很大。研究发达国家的基础设施建设情况，对提高我国城市基础设施供给效率具有一定的借鉴和启示。

### （一）国外城市基础设施的供给改革

发达国家城市基础设施的供给改革，大体经历了政府投资、私有化改革和激励性规制三个阶段。

1. 政府投资

在20世纪70年代以前，发达国家大多把城市基础设施视为具有自然垄断性质的社会福利产品，都侧重于对城市基础设施实行公有化管理。因此，政府投资的公共企业在城市基础设施中占有重要地位。从第二次世界大战后到20世纪70年代，英国和法国的国有企业比重都有明显上升。在欧洲，城市电力、铁路、邮电等公用事业部门几乎都是由公共企业经营的。美国城市的基础设施虽然私有企业经营的比重很大，但很多城市也存在政府直接投资的公共企业。

2. 私有化改革

政府直接投资建设并运营城市基础设施存在很多问题，如投资浪费、效率低下、服务质量差等。为了解决这些问题，从20世纪80年代开始，发达国家开始改革基础设施运营体制。其中，最重要的措施是推行私有化，扩大市场准入，让私人企业介入基础设施运营，实行政府出售、公私合作或联合生产。私有化改革最早从英国开始。1979年撒切尔夫人上台执政以后，开始推行私有化政策。最初，政府出售了少数几家国有公司的股票，随后，私有化的范围逐步扩大，涉及了几乎所有的基础设施部门。私有化收回了政府投资，增加了税收，减少了财政支出。英国的私有化改革取得成效，国民经济走向复苏和稳定发展的道路。法国、日本、新西兰、澳大利亚等国纷纷效仿，形成了蔚为壮观的私有化和新公共管理运动。巴西、智利、阿根廷等拉美国家，以及马来西亚、韩国等亚洲国家，也纷纷在城市基础设施领域实行私有化改革。

3. 激励性规制

在公共企业私有化以后，一些私人企业可能利用其大公司的地位，排斥其他竞争对手，维持对市场的垄断地位。为了促进有效竞争，保障消费者权益，城市政府需要对公用企业实施激励性规制。20世纪80年代中后期以来，激励性规制迅速发展起来。在实践中，激励性规制的具体措施主要有特许投标竞争、区域间比较竞争、价格上限规制、社会契约机制等。

### (二)国外城市基础设施建设的启示

1. 准确定位城市政府的基本职责

在城市经济社会发展中，基础设施发挥着重要作用。城市政府有必要提供基础设施，但不必亲自组织生产经营活动。政府作用在于做好基础设施建设规划，通过市场机制引导基础设施的投融资，而不是行政性

札记

地主导投融资活动。城市政府要为投资者创造平等的经营环境，吸引更多的国内外资本参与基础设施领域。同时政府要做好对市场准入、服务价格和质量的政府规制，保障消费者的合法和正当权益。

2. 基础设施的投资主体多元化

美国城市基础设施投资建设以私人部门为主，城市水电煤气、垃圾收集和处理主要由民间提供，甚至许多学校、医院也是私人投资的。唯一例外的是，美国的城市公路绝大多数由政府建设，只有极少数城市有私人投资的高速公路。日本基础设施建设有多个实体参与，主要包括中央政府、地方政府、官方代理机构和私营公司。一般而言，中央政府负责基本的基建项目，这些项目的覆盖范围跨越城市辖区；地方政府负责同居民日常生活直接相关的基建项目；官方代理机构和私营公司运作“使用者付费”的基建项目。

3. 依法调整各方经济利益关系

市场经济是法治经济，发达国家城市治理同样建立在法治基础之上。城市基础设施行业的各种门类，都制定有完备的管理规章，有的甚至是厚厚的一本册子。城市基础设施的投融资体制、市场准入、资金来源、价格和收费、服务质量等，都被纳入了法治化轨道。不仅私人部门需要依法运作，城市政府的规制行为也必须具有法律依据。政府依法调整各方利益主体的经济关系，促进基础设施行业稳定和可持续发展。

## 案例

### 日本公共基础设施管理

日本面积377880平方千米，当于中国总面积的1/25，但其人口却超过了1.2776亿。从日本上下班，高峰时人群拥挤得几乎令人窒息的程度看，日本无论如何也算得上是一个人口大国了。日本的公共交通设施，如阪急、阪神等几家大公司的轨道交通、“轻轨”等，其设施的精良，体现了“以人为本”和高效优质的管理服务理念。比如，乘客购票的无人售票机，大大降低了人工售票之管理成本，一举解决了乘客因排队购票可能导致的拥挤以及找零换币的时间耗费；在日本地铁进站与出站口的电梯上，乘客一律有序地靠一侧通道站立，一是可避免通道的拥挤和混乱；二是可让赶时间的人能快速从另一侧通道通行。

日本地铁车厢内设有乘客座椅的自动升降装置，该座椅装置在人群高低峰时能自动升降，可让更多的人能赶上乘车和准时上班；在车门扶手处，设置有方便盲人识别的特殊装置；乘客的座椅上还做了颜色区分，比如有可以使用手机的绿色区，有残疾人专用席位的红色区，有女性、儿童的专门车厢等。在日本地铁的车厢里，上下班高峰时也常常是“人满为患”，而车厢外未能挤上车的人群，总是整齐而安静的排着有序的队列候车，并与列车保持着安全线以外的距离。日本的十字路口红绿灯下，等待过往的人群犹如潮水般汹涌。但是，日本这些人群的拥挤现象通常只会短暂停留在斑马线和人行横道线上，其快车道上也只可能是看见汽车在飞驶，而绝不会有人随意跨越或翻过栏杆。日本公共交通设施设置的精良，在很大程度上满足了公众对公交设施快捷、便利的要求，这多少体现了其社会的文明、浓郁的“以人为本”管理氛围与有效率的安全管理。

日本号称是“不产生废料垃圾的国家”，一是日本对垃圾的归类，从生活垃圾，到可燃垃圾和不可燃垃圾等，有数十种之分；二是日本对垃圾的回收与处理，其程度有很大创新，日本对垃圾的回收与处置，科技含量较高，对废品的再生利用亦很先进。比如在日本大阪，有一家舞洲垃圾处理厂，是一家著名的垃圾处理厂，还是一个对外开放的旅游景点。日本的中小学生来参观该旅游景点时，从中能学到的知识是：该垃圾处理厂每天可以燃烧处理普通垃圾900吨，大型垃圾100吨；各种城市垃圾经过焚烧、分解和除臭等高科技工序处理后，体积能变小、重量能变轻；垃圾焚烧后所排放出的气体和废水，经过无公害处理和特殊工艺处理后，能成各种安全的再生品，既变废为宝，又产生可观的经济效益。在日本，节约成本、循环使用的环保做法随处可见。如饭盒的生产、回收和再利用。日本对饭盒的再利用，不是简单的将其洗干净、经高温消毒后供消费者使用，而是将其回收后经过特殊工艺和新材料合成为新饭盒再循环利用。在日本超市，常能看见一些家庭主妇，将其从家里洗干净的饭盒、牛奶瓶带来，放到指定回收地点后，又能得到超市的兑换券再用以兑换商品的做法。

札记

在日本地铁站，乘客进出地铁站台时，自动验票机的检票与收票装置，既简便、快速，又有利于卫生、环保和废票纸张的回收，加之有地铁公交公司工作人员对乘客手中的月票或通票等废票的负责回收和处理制度，使得整个地铁周边的卫生和环境井然有序。偶尔，也能在地铁站内看见零星几张乘客不小心丢失的车票，但从未见过有人贪图便宜而去捡来使用，也很少有人因为车票丢失必须补票才能出站的情况。通常，日本人对此的基本逻辑推理是：不买票的人是进不了站的，凡是进站的人则一定是购过票的，而车票不小心丢失也是正常的和可以相信的，所以一般不会发生因为进站后车票丢失而出不了站的尴尬场面。

日本街头通常很干净，地面很少有落叶和垃圾。一到秋天，日本街道两端树上的枝叶都会被环卫工人仔细修理过，一来可以减少落叶和降低环卫工人扫地的成本；二来始终保持地面的清洁和街道的整齐、美观，有利于来年春天老树再发新枝。至于那些摆放在大街小巷的自动售货机，其中不乏充满各种具有诱惑力的商品，有饮料、香烟、食品或其他物品等，也从未见过有人为了得到里面的东西而将其损坏，各处所安装的与警局相连的远红外线电子安全监控设施，提醒人们不会做出如此笨拙和无谓的行为。勤俭节约、不浪费已经成为日本绝大多数民众的社会责任和义务，并日渐形成消费者、企业和政府环境保护之间的良性循环。各种环保设施的循环利用，公民环保意识的具备和安全意识的养成，促进了日本的崛起、进步与发展。

**课后思考：**

1. 日本在营造“有序的公共管理氛围”方面具体是如何做的？
2. 思考公共基础设施的完善对我国安全管理的重要意义。

# 第十三章　城市人口管理

## 第一节　城市人口管理概述

人口管理是城市社会管理的前提和基础，只有掌握居住人口的结构情况及变化，才能为客观社会管理和政策制定提供基本依据。城市人口既包括辖区的本地户籍人口，也包括在城市居住的外来流动人口。

### 一、基本概念

#### (一)人口与城市人口

人口是在一定时间、一定空间、生活在一定社会生产方式下，具有一定数量、质量并表现为一定结构的、有生命的个体所组成的不断运动的社会群体。人口是自然属性和社会属性的统一。人口的自然属性就是人口的生物属性，是人类生存和发展的自然基础。人口作为生物群体，其个体与生物个体一样，有其受孕、出生、成长、衰老、死亡的生理过程，具有新陈代谢、遗传变异的生理机能；人口的社会属性是指人口作为社会生产、生活的主体所具有的特征。人是社会的人，人口是社会群体。人的一切活动都是在一定社会生产方式下进行的，都要受到一定的经济条件以及思想意识、道德规范、法律制度等社会因素的制约。

城市人口(Urban Population)是相对农村人口而言的，指居住在城市地区的从事生产经营活动和其他工作的非农业人口，既包括拥有城市户籍的常住人口，也包括来自其他城市和农村的暂住的流动人口。

#### (二)人口管理

人口管理就是政府为实现预定的人口发展目标，对人口行为或事件

札记

（诸如婚姻、生育、死亡、迁移流动及人口老龄问题等）进行计划、组织、控制、协调、服务及信息储存与传递等活动的社会实践过程。就其属性而言，人口管理是以人口总体为对象的社会公共管理，是从宏观意义上对人口行为的引导、调控，来维护社会全体成员的共同利益，保证社会的稳定、协调、有序，从而不断提高人类的生存质量、生活质量和生命质量。

更深入地理解人口管理的内涵需要借助人口均衡的概念。人口均衡是人口发展的一种理想状态。在此状态下，人口发展与经济社会发展水平相协调、与资源环境承载能力相适应，并且人口总量适度、人口素质全面提升、人口结构优化、人口分布合理及人口系统内部各个要素之间协调平衡发展。由此概念可以看出人口均衡包含两层含义：

一方面，人口作为一个整体，应该与外部各方面因素的力量相平衡，即人口发展既不能落后于经济、社会、资源、环境等因素的发展，也不能超出经济、社会、资源、环境等因素的发展。从可持续发展的角度看，人口、资源、环境、经济、社会是相互作用和相互影响的关系：经济社会与资源环境相协调是人类活动的一条基本规则与指导思想，人口发展离不开生态平衡和环境保护，也离不开经济增长与发展，在经济运行与宏观调控中，要特别重视人口因素特别是其质量因素。

另一方面，人口内部各个要素之间的力量作用要平衡。人口内部各要素是相互作用的，而且各要素都有自身的理想状态。例如，人口规模的理想状态是适度，人口素质的理想状态是不断提高，人口结构的理想状态是各部分比例适当等。然而，在现实中，人口均衡是人口发展的理想状态，人口自身往往不能自动实现均衡，更多的则是人口不均衡现象，人口各要素之间，人口与外部因素之间的矛盾比比皆是。例如，在人口转变过程中，曾有一个阶段，死亡率处于不断下降过程中，而生育率却并不随之降低，造成人口的迅速增加，这不仅打破了内部各要素的平衡，也可能加剧人口与经济、社会、资源、环境的矛盾，因为人口膨胀引起的消费扩张，可能导致人类对自然资源无节制的开发，造成生态平衡的失调，而人口膨胀造成的生态平衡失调和生存环境污染反过来又会影响人身健康和人口素质。

人口管理主要任务就在于解决人口发展中的不均衡问题，促使其向均衡状态回归。具体而言，就是根据人口内部数量、质量、结构、分布等内部关系，根据人口系统与经济社会系统和资源环境系统的关系，确立人口均衡发展目标，并通过对人口行为引导和调控，对人口数量、质量、结构和分布等各方面进行综合协调，从而科学合理地解决人口问题、资源生态环境问题、经济增长问题，消除或规避其间的多重矛盾，促进人口均衡发展。

## 二、人口管理的特征

### （一）人口管理是以人口总体为对象的社会公共事务性质的管理活动

尽管人口行为是通过大量个体的具体行为来体现和实现的，但是人口管理活动本身却属于有特定总体目标、涉及整体利益的社会管理活动。因而它的核心是总体意义上的社会调控。人口管理具有社会整合作用。也就是说，对任何一个国家或地区而言，每一个个体的行为后果并不具有"意义"，而是要通过宏观意义上的人口管理活动，引导大众实行符合社会长远发展目标和整体利益的行为。由于人口管理的核心任务之一就是通过改变人们的观念来影响人们的行为，因此人口管理活动常常表现出一定的超前性和独特的社会进步意义。

### （二）人口管理是以"人为本位"的社会管理活动

目前在世界各国，无论其人口状况如何，都程度不等地存在人口管理活动。因为不管是刺激人口增长，还是控制人口增长；不管是规范婚姻行为，还是调控生育行为；不管是鼓励人们空间移动，还是限制国际移民；终极目标都是要促进人口与社会、经济的协调发展，进而不断提高人口的生存质量、生活质量和生命质量。这意味着：人口管理活动的实施，最终还是为了"人"本身。因而人口管理重视对人，即全体社会成员的服务，成为它区别于其他许多管理活动的一个重要且鲜明的特点。同时，人口是社会生活的主体和社会发展的根本动力，因此人口的动态过程是制定社会经济发展战略的基本依据和"源数据"，这使得人口管理活动的信息职能非常突出。

### （三）人口管理是一项社会实践活动

人口管理面对的是整个社会，它是一个非常广泛的社会实践领域，

札记

往往涉及社会生活的方方面面。在人口管理活动中，人们对人口行为都是有价值判断的，需要在这一基础上来确定管理活动的范围和方式。人口管理活动大部分是对社会“边缘行为”进行的约束、引导和调控。人口管理是一项具有明显社会价值判断的社会实践活动。

## 三、人口管理的意义

### (一)人口管理有利于实现政府、市场与社会的良性互动

人口管理随着社会主义的发展进行了不断的改革，人口管理的作用和意义也在改革当中逐渐体现。人口管理的基础性作用就是使政府、社会与市场实现良性互动。目前在人口管理的过程中，不断完善人口管理的体制与机制，使社会、政府与市场形成良性的互动模式，成为人口管理的主要任务。把政府、市场与社会的良性互动纳入了人口发展战略的制定、实施和评估体系，同时也把这种良性的互动机制作为创新政府社会管理机制，以及应对新时期社会发展复杂多样的人口问题的手段，形成三者之间的良性互动。

### (二)人口管理有利于实现可持续发展

在人类的发展进程中，通过不断反思并探讨人类进步和社会发展的经验，可以得出可持续的发展观是关乎人类生存和发展的基本出发点这一重要结论。目前，世界人口的加速膨胀，导致了对经济和社会产品的需求大大增加，对自然资源的高度利用和环境破坏，已经成为威胁人类生存的重大问题。为了摆脱这种危机，人类不得不认真反省自身，努力寻找一条有利于人口与整个人类社会、经济、环境相互协调的可持续发展之路。在中国，可持续发展战略主要有两个重点：一是逐步解决人口问题；二是使经济发展从主要依靠自然资源投入转移到资源节约利用的轨道上来。之所以把解决人口问题作为中国可持续发展的战略重点，是因为中国人口数量、素质、结构等方面的问题已成为影响可持续发展的一系列问题——资源供求形势严峻、生态退化、环境污染严重以及贫困落后等的重要原因。人口问题是中国实现可持续发展面临的关键问题，控制人口数量、提高人口素质、改善人口结构是中国可持续发展的第一战略重点。

札记

### (三)人口管理有利于维护社会稳定

对于影响社会稳定的不安定因素，进行人口管理的研究以及理论建设，不断完善人口管理体制，不仅可以发现与人口因素相关的社会问题，也可以更好地为社会的稳定有序、健康发展提供动力。对于不利于社会稳定的人口因素，人口管理学研究可以及时发现，并在不阻碍社会发展的状况下，积极采取正确的手段予以化解，使之不至于进一步滋长、蔓延。另外，人口管理也可以使不同的利益群体在涉及人口发展和社会协调的各方面协调行动，促使社会生活各个不同领域和整个社会系统能够良性发展。

### (四)人口管理有利于实现劳动力流动

人口管理使得劳动力在地区之间自由流动成为可能，有利于缩小地区之间的工资差别。随着时间的推移，劳动能力的变化，劳动者个人的职业兴趣和就业意愿发生变化。对劳动力的有效管理，有利于企、事业单位合理地使用劳动力，有利于在全社会范围内合理地配置劳动力资源，从而有利于提高社会经济效益；促进人力资本的合理配置；促进经济增长；保证劳动力市场的活力和效率。

## 四、现代人口管理

### (一)现代人口管理层次

根据人口管理系统的层次性特征，现代人口管理可以分为宏观管理、中观管理和微观管理三个不同层次。宏观人口管理是指国家或政府一级的管理，以确定人口方针、制定人口政策、进行人口规划为主；微观人口管理是人口管理工作在基层的具体落实，人口方针、政策的效果也来自微观层面的反馈；中观人口管理是介于宏观人口管理和微观人口管理的中间层次，中观人口管理工作是将宏观人口管理的方针、政策、规划不断进行分解、组织、控制的反复过程。相应的人口管理的组织结构也分为宏观、中观、微观三个层次，各个组织层次工作方式、思路因工作内容而异。宏观人口管理组织要相对集中，避免权力分散、政出多门；中观人口管理各项工作相互作用、相互制约强度大，需要进行组织

札记

创新，加强部门间的协调和互动；微观人口管理具体到政策、方针的落实，组织结构以实体性组织为主，思路在于建立自上而下的参与机制和自下而上的反馈机制。人口系统是一个开放系统，人口管理在各个层面上都不停地与外界进行物质、能量、信息的交换以维持系统的稳定性和有序性。人口管理组织同社会系统各职能部门组织相互交叉、相互作用。通过这种组织安排，能够发挥各部门的专业优势，采取专业化协作方法，达到系统之间的良性互动，保障各个系统的健康发展。

### (二)现代人口管理的思想

1. 可持续发展思想

现代人口管理的实施思想，在宗旨上是以可持续发展的角度来构建人口管理的基本社会条件，从而实现经济社会与人口资源环境的和谐发展。在计划上是从整体的社会效益出发，在综合的人口信息基础上，结合系统原理和计算机技术，建立国家人口管理信息系统，对人口管理目标、衡量准则、未来预测、方案制订进行优选，科学的决策人口管理的方针及政策。

2. 专业化协作思想

现代人口管理在管理组织上，采取了专业化协作的方式。在人口管理的组织工作上涉及面广，并且学科交叉性很强，专业化协作方案大多能够从整个国家人口管理大局出发，更好地发挥各个专业领域的优势，降低管理成本，节约社会资源。

3. 目标管理思想

人口管理在控制上实行组织目标管理，该思想将人口管理看作一项整体性工作，在具体实施和控制上主张追求的目标与人口管理组织结构相适应。与现代人口管理相联系的直接层次不再是家庭，而是城市的单位和农村的村庄，这些组织不仅是生产单元，也是消费和分配的单元，它们不只是经济实体，也是社会结构，在集体组织目标下，微观人口管理层次将人口管理工作分解，发挥人口系统在基础层次上的自组织功能，运用综合手段对人口发展过程进行控制，力求切实提高管理效益并形成有效的目标激励机制。

4. 依法行政思想

人口管理在执行上实行依法行政原则。行政是依据国家法律推行政务的有组织的活动，依法行政是行政的必要基本准则。而人口管理亦是一项系统复杂的社会工程，鉴于人口管理对社会发展的高度重要性，政府要确保人口管理工作的执行，以行政的力量推动人口管理工作在各层级的落实。现代人口管理要结合国家法制建设的进程，适应新的人口形势，尽快完善相关人口管理法律法规，依据相关法律法规开展工作，将人口管理的行政工作纳入依法管理的轨道，保证人口政策的实施和人口目标的实现。

## 第二节　国外城市人口管理

对于人口的管理，发达国家是在确保公民自由迁移权的前提下，综合运用法律、行政、规划、税收、市场、福利、科技、信息等各种手段，夯实人口管理系统的基础，吸引人口主动接受管理，合理引导人口流量和流向，从而有效调控城市的人口规模，保障区域内的社会融合进程。

### 一、国外生命登记制度

国外人口管理大多不采用“户籍”的概念，其主要内容是人口信息登记制度，多叫“民事登记”“人事登记”或“生命登记”。因为“生命登记”作为一项最基本的社会管理制度，是其他社会制度的基础和依据，关系重大，因此各国都十分重视“生命登记”。与我国不同的是，它的管理机关多为内政部门、司法部门或统计部门。并且，很多国家对公民的迁移和移居多采取的是市场加法治的管理手段，以保持整个社会的稳定。

#### (一)美国：通用的“社会保障号”

在美国，没有“户口”的概念，只进行公民出生、死亡登记，公民可以自由迁移、移民。平时美国公民持有护照或社会保障号进行旅游和工作。美国十分重视人口登记管理，所实行的是“出生死亡登记大纲”的办法。每个公民自出生起，就有属于自己的“社会保障号”(也称“社会安全号”)，人们可以凭此漫游整个美国。

在人口的流动和迁移管理方面，美国基本遵循了市场规律，仅仅依靠社会保障号和“身份证”对流动人口进行管理和信息的追踪。美国人其实没有一个严格意义上的身份证，护照、驾照、信用卡常常扮演身份

札记

证的角色，平时公民可以据此自由迁移、移民。社会保障号在美国人口管理中的地位是不可替代的，它几乎是美国政府进行所有人口管理活动的基点，与此相应的信息系统也是高度发达的。存储社会保障号信息的电脑系统在美国已经实现了真正意义上的联网，各个地区、行业、部门都能通过社会保障号去查一个人的个人情况。

(二)欧洲：登记制度法制化

在欧洲，人口出生、死亡、迁移等登记被看作重要的人口管理内容，这首先表现为将登记制度法制化。法国、瑞士、比利时将民事登记纳入《民法典》，均有关于出生证书、死亡证书和结婚证书的专项规定。瑞典有《人口登记规章》，波兰有《户籍登记法》，英国从1858年至今一直基本沿用《出生、死亡、结婚注册登记法》，并已作多次修订。荷兰1936年则公布了《人口登记皇家法案》。其中，欧洲人口管理以丹麦和瑞典最有名。丹麦人口登记制度比较先进也比较严格，是最早实行“人号”管理的国家。登记内容包括公民的姓名、出生年月日、性别、婚姻状况、纳税情况、监护人等。瑞典由于历史传统的原因，是“教会”管“户口”，人口登记也有300多年的历史了。他们实行的也是事后迁移制度。事后迁移制度的作用是让不能在某城市(特别是大城市)生存(包括经济收入、住房等)的公民按市场法则去选择适合自己经济水平的城市居住。这种方法往往较行政手段更有效。

(三)日本：“户口随人走”

亚洲各国的人口管理登记一般就叫“户籍登记”制度，日本也是如此。“户口随人走”制度以家庭为单位标明每个人的身份、夫妻关系、父子关系等。孩子在20岁的法定成人之前，无权独立设立自己的户籍，一旦成人，完全自由。

日本采用“户籍簿+住民票”双核心的人口管理体制，其中，户籍簿以家庭为单位，反映个人身份及其家庭成员关系，在记录出生、死亡、婚姻以及继承遗产时使用，类似于中国的“户籍卡”；而住民票以个人为单位，反映个人居所变动、迁移、纳税等信息，它是政府为个人提供公共服务的凭证，类似于中国的“暂住证”或“居住证”。从住民票的申请资格来看，住民票依据公民的居住地设立，公民只要满足了一定的居

札记

住年限并拥有固定职业均可申请登记住民票；从管理系统上来讲，住民基本台账系统负责住民票的管理，它由税务系统、国民健康保险系统和选举系统以及住民服务系统组成。

日本除了有一套非常详尽的人口信息登记制度，其户籍制度在管理人口流动和迁移方面的作用是比较突出的。日本实行典型的“户籍随人走”的制度，但办理户口登记有一套严格的法律规定。国民在搬出之前首先需要到当地政府办理“住民票”迁出证明，注明迁出原因(如上学、就职、结婚等)和计划前往地址；搬入新住址后14天之内到新住地政府办理迁入登记，居住地点的登记非常详细，这样也就变更了原来的户籍材料。日本人口流动虽然自由，但户籍制度很严格，任何人无论走到哪里，其行踪都在政府掌握之中。

## 二、国外城市人口控制方法

### (一)疏解人口压力：城市统筹规划

国外发达城市均注重在不同的发展阶段做出不同的规划，以调控城市人口的空间分布。规划的主要内容包括：

第一，加强城市功能分区的规划。法国巴黎在郊区建设了汽车、航空、基础化学、制药等一系列新的工业区，在近郊建设了相对发达的金融、保险、商业性服务业和运输业等，使郊区经济日益发达，有效缓解了城市中心区的人口压力；韩国首尔则依据首都地区发展规划，相继采用中央行政机关搬迁、大学外迁、控制市内高校招生规模等办法，有效控制了中心城区的人口聚集。第二，建设大都市圈，统筹规划城市人口。以美国芝加哥市为依托形成的芝加哥都市圈，包括周围许多卫星城镇以及北部威斯康星州和东南部印第安纳州滨湖地区诸城，以芝加哥为中心的480千米范围内，集中了全国近20%的人口。通过建立合理的都市圈发展架构，推进区域交通一体化，着力提升城市圈治理水平。第三，建设新城和卫星城，疏导城市中心区人口。在加拿大则是由于城乡一体化差距不大，故不会出现“进城”的现象。

日本则在形成“远距离上班族”。日本是一个人口流动完全自由的国家，日本宪法就规定了公民迁移的自由。同时日本又有户籍法，在保证公民自由流动的同时，对公民的户籍问题作出了详细严密的规定。东

札记

京都人口1200多万，占日本总人口的1/10。每天都有大量的人进出东京，这里的人口流动完全是自由的。日本人可以自由选择学校，只要成绩合格、交得起学费；可以自由谋求职业，只要应聘成功；可以自由选择住宅，只要买得起住房或签订租房合同，就可以择地择房而居。随着国家经济发展水平的提高，日本基本消除了城乡差别，农村的居住、生活条件不亚于城市，甚至住房更宽敞，空气更新鲜。

(二)调控人口规模：市场机制导向

国外大城市十分重视利用市场的力量，往往通过建立健全积极的市场导向机制来调控人口。第一，以“产业结构升级+产业布局调整”为导向，优化人口结构。如英国分别于1945年、1947年制定了工业重新安置法和城市农村计划法，规定在伦敦重建、扩建和改建工厂总建筑面积超过1000平方米，要提请有关部门批准，发给许可证。除了对工厂的建筑面积进行控制，对愿意搬迁的工厂给予鼓励和资金补助，并且发给职工雇佣奖励金、职业训练补助费作为奖励。第二，调动个人、企业、行业协会等各类市场主体投入城市建设，加速城市建设和人口空间重塑的步伐。第三，完善劳动力市场管理制度，提供丰富的就业信息。在法国，首都和外省条件平等。法国的户口管理工作既有其严格的一面，也具有相当的随意性。严格的是法国人的户口信息同他们的就医、存款等日常生活紧密相关。但对于跨区域的人口流动，法国则没有任何强制性的行政措施。据统计，占地1.2万多平方千米的巴黎市内居住了300万人口，而包括郊区在内的大巴黎地区总人口数则超过1000万。外地人到巴黎遇到的首要挑战是住宿问题，而巴黎目前的住房不仅奇贵无比，而且房屋市场供不应求，一条出租房屋的信息往往会有三四十人应租。这一问题造成的结果是，很多人在巴黎市区工作，却住在郊区，每天通过地铁和公共汽车来回奔走。一旦在巴黎安顿下来，其他问题则不必费心了，因为法国的医疗保险、失业救助等实行全国联网，在首都和外省别无二致。以社会保险为例，法国的社会保险体制归劳动和社会保障部社会保险事业管理中心统一管理，每个公民都有一个社会保险号码，在全国范围内享受医疗保险、失业救助、住房补贴、看病就医等一切社会福利。如果从一个城市搬到另一个城市，只需通知以前的社会保险机构，将其个人资料转到新住址所在地的相应机构即可。如果父母跨省市调动工作，子女的入学问题也不会受到任何影响。

### （三）控人口引人才：实行准证制度

新加坡"准证制度"是新加坡政府为了控制人口有序流入，同时吸收海外各类专业人才赴新加坡就业、发展、定居，以填补新加坡当地专业人力和智力资源的不足等方面进行综合评估审核后签发的一种特别签证。新加坡建立就业准证与工作准证双轨制，区别对待稀缺人才和普通劳务人员。对于高端人才，新加坡规定，就业准证资格证的有效期为两年，获批后可随时赴新加坡寻找工作、求职面试及培训进修等。可享受市民待遇，还可申办永久居留权。而新加坡工作准证实行类别与积分矩阵管理模式，控制流动人口结构，表彰优异流动人口所作贡献。工作准证与阶梯式福利挂钩，强调对社会的贡献。目前新加坡已经形成了严密的外来人口控制格局。

## 三、国外城市人口管理特点

### （一）主动接受管理：个人利益+公共福利

从发达国家成熟的人口管理经验来看，与个人利益相关联、与公共福利相关联是这些国家成功实施某一项管理制度或手段最有效的诱导因素。

在美国，社会保障号长期以来在常住人口管理方面发挥了重要的作用：第一，社会保障号码与领取工资紧密相连。雇主一般要向国税局报告每一个受薪者从该雇主处取得的全部收入，而受薪者自己也有义务每年向国税局和自己所居住的州申报个人所得税。就税务而言，社会安全号码是唯一的个人识别号码。第二，社会保障号与政府提供公共福利和社会救助紧密相连。例如，有些州向儿童提供免费的医疗保险。居民只需要向有关机构提供儿童的社会保障号码以及有效的收入证明，就能得到批准。在美国的一些州，没有达到一定居住时限的居民，无法享受到本州大学的各项优惠政策。因此，美国居民会向政府部门主动提供人口的真实居住信息，以确保享受免费的义务教育和各州大学的优惠政策。第三，社会保障号码与个人信用消费紧密相连，记录着个人信用消费的全过程。如果一个人的记录良好，信用度高，还可以在许多方面得到优

札记

惠，例如教育、贷款等。反之，有关部门将出面予以法律制裁等。实际上，社会保障号已经成为了国民“身份证”，在没有户口和个人档案制度的美国，它已成为一种有效的社会管理和人口管理的工具。

在日本，居民迁徙是自由的，日本国民在哪里居住和工作由自己选择，办理完迁进手续后就享受迁进地的所有福利，并按照当地的相关政策和数额交纳保险和税金等。也就是说，在日本，保险、纳税以及福利都与现住地的地址相关。总的来说，在日本，迁进居民主动办理住民票的原动力包括两个方面：一个是与住民票捆绑在一起的政府福利，另一个是住民票不变更会给迁进者个人的医疗保险和车辆驾驶等带来的重要影响。

### (二)设置准入限制：等待期+真诚居住

美国公民自由迁徙必须符合一些准入条件。例如，美国公民从一个州到另一州的迁移虽然在地理意义上是自由的，但是完全融进目的地州社会权利体系是有条件的。最常见的限制条件是：第 ，“等待期要求”。实行这类政策的州规定新进入该州的居民必须居住一般 1 年后，才能获得本州长期居民的待遇。居住不满一年的大学生，需要支付较高的高等教育学费。第二，“固定时点居住要求”，即要求在人生的某一特殊时期是该州的居民，例如出生时或者在某一年龄之前(一般为 18 岁)等。但联邦最高法院认为这种规定不合宪法要求，违反了平等保护条款，侵害了公民迁徙权。第三，“真诚居住要求”。所谓“真诚居住”就是现在实际居住，并且打算无限期的居住下往。一旦某个人被确认为本州的真诚居住者，这个人就可以立即享受本州居民的待遇，获得本州居民的教育福利，免费进基础教育公立学校读书，在高等教育中可以获得学费优惠。但“真诚居住要求”的判断比较困难，可以通过客观物质因素等来识别，例如孩子是否与父母或者其他法定监护人一起居住在学区内等。

在美国，公民享有迁移和移民的自由，但公民迁移和移居某地，其生活状态必须符合该城市卫生及相关法律规定，如有一定的住房面积，有稳定的收入能待在该地。否则，有关部门将出面予以法律制裁，用这种方法维护一个城市的和谐发展。

札记

## (三)限制过度聚集：税收+法律

法国巴黎是国际大都市中的“最矮都市”，在市区比郊区征收更多的“建筑用地税”，其城市规划也要求市内建筑物与其临近的街道宽度成一定比例，避免城市向空中发展和人口膨胀。巴黎还曾经规定流动人口要获得居住权必须先缴纳10年的赋税。

韩国首尔通过对大型建筑物的建筑商征收“人口过密”税，来缓解中心城区人口压力。英国也运用法律规定了最低的人均居住面积，政府只需要通过控制房屋建筑总面积就能达到控制人口规模的目的。

## (四)合理有序流动：责权利相统一

以美国为例，美国基本公共服务供给原则是义务和权利的对等，不管是流动人口还是本地居民，依法纳税是享受各种公共福利的前提条件。作为一个日益重要的国家治理层级，区域和地方政府享有来源不同的税权、财权、事权。辖区内家庭和个人都有直接或间接向地方纳税的义务和责任，也有相应地享受当地政府用当地纳税人的钱提供或参与合作提供的公共产品和服务的权利。外地人没有向本地缴纳区域和地方税的义务和责任，当然也就不能像本地人一样享受本地政府用地方纳税人的钱提供或参与合作提供的公共产品和服务的权利，否则就破坏了责权利相统一的原则，损害了他人利益。因此，国家内部地区间人的自由迁徙和居住必然要求有社会权利准进标准。

## (五)引导流量流向：成本调控

国外发达国家主要通过提高城市中心区一些特定商品的价格，增加城市生活成本或者间接提高本地人的就业率，从而影响流动人口的规模和分布。具体措施包括：通过提高级差地租来调整城市地价、房价，影响城市经济结构布局；通过征收公共服务使用费等来提高城市生活成本，分散中心城区人口。例如，美国利用影子工资和社会工资的形式，鼓励本地失业者通过参加社会公益性或志愿性服务获得福利报酬，从而增加本地人口的就业率，减少对流动人口的需求。1901年，纽约州出台了《1901年出租房屋法案》，该法律针对纽约市制定了比先前法案更为严格的强制条款，包括对电灯、卫生、通风设备和使用期的要求，还

札记

对新住房及其维修标准以及对建造不合格房屋进行了定罪。此外，政府鼓励一些无法承担在中心城区昂贵生活成本的外来人口主动地向郊区迁移，这些人口的迁移适应了新兴城区服务业的发展需要，促进了新兴城区与经济的发展。

## 第三节　中国城市人口管理

### 一、中国城市人口管理内容

中国城市人口管理包括本地户籍人口管理和外来流动人口管理两个方面，主要涉及户籍管理，身份证管理、流动人口管理、人口普查与预测、计划生育管理等内容。

#### (一) 户籍管理

户籍管理也称户政管理，是指对城市户籍人口和外来常住人口进行户口登记和变动管理，以确定管理对象的社会身份以及迁入、迁出的变动情况。中国城市户籍管理工作由公安部门统一负责，市公安局或区公安分局的派出所是户籍管理的基层单位，派出所辖区即户口管辖区。凡辖区内的居民都要到派出所进行户籍登记。户籍登记以户为单位，分为集体户口和家庭户口两类。户口登记的内容主要包括：常住人口登记、出生登记、死亡登记、迁出登记、迁入登记、更正登记、暂住人口登记等。

城市户籍人口指公安部门户籍统计的人口，它是以公安户籍记录为统计基础。这类人口不管其是否外出，也不管外出时间长短，只要在某地注册有常住户口，则为该地区的户籍人口。户籍人口数一般是通过公安部门的经常性统计月报或年报取得的。在观察某地人口的历史沿革及变动过程时，通常采用这类数据。

#### (二) 身份证管理

根据《中华人民共和国居民身份证条例》的规定，凡年满 16 周岁的中国公民都应当向常住户口所在地的户口登记管理机关申请领取居民身价证。居民身份证项目包括姓名、性别、年龄、出生日期、住址。居民身份证由公安机关统一印制，颁发和管理，是可以证明公民身份的法定证件。未满十六周岁的公民，自愿申请领取居民身份证的，发给有效期五年的居民身份证；16至25周岁的，发给有效期10年的居民身份证；26周岁至45周岁的，发给有效期20年的居民身份证；46周岁以上的，发给长期有效的居民身份证。身份证有效期满、证件丢失或者登记内容变更、更正的，可申报领取新证。公民应征入伍在办理注销户口手续时，交回居民身份证；退役后，发还居民身份证或者再领取居民身份证。公民出境按照规定须注销户口的，在办理注销户口手续时，交回居民身份证。公安机关在执行任务时，有权查验居民身份证，被查验的公民不得拒绝。

(三)人口普查与预测

人口普查在是在某一时间点内对人口状况的普遍调查，它一般包括多个调查项目。人口普查的目的在于掌握人口的职业构成、文化构成、年龄构成、民族构成，城乡人口结构、地区人口分布及人口迁移情况。中华人民共和国成立以来，分别于1953年、1964年，1982年、1990年、2000年、2010年、2020年进行了七次人口普查工作。人口预测是指根据城市人口的现状和发展特点，运用统计分析方法，推测若干年后城市人口规模和人口质量。人口预测的前提条件是掌握城市现实人口状况，包括人口规模、性别和年龄结构、增长速度、迁入和迁出情况等。人口预测对经济社会发展具有决策参考价值，可为制定城市规划、国民经济和社会发展规划提供科学依据。

(四)生育管理

中国《人口与计划生育法》规定，公民有生育的权利，也有依法实行计划生育的义务。改革开放以来，中国通过实施计划生育工作，有效控制了人口过快增长，人口再生产开始从高出生、低死亡、高增长转为低出生、低死亡，低增长，取得了举世瞩目的成就。我国实行计划生育以来，全国少生4亿多人，提前实现了人口再生产类型的历史性转变，有效地缓解了人口对资源、环境的压力，有力地促进了经济发展和社会进步。

而进入2021—2030年期间，我国人口发展逐渐进入关键转折期，

札记

根据预测，劳动年龄人口将在2030年前后到达峰值，劳动人口波动下降，老龄化程度不断加深。根据2020年第七次全国人口普查数据，中国大陆总人口已经达到14.1亿人。十年来人口持续保持低速增长态势，其中60岁以上老年人口2.64亿，占总人口18.7%，按照世界卫生组织标准，我国即将进入中度老龄化社会。因此，完善人口发展战略和人口政策对促进人口长期均衡发展，最大限度发挥人口对经济社会发展的能动作用具有重大意义。

近年来国家强调以促进人口均衡发展为主线，坚持计划生育基本国策，鼓励按政策生育。2021年5月31日，中共中央政治局召开会议指出，为进一步优化生育政策，实施一对夫妻可以生育三个子女政策及配套支持措施。同年8月20日，全国人大常委会会议表决通过了关于修改人口与计划生育法的决定，修改后的人口计生法规定，国家提倡适龄婚育、优生优育，一对夫妻可以生育三个子女。

## 二、中国城市流动人口的管理

### (一)我国流动人口的现状

城市流动人口，是指非城市常住户口而暂住或滞留在城市的人口。城市流动人口的存在是一种客观现象，是城乡经济和社会发展的必然结果。包括寄居人口、暂住人口、旅客登记人口和在途人口。在建筑和运输部门做临时工的外地民工，进城经商、办企业、就学或从事各种第三产业劳动的外地人口，探亲访友人员，来自外地参加各种会议、展览、购货、旅游的人员，都构成了流动人口。流动人口的构成、数量受城镇性质、所处的地理位置和交通条件所制约。各级政治、经济、文化中心城市，交通枢纽城市，革命与历史纪念性城镇，风景名胜旅游区，生产规模较大的名优土特产区，流动人口就多。根据国家统计局发布的第七次全国人口普查数据，我国流动人口从2010年的2.2亿人增加到2020年的3.8亿人，年均增长率6.97%。

目前，流动人口表现出以下几个特点：第一，整户转移。整户空间大转移成为人口迁移的选择方式，家庭式流动成为新的流动方式。第二，移民集团和行业集中。流动人口一方面在城市中形成了具有显著特色的流动人口聚集地，另一方面职业种类与来源地之间存在着密集的关

札记

联关系。第三，双向流动。随着内陆地区开放政策的实施，目前也有一部分迁移已经从自西向东的单向流动转变为双向流动，即中西部地区少数民族出现在东部地区，而东部沿海地区的农村人口向中西部城市迁移。第四，流动半径，近年来我国人口和劳动力流动的范围和流动半径正以“跨省流动为主”转向“省内流动”为主。

### (二)流动人口对城市发展的影响

城市人口流动是市场机制发展的必然产物，也是城市辐射和扩散作用的一种体现。流动人口可以为城市带来廉价劳动力，降低企业生产的成本，同时农民工多从事城市居民不愿从事的苦、累、脏的工作，方便了城市居民的生活，是对城市就业结构的一种有利补充；除此之外，一些受到良好教育的年轻人为了更好的生存和发展成为“流动人口”，在城市从事专业技术工作，成为流动人口的又一主要构成，他们为提升城市劳动力素质、推动城市经济技术发展作出了重要的贡献。对人口净流出的省份而言，劳务收入已经成为地方经济发展的重要力量，劳务输出成为一些人口大省的经济增长点。在物质收益之外，流动人口带来了城市生活方式和价值观念效应，他们返回家乡都会把城市的生活方式及价值观念传导给迁出地，引起连锁反应，推动了观念的变化。

同时，城市流动人口的大量增加，也给城市带来了一系列的负面效应，主要体现在两个方面：一是加重了城市基础设施的负担，给城市的交通、住房、环境等方面造成很大的压力。二是加大了城市治安管理的难度。

### (三)流动人口的管理方式

流动人口对城市经济社会的双重影响，决定了城市流动人口管理既不能以单纯限制为指导思想，又不能采取放任自流的办法，而应该综合管理，既堵又疏。城市政府应建立针对流动人口的统一的管理协调机构，并配备专职人员负责管理。搞好城市流动人口管理，主要应从以下三方面着手：

1. 分层指导

是指对于城市流动人口构成中的不同类型和不同层次，根据市情分别制定和实行不同的引导政策。高层次的流动人口与中层次和低层次的

札记

流动人口对城市经济、社会发展的影响是很不相同的，因此要区别对待，或吸引，或疏导，或限制。同时，对涌入城市的不同行业的流动人口，要进行分类引导，应使之与城市的产业结构和产业政策相吻合，使劳动力资源得到有效的配置。

2. 宏观控制

是指对城市流动人口的增长速度和人员结构，根据需要进行合理的调节与控制。当城市流动人口在某个时期内增长过快、结构不合理时，政府及有关部门应及时采取行政的、法律的或经济的手段进行调节和控制，并及时解决现实生活中存在的因流动人口迅速增加而造成的紧迫问题，防止出现较大的社会、经济动荡。

3. 以人为本的管理

就是要加强对城市流动人口的具体管理，形成完整配套的对策。包括加强流动人口的宏观规划，将其纳入城市经济发展规划和基础设施规划之中。寓管理、教育、服务于一体等，对流动人口所带来的消极的社会问题进行综合治理，建立有效的流动人口管理体制，为城市流动人口提供各种服务，为他们在城市中进行正当的活动提供各种便利，保障流动人口的合法权益、合理解决其适龄子女的教育问题，给予城市流动人口必要的市民待遇。

### (四)城市流动人口存在的主要问题

1. 管理体制存在缺陷

目前流动人口管理体制的特点：一是重“条”轻“块”，“条”强“块”弱；二是多头管理。流动人口管理基本上是按各个部门的职能划分，分别授予相应的行政执法权和处罚权，侧重条条管理。作为“块”的街道基本上没有行政执法权和处罚权，接受有关部门执法委托的情况亦较少。

2. 城市流动人口生活缺乏保障

由于户籍和居住地不同，流动人口在诸如医保、养老等问题上不能同本地居民一样有同等的解决，受制于户籍限制一些城市在社会保障、购房等方面对流动人口加以限制，加之这些城市户籍获得的难度较大使得他们无法同本地居民享受同等的生活和保障，长期以来会产生各种纠纷影响社会的安定。

### (五)流动人口管理的改革

无论是全国流动人口政策的顶层设计，还是区域性流动人口政策的规制安排，都需要结合当前所呈现出的人口流动新的特征化事实，特别是新的流动趋势，做出进一步的优化与改进，发挥市场在人口和劳动力流动中的决定性作用，以推动人口、劳动力和人才自由流动市场的最终形成。

1. 全国层面

全国层面，首先，要充分利用和挖掘“互联网+”“大数据”“区块链”等现代技术，深化城乡间、地区间、部门间和产业间的人口和劳动力流动数据共享机制，建构全国人口和劳动力流动的现代监测系统，为流动人口政策的制定和优化提供动态的现实依据。

这一过程中，要以市场需求为导向，加快建立与流动人口要素供给相匹配的高效的就业岗位与信息需求的实时查询系统，降低劳动力供给与市场需求相互间的信息不对称性和不匹配性，引导人口合理流动。

其次，转变对流动人口的定位，由传统的作为城镇化建设普通劳动力的“蓄水池”，转向新型城镇化建设的技术型人才的“后备军”，加大对他们的就业培训投入，扩大对他们的职业技能培训范围，使流动人口向技术型、专家型、职业化人才转变。

最后，更加注重地区和城乡间人口双向自由流动及其背后附载的系列社会福利的均衡化与平等化，强化和完善农村与欠发达地区养老、医疗、卫生、教育、住房等基础设施和公共卫生条件，发挥城镇与发达地区对农村与欠发达地区的辐射带动效应；与此同时，农村与欠发达地区需要改变传统、单一的劳务输出模式，充分彰显自身比较优势，加大本地区对劳动力和人才的内吸力和竞争力，实现自身的内生式发展和超常规发展。

2. 区域层面

首先，政策的制定要有前瞻性，应该建立一整套人口流动监测与反馈机制。其次，为减少地区内部人为的政策和制度安排之间的壁垒、冲突与矛盾，“十四五”时期及以后更长的时间里，政策应该朝着区域一体化方向发展。最后，社会福利的公平化和公共服务的均等化需要在发达地区率先探索并在全国逐步推开。长期以来，流动人口和外流劳动力

札记

为城市和发达地区奇迹般的持续增长和飞跃式发展作出了重要贡献，理应享受飞跃式发展所带来的系列红利。作为发达地区有责任、有义务发挥财政、税收等先天优势，率先探索流动人口专门的社会福利公平化和公共服务均等化的机制设计，推动流动人口享受与本地居民同等的社会福利和均等的基本公共服务格局的形成，由此反过来激发流动人口在本地区后续发展中更大的潜力和动力。

## 案例

### 从“流动人口”到“新市民”：南京提升流动人口服务的立法实践

“新市民”是随着时代发展对城市流动人口这一概念的发展。改革开放以来，随着我国工业化、城镇化加快，农村富余劳动力转移到城市就业，进而形成了中国现代化建设中一个特殊的群体——农民工。由于历史、观念和教育文化差异等原因，农民工群体长期难以融入城市，他们常常被城市居民视为“打工仔”“外来者”，长期难以得到公平公正的待遇。

为了转变这一现象，提高农民工的社会地位，青岛市率先在2006年将外来务工人员改称为“新市民”，过去的暂住证的“新市民”可以享受保险、房贷、驾照、出国旅游、子女入学等待遇。同年，西安市雁塔区下发《关于规范“新市民”称谓的通知》，按照文件要求，将“外来人口”“外来务工人员”“打工者”“农民工”等称谓统一规范为“新市民”。此后其他多个城市也掀起了“新市民”的热潮，尽力消除针对农民工的不合理待遇。此后，“新市民”所涵盖的范围也逐渐扩大到多类城市流动人口中。2017年，由住建部、财政部、人民银行联合发布的《全国住房公积金2017年年度报告》，将农村转移人口和新毕业大学生也纳入了“新市民”的范畴。根据最近到定义，新市民指“因本人创业就业、子女上学、投靠子女等来到城镇常住，未获得当地户籍或获得户籍不满三年的各类群体，包括但不限于进城务工人员、新就业大中专毕业生等”，规模上看，“新市民”已经多达3亿人。“新市民”也不同于传统的农民或者务工人员，他们对所在城市的生活有着强烈的渴求，且生活方式、思想观念等方面深受城市，尤其是其所在的城市的文明熏陶。

札记

近年来，从名称的改变到一些帮扶政策的推行，这些“新市民”的不公正待遇已经得到了极大的改善，但是“新市民”们在实际生活中仍然面临诸多困难。最重要的因素在于人户分离给他们的实质生活带来的影响。我国的户籍人口城镇化率只有45%左右，与常住人口城镇化率之间存在近20个百分点的缺口，这一缺口主要由“新市民”构成，虽然他们已经属于常住城镇人口，但是户籍不在所在城市为他们在城市的生活带来诸多障碍。虽然一些城市开启了“抢人大战”，但是政策只停留在“招引”层面，无力解决“新市民”的所及所盼，创业、消费、贷款遭遇多重阻碍。一些隐性障碍，例如，弱势人口救助、未成年人保护、劳动权益保障、社会保险方面无法难以快速落实；在社会权利的行使，例如选举、工会的方面没有相应的规章制度，具体工作中也鲜有涉及。此外，部分社区组织活动时会设置一些附加条件，要求参加活动人员必须是本地户口或本区域人员，把部分企业外地户籍人员排除在外，导致不能享受一般市民享有的基本公共服务，进一步保障流动人口权益，营造适合他们工作和生活的软环境成为各大城市完善流动人口服务的重要环节。

作为人口流入主要城市的南京，目前拥有“新市民”群体375万人，占全市人口超1/3。为了更好完善对城市流动人口的服务，2022年1月1日起，《南京市流动人口服务管理条例》施行，这是江苏省内首部关于流动人口服务和管理的立法，重点规范“新市民”的信息采集和管理、公共服务、权益保障。条例在名称上突出“服务”在先，在内容上专章规定“公共服务和权益保障”的相关内容，体现了政府从“居住管理为主”到“服管并举，服务优先”的工作思路转变。

保障流动人口作为“新市民”的合法权益，让他们在南京工作生活更加便利，是条例的亮点之一。条例重申居住证持有人依据法律、法规和国家、省、市有关规定在居住地享受应当享受的义务教育、基本公共就业服务等7项权益，以及办理出入境证件等9项便利。条例还提出，鼓励和支持流动人口集中的开发区、工业园区、企业，建设流动人口集体宿舍或者租赁住房。条例依法保障居住证持有人可在居住地“缴存、提取和使用住房公积金”“报名参加职业

札记

资格考试”，享受“行政事业性收费减免、创业贷款扶持”“公共交通出行优惠”“国有景区和公园门票减免”等优惠待遇。在此基础上，条例要求有能力的居住地政府应当逐步扩大居住证的使用功能，增加服务便利的内容，让未达到居住证申领条件的流动人口也能够享受到一定的服务和便利。

同时，条例对“新市民”选举权等政治权利的行使作了规定，明确流动人口有权参与居住地人民代表大会、基层群众自治组织和企业职工大会选举，有权参与居住地经济社会事务的管理，有关方面应当为此提供保障。条例还要求创造有利于流动人口参与社会管理事务的开放机制和环境。比如，在制定涉及流动人口重大利益的地方性法规、规章、规范性文件时，应当征求流动人口的意见。另外，条例授权市政府综合经济社会发展水平、城市综合承载能力和提供基本公共服务能力制定本市流动人口落户政策，市人大常委会法工委副主任魏从农说，通过这些举措，让流动人口在南京也拥有幸福美好的生活、梦想成真的机会、情感归属的认同，从而以法治方式助推南京真正成为一座居者安、近者悦、远者来的典范之城。

据了解，市公安局将牵头建立健全流动人口服务管理体制机制，进一步加强基层流动人口服务管理力量建设，着力完善以村(居)民委员会为基础的流动人口服务管理体系，推动对“新市民”的服务管理主动融入市域社会治理。公安机关还将会同有关部门，把前期已经形成的涉及流动人口的 11 大类、27 项基本公共服务，逐项对照条例规定进行有效衔接，并巩固完善。对尚未按照条例规定建立相应制度的，特别是针对基层执法问题，公安机关将出台操作层面的工作规范，为基层单位更好利用条例开展流动人口服务管理工作提供精准指导。同时，将进一步提高流动人口服务管理信息化水平，通过优化二维码门牌自主申报、居住证网上申办等方式，为“新市民”的政务服务事项提供更多便利，真正实现“让数据多跑路，群众少跑腿”。

通过条例的制定，南京通过立法手段将对“新市民”服务管理列入市域社会治理考核评价体系，紧密结合城市未来发展目标和规划，加强城市对人口的吸引力，促“常客”留下来“长住”，让“长住”扎下根“入籍”，壮大高技能人才和产业工人队伍，为南京集聚高科技含量、高劳动素质、高建设热情的“人口红利”。

札记

**课后思考：**

1. 如何看待“农民工”向“新市民”这一表述的转变。

2.《南京市流动人口管理条例》如何体现对“新市民”的服务。

# 第十四章　城市安全管理

## 第一节　城市灾害管理

### 一、城市灾害及其种类

城市灾害(UrbanDisaster)主要可以分为两大类：一类是由自然灾害和人为因素引起的突发性事件，前者如不可抗力引起的火灾、地震、台风、干旱，后者是由于人的因素(疏忽大意、非预见性或人为性)造成的重大事故，如公共环境卫生、健康卫生、疾病预防和医疗卫生事件、核泄漏、火灾、质量事故等。另一类是由社会中对抗冲突行为而导致的社会失衡和混乱，如人为造成的社会动乱、民族冲突、宗教对抗等。该类灾害(或危机)多由一定的社会问题诱发，诸如战争、暴力恐怖事件等。虽然这两类灾害各有侧重点，但在实际研究中交叉很多。

中国城市目前最常发生、影响最广泛的城市危机是自然危机和人为事故，即通常所说的城市灾害。对于城市灾害的内容，中国长期以来强调“地震、火灾、风灾、洪水、地质破坏”为城市的主要灾害源。但随着城市的快速发展，城市灾害的内容变得更复杂，防灾减灾的形势也更加严峻。

防灾减灾成为世界性的议题始于20世纪90年代。1996年，在伊斯坦布尔召开的第二届联合国人类居住区大会上，安全及减灾抗灾成为大会议题中的重要组成部分。1998年的联合国世界人居日，明确将建设“更安全的城市”设为主题。1999年7月联合国通过的“日内瓦战略”，更是明确提出21世纪全球减灾的重点是城市、社区及建筑安全本身。这些都反映了当今世界城市化进程中国际社会对城市安全问题的普遍关注。

札记

近年来，中国越来越重视城市的防灾减灾工作，不断地加强城市的防灾减灾能力建设。2007 年，国务院办公厅颁布《国家综合减灾“十一五”规划》，明确对城乡社区减灾能力和建设社区减灾能力示范工程进行了部署。各地积极开展“全国综合减灾示范社区”创建活动，结合灾害现状和当地社区实际，围绕健全社区减灾工作制度、开展社区风险隐患排查治理、制定社区综合防灾减灾预案、建设开展减灾设施和避难场所、组织防灾减灾宣传教育和演练活动等。2010 年 5 月 5 日，国家减灾委办公室颁布了新修订的《全国综合减灾示范社区标准》并启动了第四批全国减灾示范社区创建工作。

自 2009 年起，中国把每年的 5 月 12 日作为全国“防灾减灾日”，意在通过这样的主题日，进一步唤起社会各界对防灾减灾工作的高度关注，增强全社会防灾减灾意识，普及推广全民防灾减灾知识和避灾自救技能，提高各级综合减灾能力，最大限度地减轻自然灾害的损失。2010 年“防灾减灾日”的主题是“减灾从社区做起”。

虽然在现有的国家安全观中，除了国防安全，还新增加了政治安全、经济安全、文化安全、社会安全、科技安全、信息安全、生态安全、资源安全、核安全等安全观，形成了“总体国家安全观”，但随着城市的发展，加上管理、技术和生态等多方面的原因，城市成为各种危机最频发的地区。城市灾害是当前影响城市安全和正常秩序最严重的危机，应对城市灾害已成为城市管理的主要内容之一。

## 二、城市灾害的致灾因素

城市灾害的形成往往受多种因素的影响，并且有一个较长的潜伏期。由于城市人口和设施密集，灾害发生后蔓延迅速，影响面广，损失巨大。因此，必须客观认识城市灾害的致灾因素，在灾害形成阶段防微杜渐，在灾害发生后采取应对措施进行综合整治。总的来说，城市灾害的致灾因素有以下几个方面：

### (一) 不合理的城市规模、形态和密度

合理的城市规划和建设是防灾减灾工作的基础，规划和建设中的任何疏漏或安排不当都可能成为城市灾害之源。中国城市的安全问题特别是大城市的安全问题与中国城市规模太大、人口过分密集以及城市形态

札记

的不合理有很大关系。现代城市规划偏重于满足人们的物质和精神享受，往往忽略了防灾功能。在城市的规划设计中，缺少对防灾空间(或称避难空间)的规划，生命线工程和工业设施的防灾措施基本上处于空白状态。在城市总体规划中，除对防洪、防空等有一定要求外，缺少综合防灾的内容，在对城市结构、规模、布局、人口、用地等的宏观控制方面，较少考虑防灾要求。目前，中国多数城市基本上仍保持着单中心的发展模式。随着城市规模不断扩大，就沿用“摊大饼”的方式加以应对，导致城市基础设施负荷过重，市中心异常拥挤，城市问题日益突出。

(二)低效运转的城市管理体制机制障碍

城市管理体制中，如果权力和职能的条块分割，处理事务层层审批，各部门的协调能力差，办事效率低下。这种周期长、信息不对称的运作方式，在发生危机时容易造成公众的恐慌和社会的不稳定，灾害所在地的管理机构也难以及时做出应对之举，容易导致灾害的升级加剧。如果没有掌握足够全面的信息，信息的不完全带来的不仅是难以有效解决社会中存在的实际问题，有时甚至带来决策失误，造成城市灾害。

(三)较为脆弱的城市基础保障系统

城市基础设施网络由道路、通信、水、电、热、气等六大系统组成，是城市运行的“生命线”，其运行状况决定了一个城市的安全状态。对“生命线”应随时做到后备充足、灵活应变。但实际上，多数城市的基础保障系统较脆弱。表现在：基础设施更新扩张相对落后，重点工程防灾标准低，防护系统薄弱，缺乏系统、全面的公共安全工程规划；基础设施的各个子系统之间缺乏相互配合和衔接，导致整体的综合检测预测能力不强，预警及通信网络系统不健全、不统一；技术基础薄弱，风险管理意识不够，尤其是对重大安全事故的应急反应、洪涝灾害和火灾防治等缺乏综合性和系统性的研究。

## 三、中国城市的防灾减灾管理

中国地域广阔，地质地貌较复杂，是世界上自然灾害较多的国家之一，城市尤其是防灾减灾的重点。中国历来强调地震、火灾、风灾、洪水、地质破坏是城市的主要灾害源。在各类自然灾害的死亡人口中，地震造成的损失最大，死亡人数占总数的54%，其次是洪涝干旱等气候灾害，死亡人数占总数的40%。可以说，防震、防洪是中国城市防灾减灾事件的两项长期任务。

(一)城市防震

中国地处地球上最活跃的地震带，是世界上地震灾害最为严重的国家之一。中国的地震主要有如下一些特征：(1)地震分布范围广。全国城市的46%及许多重大工程项目、经济命脉都分布在地震区。(2)地震频度高、强度大。中国不仅地震分布广泛，而且地震活动频繁，强度大。根据地震部门预测，从20世纪80年代后期开始，中国地震活动进入了第五个活跃期。(3)地震震源浅，危害大。中国除东北张广才岭和东南沿海发生过少数深源地震外，绝大多数是浅源地震，其震源深度在30千米以内，10~20千米的范围。和欧美、日本相比，中国在同级别的地震中死伤人数较多。

减轻地震灾害是一项包括测、报、防、抗、救、援在内的系统工程，涉及很多部门和环节，其中地震预报是地震减灾的中心环节。从科学的角度讲，地震预报是探索性的，有的地震可以预报出来，有的地震就预报不了。相对而言，中国对中长期地震趋势能有一个较准确的把握，但对震前半个月至数月的短期预报和几天至十几天的临震预报都还达不到准确有效的水平。目前，世界各国的地震预报尚处于低水平的探索阶段。

减轻地震灾害是一项长期任务，需要有计划、有组织地纳入国民经济和社会发展规划，统筹安排，分步实施。根据地震长期预报意见和地震危险性分析结果，城市政府应合理制定土地和资源利用规划、重大工程项目的布局规划以及工程抗震规划等。在有地震预报的地区，城市政府应制定地震预报、工程抗震、震时应急反应和震后抢险救灾工作的综合应对工作，组织有关部门建立统一的防灾减灾工作体系。城市政府应组织地震局进行地震灾害预测，对未来地震可能的损害影响进行分析，并采取相应的措施。

1989年，中国第一次向社会发布中期地震预报意见，各地政府制

札记

定了地震减灾计划、对策和应急措施。如果震前向社会发布地震预报意见，各级政府可以制定系统的反应计划，对易遭受破坏的建筑物进行加固，加强地震宣传，增强公众的防灾意识。

2009年5月1日，《中华人民共和国防震减灾法》正式施行。国家鼓励城市人民政府组织制定地震小区划图。城市街道办事处等基层组织，应当组织开展地震应急知识的宣传普及活动和必要的地震应急救援演练，提高公民在地震灾害中自救互救的能力。

### (二)城市防洪

城市防洪是一项系统的综合性工程，需要得到其他子系统的支持。城市防洪与江河流域规划，沿江、沿海城市的总体规划，城市性质、规模乃至江河航运、流域开发、城市给排水设施、城市道路桥梁工程等都有直接或间接联系。防洪的日常管理，如防洪标准的确定要综合考虑这些基础条件，其实施是否到位直接影响到城市系统的整体安全。如果防洪标准制定得过高，能够提高遭遇洪水的安全度，但因为洪水暴发具有不确定性，有可能就是百年不遇，过高的防洪标准设计要求大量的投资，同时还要支付很高的运行费用，整体上是不经济的；如果防洪标准制定过低，可能一时节约了开支，减少了投资要求，而一旦遭遇大洪水，又可能带来灭顶之灾。

1989年12月，水利部、能源部根据城市的政治经济地位和最大洪水出现的频率提出了国家的《防洪标准》。《中华人民共和国国家标准防洪标准》规定：特别重要城市以200年以上一遇洪水为标准，重要城市以100~200年一遇洪水为标准，中等城市以50~100年一遇洪水为标准，一般城市以20~50年为标准。实际的城市防洪建设中，防洪标准达到50年一遇及以上的仅占93个，占18%；防洪标准在20~50年一遇的161个，占30%；防洪标准在10~20年一遇的118个，占20%；标准低于10年一遇的有120个，占23%；防洪标准待进一步核定的有39个，占7%。国外城市一般是以发生过的最大洪水或100年一遇为防御标准。我国在513个有防洪任务的城市中，防洪标准大多数偏低。

我国非常重视大江大河的治理与城市的防洪安全，城市防洪在国家防洪工作中处于中心地位。经过几十年的治理，在全国范围内形成了科

札记

学合理的防洪布局和较完善的防洪工程体系，有效控制了中小型洪水，减少了洪水造成的洪涝灾害，为国民经济建设特别是城市的发展提供了必要的防洪安全保障。

我国的洪涝灾害主要发生在长江、黄河、海河、淮河、松花江、辽河、珠江这七大江河流域，这七大江河沿岸不仅是中国主要的农产区，同时又分布着中国主要的大城市。因此，新中国成立以来，国家重点开展了对这七条大河的综合治理工作，逐步建立起具有一定规模的防洪、防潮、排涝、灌溉工程体系，洪、涝、旱灾得到初步控制。沿江河城市防洪能力有了很大提高。

1966 年以后，防洪工作的重点转到城市，国务院和国家有关部委对城市防洪工作作了一系列的部署。1981 年 6 月，水利部、国家城市建设总局提出了《关于城市防洪问题的报告》，要求各地着重做好城市防洪规划和日常管理两项工作。1987 年 7 月，水利水电部、城乡建设部确定了北京、天津、上海等 25 座城市为第一批全国重点防洪城市。1995 年，国家防汛总指挥部、国家计委、建设部和水利部联合发出了《关于加快城市防洪规划和建设工作的通知》，明确了近期和中长期全国城市防洪和建设工作的进度和具体要求。1998 年 1 月 1 日起施行的《中华人民共和国防洪法》指出，城市防洪规划由城市人民政府组织水利行政主管部门、建设行政主管部门和其他有关部门依据流域防洪规划、上一级人民政府区域防洪规划编制，按照国务院规定的审批程序批准后纳入城市总体规划。城市人民政府应当加强对城区排涝管网、泵站的建设和管理。

### (三)加强城市防灾减灾能力

除由不可抗拒的自然力引起的自然灾害，因人为原因引发的次生灾害、环境灾害及其他灾害也加重了人类在城市灾害中的伤害。

为了城市的安全，必须加强城市安全管理，运用各种技术的、社会的方法与手段，消除城市隐患，及时控制和抵御灾害及其带来的损失。城市的规划、建设、管理工作与城市的防灾减灾紧密结合。各项专业防灾规划要纳入城市总体规划，互相衔接、紧密结合，进一步提高城市综合防灾能力。经验证明，地震带给人们的灾难，主要是由于房屋和工程设施的破坏、倒塌造成的。防震要求新建工程进行抗震设防，严格执行

札记

建设抗震设计规范，从建设项目的可行性研究、选址、规划设计到施工竣工验收，实行抗震设施质量的全面监督。江河湖沿岸城市，要把城市防洪和供水、燃气等生命线工程与市政公用设施的抢险排险、居民住宅的维修加固结合起来，统筹安排，沿海城市要提高抵御台风、风暴潮的能力。

20 世纪 80 年代以来，中国陆续建立健全了有关防灾减灾的法律、规划及对自然灾害的管理工作，制定了一批城市防灾的法规、技术标准，初步建立了行政与技术管理体系，其重点是工程建设的抗震设防、加固以及城市消防、防洪等方面的法规。目前中国已经初步建立了一批国家级的实验研究室、专业研究所与高校的科研机构。中国城市在防灾技术水平方面已取得一批具有国际先进水平的科技成果。目前，中国的抗震防灾减灾技术水平已经步入国际先进行列。

近年来，中国防灾减灾体系建设中以防为主的理念不断强化，防灾减灾工作取得了更大进展。但不可否认的是，防灾减灾体系仍存在薄弱环节。2011 年，《中华人民共和国国民经济和社会发展第十二个五年规划纲要》公布，其中的第六篇第二十六章“加强水利和防灾减灾体系建设”，对“提高供水保障能力”“增强防洪能力”“加强山洪地质气象地震灾害防治”做出了规划。

## 第二节 城市公共安全管理

随着城市的不断发展和进步，城市公共安全的重要性日渐凸显。近年来，城市公共安全事件频繁发生，地震、海啸、洪涝、爆炸、恐怖袭击不胜枚举，严重威胁着城市居民生命财产安全。城市公共安全是城市可持续发展的客观要求和基本条件，构建科学合理的公共安全管理体系是城市政府的重要职责，是城市公共安全的根本保障。

### 一、城市公共安全管理的概念及原则

城市公共安全是指城市运行以及城市市民、社会、设施的安全，是在城市的构成要素、公众利益、社会秩序、社会价值、行为准则之间相互制约、相互依赖形成的一种平衡、协调、相对稳定的状态。城市公共

札记

安全是城市发展所必须的良好内部秩序和外部环境的保证，也反映着自然灾害、生态环境、经济状况和资源供给等社会、政治、经济和文化因素对城市发展的影响。

城市公共安全管理是指以政府为主导的管理主体，为了保护城市市民、社会、设施的安全，而对城市中的灾害问题、人口问题、社会治安问题等进行预防、处理、解决以及制度建设等。城市公共安全管理的目的是通过预防、处理、解决城市存在和发展中的各种安全问题，加强城市应对各种安全问题的能力，改善城市公共安全状态，提高市民的公共安全意识，保障城市的健康快速发展。城市公共安全管理有两种不同的表现形态，一种是正常状态下的管理形态，一种是应急状态下的管理形态。城市公共安全管理必须坚持以下原则：

### （一）以人为本

城市公共安全管理的最终目的是保护城市市民的基本利益，因此在城市公共安全管理中，要从城市市民的安全需求出发，以保护市民的健康和生命财产为首要任务，摆正局部利益和全局利益、部门利益和群众利益、眼前利益和长远利益的关系，做到权为民所用、情为民所系、利为民所谋。

### （二）法律至上

城市公共安全管理需要强有力的保证，而法律具有至高的权威，应该成为保证城市公共安全管理的载体。一些发达国家应对公共安全同题的成功经验表明，完备的法律体系可以保证城市公共安全管理的有效性、权威性、规范性。

### （三）政府主导

政府是人民的代表，是人民利益的捍卫者，在保证城市公共安全、保护市民生命财产上有义不容辞的责任。城市公共安全管理强调多元参与，政府、企业、非营利组织、市民等都应该成为有效的参与者，但是政府必须发挥主导作用，也应该义不容辞地承担起这一责任。

札记

### (四)防治结合

对于城市公共安全的管理，应该树立“防治结合，以防为主”的原则。对于城市公共安全的管理来讲，问题的应对非常重要，但是问题的防御更为重要，以防御为主，可以实现有效的、科学的管理，有效、完善的防御准备可以使得对问题的应对科学有序，从而达到减少损失、保证城市公共安全的目的。

### (五)整体联动

城市公共安全具有复杂性的特点，城市公共安全问题绝不是单独某个城市部门就能应对的，必须要实现整体联动。首先，实现多元主体的联动，政府、企业、非营利组织、市民等必须要实现整体的联动；其次，实现政府内部的联动，政府内部各部门在处理公共安全问题时要打破平时状态下的关系，实现有机的、合理的整合；最后，在整体联动中，要充分发挥政府核心的主导作用，保证整体联动的有效性。

## 二、城市公共安全管理的内容

中国城市公共安全管理主要包括以下几个方面的内容：

第一，打击和处理各种违法犯罪活动。

城市公共安全管理的首要任务就是执行和实施国家有关预防、打击违法犯罪活动的法律、法规和方针政策，打击刑事犯罪分子，保护城市人民的利益。

第二，处理各种违反治安管理法律法规的行为。

除了各种违法犯罪行为以外，城市中更大量存在着没有触犯刑法却违反治安管理法律法规、带有一定社会危害性的行为。根据《中华人民共和国治安管理处罚法》，这些行为主要包括：扰乱公共秩序的行为，妨碍公共安全的行为，侵犯人身权利、财产权利的行为，妨害社会管理的行为。打击和处理这些违法行为，是城市社会治安管理的重要内容和首要任务。

第三，预防和处理群体性突发事件。

这主要是指由于某种不特定原因引起的、突然爆发的、较大规模的群体性活动。此类事件往往比较复杂，有涉及公共安全和整个城市的稳

札记

定与正常秩序的维持，必须得到审慎而果断的处理。

第四，预防和处理治安灾害事故。

治安灾害事故是指人为原因引起的火灾、车祸、爆炸、中毒等各种事故。对于此类事故的有效预防和及时处理，是社会治安管理中交通、消防、危险物品等管理的内容和任务。

城镇化建设和城市公共安全是相辅相成的关系，整个社会的治安管理是城镇化建设的重要内容。加强社会治安管理，优化社会治安环境，能为推进城镇化建设和经济社会发展提供强有力的支持和保障。同时，城镇化建设也可以解决不少治安管理问题。城镇化建设发展了经济，提高了国民素质，减少了犯罪，继而减轻了治安管理的压力。

## 第三节　城市应急管理

### 一、城市应急管理的兴起

应急管理是一种有组织、有计划、持续动态的管理过程，政府针对潜在的或者当前的危机，在危机发展的不同阶段采取一系列的控制行动，以期有效地预防、处理和消弭危机。有效的应急管理需要做到以下几个方面：(1)转移或缩减危机事件的来源、范围和影响。(2)提高初始管理的地位，加强预警。(3)改进事件冲击的反应管理。(4)完善修复管理，以便能够迅速有效地减轻应急事件造成的损害。(5)重视事后的总结、学习。

城市应急管理是指城市政府组织社会各方面力量，对可能发生的城市应急事件制定预案并有效监控、防御和处置危机的全部控制过程。城市应急管理机制就是城市有关管理体制部门为了更好地应对各种突发事件而建立起来的一套行之有效的处置办法和制度安排，包括应急管理机构的设立、危机预案和法律法规的制定、危机预测评估、危机处理和政策制定等。一套完善的应急管理的动态机制可分为危机发生前的危机预防机制和危机发生后的危机救治机制。

### 二、中国的城市应急管理

中华人民共和国成立后，针对突发事件和重大灾害，中国的城市应

札记

急管理机制主要是多头管理，依靠非常设机构协调不同部门职责。此时应急管理体制的重要特点是采用成立日常性跨部门协调机构和设立临时性应急指挥部，包括中央防疫委员会、救灾委员会、防汛总指挥部、地震工作小组等。之后为了应对在经济发展下城市安全事故、自然灾害发生的风险，中国采取了在原有常设分类管理机构之外设立诸多非常设机构的方法，这些非常设机构被赋予承担重特大突发事件跨部门组织协调和临时性应急处置的职责职能。这段时期中国共出现16个与应急管理相关的国务院议事协调机构，其中包括7个指挥部、5个领导小组和4个委员会，与此同时还建立了9个联席会议制度。彼时这一应急管理体系往往出现机构膨胀、效率低下的问题，呈现出碎片化的特征，不同部门之间掌握各种权力，缺少部门和地区之间的联动性。

2003年的“非典”事件是我国应急管理发展的里程碑，这一公共卫生事件引起了长时间、广泛的社会恐慌，也暴露出中国应急管理存在重大缺陷，此后党和政府提出建立突发公共卫生事件应急反应机制，提高公共卫生服务水平。2006年1月8日，国务院发布和施行的《国家突发公共事件总体应急预案》(以下简称《总体预案》)，明确提出了应对各类突发公共事件的6条工作原则：以人为本，减少危害；居安思危，预防为主；统一领导，分级负责；依法规范，加强管理；快速反应，协同应对；依靠科技，提高素质。这是全国应急预案体系的总纲，明确了各类突发公共事件分级分类和预案框架体系，规定了国务院应对特别重大突发公共事件的组织体系、运作机制等内容，是指导预防和处置各类突发公共事件的规范性文件。

在这种指导思想下，以“一案三制”为基本框架的应急管理体系在中国逐步建立了起来，并在各个地区和城市建立其配套的应急管理体制。“一案三制”中，“一案”指应急预案，“三制”分别指应急管理体制、机制和法制。应急管理中的核心要素在“一案三制”框架中得以充分体现，以“一案三制”为基本框架的应急管理体系的建立为中国的应急管理工作提供了明确的行动指南，推动了中国应急管理体系建设的全面发展。

2013年3月，国务院发布《国务院机构改革和职能转变方案》，开启新一轮大部制改革。这次大部制改革在政府部门中增设了应急办，并将其作为城市应急体系中的重要部门。以此一方面旨在理清不同部门之间权责，避免职能交叉、多头管理；另一方面，希望通过设置应急协调部门，打破部门、央地隔断，建立完善应急管理体制增强应对突发事件的能力。

2018年之后，随着总体安全观理念的提出，应急管理部应运而生，将总揽全国应急管理与防灾减灾工作，应急管理部的主要职责是组织编制国家应急总体预案和规划，指导各地区各部门应对突发事件工作，推动应急预案体系建设和预案演练；建立灾情报告系统并统一发布灾情，统筹应急力量建设和物资储备，并在救灾时统一调度，组织灾害救助体系建设，指导安全生产类、自然灾害类应急救援，承担国家应对特别重大灾害指挥部工作；指导火灾、水旱灾害、地质灾害等的防治；负责安全生产综合监督管理和工矿商贸行业安全生产监督管理等。作为国家安全的重要组成部分，党的二十大报告提出要进一步完善国家应急管理体系，坚持安全第一、预防为主，建立大安全大应急转化，推动公共安全治理模式向事前预防转型。

## 三、国外的城市应急管理

国外的应急管理研究以美国、日本、欧洲各国的研究最早、最充分，也最具特色。现代危机理论正是在总结各国危机管理实践基础上逐渐发展起来的。

### (一)美国的城市危机管理

#### 1. 统一领导、分级管理

根据1974年的美国《灾害援助法》和总统法令成立的联邦紧急事态管理局(FEMA)，是应急管理的最高机构。它主要负责为全国应急管理设定全部的操作标准和指导纲要，制定规范化标准，提供各种应急培训，也为各州提供财政支持，以便各州制定自己的应急管理计划并与联邦的指导纲要及其规定标准保持一致。为使灾害事件发生后的社区及地方政府管理恢复正常，FEMA也向灾害发生地提供财政经费用于抗灾减灾。FEMA协助联邦政府帮助社区恢复家园的事宜，比如洪涝重灾区的人口迁移工作等。多年来，该机构已发展起一整套综合应急管理系统，以应对各种类型和各种规模的天灾人祸：从火警、地震、飓风到爆炸，直到危机的最高形态无所不管。FEMA直接向总统负责报告并处理灾

札记

情。在 FEMA 的统一领导下，对灾害实行分级管理。美国对灾害的规定有三个等级。当灾害发生时，首先明确判别灾害的危害度、范围以及应该由相应级别的政府应对灾害。

2. 共同参与、责任共担

西方国家的城市在自治的基础上的应急管理，不仅城市政府发挥主导作用，同时鼓励私人部门、非政府组织以及市民共同参与，建立广泛的危机管理社会网络。这要求各级政府与私人部门必须协作实施调查研究工作、履行准备事宜，并切实共同应对紧急事件。

3. 法制化规范管理

在应急管理中，政府提供法律，协调危机管理主体间的关系。政府通过制定法律，或地方一级发布。根据联邦一级《紧急状态管理法》的规定，政府是应急应对的指挥系统，负责危机处理和全民动员。《紧急状态管理法》对警察、消防、气象、医疗、军方的救援作了具体的规定。州一级法规的应急则具体到消防、建筑设计标准中需采纳的抗震步骤与方法，以及对土地使用的建筑规划等给予的明确规定。法制化的管理贯穿应急管理的全过程中。

4. 重视对应急管理的研究

目前，美国的应急管理成为一种非常新的职业。各个大学可以为应急管理者提供资格培训，学校现在也开设一些专业课程，甚至还有在职培训。将应急管理视为一种职业时，就意味着对应急管理的研究具有了必要性。在信息化社会，收集分析有关灾害预报、应对和恢复信息数据成为重要任务。一旦灾害发生，联邦政府、国家科学基金会、许多其他的基金会和大学组织即刻启动“快速应对资助基金”，研究者很快能够进入灾害发生的现场并立即对灾害进行观察和研究。美国几乎每个城市都建立了应急管理的研究机构。“9·11”事件之后更是增建了适应现代研究需要的基地，追加了巨额的经费，扩大了研究队伍。美国的疾病预防中心(CDC)在世界各主要大城市都建有实验室，对世界各种疾病和城市危机进行研究。

5. 透明化的信息发布

法律规定政府有责任向媒体传达准确的信息，媒体也有独立的权利参与应急管理的全过程，就公众感兴趣的问题进行深度调查和跟踪报道。媒体为了提高知名度和收视率，不惜代价挖掘有价值的新闻，无形

札记

中加强了对政府行为的监督。政府为了赢得公众支持，改善形象，也非常重视与媒体的合作。让公众知道危机的事实和真相，可以说是西方国家处理危机的一个共同点。

6. 应急管理与常态管理紧密联系

美国的应急管理机构是常设性机构，每成功完成一项紧急事件的应对，危机管理机构就负责总结经验和教训，完成书面报告，从而为后期再出现类似问题提供经验。

### （二）英国的城市应急管理

1. 常设性的管理机构

英国设立了“紧急规划长官”，平时负责地区危机预警、制订工作计划、举行应急训练。灾难发生后，负责人必须协调各方面的力量以有效处理事务，并负责向相应的中央政府部门如卫生部、国防部寻求咨询或其他必要的支援。灾难发生后，地方政府根据情况与有关中央部门协作应战。在救援方面，伦敦消防和应急策划局是这个城市应对火灾、地震等各种灾害的最重要力量。伦敦消防和应急策划局在每个社区设立了消防站，其中有市政管理人员，有消防安全专家，也有社区建设人员，能够随时提供多方位的救援措施。各个消防站还与专业救火、救灾队员建立起防灾教育体系。消防站几乎实现 24 小时值班，居民可以随时进入消防站，寻求帮助或者咨询。此外，伦敦消防和应急策划局还与负责医疗急救的“国家健康服务体系”签订协议，在遭遇火灾或其他灾难的人因为情况紧急而错拨求救电话时，这两个机构之间的通信交换系统能够自动转接到消防队。

2. 地方政府的自主权

英国政府应对具体灾害的一个主要原则是，灾害发生后一般主要由当地政府负责处理，以便最快捷地提供救援，阻止灾害的扩大化。

### （三）日本的城市应急管理

1. 常设性的防灾会议

1961 年，日本国会制定了《灾害对策基本法》，该法明确规定了有关防灾的责任范围，都道府县和地方政府分别设“中央防灾会议”和“地方防灾会议”。各级防灾机构都参加同级的“防灾会议”，并提供服务。

札记

服务通过联网终端形式进行。“防灾会议”可调取所有相关的防灾、减灾、抗灾、救灾等信息。业务防灾工作的主要任务是向都道府县防灾中心制作、发布灾害预报和警报，并作为政府防灾组织的成员参与防灾计划的制订等工作。都道府县防灾中心向市、町、村的防灾部门传送相关灾害信息；当重大灾害发生时，总理大臣和内阁会议还根据需要决定成立非常灾害对策本部和紧急灾害对策本部。中央的防灾会议由总理大臣主持，相关大臣和长官参加，各行政部门的长官为中央防灾会议成员；地方防灾会议由地方行政长官主持，地方各有关部门的官员参加。

2. 快捷透明的信息服务

日本社会对灾害预警服务的需求已达到相当高的程度，政府和社会团体都非常重视防灾减灾的宣传教育工作，经常向国民普及宣传减灾知识。如每年 9 月 1 日的防灾日，全日本开展为期一周的综合防灾减灾训练，模拟各种灾害的出现，开展对策训练和防灾体验，在国际上都有一定影响。

## 四、加强城市应急管理能力

应急管理对于现代社会的安全起到了举足轻重的作用，因此，世界各国政府都非常关注危机处理与对策，而且耗费大量的人力、物力和精力，最大限度地防控灾害，尽可能把灾害带来的损失减少到最低程度。政府需要树立应急管理意识，将应急管理作为政府管理职能的一部分，加强对城市应急管理的能力。

### （一）树立应急管理意识，完善应急管理机制

构筑城市应急管理平台时，首先应恢复城市应急事件的社会本原，树立应急管理意识，这样才能使政府有序、有效地处理危机。同时还应该尽快完善常设性的应急管理领导机构，统一协调处理应急事件。机构必须拥有一些特殊的权力和资源，同时拥有监督权。常设性应急管理机构的日常操作应从国家安全的高度制定长期的反危机战略和应急计划，并将其纳入各级政府的日程安排；广泛收集信息，判断各种危机发生的可能性，评估其损害和风险；监督危机管理日程的实施；进行管理教育和训练；根据社会经济发展，实时调整、更新应对战略；同

札记

时应建立地方各级综合专家咨询决策系统，设立独立调查制度，公正甄别事件诱因；建立有效的公共应急沟通机制，实现一定程度的纵向设置。

### (二)提高社会成熟度，建立责任共担机制

在危机中，成熟社会的主要表现为：不畏惧危机；能够迅速找到应对危机的办法；能够团结一致克服危机。社会的不成熟，不仅不利于危机的缓解，还有可能使危机加剧，其消极性往往超过危机本身。中国应对危机的社会成熟度较低，提高社会成熟度是一项重要而艰巨的管理任务。应强化社会危机教育，引导大众树立乐于承担社会责任的现代公民意识。

政府应该承担提供秩序和法律的责任，市民也应该成为一个合格守法的公民，在参与社会组织的活动时，培养市民的公民意识，提升城市人文精神。把解决城市危机事件当作城市社会各界走向团结、信任、合作、支持的契机，培育新的城市精神，培养责任共担意识。(1)政府要制定和完善应急管理法律体系，这种体系应该是有层次的，为多渠道共同参与和承担各自责任提供规范。(2)大众媒体应该加强对市民的危机意识的宣传教育，在不断的训练中培养出临危不乱，应对有序的成熟市民。(3)加强国内外的交流与合作。建立国内统一的城市管理交流与合作规范，建立交流与合作网络，并加强国际间的交流与合作。

### (三)完善应急联动，建立信息直通机制

应急事件的处理涉及各个部门，如果多部门联动不完善，容易造成各自为政、顾此失彼的情况，为此应设常性应急事件处置小组，根据不同性质，明确核心牵头部门，统筹协调各相关部委办局，围绕应急处理原则，完善应急突发事件处理机制。一旦出现紧急情况，迅速自动激活联动机制，立即启动紧急救援。

应急事件中“层层上报”“逐级审批”的报告机制会受到地方诸多因素的干扰，直接影响对突发事件的应急响应速度。因此，在重大突发事件中，除了逐级上报工作信息，还需要通过“信息直通机制”将重要信息报告到国务院相关行政部门或应急指挥中心，建立突发事件，尤其是

札记

突发公共卫生事件的直报机制和长效机制，起到早预警的作用。

(四)建立高效的应急管理信息系统

在危机事件的应对过程中，获取信息是关键环节，它常常决定能否有效处理危机，因此世界各国政府都对情报部门极为倚重。中国应尽快建立高效的危机管理信息系统，减缓或降低危机造成的损害，保证政府做出及时和正确的决策，协调反危机的行动。依靠目前的通信和网络基础以及信息系统的应用能力，中国城市有能力利用现代信息技术的支持，在通信通畅、信息共享、智能决策的基础上，构建调度统一、联动协调的城市综合应急管理机制。

## 案例

### “电梯吃人”拷问城市公共安全

中国是过去30多年来世界上城镇化速度最快的国家，城镇化率由1978年的17.9%提升到2016年的57.35%。宽阔流畅的柏油马路，宏伟密布的高架桥，高耸林立的大厦和民居，让人们享受到了城市化带来的现代感。与此相对应的，如雨后春笋般涌现的高楼大厦推动了电梯行业的飞速发展。中国电梯行业从全球的后发者成为保有量、年产量和年增量均为世界第一的领跑者，到2014年年底，全国在用电梯总数已达360万台，年增幅还保持在15%~20%的高速。

据不完全统计数据，2015年1—7月内，全国共发生电梯事故30起，其中造成27人死亡，11人受伤。这样的数字触目惊心！一个与人们日常生活息息相关的便捷工具怎么成了“吃人”“伤人”的可怕代名词?

业内人士介绍，作为特种机电设备，电梯零件众多，结构复杂，在后期的维护保养中，遵章依规，每道环节都需要具备专业资质的人员和机构完成。特别是在中国这样一个大国，电梯还要能经受得起更加严峻的人流和物流考验，这就需要更严格的安全标准。

事实上，对于电梯安全，2014年起施行的《中华人民共和国特种设备安全法》就对电梯的安装、改造、修理、运维等方面制定了专门的法条，国家质检总局还启动了全国性的电梯安全监管大会战。然而，当前电梯“吃人”事故仍然频发。一位不愿透露姓名的专家指出，究其根源可以看出，成文的法律规章未必落到实处，安全监管的力度赶不上行业发展的速度，机构和人员的技术资质满足不了行业的实际需求。

相关资料表明，监管部门人员数量严重不足已成为当前造成电梯安全隐患的主要矛盾。近年来，全国多地电梯安全事故频频发生。统计显示，广州、南京、杭州“96333”电梯应急处置平台，2014 年全年分别解救困梯人员 14606 人、10180 人、6816 人，平均每天分别解救 40 人、28 人、19 人。

在电梯安全形势日益严峻的今天，相关的管理漏洞迟迟未能补上。如按照《中华人民共和国物权法》有关规定，业主作为电梯产权的所有者，是承担电梯修理、改造或更新资金的责任主体，而当前在已建立住宅专项维修资金的房屋中，却并没有电梯修理、改造或更新资金便利使用机制。对于住宅专项维修资金缺失或不足的房屋，更是难以筹集资金用于解决电梯故障等问题，以至于质监部门即使发现了电梯存在安全隐患，也没有能力落实维修资金，并最终解决问题。

长期从事城市风险评估、研究城市运行安全的北京城市系统工程研究中心副主任朱伟也表示，电梯其实是一种相当安全的特种设备，事故发生率低于很多交通工具。然而，由于产权不清、资金不到位，或者责任不明乃至责任意识缺失等原因，许多电梯处于维护保养不足的状态，这就加速了电梯的老化，也更易引发电梯事故。

再比如，我国在电梯强制报废制度上有缺失。“虽然《中华人民共和国特种设备安全法》第四十八条规定，特种设备存在严重事故隐患，无改造、修理价值，或者达到安全技术规范规定的其他报废条件的，使用单位应当依法履行报废义务。但是报废的依据、标准并不明确。”

我们逐渐从乡村走进城市，从平房搬进楼房，从农耕社会进入工业社会、电气化时代还没有多长时间，公众对于机器设备这些“老虎”的厉害，还没有足够的重视。这就需要一些刚性的制度约束，去补足安全短板，相关职能部门面对全国 360 万台电梯这样一

札记

块安全监管的硬骨头，还需要落实责任主体，切实追究主体责任。

“在中国电梯行业，生产企业和维保分离，可能是导致这一事故发生的更深层次原因。”一位不愿透露姓名的券商分析师分析，在执行目前现行的法律法规的条件下，国家鼓励生产企业进行电梯等产品的维保，但实际上，维保业务大多由第三方执行，由此引发的资质及相关问题，更加容易滋生安全事故。

近年来，我国电梯保有量以每年20%的速度发展，高速发展的背后，维保行业“小、散、乱”的现象也备受从业者诟病。国内电梯维保行业鲜见大企业身影。尤其是电梯制造商中，除了前八大国内大品牌，其余均很少涉足维保业务。究其原因，电梯行业研究者表示，维保收入占国外电梯品牌营收一半以上的原因，一方面是由于国外用户普遍具有服务付费意识，维保行业较少有低价恶意竞争的情况；另一个很重要的原因是，发达国家的电梯建设程度已相对完善，在电梯制造商新业务增长乏力情况下，拓展售后维保服务自然成为它们的发展路径。

**课后思考：**

1. 城市公共安全暴露出哪些管理问题？

2. 查找思考国外电梯监管举措并对比，你觉得我国政府可以在电梯安全方面做出哪些改进？

# 第十五章　智慧城市建设：现代城乡融合发展之道

## 第一节　智慧城市概述

2008年爆发的金融危机孕育了以物联网为代表的新技术革命，而以物联网技术为核心的智慧城市理念则为城市未来发展提供了一种全新模式。在2008年全球性金融危机的影响下，IBM公司的首席执行官彭明盛于2009年1月，在一次美国工商业领袖圆桌会议上提出了"智慧地球"这一概念。智慧地球的理念对智慧城市概念的形成和发展起到了重要推动作用，智慧城市可以看作是"智慧地球"在城市层面的具体实践和体现，旨在运用相关技术手段，实现城市各系统间信息资源共享和业务协同，推动城市管理和服务智慧化。

党的十八大以来，借助5G、大数据、云计算、人工智能等新技术，智慧城市建设加快推进，数字化不断为城市治理赋能。习近平总书记在党的二十大报告中强调，"加强城市基础设施建设，打造宜居、韧性、智慧城市"。住建部2012年11月出台《关于开展国家智慧城市试点工作的通知》，决定开展国家智慧城市试点工作，在前期试点工作基础上，《"十四五"全国城市基础设施建设规划》提出，加快新型城市基础设施建设，推进城市智慧化转型发展。在新的发展阶段，通过数字化提升城市运行效能，不断破解城市治理中的实际问题，是提升城市治理水平的重要路径。

至今，中国智慧城市建设不断推进，在数量、规模方面已居全球首位，同时在推动智慧城市建设的融合化、协同化方面也处于世界领先地位。

札记

## 一、智慧城市的概念

### (一)智慧城市概念的发展

智慧城市的概念可划分为狭义和广义两种。狭义智慧城市强调城市发展的信息化过程，将其视为无线城市、数字城市和智能城市的延续。在智慧城市的起步阶段，无论是学术研究还是政府的实践行为，都将重点放在信息技术建设上，希望通过技术手段实现城市经济和政治效率的提升。可以说，这一阶段的智慧城市概念，大多是技术导向型，属于智能城市范畴，注重的是城市建设的硬实力。比如，IBM 将智慧城市定义为：可以充分利用所有今天可用的互联化信息，从而更好地理解和控制城市运营，并优化有限资源的使用情况的城市，认为其主要实现途径和特征是物联化、互联化和智能化，并将应用信息技术规划、设计、建造和经营城市基础架构所实现的生活质量和经济状况的改善程度来衡量一个城市是否智慧。此外，有两种驱动力使得智慧城市的雏形逐步形成：一是以互联网为首的信息技术，二是城市的区域创新系统。前者是科技创新层面的技术因素，后者是社会创新层面的技术经济因素。由此可以看出，创新在智慧城市发展中的驱动作用。

随着智慧城市的概念逐步发展，政府关注的焦点不再局限于硬件设施的建设，更注重城市建设的软实力。硬件设施建设是建设智慧城市的基础，但要想保证其可持续发展，离不开人文、教育和社会资本在其中的作用。信息技术手段在智慧城市建设中的作用，不应仅局限于提升政府、企业和其他组织提升其工作效率，更重要的是，它能为城市未来发展方向的民主讨论提供一种高效的教育和交流平台。这种交流平台可以帮助城市更有效地了解市民期望的智慧城市能为他们提供的服务，并将这种信息反馈整合到智慧城市建设的规划中。换句话说，这时的智慧城市概念已经演化为面向市场，注重的是城市建设的软实力。因此，广义智慧城市强调城市发展的全方位“智慧”状态，而不是将信息技术作为智慧城市的核心。

智慧城市应该是尽可能优化整合各种资源，让生活在其中的人可以心情愉快而不是压力重重，即适合人的全面发展的城市，是一种对理想城市的新思考，是一种超越技术狭义的思考；是运用综合技术解决城市

札记

发展问题的动态概念，而不是城市静态目标或者理想蓝图的宣言性描述；是使城市更加高效、安全、便捷、生态、可持续的综合状态，即面对城市问题的“更智慧的城市”；是一种应对城市化进程的状态，更智慧地应对转型和发展问题；其内核是城市化发展的质量导向，其形态是由精明的发展战略引领的空间有机体。总之，广义智慧城市不将信息化发展作为重点，而是从整体、综合的角度去思考城市发展的问题，认为智慧城市是为了实现城市更加协调发展和适合人生活的城市形态。

不论是广义的智慧城市还是狭义的智慧城市，它们对智慧城市的共同理解都强调将智慧城市视为利用信息技术等解决城市发展和转型问题的一种动态概念，不同理解之间只是就智慧城市的实现途径和建设内容侧重不同而已。因此，本书将智慧城市定义为：利用现代综合技术解决城乡发展问题以实现城乡经济、社会和环境更协调、更高效发展的一种思路和理念，特别是指利用新一代信息技术等解决城市发展问题的一种持续创新。

### (二)智慧城市相关概念解析

智慧城市概念是对数字城市、知识城市、生态城市、创造城市的一种整合。它囊括了数字城市的技术架构、知识城市的价值观、生态城市的宜居环境和创造城市的创造力，最终实现城市的永续发展。可以说，智慧城市是整合了数字城市、知识城市、生态城市、创造城市的城市功能并凌驾于之上的综合体，形成一种金字塔—星状结构(见图 15-1)。

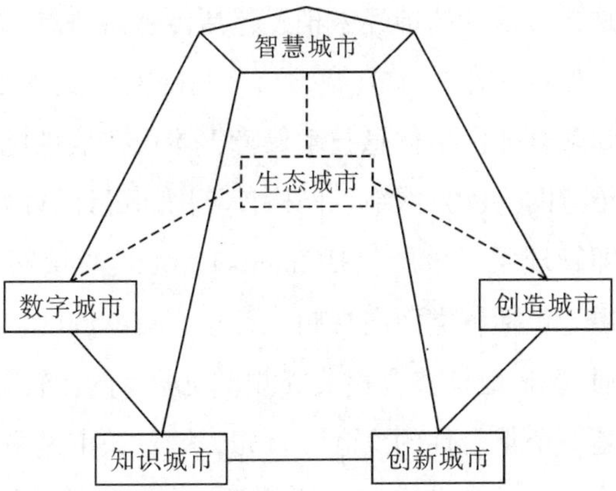


图 15-1　智慧城市及其相关概念

札记

## 二、智慧城市的特征与构成

根据智慧地球的特征，智慧城市应具备以下四个特征：第一，智慧城市包含物联网，实现全面感知。利用RFID、传感器、二维码等随时随地获取物体信息，实现可靠传递；通过各种电信网络与互联网的融合，将物体的信息实时准确的传递出去，实现智能处理；利用云计算，模糊识别等各种计算技术，对海量的数据和信息进行分析和处理，对物体实施智能化控制。第二，智慧城市宽带泛在的互联，各类宽带有线、无线网络技术的发展为城市中物与物、人与物、人与人的全面互联、互通、互动，为城市各类随时、随地、随需、随意应用提供了基础条件。宽带泛在网络作为智慧城市的"神经网络"，极大地增强了智慧城市作为自适应系统的信息获取、实时反馈、随时随地提供智能服务的能力。第三，智慧城市与物理城市融为一体。现代城市及其管理是一类开放的复杂的系统，新一代全面感知技术的应用更增加了城市的海量数据。集大成，成智慧。基于云计算，通过智能融合技术的应用实现对海量数据的存储、计算与分析，并引入综合集成法(综合集成研讨厅)，通过人的"智慧"参与，大大提升决策支持的能力。基于云计算平台的大成智慧工程将构成智慧城市的"大脑"。技术的融合与发展还将进一步推动"云"与"端"的结合，推动从个人通信、个人计算到个人制造的发展，推动实现智能融合、随时、随地、随需、随意的应用，进一步彰显个人的参与和用户的力量。第四，智慧城市能实现自主组网、自主维护。相应的，智慧城市的架构包含以下四个层次：一是遗失物联网设备层，即感知层。该层是智慧地球的神经末梢，包括传感器节点、射频标签、收集、个人电脑、加点、监控探头等。二是基础网络支撑层，即网络层。该层是泛在的和融合的网络信息技术保障，体现在信息化和工业化的融合，包括无线传感网、P2P网络、网格计算网、云计算网络。三是基础设施网络层，即管理层。该层包括Internet、无线局域网等移动通信网络。四是应用层。包括各类面向视频、音频、集群调度、数据采集的应用。智慧城市通过IP地址整合相关资源，使城市的运转更加智能化。

智慧城市是一个整合性的概念，首先，智慧城市是采用先进的信息通讯技术以解决现代城市发展存在的问题，由此将智慧城市分解为"感知、互联、职能的城市"，通过传感器、仪表、摄像头等获取环境的即时数据来进行分析、模拟的操作；其次，智慧城市也强调保护历史、培养社会资本、鼓励创新与社会学习、促进健康生活方式，政府为智慧城市提供应用平台、制度指出、方案提出等作用；最后，也是最被认可的观点是，智慧城市是智慧化手段与城市各种职能的结合，主要包括智慧经济、智慧人口、智慧治理、智慧移动、智慧环境和智慧生活六个方面的内容。

## 第二节　智慧城市的技术基础——城市大数据

### 一、城市大数据概述

#### (一)城市大数据的内涵

1. 基本定义

大数据与传统数据科学的差异主要在于：数据的异源和异构不能直接嵌入经典的数学空间、含有深层的隐藏信息以及不能直接与已获得的经验数据联系和融合，这正是大数据的挑战性所在。从现有的众多大数据定义来看，大数据不仅包括数据本身，同时还包括大数据处理技术，甚至包括大数据引发的人类思维模式、行为模式和商业模式变革。城市为人类提供生产、繁衍、经济发展、社会交往和文化享受四大类职能，随着人类社会的不断发展进步，人、机、物三元世界在这4个方面实现了高度融合，引发了数据规模的爆炸式增长，同时带来数据模式的高度复杂化，城市开始进入大数据时代。通过对整个城市，甚至跨城市的数据进行采集、处理、分析、重构、挖掘和利用，能促进人与社会、人与自然更加协调发展，推动城市经济社会安全、高效、绿色、和谐和智能发展。

用简单、易于理解的公式可以表达为：城市大数据=城市数据+大数据技术+物联网+城市职能。

2. 概念边界

根据数据的来源，大数据可以初略地分成两大类：一类来自物理世界，另一类来自人类社会。前者主要是指为科学技术研究进行的科学实验产生的数据，称为科技大数据。后者与人类活动有关，又可分为两大类数据：一类与互联网有关，网络上千千万万的人通过操作网页以及与

札记

网络相连的各类机器设备随机产生的数据，称为网络大数据；另一类是指与城市四大职能密切相关的政府、企事业单位、个人和各类城市设施设备等主客体所产生的动态和静态数据，称为城市大数据。

城市大数据与科技大数据和网络大数据的数据源界限相对清晰，但同时又存在一定重叠性和相关性：与科技大数据在产业发展领域存在一定重叠性，与网络大数据在电商和社交媒体领域存在一定重叠性。城市大数据的发展，不仅要融合网络大数据，还要借鉴并采用网络大数据和科技大数据领域取得的成功理论和科技成果。

### (二)城市大数据的分类

城市大数据描述了城市中多样元素的实时状态，包括建筑、街道、管道、环境、企业、金融、贸易、产业、市场、文化、教育、交通、公共秩序等。因为数据量大、涵盖面广，在进行城市大数据研究过程中，往往对城市大数据从城市功能供给侧、市政服务需求侧以及城市大数据产生原因进行分类。城市大数据分为城市传感数据、用户生成数据、政府管理数据、私人单元数据、媒体资料数据以及混合关联数据六大类。

单纯从大数据存在的形态看，可以分成两类：一类是结构化数据，指存储在数据库里，可以用二维表结构来逻辑表达实现的数据，如关系型数据和电子表格数据，结构化数据属于传统的数据技术；另一类是非结构化数据，即不能以二维表的形式来反映的数据，包括所有格式的办公文档、文本、图片、XML、HTML、各类报表、图像和音频/视频信息，等等，需要进行加工整理才能使用。随着互联网应用的进一步发展和物联网的启用，非结构化数据所占比重将会进一步增大。从结构化数据到非结构化数据的推进，代表着可供挖掘的数据在大幅增加。如何管理非结构化数据，把“数据坟墓”变成“数据金矿”是我们面临的一项新的挑战。

从数据产生主体的角度来看，目前大致可以将可应用的大数据归为行政记录数据、商业记录数据、互联网(包括搜索引擎)数据三大类。

1. 行政记录数据

行政记录数据是政府部门在行使其行政管理职能过程中，通过审批、注册登记等记录的大量信息数据。具体包括：(1)个人信息记录数据，包括户籍、卫生医疗保障、教育、就业方面的登记等。(2)单位信息记录数据，包括对企业、事业和机关等单位的注册登记记录，上述数据记录主要由工商、税务、民政和编办等管理部门产生并管理。(3)自然和资源记录数据，包括气象、地震、土地、矿产资源、环境资源等信息，主要由国土资源、环境保护、气象、地震、海洋、测绘等部门产生并管理。(4)其他管理记录数据，包括知识产权申报、进出口报关登记、出入境登记记录、资质评定、传感器记录，等等，也由相关的知识产权、海关及资质评定等部门产生并管理。

2. 商业记录数据

商业记录数据是企业对其生产经营管理过程及商业交易数据的记录。具体包括：(1)电子商务交易数据，主要包括网上交易的价格数据、交易量数据、交易过程数据等，是由电子商务企业在其交易过程中产生的大量数据。(2)企业生产经营管理数据，包括企业对其生产中涉及的人、财、物及生产过程的管理数据。(3)是企业通过企业本身的管理系统，采用信息化手段管理生产经营活动而形成的基础数据。信息咨询报告数据，包括专业数据资讯公司和中介咨询机构等，通过商业手段收集大量的宏观和微观数据，并据此对经济形势、行业发展状况做出评估，为用户提供分析报告或相关数据信息。

3. 互联网数据

互联网每天都产生大量数据信息，如新浪、搜狐、网易等网站每天有大量用户浏览信息；百度、谷歌等搜索引擎为用户检索出大量需要浏览的内容，并实时记录下关键词的搜索密度。互联网(包括搜索引擎)数据主要有：(1)社交网数据，包括用户在社交网络平台的发帖、参与数据。(2)媒体数据，包括新闻媒体、广播、电视每天播放的信息报道、专访，报刊登载的新闻报道等内容。(3)搜索引擎数据。搜索引擎网站为用户提供查询、检索各种信息的服务，还可以进行关键字搜索，其记录结果可以反映对某类问题的关注程度。

### (三)城市大数据的支撑技术

1. 数字城市技术

数字城市是一个无缝的覆盖整个城市的信息模型，把分散在城市各处的各类信息按城市的地理坐标组织起来，既能体现出城市中各种信息(自然、人文、社会等)的内在的有机联系，又便于按地理坐标进行检索和利用。将基础地理数据、正射影像数据、街景影像数据、全景影像数

札记

据、三维模型数据、专题数据等各类数据按照地理位置在数字城市里进行整合，通过面向服务的架构，把各类空间和属性数据通过网络服务发布并提供给用户。各类用户通过网络注册共享自己的信息，并以服务的形式在数字城市地理空间框架平台上进行发布，政府、行业和公众等各类用户都通过网络方便地获取交通、旅游、医疗、教育、应急等相关服务。

2. 物联网技术

通过射频识别、红外感应器、全球定位系统、激光扫描器等信息传感设备，按约定的协议把任何物品与互联网连接起来进行信息交换和通信，以实现智能化识别、定位、跟踪、监控和管理的一种网络。具体地说，就是把感应器嵌入和装备到电网、铁路、桥梁、隧道、公路、建筑、供水系统、大坝、油气管道等各种物体中，并且被普遍连接，形成物联网。物联网实现了人与人、人与机器、机器与机器的互联互通。世界无线研究论坛曾预测，未来世界是无所不在的物联网世界，到 2017 年，将有 7 万亿传感器为地球上的 70 亿人口提供服务。这些传感器通过各类有线和无线网络为用户提供固定、游牧和移动式无所不在的应用和服务。

3. 云计算技术

云计算是一种基于互联网的大众参与的计算模式，其计算资源(包括计算能力、存储能力、交互能力等)是动态、可伸缩、被虚拟化的，而且以服务的方式提供。云计算是一种基于互联网模式的计算，是分布式计算和网格计算的进一步延伸和发展。云计算支撑信息服务社会化、集约化和专业化的云计算中心通过软件的重用和柔性重组进行服务流程的优化与重构，提高利用率。云计算促进了软件之间的资源聚合、信息共享和协同工作，形成面向服务的计算。云计算能够快速处理全球的海量数据，并同时向上千万的用户提供服务。

## 二、城市大数据的服务与治理

### (一)城市大数据的服务

城市大数据服务架构是指为实现城市智能化、可持续健康发展，由城市大数据一体化基础支撑体系、城市大数据应用体系、城市大数据产业体系、城市大数据指数体系和体制机制保障措施构成的服务架构，如图 15-1 所示。

札记

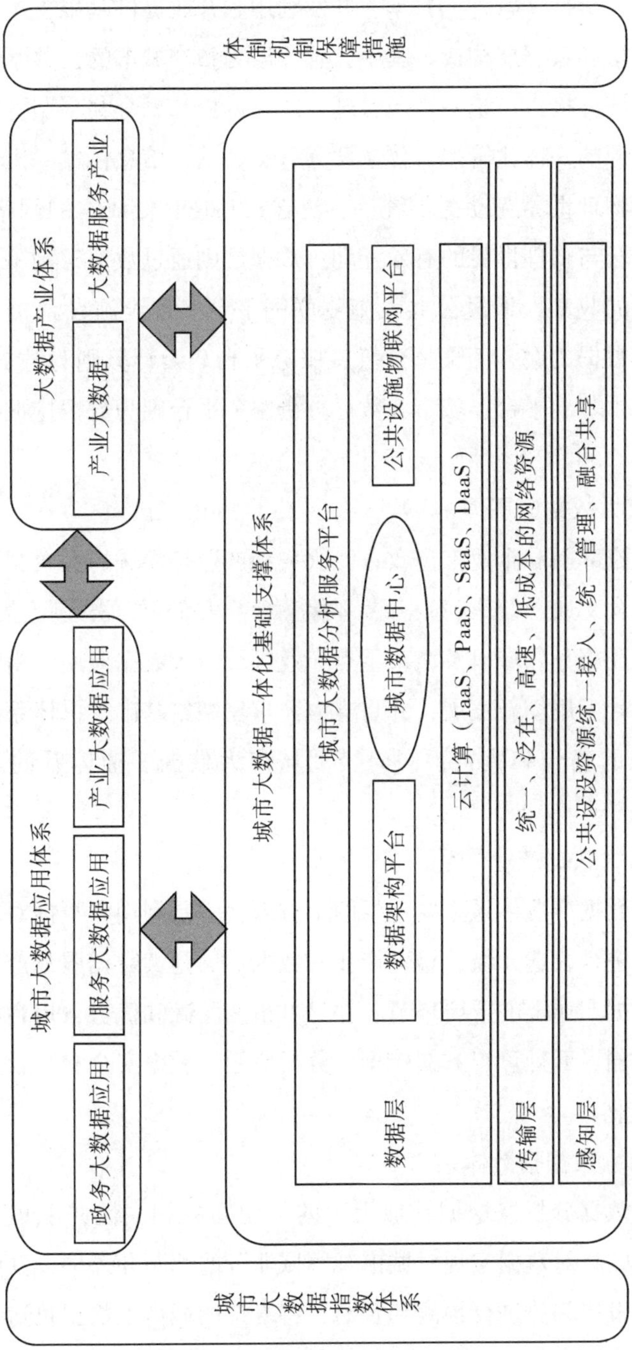


图15-1　城市大数据的服务结构图示

札记

1. 城市大数据一体化基础支撑体系

城市大数据一体化基础支撑体系是城市大数据发展的基础，为城市大数据采集、交换、融合、共享、开发利用和开放提供基础支撑，由感知层、传输层和数据层构成。其中，感知层为整个城市的公共基础设施和设备提供统一接入、统一资源管理、统一调控和融合共享服务，实现全市物理资源的一体化管控；传输层为各类数据、信息传输、人类社会自身以及与物理世界互动提供统一、泛在、高速、低成本的网络资源，促进人类社会与物理世界的有效互动；数据层则通过数据架构平台实现管理类数据的收集，通过公共设施物联网平台实现设施设备类数据采集，为全市数据的融合汇聚搭建公共服务平台。云计算则为数据存储、数据处理提供基础平台。城市大数据分析服务平台则为数据挖掘提供基础支撑。

2. 城市大数据应用体系

引导政府部门和企业推进政务、服务和产业等领域的大数据应用创新，构建包含交通、健康、教育、环保、食品安全、经济运行监测等公共领域、商业服务领域以及城市重点产业领域的大数据应用，由大数据指数体系引导应用创新发展，并将支撑需求反馈给基础支撑体系，以实现基础设施的建设和完善，同时带动城市大数据产业体系的建设与发展。

3. 城市大数据产业体系

城市大数据产业体系主要包括两个方面：一是利用大数据对城市现有优势产业进行改造升级，培育产业大数据；二是大数据服务产业，重点围绕大数据产业链的重要环节，立足城市的基础和优势，培育数据采集、数据传输、云计算、数据挖掘、分析应用、数据安全和综合解决方案服务等产业。

4. 城市大数据指数体系

基于大数据分析，挖掘看似无关的知识间的相关性并汇集成新知识，以量化的相对数据实现对城市某领域业务的诊断和评估，并根据历史轨迹对其发展趋势进行预测和判断，将复杂的城市大数据再造为具有宏观、实时、历史和公众价值的城市大数据指数体系，使之成为指导部门业务发展的“指南针”和反映城市经济与社会发展的“晴雨表”，引导城市大数据应用体系建设和产业发展布局规划。

札记

5. 体制机制保障措施

成立城市大数据发展领导机构，建立城市跨部门、跨行业的大数据战略实施协同推进机制和措施；制定数据交易、数据共享、数据流动、数据开放办法，创新数据管理模式，推动数据应用和开发；建设城市大数据运维保障体系，建立数据开放、共享的安全使用机制、安全管理技术和管理措施，确保城市大数据项目高效、持续运行。

## (二)城市大数据的服务创新

城市大数据的服务创新可以通过以下途径实现：

(1)使用城市大数据技术从解决问题的角度进行服务创新。大数据技术提供了一种分析问题、解决问题的思路。当城市在发展的过程中遇到问题，但通过一些尝试无法解决时，可以考虑采用大数据技术进行系统全面细致的分析，找到问题的症结，对症下药解决问题，在解决问题的过程中获得基于大数据创新。

(2)使用城市大数据技术从整合数据的角度进行服务创新。大数据技术的宗旨是从多个数据源海量、多样的数据中快速获得有价值的信息。通过引入、研发数据挖掘、分析工具，加强数据资源的整合，为城市提供高质量的信息服务。在整合城市数据时，不仅要重视结构化数据的采集，还要重视非结构化数据的采集、分析管理与服务。非结构化的数据(图片、声音、视频、地理位置信息等)已经成为数字资源的主体，占数据总量的80%以上。通过整合进行大数据服务创新机遇较多，较容易成功。

(3)使用城市大数据技术从深入洞察的角度进行服务创新。商业或经济领域的触角一般来说是最灵敏的，通过城市大数据可以深入洞察城市商业产生的微妙变化。通过深入洞察还能找到特色资源，从新的视角来看待大数据，利用大数据挖掘个性化服务价值。大数据环境下，居民生成内容体现了居民的行为特征，加强居民数据的研究和交互数据的利用，服务创新应以居民需求为中心，基于对居民行为数据的分析，针对不同居民的特点和需求，提供满足城市居民需求的服务，提升个性化服务的水平，如开展跟踪服务、精准服务、知识关联服务、宣传推广服务等。大数据时代，最大的服务创新就在于，通过大数据分析来解读大脑无法处理的关系，大数据相对理性的分析结合大脑感性的思维方式，人

札记

们在决策和判断时，会得出性价比更高的结论。

(4)从城市纯大数据技术的角度进行服务创新。信息爆炸时代，大数据普遍存在，需要的是对信息更明晰的呈现、更准确的分析和更深层的解读。如趋势预测性服务、数据驱动型服务、数据呈现服务、分析与解读能力服务。城市数据呈现的服务创新是将数值型和文本型的信息形象化、可视化的一种方式，主要表现为呈现数据、提示要点、图解过程、梳理进程、揭示关系、展现情况、整合内容、表达意见、分析解读等，现市面上已经有不少公司提供数据呈现服务与工具。

### (三)城市大数据的治理

1. 城市大数据质量方面的治理

城市大数据质量管理必须与相关质量岗位、角色纳入到有关组织架构中，明确责权利，保证高效、有效地完成质量管理的任务和工作。其主要内容包括：

(1)定义、管理和改进大数据质量管理的人力资源；

(2)建立和维护组织内员工的大数据质量管理意识；

(3)授权组织内员工承担大数据质量管理责任。

2. 城市大数据安全方面的治理

城市大数据的安全管理是实现大数据安全的核心工作，主要的安全对策包括以下几个方面：

(1)加强大数据建立和使用的审批管理。

通过大数据资源规划评审，实现大数据平台建设由“面向过程”到“面向数据”的转变，从数据层面建立较为完整的大数据模型，面向不同平台的业务特点、数据特点、网络特点，建立统一的元数据管理和主数据管理机制。在数据应用上，按照“一数一源，一源多用”的原则，实现大数据管理的集中化、标准化、安全化。

(2)实现大数据的生命周期管理。

依据数据的价值与应用的性质将数据划分为在线数据、近线数据、历史数据、归档数据、销毁数据等。依据数据的价值，分别制定相应的安全管理策略，有针对性地使用和保护不同级别的数据，并建立配套的管理制度，解决大数据管理策略单一所带来的安全防护措施不匹配、存储空间性能瓶颈等问题。

札记

(3)建立集中日志分析、审计机制。

汇总收集数据访问操作日志和基础数据库数据手工维护操作日志，实现对大数据使用安全记录的监控和查询统计，建立数据使用安全审计规则库。依据审计规则对选定范围的日志进行审计检查，记录审计结论，输出风险日志清单，生成审计报告。实现数据使用安全的自动审计和人工审计。

3. 完善大数据的动态安全监控机制

对大数据平台的运行状态数据，如内存数据、进程等的安全监控与检测，保证计算系统健康运行。从操作系统层次看，包括内存、磁盘以及网络数据的全面监控检测。从应用层次看，包括对进程、文件以及网络连接的安全监控。建立有效的动态数据细粒度安全监控和分析机制，满足对大数据分布式可靠运行的实时监控需求。

### (四)城市大数据管理机关

依靠大数据提升地方政府治理能力受到各级政府关注。为了整合数据资源，统筹大数据相关工作，推进大数据管理机构成为承担我国政府数据治理任务的专职机构。2014 年，广东省建立了隶属于经信委的大数据管理局，这是中国首个省级政府大数据管理机关。2015 年，国务院印发《促进大数据发展行动纲要》，首次从国家层面对大数据发展进行顶层设计，之后一些省市开始建立地方大数据管理机构，贵州、浙江在这一时期建立了大数据管理机构，除此之外，沈阳、武汉、厦门等地级市政府也先后成立市级政府数据管理机构。2018 年中国开始第八次机构改革，根据《深化党和国家机构改革方案》对政府职能在逻辑层面突出“职责归类”，在内容层面强化“统筹协同”，在结构层面明确“府际差异”，因此大数据管理机构批量建立，至 2020 年年底，全国 31 个省级行政区中已有 21 个省级大数据管理机构相继建立。

各地大数据管理机构的建立，破除了原来数据分散、各个机构数据共享困难、数据孤岛现象严重的问题，实现了数据的整合；改善了传统政务流程分散、资源集约化程度不高，各自为政现象突出的问题，提升了行政效率；挖掘了数据的价值，保障城市大数据安全。

札记

### （五）城市大数据治理法规

城市大数据的治理法规主要包含两个方向：一是从城市大数据的整体发展出发，制定相关条例以加强数据安全保护和监督管理；另一方面则是从防范个人隐私被侵犯的角度出发制定对个人信息保护的法律法规。

截至目前，全国共有天津、安徽、山东、海南、贵州等9个省市出台了与“数据发展”相关的条例（包含大数据条例和数据条例等）。2016年，贵州省出台了中国首部大数据地方法规——《贵州省大数据应用发展促进条例》，此后又先后发布了《贵州省大数据安全保障条例》、《贵州省政府数据共享开放条例》，对数据采集、数据共享、数据安全等基本问题作出规范性、明确性规定，通过地方立法紧扣贵州省大数据发展应用等现实需求和趋势。对数据采集、数据共享开发、数据权属、数据交易、数据安全以及“云上贵州”等基本问题作出了宣示性、原则性、概括性和指引性规定，将大数据产业发展纳入了法制轨道。2022年1月实行的《深圳经济特区数据条例》是国内领域首部基础性、综合性立法，该条例专门规定数据处理者不得以自然人不同意处理个人数据为由拒绝向其提供核心功能或者服务，条例还对处理生物识别数据、未成年人个人数据、市场主体获取数据等进行了更详细的规定。

在个人信息保护方面，2013年2月1日，我国首个个人信息保护的国家标准——《信息安全技术公共及商用服务信息系统个人信息保护指南》正式实施，规定了个人敏感信息在收集和利用之前，必须首先获得个人信息主体明确授权。2021年11月，《个人信息保护法》正式实施，作为我国首部个人信息保护方面的专门法律，填补了公民个人信息保护缺少法律约束的局面。该法律明确处理个人信息应当遵循合法、正当、必要和诚信原则，规定个人信息处理者不得以个人不同意为由拒绝提供产品或服务，要求公共场所图像采集只能用于维护公共安全，对“大数据杀熟”作出专门规范并对处理敏感个人信息作出严格限制，并通过加大处罚力度、提高罚款上限来严格法律责任。

札记

## 三、城市大数据的发展

### (一) 大数据管理的资源化

在城市数据技术的应用发展下，我国已经实现了数据应用的高速性转变，在城市大数据技术的发展趋势转变中，其技术的应用已经呈现出资源化发展趋势，也就是说在数据技术的应用中，已经实现了数据技术的产业型发展，只有这样才能保障在大数据技术的应用下，为城市的发展提供良好的数据性支撑。同时在城市大数据技术的发展中，还应该将其数据应用按照不同类型的数据应用集进行整合发展，这样才能全面提升数据技术应用的性能。保障最终的数据应用效果。而要想达到这种数据应用效果，就必须要加强对数据技术应用的资源化构建，只有确保了资源化构建，才能够满足城市大数据的应用。

### (二) 大数据管理的科技交叉化

城市大数据在其技术的应用中，不仅体现在传统的数据技术应用中，还表现在数据的学科交叉上，比如智慧云、云计算、物联网等一系列的数据应用处理技术，在当前的城市发展中，都应该对数据的应用进行专门性的分析，保障在数据的应用分析下，能够实现城市的数据技术应用效率提升。同时在未来的城市大数据技术应用发展中，其数据技术应用的信息化及学科化发展也将越来越明显，只有掌握好数据技术应用转换的学科性发展趋势研究，这样才能保障城市大数据技术应用效果。

### (三) 大数据管理的以人为本

以人为本的目标导向就是需求导向，城市大数据的发展方向，应该集中在城市数据的价值体现上，这包括城市大数据之间的互联互通和流通融合。此外，城市数据质量和隐私保护也是目前城市大数据管理面临的难题，应在顶层设计层面出台相关的政策、法规予以规定和保护。实现城市大数据管理技术创新与“以人为本”服务理念的深度融合显得尤为重要，利用城市大数据技术重塑商业和社会价值，包括制造、流通、医疗、教育、交通、安防等领域业务流程创新和数据的整合管理。同时，利用城市大数据提升信息查询、内容分发、移动支付等应用体验，

札记

帮助居民能享用最大化数据的价值。

(四)数据管理的可视化

在大数据时代，数据量庞大而且非常繁琐，要想发现数据中包含的信息或知识，数据可视化是最有效的途径。数据可视化是关于数据之视觉表现形式的研究整合，其中，这种视觉的表现形式被定义为一种以某种概要形式抽取出来的信息。城市大数据管理的应用领域可以集中在数据采集、数据分析、数据治理、数据管理和数据挖掘等方面。

## 第三节 智慧城市建设的内容

智慧城市包括新一代城市信息基础设施、智慧政府、智慧经济、智慧社会、智慧城市发展环境五大部分。与智慧城市密切相关的关键技术是物联网、云计算、移动互联网、大数据等新一代信息技术以及新一代地理信息系统。众所周知，城市包括政治、经济、社会三个主要方面。相应地，智慧政府、智慧经济、智慧社会是智慧城市的三大领域。

### 一、智慧政务

(一)智慧政务的概念

智慧政务这一观点由电子政务(又称政府信息化)发展而来，是电子政务发展的高级阶段，其实质是将信息高效处置机制引入公共部门政务流程，进而实现政务透明化、科学化与智能化。智慧城市建设的主要目标是“公共服务更加普惠、社会管理更加高效、产业体系更加优化”，智慧政务是智慧城市建设的基础和核心。智慧政务的建设内容主要包括政务云基础设施统一管理调度、信息资源整合与共享、业务集成与协同、智慧应用及服务、基于大数据处理的智慧决策以及安全保障体系等。智慧政务应在电子政务的基础之上，解决大范围的整合多部门信息资源、集成多种业务系统功能，提供按需动态组合的智慧服务。其关键技术是异构信息资源的深度整合、异构系统之间的动态协同等，而现有的基于中间件的集成方法已无法完全解决这些问题。对面向服务架构和服务技术进行扩充，使其具有数据和功能的形式化描述、语义自识别、语义符合性组合等特点，对于智慧政务建设具有广泛的实用价值和理论价值。

从1993年年底国家启动的电子政务的“三金工程”以来，经过20多年的发展，目前中国基本实现了政务电子化的全覆盖。电子政务的迅速发展，极大降低了社会的治理成本，改变了政府治理的方式，推进了决策科学化和民主化的进程。在信息技术持续发展和社会治理不断精细化的新形势下，中国于2013年开始启动智慧城市建设，目前已公布三批共290个智慧城市的试点名单。可以预见，智慧城市建设的步伐会越来越快，《国家智慧城市试点暂行管理办法》和《国家智慧城市(区、镇)试点指标体系(试行)》两个文件的印发，将对创新驱动发展，推动新型城镇化建设和全面建成小康社会等起强大的促进作用。智慧城市和小康社会的建设，对社会治理的方式提出了新的要求，政务管理方式需要顺应时代的要求而进行变革，建设与城市和社会发展相协调的社会治理模式是进行智慧城市建设的必备条件。

### (二)智慧政务建设的特点

智慧政务系统自下而上有五层架构，分别为感知层、网络层、支撑服务层、应用层和展示层。感知层处于智慧政务系统的最底层，它由大量散布于城市中的各种传感器所组成，主要起“感知”社会的作用，相当于整个系统的输入部分；而展示层则是直接面向于社会公民，它是各类公共服务应用的实体展示，相当于系统的输出部分；中间的三个层级则是起连接和保障整个系统运行的作用。在新的社会形势下，通过信息技术手段，建设数字化、智能化政府是贯彻和落实国家信息化发展战略，提升政府执政能力，构建和谐社会的重要举措。智慧政务系统的架构需要切实符合现代社会的政务需求新特点。服务领域和服务对象的多样化，对以政府为主支配着的治理和服务模式进行了肢解。过去那种以政府为中心式的技术运用格局将被完全颠覆，新技术的运用将主要由社会内部来驱动，社会治理将由政府主导模式向政府与社会信息互相沟通，政府与公民、企业、非政府组织等治理主体间共同协商转变，政府与社会的融合将更加紧密。这促使社会治理由政府职能驱动转向社会公民驱动，由政府目标主导到社会需求主导。因此，利用大数据将散落于

札记

城市的信息集合起来建设数字城市、智慧政府是未来社会治理的主要方向。

### (三)智慧政务建设的意义

1. 明确政府职能，促进政务服务多元化

基于技术运用和创新的视角，智慧政务是以提供完善的政府服务为中心，以社会治理的精细化为导向，以大数据和互联网为技术支撑的一种高级社会治理模式。智慧政务的建设离不开技术的发展和创新。

智慧政务的建设，使权力清单变得可视，不仅提高了政府的透明度，明确了政务部门的职能，使职能部门的分工更加科学和合理，改变了政府职能模糊不清的现象，而且可以及时发现并纠正职能部门设置中存在的问题，精简职能机构和人员，加强政府的自我管理，提高政务运行效率。后现代化的信息社会，人们的生活和需求将是碎片化的，这就使得人们之间所谓的“共同利益”难以存在，公共需求所具有的“公共性”逐渐丧失，基于共同利益的公共服务需求会越来越少。而且人们对于公共服务的提供渠道有着不同的偏好，对公共服务的响应速度的要求也越来越高，所以以往“一刀切”的公共服务方式将不再适应时代的需要。人们将不再满足于政府提供的一般大众化服务，更具个性化和多元化的政府服务需求将成为主流，进而，政务服务也需要变得更加灵活化和多元化。同时，更具动态和灵活的政务监督，也会促进智慧政务的健康发展，形成一种社会治理的良性循环。

2. 对政务全面、客观和多元化的监督

全面有效的政务监督一直是政府治理的关键问题，及时客观的公共服务评价是政府治理进步的有效动力。在一个健全的民主社会中，政务监督是必不可少的。公民对政务自下而上的监督，理应是监督的主体。随着移动互联网和大数据的发展，使去身份化的社交变得可能，进而公民产生以自我为中心的公共服务需求，这也是微博、微信公众号等社会化媒体能够兴盛的主要原因。发达的“公民媒体”使得公共服务的反馈与监督途径也将变得更加分散和多元化。公民参与政务建设的机会和热情也会不断提高，社会治理向更具包容性和无边界性的“泛在化服务”转变，个人利益与社会利益紧密融合，从而达到治理的“以人为本”。公共服务的全面且更具有针对性，反馈监督通道的及时性和多元化，使得政府在社会治理中更加尊重公民个人权利的主体性，达到社会治理的协商民主。

3. 加速政府职能的转变

现代化的进程实际上是从传统社会向现代社会的过渡，现代社会的国家治理普遍淡化统治，突出管理和服务职能，寓统治于管理和服务之中。智慧政务的建设，将公共服务的供给与选择关系，转变为需求与回应以及主体间的互动关系。公民及各种小型社会组织利用智能政务平台形成集体智慧，以自组织的形式实现自我管理和服务，达到自治与共同治理的紧密结合，进而使服务的提供方与需求方实现动态无缝对接，碎片化的政务需求将得到极大满足。随着信息技术尤其是移动互联网的发展，个体之间的交往早已不再局限于以往的面对面形式，而更多地通过便捷的各类通信工具来完成。在日常生活中，公民可以随时随地发布其公共服务的需求，而其服务需求也将会从各种渠道多元化地得到满足，即政务服务不再是唯一的公共服务提供者，个体的公共服务需求也将更多地被各类自治组织给予合理解决，只有当需求超越各类自治组织的自治能力时，才会向更高层次的相应政务部门寻求满足。此时，社会的自治能力将得到最大限度的发挥，政府将在形式上变得最小而在服务上却又无所不在；政府管理也将由管理者向服务者的角色转变。

### （四）推动智慧政务良性发展的对策

针对上述智慧政务建设中普遍存在的问题，要着眼全局，制定相应的规划细则，以完善政务服务建设为中心，加强技术创新和整合的能力，加快服务理念的转变，统筹规划，努力实现智慧政务建设的良性发展。

1. 完善制度保障机制，做好顶层规划设计

智慧政务建设不是一蹴而就的，而是有着详细的实施步骤。政务职能部门应根据当地的发展状况逐步推进智慧政务的建设，建立长远的发展规划和制度保障机制，完善建设和服务的内容，理清各个职能部门的职责，精简多余的机构和人员，避免权力的交叉和重叠，落实各部门负责的业务范畴，优先规范基础性和与公民紧密相关的智慧政务系统的建设。首先，要注重顶层规划设计，以人为本。通过自下而上的“倒逼”使社会治理方式进行变革的形式已经不能适应现代信息社会的需要，社

札记

会治理的方式理应向积极主动转变。所谓顶层规划设计，就是政府为了适应社会变化而进行的主动变革。顶层规划设计的战略性作用，将为智慧政务建设指明方向。同时，在做顶层规划设计时，不能忽略人的重要性。以人为中心是智慧政务建设的主题，完善且具有个性的公共服务是服务型政府的核心职能之一。因此，智慧政务的建设应以人为本，不断创新，努力加强社会治理的广度和深度，提升政府的公共服务能力。其次，明确和细化各个职能部门的具体职责，加强资源整合，提高跨部门合作的能力。智慧政务要求政务部门间的职责不仅要明确和细化，而且要求在遇到突发的社会事件时，各个职能部门可以进行有效的资源整合和信息共享，实现跨部门的合作治理。其中，体制机制与法律制度的创新必不可少，职能部门之间的条块壁垒需要信息技术来打破和融合，信息资源的配置和应用需要加强，公民公共服务需求信息的挖掘能力也需要进一步提高。最后，政务信息要安全公开。政务公开是推进政府治理民主化进程的重要措施，同时国家秘密和公民隐私的保护也是国家安全的重要内容。恰当地处理好透明与秘密之间的边界，关键在于信息公开的制度化建设。通过健全制度与法规，妥善确立政务信息公开与国家秘密安全之间的关系，完善信息审查制度，坚定不移地推进政务信息公开机制的建设。

2. 加强公民监督，杜绝“面子工程”

智慧政务的特点就是高效、透明和可定制。透明的政务权力清单和政绩考察方式，可以鼓励公民参与监督和建设的积极性，让权力在阳光下运行，使智慧政务的建设落到实处，杜绝“面子工程”的大量存在。顶层规划的确立与加强自下而上的公民监督之间并不矛盾。智慧政务系统依托于云计算技术，可以便捷地对数据进行处理和反馈。智慧政务能够对治理的社会资源和国家资源进行整合，唤醒群众的公民意识，扩大公民依法参与社会治理的范围和渠道，有助于强化公民对政务职能部门的监督。政务信息可以自由流通于公民与政府之间，政务部门可以实时获取公民需求和监督信息，促使政务工作信息的透明化与可监督化，限制了政府的权力，真正做到为人民服务。

3. 加快政府治理思维的转变

智慧政务的核心是治理方式的转变，其根本在于政务人员思维方式的转变。在中国共产党第十八次全国代表大会的报告中首次提出了“法治思维”的概念。这表明了执政党全面落实依法治国的坚定信念，也是一次执政思维的坚决转型。官本位思想在中国历史上长期存在，使领导干部彻底摒弃“管人”的思维，培养服务意识，向依法执政彻底转变还需要一些时间来完成。社会矛盾的激化一定程度上与这种思想有关联，因此对领导干部法治思维的培养就显得相当紧迫和重要。在当前社会矛盾凸显和社会治理模式相对落后的现状下，执政者的思维转变就显得相当关键。让法治成为广大公民和执政者的信仰，把服务意识融入社会治理的各个方面，推动智慧政务的建设，更好地适应新时代的公民政务需求，提供完善且更具弹性的公共服务，是建设中国特色社会主义和谐社会的必由之路。

## 二、智慧交通管理

智慧交通的整体框架主要包括感知数据层、整合集成平台和分析预测及优化管理的应用。感知数据层主要是对交通状况及流量的感知采集；整合集成平台将各感知终端的信息进行整合、转换处理，以支撑分析预警与优化管理的应用系统建设；分析预测及优化管理应用主要包括交通规划、交通监控、智能诱导、智能停车应用系统。将智慧城市理念应用到城市交通管理中，交通部门可以通过摄像头、传感器、通信系统、导航系统等对整个交通系统等进行实时监控，掌握交通流量和道路使用状况，提供综合的实时信息服务，并对交通流量进行预测和智能判断，为城市大动脉的良性运转提供科学的决策依据和管理服务工具。

针对城市交通现状及所存在的问题，从解决现实问题和前瞻性的角度出发，智慧交通的主要内容包括：智能停车与诱导系统、电子收费系统、智能交通监控与管理系统、智能公交系统和综合信息平台与服务系统。

### (一)智能停车与诱导系统

智能停车与诱导系统可提高驾驶员的停车效率，减少因停车难而导致的交通拥堵、能源消耗的问题。主要包括两方面内容：一是对出行市民发布相关停车场、停车位、停车路线指引的信息，引导驾驶员抵达指定的停车区域；二是停车的电子化管理，实现停车位的预定、识别、自动计时收费等。

札记

(二)电子不停车收费系统

电子不停车收费系统的特点是不停车、无人操作和无现金交易。主要包括两部分内容：一是车辆的电子车牌系统，它是车辆的唯一识别码，存储了车辆的相关信息，实时与收费站的控制设备进行通信；另一部分是后台计费系统，由管理中心与银行组成，包括收费专营公司、结算中心和客户服务中心等，后台根据收到的数据文件在公路收费专营公司和用户之间进行交易和结算。

(三)智能交通监控与管理系统

利用地磁感应与多媒体技术将各道路的车流量情况进行实时采集与整理，实时监控各交通路段的车辆信息与数据，同时自动监测车辆的车重、轴距、轴重等信息，对违规车辆进行自动拍照与录制视频的方式辅助执法。

(四)智能公交系统

智能公交系统通过对域内公交车进行统一组织和调度，提供公交车辆的定位、线路跟踪、到站预测、电子站牌信息发布、油耗管理等功能，以及公交线路的调配和服务能力，实现区域人员集中管理、车辆集中停放、计划统一编制、调度统一指挥，人力和运力资源在更大范围内的动态优化和配置，降低公交运营成本，提高调度应变能力和乘客服务水平。

(五)综合信息平台与服务系统

综合信息平台与服务系统是智能公交系统的重要支撑，是连接其他系统的枢纽，将交通感知数据进行全面的采集、梳理、储存、处理、分析，为管理和决策提供必要的支撑依据，同时将综合处理的信息以多种渠道及时发布给出行市民。

## 三、智慧医疗管理

(一)智慧医疗概念

智慧医疗是指运用新一代物联网、云计算等信息技术，通过感知化、物联化、智能化的方式，将与医疗卫生建设相关的物理、信息、社会和商业基础设施连接起来，并智能地响应医疗卫生生态圈内的需求。智慧医疗将以更透彻的感应、更全面的互联互通和更智能的洞察，实现相关“事物”的自我管理、选择和优化，使人们获得日趋个性化的医疗卫生服务体验。

“智慧医疗”这一概念并不是凭空产生，而是在生命科学和信息技术的迅速发展的基础上，随着“智慧地球”的提出而出现的。2009 年，IBM 总裁兼首席执行官彭明盛首次提出“智慧地球”这一理念，即指利用物联网技术建立相关物体之间的特殊联系，利用计算机将其信息予以整合以实现现实世界与物理世界的融合。IBM 还针对智慧地球在中国的应用，提出了包括智慧电力、智慧医疗、智慧城市、智慧交通、智慧供应链和智慧银行在内的六大推广领域。因此，从根本上来说，“智慧医疗”脱胎于“智慧地球”。

根据 IBM 公司的相关概念、学术界的观念和中国的具体情形，智慧医疗是指利用先进的互联网技术和物联网技术并通过智能化的方式，将与医疗卫生服务相关的人员、信息、设备、资源连接起来并实现良性互动，以保证人们及时获得预防性和治疗性的医疗服务。智慧医疗是生命科学和信息技术融合的产物，是现代医学和通信技术的重要组成部分，一般包括智慧医院服务、区域医疗交互服务和家庭健康服务等基本内容。智慧医疗与数字医疗和移动医疗等概念存在相似性，但是智慧医疗在系统集成、信息共享和智能处理等方面存在明显的优势，是物联网在医疗卫生领域具体应用的更高阶段。

### (二)中国智慧医疗建设现状

自智慧地球理念和智慧医疗概念产生以来，在 2009 年的医疗卫生信息与管理系统协会(HIMSS)大会上，智慧医疗的主要内容被概括为数字化医院和区域卫生信息化两部分。中国中央和部分地方政府也相继提出了关于智慧医疗的设计方案和实施规划，为智慧医疗的实施提供了宏观指导。2012 年 12 月初，国家住房和城乡建设部正式发布《关于开展国家智慧城市试点工作的通知》，并印发了《国家智慧城市试点暂行管理办法》和《国家智慧城市(区、镇)试点指标体系》两个文件。2013 年 1 月 29 日，国家住建部公布了中国首批 90 个智慧城市试点名单。同时，

札记

部分城市提出了关于智慧医疗的建设理念和实施方案，为智慧医疗这一抽象的概念提供了实践的机会，积累实施的经验，推动了智慧医疗这一信息体系在中国医疗行业的应用与发展。

各城市智慧医疗的推进和实施及快速发展的状况主要体现在以下几个方面：(1)明确包括深化医疗卫生体制改革和提高医疗水平及服务质量在内的智慧医疗建设目标和规划蓝图；(2)为提高医院运作效率和医疗服务的水平利用物联网技术打造的医疗服务信息平台；(3)为缓解看病挂号难问题的预约挂号服务平台的普遍推广使用；(4)利用先进的智能医疗设备提高诊疗水平和质量的智慧诊疗的推行；(5)关注弱势群体的远程医疗服务项目的开展；(6)方便结算和提高医疗服务效率的医疗卡结算方式的推广应用。

### (三)中国智慧医疗建设的重点

#### 1. 智慧医疗和智慧城市定位的问题

当下，“智慧城市”的定义为：运用信息和通信技术手段感测、分析、整合城市运行核心系统的各项关键信息，从而对包括民生、环保、公共安全、城市服务、工商业活动在内的各种需求作出智能响应。由此分析，智慧城市与智慧医疗不仅在技术支撑和实现目标方面存在共性，而且将在很大程度上相互影响，因此能否站在决策角度处理好两者的定位关系变得尤为重要。一方面，两者在人才、技术、基础设施等方面寻求共享，杜绝重复建设。现阶段，智慧医疗建设应充分利用智慧城市建设已有成果和资源。另一方面，智慧医疗建设的标准和规范应与智慧城市建设既成的标准和规范统一，避免重复分散建设和“信息孤岛”，保证智慧医疗建设成果服务于智慧城市建设目标。

#### 2. 标准和规范建立的问题

信息化建设的一个关键问题是标准化和规范化。纵观中国医疗卫生领域信息化建设历程，标准化和规范化工作滞后，成为信息化发展的瓶颈。在智慧医疗建设过程中应汲取教训，加强标准和规范领域的法制建设，以法律的强制性保证标准和规范的先行和落实，尽快出台相关政策法规，指导地区医疗卫生信息标准测试管理以及企业、研究院所的开发研究，以配套政策和标准化保证智慧医疗建设方案的落实。

札记

3. 信息安全建设的问题

物联化、互联化和智能化的信息化发展趋势给医疗卫生信息安全带来了新的考验，以确保信息系统稳定和加强信息数据保护为重点的信息安全体系建设成为实现智慧医疗建设目标的关键因素之一。必须重视智慧医疗建设过程中各个层次和环节安全技术和标准的落实，在保证信息系统物理级、网络级、系统级和应用级安全的同时，加强专网建设，关键感知终端的数据信息都通过专网进行传输，有效避免关键数据外泄或遭到篡改。

### (四) 中国智慧医疗发展的存在问题

1. 缺乏专门的宏观指导性文件

智慧医疗是一个新生事物，不能为智慧医疗具体推进和在建设过程中出现的具体问题提供指导意见和解决方案，在一定程度上造成了部分地区和单位参与建设智慧医疗的积极性不高，推进智慧医疗的步伐不一致，不利于智慧医疗的进一步推进和建设，也不利于医疗服务水平和质量的提高。

2. 信息资源共享不充分

智慧医疗实施中利用先进的互联网和物联网技术打造的医院信息管理系统和医疗服务信息服务平台，就是通过对患者信息资源的共享，提高医院的运作效率和医疗服务的水平和质量。而目前在中国与医疗服务有关的各单位在日常工作中产生的包括居民健康信息和临床医疗信息在内的公共卫生信息未实现充分共享。如市级医疗机构与省级大医院未建立信息共享机制，在某一医院做的相关检查在另一医疗机构不能获得认可，这在一定程度上给群众就医带来不便，不利于患者享受及时高效统一的诊疗服务。

3. 信息安全问题

在高度发达的信息社会，信息安全对于维护个人的隐私权和公共安全及公共秩序的维护产生着十分重要的影响。智慧医疗的运用在为患者提供就医便利的同时，也对信息安全提出了新的考验和挑战。因此，各医疗机构在充分利用互联网技术推动智慧医疗实施时，也要提高对信息安全的重视，加强网络建设，加强信息数据的保护，确保信息系统的稳定，以避免信息数据泄露。

札记

4. 相关法律法规欠缺

目前，在智慧医疗的推进和实施中，关于如何保护公民个人电子档案信息和患者的隐私等方面，仍然存在着法律空白和相关法律法规不完善不健全的问题。因此，在智慧医疗的建设实践中，需要加强相关法制建设，以法律的强制性保证智慧医疗相关规定和措施的落实，指导智慧医疗的推进和落实，使医疗机构的医疗服务和管理行为有法可依。

### (五)中国智慧医疗建设路径

1. 建立智慧医疗建设工作领导小组

成立智慧医疗建设工作领导小组，负责总体规划、协调相关部门职能、统筹建设资金使用等，牵头制定《智慧医疗实施方案》，明确发展目标、建设规划、公共技术服务平台建设计划。加强各级卫生信息机构和医疗卫生单位信息机构建设，强化领导、落实责任。加强法制建设，尽快出台智慧医疗建设指导意见和配套政策，在人才引进、教育培训、产业发展、财政补贴等方面给予便利和扶持，为智慧医疗建设创造良好的政策环境。

2. 加强顶层设计，统筹规划

智慧医疗建设是医疗卫生领域全局性的规划和管理问题，需要加强顶层设计，统筹规划，合理布局。由政府各委办局牵头对中国现有资源进行全面清查，并结合智慧医疗建设的相关要求，对已经开发的系统和应用(覆盖中央、省、市、县、乡5级的网络直报系统，卫生监督系统、医院信息系统、医疗保险系统、新型农村合作医疗系统、妇幼保健系统等)进行升级改造后整合或系统整合。

3. 高度重视，多主体融合推进

从架构设计角度来讲，智慧医疗与智慧城市建设相似，包括“感、传、知、用”四个层次，每个层次的建设重点和需求不同，比如，感知层以基础设施建设为重点，适合政府主导、企业运营；传输层以专网建设为重点，可以由政府出资，企业建设和维护；标准规范、政策法规、安全和评价体系等，由研究机构和大学进行研究。要想完全实现智慧医疗的战略构想，需要整合政府机构、合作运营商、研究院所、高校、咨询机构等在不同领域的优势，实现多方资源汇集、融合和协作创新，优

札记

势互补，协同推进。

4. 推动关联产业发展，培育新的经济增长点

有需求才有发展，智慧医疗建设的复杂性、协作性、高标准和激发创新的特性，将为信息产业、安防产业、IT 服务业、科研机构等相关产业带来新的推动力。相关主管部门要抓住机遇，充分发挥智慧医疗建设的产业辐射作用，推动相关产业结构优化升级，并以此为契机，建立以市场为导向，政企研学相结合的技术创新体系，培育新的经济增长点。

随着科技的进步和信息技术的发展，智慧医疗应运而生，在中国特殊的制度环境中，智慧医疗在中国获得快速发展，在宏观指导、资源共享、信息安全和法律法规方面也存在诸多问题。在中国政府的支持和高新技术快速发展的环境中，智慧医疗呈现出政府参与加强化，应用范围扩大化和信息共享普遍化的发展趋势。

## 四、智慧环保管理

### (一)智慧环保的概念

“智慧环保”是“数字环保”概念的延伸和拓展，它是借助物联网技术，把感应器和装备嵌入到各种环境监控对象(物体)中，通过超级计算机和云计算将环保领域物联网整合起来，可以实现人类社会与环境业务系统的整合，以更加精细和动态的方式实现环境管理和决策的智慧。“智慧环保”是“数字环保”概念的延伸和拓展，是信息技术进步的必然趋势。

智能环保平台由数据采集硬件和数据中心软件系统两部分组成。数据采集硬件负责采集现场的各种环境数据并将数据传输到数据中心，数据中心安装智能环保软件系统，软件系统负责对数据进行存储、分析、汇总、展现和报警。智能环保平台可以采集的环境数据包括空气温湿度、土壤温湿度、$CO_2$ 浓度、光照强度、水中温度、水中的氨氮、溶解氧浓度和 pH 值等。数据传输方式采用无线方式，各个采集器之间以及采集器和路由之间采用无线 ZigBee 技术可以自由组网，路由和数据中心服务器之间采用 GPRS 或者 3G 通信技术进行通信。当环境数据超出系统设置的阈值时，系统会产生报警，通过声光报警器、手机短信和弹

札记

出窗口等形式通知相关人员，同时启动或者关闭相关设备调节现场环境指标。“智慧环保”的总体架构包括：感知层、传输层、智慧层和服务层。感知层：利用任何可以随时随地感知、测量、捕获和传递信息的设备、系统或流程，实现对环境质量、污染源、生态、辐射等环境因素的“更透彻的感知”；传输层：利用环保专网、运营商网络，结合3G、卫星通讯等技术，将个人电子设备、组织和政府信息系统中存储的环境信息进行交互和共享，实现“更全面的互联互通”；智慧层：以云计算、虚拟化和高性能计算等技术手段，整合和分析海量的跨地域、跨行业的环境信息，实现海量存储、实时处理、深度挖掘和模型分析，实现“更深入的智能化”；服务层：利用云服务模式，建立面向对象的业务应用系统和信息服务门户，为环境质量、污染防治、生态保护、辐射管理等业务提供“更智慧的决策”。

### （二）中国“智慧环保”的发展现状

中国在物联网产业的建设及发展领域，尚处于起步阶段。但随着政府投入力度的不断加大，物联网技术的不断推广，在中国的无锡、成都以及山东、山西等地，已成功实现了“智慧保环”物联网技术的有效应用。例如，在江苏无锡，太湖水的检测工程建设，就成功应用了“智慧环保”物联网技术；在山西省，为提高污染监控管理，成功应用物联网技术构建了污染自动监控管理系统，极大地提高了污染监控管理的有效性。因此，随着中国“智慧环保”物联网技术的不断发展与成熟，建立“国家—省—地市—县”四级联动的环保信息化系统，是推进“智慧环保”发展的必然需求，也是必然实现的结果。

虽然中国“智慧环保”取得了一定的成果，在线监控的实现、环保信息化建设的全面铺展，都对新时期环境保护工作的开展夯实了坚实的基础。但是，中国离真正意义上的“智慧环保”物联网技术还需长足的努力。首先，中国“智慧环保”物联网应用尚处于起步阶段，所建立的环境自动监测点不足，信息获取局限性大，这在很大程度上影响了环境信息获取的准确性、全面性和及时性；其次，中国地区发展不平衡，构建“四级”联动的信息化系统，仍缺乏良好的基础，特别是在信息开发能力不足，应用水平不强的情况之下，信息化建设孤立，影响信息共享的实现。因此，中国从“数字环保”向“智慧环保”发展，仍有较长的一段路要走，在机遇与挑战并存的当前，要抓住机遇、克服挑战。

札记

### (三)智慧环保的必要性

1. 利用智慧环保平台，有助于政府对生态城市的建设

在生态城市建设过程中，政府处于主导地位。在对生态城市进行建设的过程中，政府需要有较高的掌控能力，能够做出正确的决策。随着国内城市化进程的不断加快，人们赖以生存的环境变得越来越差，中国环保问题越来越突出。作为政府部门，应采用信息技术手段，不断提高自身环保问题的解决能力。所谓智慧环保，就是指利用各种技术手段，在环境监测过程中对采集到的相关环境信息进行获取，利用各种虚拟化技术措施，对环境进行科学分析，同时对其进行实时处理、存储、智能化分析，当下环境污染状况、环境质量变化情况、环境潜在危险等说明白，以便为对各种决策的制定提供依据。

2. 有助于科研部门开展城市生态状况科研

有关科研部门，通过由智慧环保计算平台所获取的数据信息，能够对城市生态状况进行针对性的研究，为政府部门提供更多的科研成果。第一，通过智慧环保信息采集系统，科研部门能够获得最新的动态数据。与传统抽样调查方式比较，其获取的数据范围更大、更为详细；时间、人力与问卷调查方式比较，智慧环保所获取的数据，不会受调查对象态度、情绪的影响。第二，运用智慧环保数据分析系统，以各种模型为依据，进行趋势性分析，能够有效提高对城市生态系统演变趋势的预测。

3. 城市环境生态状况和民众生活紧密相连

人们身体健康状况深受城市环境质量的影响。随着中国社会经济的不断发展，人们的物质生活质量也随之提高。在人们对物质生活的需求基本被满足的同时，也逐渐对精神生活提出了更多的要求，他们希望能够生存在一个良好的生态环境中。对于人们来说，希望可以从智慧环保平台中，及时了解权威的城市环保资讯，能够对城市生态建设进展情况及时了解。

### (四)中国智慧环保建设的关键问题

1. 注重“智慧环保”顶层设计

顶层设计是方法论，提出任务目标、阶段步骤、方式方法、实施技

巧、一般性原则等，作为实现“智慧环保”的完整的理论支撑。(1)总体发展规划编制。发展规划是引领“智慧环保”建设的纲领性、指导性文件，应从指导思想、总体目标、建设原则等方面入手，从而进行现状分析、不足分析和需求分析，进一步研究和制定环保系统各单位(部门)以信息化带动科学化、深化改革发展的规划，并在整合中选择战略重点与突破口。总体规划应组织已从事多年环保工作的业务人员编写，并邀请专家进行多次评审，搞好顶层设计，确保信息化建设有序分期开展，不走弯路或少走弯路。(2)机制体制建立。建立信息化工作领导小组，统一领导全环保系统信息化规划、建设、管理工作，制定出台信息化建设项目管理办法、信息网络管理规定、信息安全管理办法、数据共享管理办法等一系列管理制度，形成以制度推项目、以制度创发展、以制度保运行的良好工作氛围。(3)信息化建设标准体系搭建。标准规范化是“智慧环保”建设的基石，形成数据库架构、访问接口、数据集成、公共代码等一系列标准规范，按照统一的原则建设所有业务模块，确保所有的子系统均可接入母平台，实现各系统间“对话”，避免矛盾对立的情况发生，减少投资成本。

2. 注重“大数据”的收集整理、应用分析和共用共享

2015 年 9 月国务院印发了《促进大数据行动发展纲要》，提出要大力推动政府信息系统开放共享，加快政府信息平台整合，消除信息孤岛，实现基于数据的科学决策，不断提升政府治理能力。“智慧环保”建设同样要依托“大数据”。(1)大数据的收集整合。数据的收集整合是核心，是消除信息孤岛和业务壁垒的关键性工作，是科学化决策、智慧化管理的基础性工作。美国得克萨斯州奥斯丁市实施的智慧城市项目中，采集了包括智能家电、电动汽车、用电、用燃气、供水数据等各类数据，为居民能源消费、住宅节能、交通出行等提供优化建议。(2)大数据的应用分析。搭建环保大数据云平台，运用信息化手段挖掘大数据潜在规律和内在联系，通过统计分析、建立模型等方式，实现污染团的溯源分析、污染情况的预判分析、环境监管的管理分析等，也可有效解决传统工作模式中难以解决的问题。(3)大数据的共用共享。应使用“政府云”平台，共享政府“大数据”，互联中央、省、市、区(县)环保四级平台，利用物联网、地理信息系统等技术，共用实时数据并进行信息交换，以实现环保工作的识别、定位、跟踪、监控，实现环保管理的

札记

智能化，环保决策的综合化。

3. 注重“智慧环保”能力建设

能力建设是项目正常建设、运维和使用的保障，也是通过“智慧环保”不断提升环境保护治理能力的坚实基础。(1)人员队伍建设。积极引进信息化或计算机专业人才，组建信息化建设的专门队伍，为“智慧环保”前期建设及后期维护做好支撑与服务；积极开展环保业务人员的信息化培训，提高信息化意识，增强信息化业务系统的使用，不断提高工作效率，节省工作资源。(2)资金投入。信息化项目是一项需要长期投入的系统工程，前期建设、后期运维以及网络安全保障的投入必须要有年度保障。建设期资金投入应分期分批进行，将资金使用在成熟的子项目中，确保项目投入使用时，能够发挥最大效益。运维期资金投入必须要有连续性，才能保障软、硬件设备的良好运转。网络安全同样至关重要，保证网络系统的硬、软件及其数据不受到破坏、更改和泄露。

## 第四节 中国智慧城市的建设与智慧城乡融合发展

2016 年 11 月 23 日，中国社科院信息化研究中心和国内互联智慧城市研究中心共同发布了第六届《中国智慧城市发展水平评估报告》。在六大类一级指标的基础上，即智慧基础设施、智慧治理、智慧民生、智慧经济、智慧人群及保障体系，对全国 201 个采样城市进行了全面的评估。结果显示，“保障体系”得分最高，整体情况普遍良好；“智慧基础设施”“智慧治理”两类指标的得分率都在 40%以上，表明大部分城市的建设水平相对较好；而“智慧经济”与“智慧民生”两类指标得分情况明显偏低，说明中国现阶段大部分城市在该方面的建设还明显不足，需要尽快加强。同时，2016 年中国智慧城市评估平均得分 44.30 分，其中得分最高的深圳(80.57 分)与得分最低的林芝(22.48 分)分差较大，这反映了中国智慧城市发展水平参差不齐，离散型趋势显著。而通过对城市得分进行区间划分，可知中国智慧城市发展水平呈“纺锤型”，即分数高低两极城市均为少数，40~50 分的城市为主流，其中上游水平城市数量较少，中等及偏下水平城市占很大比例，这表明中国城市整体智慧化程度较低，智慧城市建设水平有待进一步加强。而通过对 201 个样本

札记

城市的行政区划对比，可见华东与华南地区平均得分明显高于全国平均分数，并且其智慧城市建设水平显著高于其他地区；东北、华北、华中、西南四个地域成绩较为相近，智慧城市发展水平相对落后；而西北地区总体得分最低，需要加强开发。

当前，新一轮科技革命和产业革命深入发展，数字化不可逆的发展趋势，数字化不仅是技术层面的飞跃，更是对生产方式、生活方式乃至思维方式的全面变革，对城乡融合发展将会产生重大影响。党的二十届三中全会指出，城乡融合发展是中国式现代化的必然要求，必须统筹新型工业化、新型城镇化和乡村全面振兴、全面提高城乡规划、建设、治理融合水平，实现城乡要素平等交换、双向流动、缩小城乡差别。数字智能技术应用日益广泛深入影响经济社会发展的各领域，为新型城镇化、城乡融合发展赋能，促进城乡共同繁荣发展。

## 一、中国智慧城市建设成果及任务

中国数字城市乃至智慧城市的建设，是在中共中央办公厅、国务院办公厅《2006—2020年国家信息化发展战略》文件发出后的2006年全面展开的。目前，北京、广州、杭州、苏州在数字城市建设方面走在全国的前列。特别是北京市应急指挥中心、北京市东城区、苏州市和吴江县的城市市民卡、广州平安城市都是前数字城市乃至智慧城市建设的示范和样板。总结近年来中国在建数字城市的经验就是：既要采用国际上先进数字化应用理念和信息网络科学技术，学习国际上数字城市建设的成功经验，又要从中国的国情出发，研究和创新出一条具有中国特色的城市信息化发展的道路。从目前北京、广州、上海、南京、杭州、苏州等城市的建设和发展思路来看，都是充分利用城市信息网络资源，着眼于利用数字化与智能化技术将城市管理由纵向管理向扁平管理转变，大力提高城市管理的效率和效益。通过城市信息化建设，逐步建立政府、企业、社区与公众之间的信息共享和良性互动，协调人与环境和公众与政府之间的关系。特别着重于改善与民生直接相关的城市交通、教育、医疗、居住、治安、社区服务等方面，进行了城市市民卡、城市大城管、城市应急指挥、城市智能交通、城市社会保障与公共卫生、社区物业与服务等应用系统平台的开发和建设。充分发挥政府在城市综合管理和公共服务方面积极与主动的作用，全面落实和促进城市经济与社会的和谐发展、科学发展和可持续发展。

札记

具体任务要求如下：

(1)健全完善数据要素市场体系，破解城乡发展壁垒，实现人口、技术、资本、信息等优质资源要求在城乡之间自由合理流动，弥合城乡数字鸿沟，充分发挥数据作为新型生产要素的作用。

(2)完善基层数字治理体系，解决城乡融合发展中最迫切、群众反映最强烈的实际问题，让数字化深度链接社会公共服务事业上“孤岛”，促进城乡基本公共服务均等化，为完善共建共治共享的社会治理制度提供技术支持。

## 二、中国智慧城市建设中的具体问题

### (一)建设目的和实施目标不明确

对智慧城市存在模糊的、片面的认识。例如，把数字城市乃至智慧城市与数字地图、城市三维可视化等同起来，认为有了整个城市的数字地图、建筑物建立起来就是智慧城市，而对究竟什么是智慧城市缺乏科学的认识和了解。另外，对智慧城市建设目的和实施目标不明确，盲目学习和跟进。使得一些智慧城市的建设项目实际上成了“花瓶工程”，重复建设，互不共享，造成严重资源浪费。

### (二)缺乏长远规划

由于没有一个长远规划，许多地方对智慧城市建设的长期性、复杂性和可持续发展性认识不足，把一个长远的战略目标和任务当成一项具体工程，急于求成，势必会造成智慧城市建设的“无序状态”，造成人力、物力和财力的浪费。

### (三)信息互联互通与数据共享程度低

目前中国一些省市在智慧城市的建设过程中，在思想上对信息互联互通与数据共享的重要性认识不足，认为智慧城市建设首先是解决各部门信息化的问题，因此没有把智慧城市作为一个战略目标和整体解决方案，更没有把信息互联互通与数据共享的问题摆在智慧城市建设的第一位，缺乏全局性与综合性。部门所有和部门利益阻碍信息互联互通与数

札记

据共享的实现。缺乏通过技术手段促进公共服务在城乡融合发展中资源可平等共享的设计理念。

(四)标准体系和政策法规滞后

完整和科学的标准体系和良好的政策法制环境，对实施数字城市战略是至关重要的。但是，目前中国数字城市乃至智慧城市的建设依然存在标准体系滞后、政策法规不健全的问题，这也影响了智慧城市建设的正常进行。其次，智慧城市建设涉及政府、企业和公众的方方面面，这需要有配套的政策和良好的法制环境，但目前这方面的建设还相当滞后，致使部门之间因为资源共享相互扯皮的事情时有发生而又得不到解决，其结果是市场运作因机制和法制不健全而影响了智慧城市系统工程项目建设的正常进行。

(五)建设实效不显著

由于在智慧城市建设过程中没有重视信息技术的运用与管理改革的互动过程，传统的思想观念、政府体制及运行机制影响了智慧城市建设的实效和作用的发挥。机构设置不够合理，各部门之间职能交叉重叠，办事没有严格的程序且透明度低，业务流程陈旧，这不仅影响智慧城市建设的实效和作用的发挥，而且可能会造成“穿新鞋，走老路”，亦即智慧城市建设是一套，实际政府管理运行体制和业务流程还是老一套，导致“建”与“用”分割。

## 三、中国特色的智慧城乡建设规划

中国特色的智慧城乡建设，要以社会管理创新和民生服务为出发点和立足点。加快推进信息化建设，建立健全信息安全保障体系，对于调整经济结构，转变发展方式，保障和改善民生，维护国家安全，具有重大意义。智慧城市作为城市概念和内涵的拓展，是信息时代城市现代化，也是城乡融合发展的必由之路。

(一)中国特色的智慧城乡建设目标

随着信息技术在中国国民经济和社会各领域的应用效果日渐显著，中国智慧城乡建设目标就是通过一个城市中将政府信息化、城市信息化、社会信息化、企业信息化“四化”为一体；通过数字化技术应用，整合整个社会所涉及的综合社会管理与公共服务信息资源，包括地理环境、基础设施、自然资源、社会资源、经济资源、教育资源、旅游资源和人文资源等，以数字化的形式进行采集和获取，并通过计算机和网络进行统一的存储、优化、管理和展现，逐步实现城乡综合管理和公共服务信息的交互和共享。为城乡资源在空间上的科学化与优化配置，为城乡综合管理和公共服务上的合理利用，为城乡低碳环保与可持续发展，建立和谐社会提供强而有力的手段。

（二）中国特色的智慧城乡建设方针

智慧城乡建设的方针，就是加快推进信息基础设施建设，科学编制智慧城市发展规划，建立健全智慧城乡建设相关规范和标准体系，以高水平的规划设计引领智慧城乡建设。实施宽带信息工程，推动“多网”融合，积极实施“云计划”，突出抓好示范工程，为智慧城乡建设打下坚实基础。强化智慧城乡科技支撑，组织实施重大智慧技术攻关，努力在物联网、云计算等领域突破一批核心技术，重点推动核心芯片、新一代网络核心技术、传感器、超级计算和智能处理技术研发及产业化。大力实施科技创新工程，打造智慧型创新支撑平台，推广智慧应用服务。加快推进政府网上办公系统、电子政务服务平台、政府智能化决策平台等工程建设，建设高效便捷的智慧政府。推进公交、空港、海港、供电、供气、供水等城乡基础设施智能化建设，大力推广智能技术在城乡融合发展规划、城乡基层管理、公共安全、应急管理等领域的应用。

（三）中国特色的智慧城乡建设总路线

1. 智慧城市顶层设计

智慧城市建设顶层规划，应在智慧城市需求分析和可行性研究的基础上，进行智慧城市的顶层规划，规划的重点是智慧城市功能体系、智慧城市系统体系、智慧城市技术体系、智慧城市信息体系、智慧城市基础设施体系、智慧城市标准体系、智慧城市指标体现、智慧城市建设保障体系等方面的内容。

2. 建设统一的管理海量数据库（云计算中心）

建设智慧城市城市级海量数据库，实现逻辑集中和物理分布相结合

札记

的技术体系，建设城市级的智能化城市管理海量数据库体系。统一建设和管理城市基础信息资源，完善全市人口、企业机构基础数据库，整合建设智慧城市地理空间框架基础数据库，建设完善人口、企业机构、空间地理基础信息共享交换平台及工作机制，构建统一的城市地理空间信息资源体系，汇集叠加人口信息、空间、企业单位、城市部件等，完善建成城市管理运行基础资源体系。集约建设和管理专题信息资源，加快完善城市管理部件、事件信息基础资源库，全面开展城市部件普查、事件分类和三维实景影像数据建设，对各类城市部件进行网格化分类确权，摸清管理家底，确定责任权属；建立资源录体系，对城市各领域专题信息资源实行统筹管理。逐步推行推广到城乡一体化建设，促进城乡数据库共同发展。

3. 建设城市级“一级平台”

在智慧城市建设综合信息互联互通和数据共享交换的云计算中心的基础上，形成“一级监督、两级调度、三级管理、四级网络归口处置”的城市管理运行模式。建设智慧城市城市级综合管理与公共服务“一级平台”，分期汇接包括但不限于公安、国土、环保、城建、社区、交通、水务、卫生、规划、城管、林业园林、质监、食品药品、安监、水电气、电信、消防、气象等部门的业务级“二级平台”和应用系统，实现城市各种信息基础设施广泛接入和信息互联互通以及事件联动处理，提升城市管理和民生服务的效能。

4. 统筹民生服务业务级“二级平台”及应用系统设计

智慧城市的一期工程应以社会管理创新和民生公共服务应用平台建设为出发点和立足点，着力进行市民卡、智慧社区、智慧医疗、智慧教育、智慧房产、智能建筑等业务平台和应用系统设计及系统工程的建设。实现信息共享机制，集约管理共享信息资源，以业务协同为核心，整合各类专题资源，建立部门信息资源和应用系统目录，建立资源共享更新责任制度，实现共建共享共用，促进业务协同应用，促进城乡民生服务平等共享。

5. 智慧城乡建设应遵循“六统一”原则

智慧城市建设为智慧乡村建设提供经验借鉴和技术支持，带动智慧农业、农村电商等发展。智慧乡村建设则是智慧城市建设的重要补充和延伸，有助于打破城乡二元结构，促进城乡资源的优化配置和融合发展。

札记

因此，智慧城乡建设应遵循“统一规划，统一平台，统一标准，统一建设，统一管理，统一运维”的原则，逐步实现城乡重要资源和要素信息的自动感知、高效传递、智能运用和互联共享。以数字化赋能城乡融合发展。

## 案例

### 北京市平谷区大兴庄镇西柏店村的“美丽智慧乡村”集成创新

从 2014 年年初，北京市农村经济研究中心和平谷区政府选取平谷区大兴庄镇西柏店村开始建设并实施“美丽智慧乡村”集成创新试点项目，试图找到一条在广大农村落实十八大精神、建设美丽中国、推动农业和农村可持续发展的新路径。

西柏店村属于平谷区大兴庄镇，位于平谷区西部，大兴庄镇中北部。全村土地面积 1048 亩，其中设施农业 330 亩，林木用地 200 亩，养殖用地 200 亩，鱼塘 80 亩，村庄占地 238 亩。该村地处泃河流域，地貌以平原为主。全村共有 220 户居民(其中农业户 185 户)，村内常住人口 707 人。西柏店村的发展特色是生态循环农业，主导产业是畜禽养殖和蔬菜生产，建有 4 个养殖小区，162 栋蔬菜大棚，年出栏生猪15000头，年产蔬菜 80 万千克。

西柏店村充分利用本村的种养业资源，通过可再生能源技术，实现了以沼气为纽带的生态化循环发展。2007 年又引入食用菊花产业，打造一村一品专业村，推出了以食用菊花为原料的菊花养生宴，实现了种养经济高效化、农民致富生态化的循环发展。

**智慧乡村建设**

一期建设内容包括美丽智慧西柏店综合服务平台(村级网站、手机 App 网站、多系统管理平台)；设施大棚物联网智能监控系统；农产品溯源管理系统及数据采集终端 App；村内视频监控系统；覆盖村域的无线网络接入环境、村委会局域网等六项工程；二期建设内容包括综合服务平台的升级优化；数据采集方式的优化；微信推广与销售系统；农民使用技能定期培训。

1. 搭建美丽智慧西柏店综合服务平台

此平台涵盖基于互联网的村级网站、基于移动互联的 App 网站

札记

和集成的后台管理系统。村级网站作为西柏店对外宣传的窗口，立足“宣传、示范、推广”的功能定位，分别从村内资讯、走进西柏店、特色商城、智慧西柏店四个方面进行介绍与宣传。利用手机App作为移动推广平台，向公众介绍西柏店村的村容村貌和特色产业。同时，将农产品溯源管理系统、大棚智能监控系统、村内视频监控系统和网站后台管理系统等进行业务整合、数据集成，实现单点登录，统一运维。

2. 开发设施大棚物联网智能监控系统

主要在村内42座设施大棚中实施物联网技术，运用传感器采集种植大棚中的空气温度、空气湿度、土壤温度、土壤湿度、光照、二氧化碳、生长图片及棚外气象等信息，为农业生产管理决策提供有效支撑。42座大棚实现了生产环境数据的实时采集、分析、数据监控与预警；8个大棚实现视频监控；2座高端大棚中实现了远程自动控制灌溉、远程自动控制卷帘，达到了农业生产的智能化管理。

3. 开发农产品溯源管理系统及数据采集终端App

利用二维码等技术对西柏店拳头产品的生产信息进行追溯；通过建立食品溯源数据库，使用二维码溯源标识，搭建二维码溯源管理系统。通过开发手机数据采集App，实现实时查看大棚内环境监测设备的监测数据；远程控制灌溉及卷帘设备；查看大棚内的实时视频画面。同时，将各种农事活动通过手机终端记录后传送到食品追溯系统数据库中，实现远程运维。通过产品追溯系统，大棚内种植作物的日常农事操作过程都可以通过追溯系统打印的二维码全程浏览，提高了农产品的安全性。

4. 开发村内视频监控系统、搭建覆盖村域的无线网络接入环境和村务管理局域网在村内重点地区布设视频监控点，实现全天候村域内智能监控预警。在村委会、村广场、村公园、民俗接待户、设施大棚园区等地实现无线网络热点覆盖，并免费向村民、游客提供无线上网服务。布设基于村务管理的内部局域网，实现农村财务管理、农村“三资”监管等多业务系统的综合应用。

5. 搭建微信公众平台，开展“微”推广

2015年，搭建了北京智慧乡村微信公众平台——乡慧，平台涵盖“知乡村妙、慧乡村事、话乡村游”三大板块，知乡村妙包括游乡村、品美食、住农家、来活动、购特产；慧乡村事包括智慧乡村、实景漫游、微信部落；话乡村游包括精彩分享、有奖活动等。以“花中偏爱菊——一年一度的西柏店食用菊花节又如期而至啦”为主题，开展微宣传与营销。

6. 智慧信息化系统升级巩固与培训

以加强现有试点应用与提档升级后台管理系统为目标，2015年定期对西柏店村村民进行系统的物联网、新媒体、网上销售等知识的应用培训，提升村民的实用技能和知识水平，尽快适应“互联网+”时代对农业、农村和农民提出的新要求。

**课后思考：**

1. 要实现“美丽乡村”向“美丽智慧乡村”的转变，应该做出哪些努力？

2. “智慧政务”在文中是如何体现的？